티베트의 활불(活佛)제도

—신(神)을 만드는 사람들

서강학술총서
019

티베트의 활불(活佛)제도

신(神)을 만드는 사람들

심혁주 지음

서강대학교출판부

서강학술총서 019

티베트의 활불(活佛)제도

—신(神)을 만드는 사람들

초판발행 | 2010년 9월 9일
지 은 이 | 심혁주
발 행 인 | 이종욱
편 집 인 | 우찬제
발 행 처 | 서강대학교 출판부
등록번호 | 1978년 9월 28일 제313-2002-170호

주　소 | 서울특별시 마포구 신수동 1번지
전　화 | (02) 705-8212
팩　스 | (02) 705-8612

ISBN 978-89-7273-170-2　94220
ISBN 978-89-7273-139-9(세트)

값 23,000원

* '서상학술총서'는 SK SUPEX 기금의 후원으로 제작됩니다.

본서는 총 6년 동안(2004~2010년), 40여 家의 티베트 불교사원과 현지 티베트인, 100여 명의 라마승, 10명의 켄보(堪布), 8명의 활불(活佛)과의 인터뷰를 통해서 이루어졌다.

본서의 초고를 마치고 나는 2010년 7월, 마지막 현지답사(青海省 玉樹藏族自治州)를 다녀왔다. 중요한 티베드 불교사원을 방문하고 수행 중인 존귀한 활불을 알현했다. 그리고 돌아와서 본서의 적지 않은 초고 부분을 수정하고 드러내야 했다. 그동안 내가 잘못 인식하고 있던 부분의 자각(自覺)과 이론적인 내용의 오류가 발견되었기 때문이었다.

그리고 그들과의 인터뷰 내용과 실명 및 사진은 일부만 담기로 결정했다. 세상에 모두 내놓기보다는 내 마음속에 간직해야 하는 부분이 있었기 때문이었다.

우둔한 나에게 소중한 알현의 기회를 주시고 세속적인 질문에 웃음으로 답해주신 존귀한 티베트의 켄보와 활불에게 감사드린다.

프롤로그

티베트(西藏) 알기에 입문한 지 어언 10년을 넘어간다. 대학부터 티베트에 관심과 호기심을 갖기 시작했고 유학을 가서 본격적으로, 그리고 체계적으로 티베트 알기에 매진할 수 있었다. 처음 티베트어(藏文)를 배울 때, 쓰기조차도 힘든 이 언어를 사용하는 민족은 어떤 사람들일까? 항상 손에다 무언가를 들고 다니며 웅얼거리는 티베트인들은 왜 그러고 살까? 또한 그들은 아침저녁으로 포탈라 궁으로 몰려가 육체적으로 감내하기 힘든 오체투지를 한다는데 어떤 연유로 그런 것일까? 나의 이러한 원시적 궁금증은 시간이 지남에 따라 해갈되었다. 그러나 돌이켜보면 교실에서 하는 이론 수업보다 티베트의 현장답사를 진행하며 체득한 교훈과 감성적 경험이 티베트 전반에 관한 나의 무지한 궁금증들을 많이 해결해주었던 것 같다. 인류의 위대한 사상과 종교는 벽으로 차단된 교실에서가 아니라 대자연 속에서 절박하게 잉태된다는 사실을 티베트라는 권역에서 새삼 절감했던 것이다.

나는 티베트인들이 거주하고 있는 살아 있는 삶의 공간을 좋아한다. 왜냐하면 그들이 향유하고 있는 생활환경과 인문적 사고체계 그리고 그들의 순수한 얼굴들을 접하고 있노라면 교실과 책 속에서 찾을 수 없는 오묘한 느낌을 받기 때문이다. 따라서 티베트의 현장답사는 주로 티베트인들이 살고 있는 주요 거주지를 고찰하거나 불교 사원에 장기적으로 거주함으로써 그들과 삶의 동선을 동행하는 것이 그간의 경험으로 보아 최상이라 여겨진다. 6년 동안(2004~2010) 나는 총 4번의 티베트 현지답사를 진행하였다. 대체로 다음과 같은 지역들이다. 첫 번째는 2004년 7월에 박사학위의 완성을 위하여 중국 내지의 사천(四川)성과 청해(靑海)성 일대 그리고 해발 4,000m 상공에 위치한 '티베트자치구'(西藏自治區)지역이다. 특히나 티베트자치구의 변방지역에 위치한 '즐궁사원'(直貢替寺)에서의 사원생활은 나의 티베트 연구에 관한 안목과 시야를 한 단계 업그레이드시켜 준 생동적인 현장답사로 기억된다. 육체적 고통과 정신적 감흥으로 버텨낸 사원 생활과 참여 관찰의 결과로 2005년 6월에 박사학위 논문(「中共改革開放之后西藏傳統文化的變遷與發展研究: 以天葬與藏劇爲中心」)의 완성을 보았다. 본 논문은 대만과 대륙에서 최초로 연구된 '티베트의 장례문화'란 점에서 학계의 주목을 받았나. 두 번째는 2007년 7월에 진행된 중국 서남부 티베트자치주의 답사였다. 주요 답사 루트는 성도(成都)－도강언(都江堰)－문천(汶川)－마이강(馬爾康)－황하구곡만(黃河九曲彎)－랑목사(郎木寺)－화호(花湖)－약이개(若爾盖)－천주사(天朱寺)의 경로였고 이 중에서 감숙(甘肅)성과 사천(四川)성의 경계에 위치한 '랑무스'(郎木寺) 불교 사원의 탐방이 주요 행선지이자 목적이었다. 이곳은 전형적인 티베트인들의 거주지였음에도 불구하고 이슬람 사원인 '청진사'(淸眞寺)가 공존하고 있음을 발견했다. 세 번째는 2008년에 11월에 이루어졌다. 사천성의 고도인 성도(成都)에서 출발하여 서부에 위치하고 있는 전형적인 티베트인의 자치주, '아패장족강족자치주'(阿壩藏族羌族自治州)의 종교문화 답사였다. 당시의 답사 루트는 성도에서 출발하여 단파(丹巴)－마이강(馬爾康)－송반(松潘)－리현(理縣)－모현(茂縣)－흑수현(黑水縣)의 경로였다. 이 중에서 전통적인 티베트인들의 집단 거주지인 '흑수현'에 장기간 거주하였고 티베트불교 종파 중에 홍교(寧瑪派)의 분파인 '고일패'(古日覇) 불교 사원을 직접 찾아가 활불과의 인터뷰를 진행하였다. 이 지역은 오늘날에도 여전히 원시적인 생태환경을 보존하고 있었고 대부분이 티베트민족의 거주지라는 점, 그리고 그들의 관습 · 신앙 · 습속 · 건축양식 등이 과거의 모습을 여전히 유지하고 있었다. 네 번째는 2010년 7월, 중국 청해(青海)성 '옥수티베트자치주'(玉樹藏族自治州)의 현장답사다. 시닝(西寧)의 황교(黃教) 사원인 타얼사(塔爾寺)를 거쳐 옥수티베트자치주의 백교(白教) 사원인 니종사(尼宗寺)와 죽절사(竹節寺)에 거주하며 활불과 라마승의 생활을 관찰하였다. 또한 이곳의 비구니 사원인 당가사(當卡寺)를 답사하였고 티베트 즐공가쥐(直貢噶舉)의 발양지인 찰찰사(扎咱寺) 또한 방문하였다. 이 중에서 니종사원의 활불 '索巴仁波切'와의 면담과 켄보 '旦周却晤'의 불교수업은 그동안 활불에 관한 나의 편견과 티베트 불교 인식의 오류를 자각할 수 있는 소중한 기회가 되었다.

사실상 몇 년간에 걸쳐 진행된 이러한 개인적 경험과 실증적 고찰은 티베트 전반에 관한 나의 통찰력과 이해의 스펙트럼을 한층 높여주었다고 생각된다.

나는 매번 티베트 지역의 탐방에서 사원에 거주하는 활불을 의도적으로 만나려 하였다. 티베트를 상징하는 많은 것들이 나를 자극했지만 내면적으로는 활불이 제일 궁금했기 때문이었다. 그래서인지 매번 성공한 것은 아니었지만 적지 않은 활불과의 알현과 인터뷰를 진행할 수 있었다. 그리고 그러한 과정 속에서 활불도 등급의 고하가 있으며 지위의 차이가 있음을 알게 되었다. 특히나 각 종파의 사원마다 활불의 지위와 신분의 차이가 엄연히 존재함을 느꼈고 티베트 전역에 수많은 활불들이 존재하고 있음을 새삼 알게 되었다. 활불과의 면담이 진행되면 진행될수록 나는 활불이 더욱더 궁금해졌다. 활불의 실체가 궁금하였으며 그를 둘러싼 인적 구조는 어떠할까? 활불의 권위는 고금을 통하여 어떻게 변하고 있을까? 활불은 정말 어떤 존재일까? 등이다. 이러한 의문들은 결국 본서를 저술하는 일차적인 동기와 목적이 되었다. 돌이켜보면 나는 고집스럽게 티베트 활불의 실체를 찾아서 이론과 현장 답사를 병행하였다. 저명한 활불이 있는 곳이면 어디든 찾아가서 면담을 진행하였고 그들과 숙식을 같이 하였다. 그리고 그 속에서 문헌 속에서 그려지는 활불과의 격차를 느끼기도 했으며 동시에 현실적 권위의 정도를 체험하기도 하였다. 활불의 거주지인 불교 사원 또한 흥미로웠다. 사원 안에는 엄격한 지위의 체계가 있으며 활불을 중심으로 여러 개의 권력구조가 유기적으로 연결되어 있었다. 본문은 이러한 활불의 세계와 주변부와의 유기적 관계를 심층적으로 설명하였다. 그리고 문헌 속의 활불과 현실 생활 속에서의 활불, 고대와 현대의 활불의 역할과 실체에 관하여도 추가적으로 서술하였다. 대표적 활불인 역대 달라이 라마와 티베트 주요 불교 종파의 내표적 활불들이 그 주요 대상이 되었다.

2004년에 나는 티베트자치구의 변방에 위치한 '즐공'(直貢)사원에서 장기간 거주하였다. 해발 5,000m 상공에 홀연히 위치한 이 사원에서 매일 새벽 3시부터 저녁 9시 잠자리에 들기 전까지 나는 그곳의 라마승들과 똑같이 의식주를 해결하면서 사원 안의 모든 풍경을 관찰하였다. 어느 날 사원의 주지 활불과의 면담이 성사되었다. 수년간 홀로 동굴 속 깊은 곳에서 명상과 수행만을 정진하는 활불을 독대한다는 것은 대단히 경이로운 일이었다. 당시 나는 이렇게 질문했다. "이제 하산해서 물질문명의 생활로 다시 돌아가게 되는데 인간사로 인해서 마음이 불편해지고 힘들어진다면 어떻게 해결할 수 있을까요?" 그때 활불은 잠시 동안 말이 없으셨다. 그리고 시간이 흐른 후 조용히 짤막하게 다음과 같이 말씀해주셨다. "모든 인간사는 인연(因緣)과 인과(因果)의 관계로 형성됩니다. 타인이 나를 해(害)한다고 생각하기 이전에 나(我)를 먼저 들여다보세요. 내가 상대방에 행한 因이 있기에 果가 발생한 겁니다. 그러니 상대방에 대한 혹은 세상에 대한 나의 욕구와 욕망의 그 마음(心)을 먼저 멈추는 명상과 공부에 천착하세요." 당시에는 한 귀로 흘려들었는데 오늘날 나는 현실의 삶 속에서 그 의미를 되새기며 살고 있다. 그리고 그러한 인연이 이 책을 쓰게 된 두 번째 동기이자 목표가 되었다.

이 책을 저술하는 핵심 관점은 티베트 활불의 실체와 활불제도의 종교적 · 정치적 역할과 그 한계를 탐구하는 것이다. 따라서 세부적인 학술적 내용과 목표는 다음과 같다. 티베트에서는 활불(活佛), 즉 살아 있는 부처가 죽고 난 후 그가 남긴 유훈과 조짐을 토대로 현생에서 새로운 영동(靈童)을 찾아내어 승하한 전대(前代) 활불의 지위를 계승시키는 전통적인 '전생상속제도'가 있다. 이 제도의 특징은 본인의 의지와는 별개로 특정 라마승 집단에 의해서 점지된다는 것이다. 이는 개인의 인권을 강조하는 서방 사회에서는 어린아이의 일생을 본인의 의지와는 상관없이 결정지어버린다는 인권침해 논란의 대상이 되기도 한다. 그러나 이러한 일부 견해는 티베트 사회의 특수한 전형성과 내부 사항을 모르고 단정지어버리는 것이다. 티베트는 '정교합일'(政敎合一)이라는 특수한 정치 시스템으로 사회의 안녕과 질서를 유지하는 불교 왕국이었다. 아울러 유목민을 포함한 전 티베트인이 불교도라는 점을 감안할 때, 이들은 불교의 '윤회'(輪廻)와 '환생'(還生)의 법칙을 아무런 저항감 없이 받아들인다.

저명한 미국의 티베트 역사학자 골드스타인(Melvyn Goldstein)은 티베트 활불제도의 사상적 기반인 환생사상에 관하여 다음과 같은 견해를 피력했다.[1]

---

1 M. Goldstein, *A History of Modern Tibet(1913~1951)*, University of California Press, Berkeley Los. Angeles London, 1989, p. 7.

각 종교 세력들이 평신도들의 후원을 얻기 위해 계속해서 경쟁해야 했던 환경에서 환생이 가져온 종교적 · 정치적 혜택은 엄청난 것이었으며, 빠른 시간 안에 티베트의 종교적 지형의 일반적인 모습으로 자리 잡게 되었다. 윤회하는 라마승들은 점차 계보를 이루어나갔는데 이는 세대를 거쳐 재산과 농민 그리고 법적인 지위까지 획득했다는 점에서 오늘날의 법인과 유사한 기능을 담당했다.

이는 당시 대부분의 티베트 불교신자들이 보이지 않은 환생이라는 정신적 영역을 굳게 신뢰하고 있었으며 이러한 사회적 환경 속에서 태동한 활불과 제도의 정치적 · 종교적 영향력을 강조하고 있는 것이다.

티베트에서는 어린 영동이 자신의 가문에 태어나면 즉, 미래의 활불로 시정되면 이는 개인의 인권침해가 아니라 가문의 영광으로 받아들여졌다. 특히나 영동이 특정 신분, 즉 전대의 달라이 라마의 환생으로 확정된다면 이는 파격적인 신분의 이동을 의미한다. 티베트의 수평적 사회에서 수직적 신분 상승은 물론이고 집안의 친인척들이 '아계'(亞谿, yab-gzhis)라는 '황금귀족'으로 추대되기 때문이다. 이는 티베트 사회의 주류로 편입되는 것을 의미하기도 한다. 따라서 본문의 2장에서는 외부 세계에서 일차적으로 인식하고 있는 티베트 활불제도의 신비성과 모순성의 인식 오류에 관하여 서술하였다. 즉 티베트 활불제도의 태동과 발전은 종교적 필연성에 의거하여 합리적으로 태동한 티베트종교 지도자들의 지혜로운 사회적 제도임을 티베트 학자들의 전문적인 시각으로 접근하였다. 이에 본 내용의 이론적 근거를 제시하기 위하여 티베트 활불의 유래와 특징 그리고 활불제도의 사상적 기반인 환생에 관하여 추가적으로 서술하였다.

3장에서는 티베트 정교(政教)의 수장인 활불, 예를 들어 달라이 라마를 둘러싸고 있는 권력구조에 관하여 분석하였다. 티베트의 역사를 통찰해보면 활불은 혼자서 티베트 사회를 통치하는 것이 아니었다. 기본적으로 그를 경제적 · 종교적으로 지지하고 옹호하는 권력집단에 의해서 활불은 수장에 군림할 수 있었다. 기본적으로 섭정(攝政)과 귀족세력 그리고 사원 세력이 활불을 떠받치고 있는 중심 세력들이라고 할 수 있다. 그러나 이 집단들은 역설적으로 활불의 견제세력이기도 하다. 본문에서는 이 권력 집단 사이의 상호 역할과 관계를 규명하고 이들이 활불의 통치력에 어떤 영향력을 미치고 있는지에 관하여 밀도 있게 검토하였다. 사실상 활불과 그 제도를 연구함에 있어 섭정과 귀족집단의 상호관계는 매우 중요하다. 활불을 근거리에서 보좌하며 인간 신(神)을 창조해가는 섭정의 역할과 정치적 파괴력은 의외로 대단하다. 본문에서는 이 또한 사례별로 심도 있게 진단하였다. 섭정과 더불어 귀족세력 또한 주시할 만한 실체이다. 섭정과는 정치적으로 우호세력이기도 한 귀족세력은 활불의 보호와 지지를 받아 티베트 사회의 중심 세력으로 발흥한 집단이기 때문이다. 역사적으로 토번(吐藩)시대로부터 출현하여 근대 1959년 전까지 존재하였던 귀족집단은 티베트 사회의 정치와 문화의 판도 변화와 재구성이라는 측면에서 적지 않은 역할을 담당했다. 본문에서는 활불(달라이 라마)의 친인척으로 구성된 귀족세력, 예컨대 '황금귀족'(黃金貴族) 집단을 집중적으로 해부하였다.

4장에서는 활불의 지위와 영향력의 한계에 관한 분석이다. 외부의 관점에서 보자면 티베트의 활불, 특히나 달라이 라마는 티베트 사회의 최고 통치권자이고 종교의 지존이다. 그러나 세밀히 들여다보면 반드시 그런 것은 아니다. 활불은 상징적인 역할만을 담당할 뿐 실질적으로 군림하는 권력세력은 따로 존재했다. 예를 들어 섭정과 그를 따르는 라마승 집단(특히나 황교 집단) 그리고 세속 귀족세력이다. 활불은 등급도 다양하며 지위도 천차만별이다. 활불 중에 최고의 등급은 달라이 라마이다. 그러나 역대 달라이 라마의 승계 과정과 개인사를 추적해볼 때 5대와 13대 달라이 라마를 제외한 대다수의 달라이 라마는 역할과 통치에 있어서 한계를 드러내고 있다. 이에 본문에서는 활불의 일상과 학습으로부터 지위와 등급 및 통치의 한계점을 살펴보았다.

5장은 오늘날 활불과 활불제도의 현실적 붕괴 위기를 현장답사와 인터뷰를 통하여 진단하고 확인하였다. 주지하다시피 활불제도는 고대로부터 현재에 이르기까지 티베트의 사회체제와 문화를 견인하고 전승하는 중요한 역할을 해오고 있다. 정치적으로 미묘한 위치에 존재했던 활불, 그를 둘러싼 음모와 내홍에도 불구하고 '활불제도'는 티베트 사회의 전 방위에 걸쳐 긍정적 기능을 발휘한 것은 부인할 수 없는 사실이다. 특히나 티베트 사회의 내적인 질서를 확립하는 데 있어 매우 유효한 기능을 발휘하였다. 티베트 정치사를 보자면 티베트 사회를 이끌어온 담당자는 소수의 권력집단들이었다. 예를 들어 황교와 그를 추종하고 지원하는 귀족세력들이다. 그들의 최종 목표는 기존의 기득권을 유지하고 그 혜택을 세습하는 것이었다. 따라서 티베트 사회의 중심이어야 할 일반 민중들은 수동적인 입장이 될 수밖에 없었다. 그들은 소수의 권력집단에 의해 형성된 각 불교 종파와 종파를 상징하는 활불을 그대로 신봉하는 신앙 형태를 가질 수밖에 없었으며 이로부터 티베트 사회의 '초(超)안정성'이라는 특성이 형성되었다. 그러나 근대 이후 활불제도의 시스템은 위태로운 지경에 내몰리고 있다. 이를 반증하듯 14대 달라이 라마는 공개적으로 활불제도의 세습을 폐지할 수도 있다고 이야기하고 있다. 티베트 전통체제의 변화를 예고하고 있는 것이다. 따라서 본문에서는 오늘날 티베트 불교사원이 겪고 있는 곤경을 점검하고 그 사원의 중심인 활불과의 인터뷰를 통하여 활불과 활불제도의 연속성 여부를 진단하였다.

마지막으로 티베트 활불제도의 '지속과 변천'이라는 지상 과제와 현안을 직시하며 현 14대 달라이 라마의 승하 후에 발생 가능한 시나리오를 제시하였다. 현재 티베트 권역에는 여전히 수많은 활불들이 존재하고 있다. 현재 인도 다람살라에 거주하는 14대 달라이 라마는 모든 활불의 수장이다. 그러나 1959년 이후 오늘에 이르기까지 티베트 활불과 제도는 지속적으로 붕괴되고 있는 현실에 직면하고 있다. 불교 사원의 권위와 영향력이 과거와 같지 않으며 사원 내의 라마승도 점진적으로 줄고 있는 실정이다. 추락된 사원과 활불의 권위는 일반 민중들의 반응과 대우에서도 과거와 같지 않음을 알 수 있다. 티베트의 전통적 방식으로 계승된 마지막 활불, 현 14대 달라이 라마 또한 고령의 연령과 해외 거주 등의 요소로 인해 파급력은 나날이 줄어들고 있는 실정이다. 어느 날 그가 승하한다면 티베트의 활불제도는 여전히 유효하게 지속될까? 만약 그동안 티베트 사회를 유지하고 계승시켰던 활불제도가 사라진다면 그것은 600만 티베트 민족에게 어떤 의미를 가지는가? 이는 매우 중요한 현안이다.

글쓰기는 나의 한계를 절감하고 성찰하는 방법 중의 하나라고 생각한다. 나는 근 몇 년간의 글쓰기 대상을 티베트의 활불로 삼았다. 활불의 실체와 그의 운명 그리고 티베트 사회에서의 존재가치를 추적하였다. 본 저술이 고대에서 오늘날까지 관통하고 있는 티베트의 정신문화와 지적 전통을 올바로 이해할 수 있는 작은 보탬이 될 수 있길 바라며 티베트 활불제도의 모순을 지적하는 일부 인사들의 '주관적 이성주의'에 다른 관점을 제공하는 계기가 되길 바란다.

본문의 논의는 티베트 활불과 그 제도에 관한 전반적인 탐구 과정은 될 수 있으나 결론이 될 수는 없을 것이다. 이는 본 연구를 진행함에 있어 티베트 역사와 종교, 사회체제가 상호 유기적이나 정작 중요한 내부의 사실이나 사건 등은 문헌의 추적으로 검증하는데 한계가 있음을 확인했기 때문이다. 따라서 처음에 기획 단계에서 생각했던 것보다는 미진하고 부족한 부분이 적지 않음을 고백한다. 이 부분에 관하여 독자제현의 질정을 겸허히 받아들인다.

대만에서 유학할 때 티베트를 공부하는 한국 유학생은 나 혼자였다. 그래서 그런지 이상한 것(?), 주류가 아닌 학문(?)을 공부한다고 곱지 않은 시선을 받은 적이 있다. 학문에 주류와 비주류가 어디 있겠는가. 보는 이의 마음에 달린 거라고 생각한다. 다행히도 올곧고 곡학아세하지 않는 은사님들의 학습과 학덕을 보아온지라 나는 티베트에 관한 지적 탐구와 열정을 견지할 수 있었다. 은사님들의 학은(學恩)에 감사드린다. 그리고 언제나 나에게 큰 힘이 되는 사람들, 친구 김한석, 아내 단영(희수)과 장모님(전응실)이하 가족들에게 이 기회를 빌려서 미안함과 고마움을 전한다. 무엇보다도 나태하고 나 자신에게 관대하려 할 때 '서강학술총서'는 나를 엄격하게 돌아보고 그 방편으로 글을 쓸 수 있는 기회를 주었다. 출판에 이르기까지 애써주신 서강대학교 관련자 분들께 진심으로 감사함을 전한다.

2004년 여름, 내 생애 처음으로 알현했던 즐궁사원(直貢替寺)의 활불 '다와갸초'(達瓦嘉措)[2]가 승하하셨다. 인간세상 어딘가에 새로이 전세(轉世)되어 재림하셨을 거라고 믿는다. '다와갸초' 활불에게 이 책을 바친다.

2010년 8월 12일

심혁주 씀

2 인터뷰 당시 본인의 요청에 의하여 가명을 사용한다. 본서에 등장하는 인터뷰한 모든 활불과 켄보 그리고 라마승의 명칭은 모두 가명을 사용했다.

활불로 가는 길

차례

도표목록

제1장

활불(活佛)의 인식 오류

대상을 가장 쉽게 이해하고 판단하는 방식은 이분법적으로 인식하고 판단하는 방법이다. 하지만 인간의 '주관적 이성'으로 판별하는 인물 · 민족 · 국가 · 문화 · 종교 등의 분류와 현상학적 이해는 편한 만큼 다양하고 심각한 오류를 낳을 수도 있다. 오늘날 티베트를 바라보는 외부의 시선이 그러하다. 포괄적으로 티베트의 종교와 문화는 많은 것을 함축하고 있다. 티베트 스타일의 건축양식과 불교 사원, 달라이 라마와 판첸 라마와 같은 종교적 인물, 티베트 사회를 유지하고 견인하는 정교(政教)의 제도와 경전, 민족의 객관적 특징을 담보하고 있는 언어와 풍속 등이 그것이다. 그런데 오늘날 여기에 집중하는 외부 세계의 시선과 인식은 대단히 현상학적이며 감성적이다. 감성적인 이유는 티베트와 그에 속하는 모든 부속물들을 신비하고 기이하다는 시선으로 바라보기 때문이다. 심지어 그들이 살고 있는 해발고도의 땅까지도 신들의 거주지라는 별칭으로 흥분하고 있다. 그런데 티베트는 정말 그렇게 신비하고 기이할까?

외부 세계와 격절된 환경 속에서 살아가는 티베트인들의 종교적 순수성은 매우 고집스럽다. 그래서일까. 그들은 활불이라는 대상에 절대적인 믿음을 간직하고 있다.

티베트에서 활불이란 '전세'(轉世)라는 보이지 않는 정신적 영역을 세속적 믿음으로 승화시킨 종교와 인간 결합의 결정체이다. 그리고 이러한 종교와 인간의 만남은 티베트 사회의 안녕과 사회 유지의 핵심제도로서 발전하였다. 바로 '활불제도'이다.

이러한 현상(활불과 활불제도)과 관련하여 외부 세계의 반응은 매우 표피적이다. 신비스럽고 비합리적이라는 것이다. 속인들이 티베트의 활불이라는 존재를 신비스럽고 기이한 존재로만 인식하는 이유는 전생의 영적 흐름을 찾아가는 전통적인 활불의 전승 과정이 선뜻 이해하기 힘들며(이는 영혼의 흐름을 현대 과학으로 증명할 수 없기 때문이고) '직감'이라는 동양적 사유방식의 특징으로도 포착할 수 없기 때문이다. 그러나 알고 보면, 활불의 의미나 제도의 탄생은 일반 속세에서 이해하는 것처럼 결코 신비스럽지 않다. 오히려 합리적인 인식체계이며 필연적인 종교적 제도라고 볼 수 있다.

활불이라는 존재는 티베트의 인문학적 생태환경 속에서 창출된 신격화된 인간 존재이다. 활불은 깨달음의 경지에 도달한 고승(라마승)이다. 풀이하자면 활불은 장기간의 불교 수행과 정진으로 윤회(輪廻)의 세계를 자유로이 왕래하고 탈피할 수 있는 능력에 도달한 자이다. 그래서 신비롭고 신(神)의 영역에 도달한 인간처럼 보이는 것이다. 티베트의 인문학적 관점에서 살펴보면 활불은 더욱더 신비감을 풍긴다. 티베트는 전통적으로 불교 왕국이었다. 티베트의 정치적 · 종교적 수장과 일반 티베트인들은 모두 불교를 숭상했다. 불교의 이론 속에는 윤회사상이 존재한다. 티베트 활불의 존재와 연속성(轉世)의 현상은 윤회사상의 배경에서 형성된 것이다. 즉 1대 활불의 영혼이 다른 육신을 빌려 돌고 도는 것이다. 예컨대 대표적 활불인 달라이 라마를 들 수 있다. 오늘날 14대까지 존재하고 있지만 사실은 한 명의 달라이 라마의 연속성에 지나지 않는다. 이와 관련하여 체코의 저명한 티베트학자 조셉(Josef koImas)의 일화는 티베트 활불의 연속성에 관하여 신빙성을 더해준다. 어느 날 조셉 박사는 인도 다람살라에서 14대 달라이 라마를 알현할 기회가 있었다. 박사는 선물로 자신이 지은 책 『제6대 달라이 라마, 창앙가조』(倉央嘉措)를 선물했다. 이때 14대 달라이 라마는 선물을 받으며 다음과 같이 대답했다고 한다. "내가 바로 6대 달라이 라마입니다." 순간, 박사는 깜짝 놀랐지만 이내 활불의 특징인 '전세'(轉世: 영혼의 이식)임을 알아차렸다.

티베트의 대표적인 활불은 달라이 라마로 상징된다. 그리고 일반적으로 달라이 라마가 속한 불교 종파, 즉 황교(格魯派)[1]가 활불의 원류로 인식

1 '格魯派'(dge-lugs-pa)는 티베트불교 종파에서 가장 늦게 창건됐지만 가장 대중적이며 티베트 신도들의 절대 신뢰를 받는 종파이다. '格魯'의 티베트어 의미는 '善律'이다. 즉 본 종파는 사원의 엄격한 교학과 계율을 중시한다는 것이다. 또한 이 종파의 활불과 라마승들은 평상시 황색의 모자와 가시적삼을 즐겨 입음으로써 민간인들에게 속칭 '황교'라는 칭호를 얻었다. 이 종파는 15세기 초 宗喀巴(tsong-kha-pa, 1357~1419)대사가 창립하였다. 宗喀巴의 본명은 羅桑扎巴貝(blo-bzang-grags-po-dpai, 통상 '羅桑扎巴'라고 호칭한다.) 이고 青海省 西寧市 湟中縣 塔爾寺 부근에서 출생했다. 그는 7세 때(1363년) 출가해서 당시 저명하던 噶當派의 활불 頓珠仁欽(don-grub-rin-chen) 밑에서 현교와 밀교를 10년간 求學한다. 17세(1373년)에 前藏으로 이동한 宗喀巴는 29세(1385년) 비구계를 받기 전까지 비교적 顯教에 몰두한다. 당시 그의 현교 교리 방면에 가장 큰 영향을 미친 활불은 薩迦派(화교)의 수장 仁達哇(rad-mda-ba)였다. 1385년 비구계를 받은 이후 그의 공부와 수양은 密教로 전이된다. 1385~1398년 이 기간 동안 宗喀巴의 사상은 체계적으로 확립된다. 이때부터 그는 자신만의 독자적인 교리와 사상체계를 형성해나간다. 그리고 본격적으로 티베트 사회에 진출하여 종교 활동을 시작하기 시작한다. 1399~1409년은 宗喀巴가 티베트 사회에서 종교 활동을 가장 왕성하게 활동을 보인 시기와 겸하여 신도와 제자를 받아들인 시기이다. 宗喀巴는 1409년 황교의 종주 사원인 '甘丹寺'를 설립함으로써 명실상부 티베트불교의 중심으로 우뚝 섰다. 格魯派(황교)는 티베트불교에 처음으로 '唯心主義' 사상을 체계적으로 완성시켰으며 티베트 사회에 '政教合一'이라는 독특한 정치 시스템 또한 정착시킨 종파이기도 하다. 달라이 라마와 판첸 라마라는 대중적 활불이 이 종파의 수장이다. 賽倉 · 羅桑華丹, 王世鎮 譯註, 『藏傳佛教格魯派史略』, 宗教文化出版社, 2002, 21쪽. 王森, 『西藏佛教發展史略』, 中國社會科學出版社, 1997, 183~190쪽. 王森, 『西藏佛教發展史略』, 中國藏學出版社, 2010, 164~165쪽.

된다. 그러나 티베트의 역사 속에서 활불의 시조와 원류는 황교가 아닌 백교(噶擧派)[2]였다. 고대에서 근대에 이르기까지 티베트불교(藏傳佛敎)[3]는 티베트 사회를 안정시키는 권력 방식과 영향력을 가지고 있었다. 이는 티베트불교를 절대적으로 신뢰하는 티베트인들의 신앙심에서 비롯된다. 그리고 불교 교리의 유통과 소통을 담당했던 사원의 라마승들 덕분이었다. 그런데 라마승들의 수장에는 지위와 신분이 다른 활불이 존재한다. 그래서인지 활불이 유아독존의 권위와 신분 그리고 통치의 의사결정권을 쥐고 있는 종교의 수장으로 인식되곤 한다. 다시 말해서 활불이 절대적 통치권을 쥐고 있는 것이라고 생각하는 것이다. 그러나 티베트의 역사를 통찰해보면 그렇지 않다. 그것은 활불을 둘러싸고 있는 귀족(貴族)세력과 섭정(攝政)세력 그리고 종파에 따라 나뉘는 라마승 집단 간의 팽팽한 견제와 상호 권력 분배를 살펴보면 알 수 있다. 이에 관한 세부적 검토는 따로 장(章)을 설정하여 살펴볼 것이다.

일반적으로 티베트의 활불과 그 제도에 관한 인식의 오류는 다음과 같이 정리할 수 있다. 첫째, 활불은 매우 신비스럽고 신(神)적인 존재라는 것이다. 둘째, 활불은 달라이 라마가 수장으로 있는 황교(黃敎)로부터 유래

---

2 '噶擧派'(bka-brgyud-pa)는 티베트불교의 수많은 종파 중 제일 복잡한 계보를 형성하고 있는 종파 중의 하나이다. '噶擧'의 뜻은 '입으로 전교'(用口傳敎之意)한다는 의미이다. 이 계파의 승계 방법은 스승과 제자 간의 일대일의 비밀스런 밀교의 형식으로 전승하는 방법이다. 이 종파는 라마승들이 백색의 가삼을 입고 수양한다는 의미에서 속칭 '백교'(白敎)라고 일컫는다. 措如 · 次郎 著, 王世鎭 譯註, 『藏傳佛敎噶擧派史略』, 宗敎文化出版社, 2002, 54~93쪽. 彭英全, 『西藏宗敎概說』, 西藏人民出版社, 1983, 51~54쪽.

3 티베트불교의 4대 종파 혹은 계파는 寧瑪派(홍교), 薩迦派(화교), 噶擧派(백교), 格魯派(황교)로 형성되어 있다. 각 종파 간의 차이는 정신의 본성에 다가가는 방식에 있다. 예를 들어, 홍교의 접근 방식은 소위 '직관'에 의한 것이다. 화교는 형이상학적 연구와 의식(儀式)의 완성도로 널리 알려져 있다. 백교는 스승과 제자 간의 내밀한 관계를 중시한다. 황교는 철학적 연구의 심화와 철저한 사원 생활을 강조한다. 王森, 『西藏佛敎發展史略』, 中國社會科學出版社, 1997 참조.

하였다는 것이다. 셋째, 활불제도의 사상적 배경인 윤회 혹은 환생의 이론은 증명할 수 없기 때문에 활불의 인정과 전승 과정의 투명성은 매우 의심스럽다는 것이다. 이는 주로 서양의 견해이다. 사실상 티베트 활불의 존재가 세상에 알려지면서 활불의 사상적 토대인 '환생'의 개념은 일반인과 서구 학자들에게 적잖은 의구심을 불러일으키고 있다. 그리고 환생의 신앙을 바탕으로 탄생한 활불제도의 모순 또한 지적하고 있다. 오늘날 활불제도의 모순을 지적하는 인사(人士)들의 견해는 크게 두 가지이다. 첫째는 보이지 않는 인간의 전생을 사회제도로까지 만들어 신격화하는 문화는 옳지 못하다는 것이다. 둘째는 티베트불교 종파의 이해득실로 말미암아 어린아이의 자유로운 인생을 원초적으로 빼앗아가는 활불제도는 기본적으로 '인권침해'라는 주장이다. 이러한 주장과 견해는 대체로 서방세계의 종교단체나 일반인에 의해서 제기되고 있다. 넷째는 중화인민공화국(中華人民共和國)이 1951년에 티베트를 접수하기 전까지 이른바 구(舊) 티베트 사회의 체제는 매우 불평등했다는 것이다. 종교와 정치의 정점에 군림하는 활불과 불교 사원의 라마승 집단 그리고 막강한 경제권을 장악하고 있는 세속귀족들만의 불교왕국이 바로 티베트라는 것이다.

다섯째, 티베트에서 활불은 정교합일(政敎合一)의 수장이기 때문에 실질적인 권한과 장악력에 있어서 의심할 여지없이 절대 권력이라는 것이다.

이러한 견해가 제기되는 이유는 동서양(주로 서양)의 학자들과 종교집단의 견해가 매우 현상학적인 판단에 의거하고 있기 때문이다. 즉 티베트 사회의 내부 규율과 질서의 순환을 1차적으로 판단하기 때문이다. 이에 본문에서는 관련된 역사적 사실을 이론적으로 추적함과 동시에 본문에서 제시되고 있는 관련 불교사원의 실사와 활불과의 인터뷰를 통하여 제기되고 있는 인식의 오류를 다른 시각에서 바라보고자 한다. 이는 티베트 사회가 그들만의 특수한 내부 규율과 구조를 가지고 1,000년 이상 전승·유지되어왔음을 규명하고 그 특수한 내부 구조와 환경 속에서 활불과 활불제도는 자연스럽게 태동한 것임을 이해하는 데 도움을 줄 것이다.[4]

1. 활불(活佛)의 전통

티베트에서 활불이 전세(轉世)하는 이유는 단 한 가지, 종교적 이유에서였다. 즉 깨달음을 성취한 구도자를 계속 발양, 계승하여 일반 민중들에게 불법을 전파하고 그들도 윤회(輪迴)의 세계에서 벗어날 수 있도록 도움을 주기 위해서였다. 그러나 오늘날에 와서 그 의미는 퇴색됐고 변화됐다. 전세된 활불은 둘이 될 수 없고 친족은 전세될 수 없는데 오늘날 티베트 각지는 활불의 천국이다. 이는 본래의 종교적 의미에서 벗어난 현상들이다(玉樹西藏自治洲 尼宗寺 活佛 索巴仁波切와의 인터뷰 중에서).

티베트의 불교사원에는 '활불'이라는 특수한 신분을 유지하고 있는 라마승들이 존재한다. 그들이 특수한 이유는 '전세자'(轉世者)이기 때문이다. 즉 전대로부터 환생한 인물이라는 것이다. 티베트어로는 '퉐구'(朱貝古)이고 의미는 화신(化身)이다. 따라서 티베트에서 활불이란 부처의 경지에 입성한 살아 있는 인간 신(神)을 말한다. 이러한 특수한 존재와 종교와 만남은 티베트 사회의 안녕과 사회 유지의 핵심 제도로서 발전하였다. 바로 '활불전세제도'(活佛轉世制度)이다.

티베트에서 활불전세제도의 형성은 티베트불교의 전파와 발전 과정 속

4 次旦倫珠, 「活佛轉世制的産生及歷史作用」, 『西藏研究』 特刊 總第三十集, 1989 참조.

玉樹西藏自治洲 尼宗寺 活佛 索巴(仁波切)

에서 불교의 '영혼전세'와 '생사윤회'의 학설에 근거를 두고 형성되었다. 그리고 종교와 각 사원의 계승과 영속성의 문제를 해결하기 위한 방편으로 이 제도는 적극적으로 활용되기 시작했다.

티베트 활불전세의 전통은 기본적으로 대승불교의 보살관념이 발전하여 형성된 것이다. 따라서 전세의 중심인 활불은 열반의 세계에서 인간세상에 다시 재림한 부처의 화신이다. 그런데 이러한 화신의 관념은 티베트에 활불전세의 제도가 확립되기 이전인 고대 토번(吐藩)시대부터 이미 광범위하게 전파되고 인식되고 있었다. 고대 초창기 토번시대는 각 부족 간에 전쟁이 끊이질 않았다. 당시 타 부족을 점령하고 통치하는 부족의 중심인물, 즉 수령을 찬보(贊普)[5]라고 불렀는데 씨족 혹은 부족 간의 통합

5 '용감한 남자'라는 뜻이며 고대 토번(吐藩) 시대의 '법왕'을 일컫는다.

과 병합 과정에서 이 법왕의 역할과 권위는 막대하였다. 이러한 현실적 상황은 당시 원시종교인 '본교'(苯教)에 반영되면서 법왕은 하늘에서 내려온 신의 아들이라는 관념이 형성되었다.[6] 그리고 그러한 관념은 티베트 사회에서 천신(天神)사상의 전파와 확립을 보편화시켰다. 천신은 척박한 자연환경과 외부 세계의 위험으로부터 부족과 집단을 보호해주는 영험한 능력을 가지고 있었는데 이 모든 것을 하늘로부터 부여받은 인물이 지상 세계의 법왕이라는 것이다. 따라서 고대 티베트인들은 법왕을 하늘에서 보낸 사람으로 여겼으며 그에게 모든 것을 의탁하였다. 법왕은 인간의 육신을 빌려 티베트 사회를 통치하는 신이었던 것이다. 이러한 고대 법왕의 개념과 역할은 시간이 흘러 사원의 활불에게 고스란히 전수되었다.

티베트 활불의 대표적 인사로는 달라이 라마(티베트어: ཏཱ་ལའི་བླ་མ, 達賴喇嘛)와 판첸 라마(티베트어: པཎ་ཆེན་བླ་མ, 班禪額爾德尼)를 들 수 있다.[7] 이는 달라

---

6 陳慶英, 何宗英 외, 『西藏通史』, 西藏古籍出版社, 1996, 18~38쪽.

7 티베트에서 달라이 라마와 판첸 라마는 형성의 시기는 달리하지만 최고의 활불로 숭상 받는다. 달라이 라마는 1391년부터 전세(轉世)를 시작한 황교(格魯派)의 환생 활불이다. 오늘날의 달라이 라마는 14대 텐진갸초(丹增嘉措, Dainzin Gyaco)이다. 티베트의 다른 모든 불교 종파는 달라이 라마를 전 티베트의 종교적 · 정치적 지도자로 인정하고 있다. 달라이 라마 외에 추앙받는 활불로는 판첸 라마가 있다. 달라이 라마가 라싸에 근거지를 두는 반면에 판첸 라마는 티베트 제2의 도시 르커저(日喀則)의 扎什倫布(བཀྲ་ཤིས་ལྷུན་པོ, bkra-shis lhun-po) 사원에 근거를 두고 있다. 판첸 라마는 扎什倫布 사원의 수장이며, 티베트불교에서 서열 2위이다. 처음 이들의 종교적 · 정치적 지위는 평등했으나 시간이 지남에 따라 라싸에 근거로 둔 달라이 라마의 정치적 힘이 판첸 라마를 압도했다. 원래 이들의 관계는 서로 사도의 관계로 유지해오다가 13대 달라이 라마와 10대 판첸 라마 이후 양자의 관계는 악화되어 노선을 달리하게 되었다. 역사적으로, 티베트 제1의 도시인 라싸와 티베트 제2의 도시의 르커저의 사이에는 티베트 중앙부의 패권을 둘러싼 정치적인 대립이 있었다. 르커저의 지배층인 귀족이나 승려는 라싸에 일이 있을 때마다 반발하며 대항하는 일이 많았다. 그러나 15세기 내부적으로 황교가 흥성하고 외부적으로 청조의 보호를 받은 달라이 라마는 명실상부 티베트불교계의 통치자로 군림한다. 하지만 청조로부터 보호를 받은 달라이 라마 정권과는 달리 판첸 라마에게는 정권 같은 세속적인 권력은 주어지지 않았다. 이는 중원의 청조가 티베트의 통치 방안으로서 달라이 라마와 판첸 라마와의 정치적 갈등을 이용하려 했기 때문이었다. 이때부터 달라이 라마와 판첸

이 라마와 판첸 라마의 활불 체계와 전통이 오늘날까지 확실히 지속되고 있으며 외부 세계의 관심 대상이 되고 있기 때문이다. 예컨대 인도에 망명 중인 14대 달라이 라마(བསྟན་འཛིན་རྒྱ་མཚོ, 丹增嘉措, 1935~현재)를 들 수 있다. 이 대중화된 활불들은 티베트불교 종파 중에 황교(格魯派)에 속한다. 황교는 종카파(宗喀巴)로부터 창시되었으며 그는 지혜를 상징하는 문수보살의 화신으로 여겨졌다. 또한 달라이 라마는 관음보살, 판첸 라마는 무량광불(無量光佛), 즉 아미타불의 화신으로 숭상되어졌다. 전통적으로 달라이 라마는 황교 최고의 활불로서 라싸를 중심으로 한 위(衛)지역, 즉 전장(前藏)을 통치하고, 판첸 라마는 시카체(日喀則)를 중심으로 한 장(藏)지역, 즉 후장(後藏)을 종교적으로 통치하였다. 따라서 일반인들은(티베트불교신자 포함) 티베트의 활불은 황교로부터 시작되었고 세상에 현존하는 모든 활불들 또한 황교에서 모두 배출된 것으로 생각한다. 그러나 활불은 티베트불교의 모든 종파마다 나름대로의 전통적 계보를 가지고 존재한다. 또한 활불의 시원(始原)도 황교에서 유래한 것이 아니다. 황교가 활불이라는 인간 신(神)을 대중 속으로 소통시키고 광범위하게 확산시킨 것은 사실이지만 티베트 종교의 역사에서 활불체계가 유래하고 하나의 전통으로 정착된 것은 11세기 중엽에 형성된 백교(噶擧派)라는 불교 종파에 의해서 가능했다.[8]

주지하다시피 티베트불교(藏傳佛教)[9]의 종파는 크게는 황교(格魯派) 외에도 백교(噶擧派), 화교(薩迦派),[10] 홍교(寧瑪派)[11] 그리고 희해교(希解派)[12]와 결

라마는 각자의 활동 영역과 통치 범위가 정해졌다.

8 周煒,『活佛轉世与神秘西藏』, 台湾: 先智出版社, 2001, 46~52쪽.

9 속세에서는 티베트불교를 '라마교'라고도 호칭하는데 일본의 학자 마치모토 시로는 티베트불교를 '라마교'라고 부르는 것은 적절하지 않다고 주장한다. 왜냐하면 라마(bla ma)라는 말은 티베트에서 고승을 의미하는데, 이것은 불교만이 아니라 티베트 고유의 본(bon)교의 고승도 가리키기 때문이다. 즉 '라마교' 또는 'Lamaism'은 티베트불교와 본교 양자를 의미하고 있는 것이다. 또한 라마교라는 호칭은, 티베트불교를 전적으로 밀교(密教)라고 보는 오해와도

낭교(決囊派)[13] 등이 있다. 이 중에서 달라이 라마가 수장으로 있는 황교는 15세기 이후 티베트 사회의 정치와 정교의 중심이 되었다. 반면 백교는 티베트의 역사와 정치에서 크게 정권을 장악해본 적이 없는 순수 불교 종파에 불과하다.[14] 그러나 이 종파의 가치와 중요성은 대중성을 담보한 영향력과 정치보다는 종교의 순수성과 비밀스런 밀법전수에 있다. 무엇보

관련된다. '라마'라고 하는 티베트어는 인도 산스크리트어인 구루(guru, 尊師)라는 말의 번역어로서 사용되는데다가 구루에의 무조건 절대 귀의, 구루 숭배는 밀교에 있어서 빼놓을 수 없는 교설이기 때문이다. 이러한 밀교에 있어서의 구루 숭배는 중국의 禪宗에도 도입되었지만, 그 반지성적 · 무비판적 성격 때문에 비불교적이며 때로는 위험하기까지 하다고 생각되기 때문이다. 마치모토 시로, 이태승 외 옮김, 『티베트불교철학』, 불교시대사, 2008, 29쪽.

10 11세기에 건립된 본 종파(薩迦派, sa-skya-pa)는 오늘에 이르기까지 티베트 전역에 존재하고 있다. 특히나 13세기 중엽부터 14세기 중엽까지는 본 종파의 전성기였다. 역사적으로 이 시기에 薩迦派는 중원의 元朝와 결탁하여 원(元) 황실의 비호 아래 티베트 사회에 중심 사원으로 흥성할 수 있었다. 이는 당시의 종교 수장인 薩班(sa-pan, 1182~1251)대사와 그의 조카인 八思巴(phags-pa, 1235~1280)의 명성으로 원 왕실과의 정치적 결탁과 종교적 비호의 혜택을 받을 수 있었기 때문이었다. 13세기에 절정을 맞이한 본 종파는 미학적으로 홍색과 백색, 흑색을 모두 좋아하였다. 이 종파는 티베트의 후장(后藏) 지역의 중심부에 해당하는 르커저(日喀則) 살가현(薩迦縣)지역에 본부를 두었으며 종주 사원인 '薩迦寺'를 건립(1073년)하였다. 이 사원의 외관은 3색의 색깔로 화려하게 치장되어 보존되어 있다. 따라서 티베트 신도들은 속칭 '화교'(花教)라고도 일컫는다. 冉光榮, 『中國藏傳佛教史』, 文津出版, 1996, 58~65쪽. 彭英全, 『西藏宗教概況』, 西藏人民出版, 1983, 45~46쪽.

11 寧瑪派(홍교, rnying ma pa). '寧瑪.' 이 글자에는 '古'와 '旧'의 뜻이 담겨져 있다. '古'의 의미로 분석하자면 이 종파의 교법은 기원전 8세기 인도로부터 넘어온 밀교의 고승 '蓮花生'(pad-ma byung-gnas)으로부터 전해졌다. 이는 티베트의 다른 종파에 비해 무려 300년 정도 일찍 창건되었음을 말한다. 따라서 '오래된 종파'(古老的一派)의 의미를 담고 있다. 또 다른 뜻인 '旧'는 전수되고 수양하는 밀교의 종류를 뜻한다. 인도에서 건너온 밀법은 토번시대 이후로 티베트어로 번역되고 자료로 보관되었는데 新/舊의 두 종류로 분류되었다. 소위 新밀교와 舊밀교이다. 일반적으로 티베트불교사에서는 '仁欽桑波' 이후에 번역된 밀교경전을 '신밀교'라고 일컬었고 朗達瑪(836~842)법왕의 불교 탄압 이전에 번역된 경전을 '구밀교'라고 하여 구별했다. 寧瑪派는 구밀교를 그들의 주요 경전으로 삼았으며 후학들에게 전수하였다. 冉光榮, 『中國藏傳佛教史』, 文津出版, 1996, 39~44쪽. 王森, 『西藏佛教發展史略』, 中國社會科學出版社, 1997, 41쪽 참조.

다 중요한 것은 티베트불교사에서 가장 먼저 활불전세의 시스템을 창출했다는 점이다. 세속적 권력이 다른 종파에 비해 약세였음에도 불구하고 오히려 고도의 종교적 정치 시스템(활불제도)을 창출하고 계승시킨 백교는 활불이라는 종교와 정치의 수장이 승하할 때 일어나는 권력 누수 현상을 방지하고 질서를 유지하는 방법을 이미 고대에 발견하였던 것이다. 백교의 매력은 바로 여기에 있다고 할 수 있다. 그렇다면 살아 있는 인간을 어떻게 신격화시키고 계승하는 것일까? 여기에 관한 해답은 활불의 원형과 제도를 제시한 백교의 주요 인물과 사건을 통해서 접근할 수 있다.

---

12 11세기말 인도의 승려 丹巴桑結(dam-pa sangs rgyas, ?~1117)이 현 · 밀종(顯 · 密宗)에 득도하여 티베트로 다섯 차례 전교를 목적으로 진입하였다. 당시 그는 3명의 제자와 티베트로 진입하여 '希解派'(zhi-byed-pa)라는 종파를 형성 · 발전시켜나갔다. '希解'는 티베트어의 음역이고 의미로는 '능히 잠들게 하다'의 뜻이 담겨져 있다. 이 종파의 승려들은 지정된 교의와 교법대로 수행을 한다면 언젠가는 자기의 법력으로 생사의 오고 감을 주관할 수 있고, 능히 번뇌와 그 근원을 차단할 수 있으며 성불할 수 있다고 믿었다. 이 종파는 티베트 지역에 근거지를 마련했지만 끝내 방대한 사원과 조직 체계를 구축하지 못하고 14세기 말엽에서 15세기 초에 그 흔적을 감추었다. 彭英全의 책 61쪽. 王森의 책 173~175쪽. 冉光榮의 책 76~77쪽 참조.

13 활불제도의 사상적 배경인 '영혼불멸' 혹은 '환생'사상과 관련하여 '覺囊派'(jo-nang-pa)는 티베트불교의 많은 종파 가운데 가장 큰 영향을 미친 종파이다. 이 종파는 사람은 죽고 태어남을 반복하면서 육신은 사라지지만 영혼은 절대 불멸한다는 우주관을 가지고 있다. 따라서 아무 가치도 없는 인간의 육신은 천계(天界)의 사자인 독수리(天鷹)에게 보시해야 한다고 주장한다. 인간의 육신을 아낌없이 독수리에게 보시하는 행위는 영혼을 구제받는 또 다른 방법이라고 믿었기 때문이었다. 阿旺洛追扎巴, 『覺囊派教法史』, 西藏人民出版社, 1993, 6~9쪽.

14 13세기말 直貢噶擧派(백교)와 薩迦派(화교) 간의 세력 다툼이 있었다. 치열한 정권 다툼은 1290년 화교의 완벽한 승리로 종결지어졌으며, 이로 인해서 백교는 중앙(라싸)에서 사원이 거의 소멸되는 참담한 지경으로 몰리며 변경으로 밀려나는 패자로 전락하게 된다. 이를 두고 티베트 역사에서는 '林洛'(사원의 변고)라고 일컫는다. 훗날 1296년 백교는 다시 세력을 되찾는 듯했으나 다른 종파들에 의해 견제의 대상이 되어 더 이상 티베트불교의 핵심 종파로 자리 잡지 못하고 변방으로 몰린다. 措如 · 次朗 著, 『藏傳佛教噶擧派史略』, 宗教文化出版社, 2001 참조.

백교의 조사(祖師)는 인도와 네팔 등지에서 오랜 동안 밀법을 수련해온 마이파(瑪爾巴, 1012~1097)[15]대사로 알려진다. 역대 백교의 계보 중에서 최고의 고승으로 일컬어지는 인물은 마이파(瑪爾巴)와 미랍일파(米拉日巴, 1040~1123)[16]대사이다. 그런데 이들은 인도에서 티베트로 건너온 이후에도 인도 밀법수련의 전통대로 항상 백색의 승복(白僧裙, sham-thabs)을 입었다. 이러한 전통은 제자와 신도들이 백색을 선호하게 만드는 미학의 세계를 조성해주었고 이 때문에 민간 세계에서는 속칭 '백교'(白教, 噶擧派)라고 불리게 되었다.

---

15 본명은 却吉羅追(cbos-kyiblo-gros)이고 前藏 남부의 '洛扎'(lhopbrag) 지역에서 출생했다. 그는 梵文에 능통하여 인도에 세 차례, 네팔에 네 차례에 걸쳐 유학하며 당대의 고승들로부터 밀법을 전수했다. 당시 그의 스승들은 那饒巴(na-ro-pa), 弥勒巴(maitripa), 智藏(jaanagarbha) 등이다. 瑪爾巴는 그들로부터 喜金剛, 集密大印等法 등을 전수받았다. 瑪爾巴는 훗날 티베트로 돌아와서 많은 제자들을 받아들였다. 그는 특이하게도 정식으로 출가를 하지 않은 수행자였으며 평상시에는 상업에 종사하고 밭을 갈아 생계를 유지하였다. 그는 평생에 걸쳐 걸출한 네 명의 제자를 배출하였는데 그들은 모두 티베트불교사에서 빛나는 존재들이었다. 수제자 네 명의 이름은 다음과 같다. ① 梅敦村坡索南堅贊(mes-ston tshon-po bsod-nams rgyal-mtshan), ② 粗敦旺額(mtshur-ston dbang-nge), ③ 翱敦却吉多吉(rngog-ston chos-sku rdo-rje), ④ 米拉日巴(mi-la ras-pa). 이 중 米拉日巴는 스승 瑪爾巴의 밀교 수양 방법을 그대로 전수받은 인물이다. 훗날 米拉日巴의 수제자 塔坡拉結(dvags-polha-rje, 1079~1153)가 噶擧派(백교)의 분파인 '塔坡噶擧派'를 창건한다. 王森의 책 109~110쪽.

16 티베트불교사에서 가장 중요한 인물 중의 하나이며 瑪爾巴의 4대 수제자 중의 한 명이다. 후장(后藏) '貢塘'(gung-thang) 지방의 유복한 집안에서 출생했다. 당시 아버지는 유명한 상인으로 부(富)를 축적하였는데 米拉日巴가 7세(1046) 되던 해에 병으로 사망한다. 그 후 백부의 간교함에 말려들어 집안이 몰락하고 어머니는 백부의 아들과 재혼하라는 치욕을 당한다. 모든 재산을 백부에게 빼앗기고 고아가 된 米拉日巴는 어머니의 명으로 출가하여 밀법을 구학(求學)한다. 『米拉日巴傳』에 따르면 그는 먼저 藏絨(gtsang-rong) 지방에서 민간 종교인 苯教의 주술(黑呪術)을 배워서 백부와 그의 친인척 35명을 주술로써 살해하였다고 전해진다. 그는 독자적인 밀법 수행의 한계를 절감하고 당대 최고 밀법 고승인 瑪爾巴의 제자로 들어간다. 米拉日巴의 성실함과 끈기에 감명 받은 瑪爾巴는 자신만의 밀법을 그에게 전수하고 민간 종교인 본교와의 투쟁을 독려한다. 스승의 격려 속에 米拉日巴는 당시 저명

전통적으로 백교의 고승과 그 제자들이 일생에 걸쳐 수행하는 밀법은 '졸화정'(拙火定)에서 시작하여 '나요육법'(那饒六法)의 수행 단계를 걸쳐 최종적인 '대수인'(大手印)의 경지로 알려져 있다. 이 비밀스런 밀법은 오늘날에도 티베트 오지의 백교 사원에서 스승과 제자 간에 일대일의 방식으로 전교(傳敎)되고 있다.[17] 이러한 백교의 종교적 전통은 다른 종파와 마찬가지로 베일에 가려져 있고 일관되게 신비주의를 추구한다. 이러한 전통을 고수하고 견지하는 이유는 본 종파의 핵심 교의와 수련 방법을 대외적으로 유출되는 것을 방지하기 위함이다. 이러한 비밀스런 전통과 계승방식은 열정적인 백교 신도들은 물론이고 일반 티베트인들에게도 매우 매력적인 종파로 다가갈 수 있었다. 따라서 이러한 신비주의는 부수적으로 본 종파의 신도 수와 세력을 확장시키는 유효한 방법 중의 하나가 되었다. 티베트 사회에서 종파의 신도 수가 불어난다는 것은 종교적 권위를 과시하는 기준점인 동시에 재정을 안정적으로 확보할 수 있다는 것을 의미한다. 이는 티베트불교의 각 종파마다 매우 중요한 사안이었다.

기원전 1097년, 백교의 조주 마이파가 승하(圓寂)하고 오랜 기간 동안 본 종파는 구심점을 잃어버려 내홍에 휩싸인다. 이때 나타난 영웅이 바로 도송흠파(都松欽巴, dus-gsum mkhen-pa, 1110~1193. 이하 '흠파')라는 고승이

한 본교도들을 대파하고 명실상부하게 '噶擧派'의 이름을 세상에 알린다. 그는 노래로써 전교(傳敎)를 하는 것으로 유명한데 그 내용이 아주 간결하고 통속적이었다. 따라서 티베트 일반인들에게 소통과 전교의 효과가 매우 컸다. 米拉日巴는 남녀 제자를 많이 두었는데 티베트불교사에 족적을 남긴 제자는 두 명뿐이었다. 한 명은 熱穹(ras-chung, 1083~1163)이고 또 다른 한 명은 塔波拉結(dvags-polha-rje, 1079~1153)이다. 措如·次朗 著, 『藏傳佛教噶擧派史略』, 宗教文化出版社, 2001, 13~44쪽.

17 티베트불교의 특징 중의 하나는 각 종파마다 저마다의 이상적인 밀교 수행법이 존재한다는 것이다. 예컨대 寧瑪派(홍교)는 '大圓滿'이라는 최고의 밀법 경지가 전통적으로 전수되고 있으며 薩迦派(화교)는 '道果法'이라는 열반의 경지에 이르는 방법이 존재한다. 大玉法王, 『大手印最高成就修行法』, 云南民族出版社 2005, 참조.

다. 그는 능히 과거와 현재 그리고 미래, 즉 삼세(三世)를 관통할 수 있다고 하여 '도송흠파'라는 이름이 지어졌다.[18] 기록에 따르면 흠파의 부모는 모두 밀법수행에 열정적이었는데 이는 그의 유년시절에 절대적 영향을 미쳤다. 1120년 10세의 나이로 흠파는 출가한다. 19세에 라싸에서 불학을 구학했으며 30세에 비로소 당시 백교의 거두 탑파랍결(塔破拉結, dvags-polha-rje, 1079~1153)의 수제자가 된다.[19] 흠파는 특이하게도 다른 종파의 밀교경전에도 관심을 갖고 섭렵하기 시작했다. 예를 들어 화교(薩迦派)의 최고 경지인 '도과법'(道果法)은 물론이고 홍교(寧瑪派)의 '대원만'(大圓滿)까지 용맹정진 수행한 것으로 전해진다. 흠파의 특이한 점은 그가 흑색(黑色)에 특히나 흥미를 가졌다는 점이다. 티베트인들의 전통적 심미관을 볼 때 흑색은 티베트인들의 마음속에 백색이나 황색과 같은 길조의 색깔로 인식된다. 이는 고대 티베트인들의 토템신앙에서 그 근거를 찾을 수 있다. 고대 티베트인들에게 있어서 흑색의 야크는 청장고원의 보물이었다. 이 흑색의 야크는 겨울에는 물 대신 눈을 먹고 버틸 정도로 한랭하고 황량한 티베트 고지에서도 잘 적응하는 고마운 가축이었다. 그래서 티베트의 유목문화는 곧 '야크문화'라고 해도 좋을 만큼 야크가 가지는 상징성은 매우 크다. 흑색의 야크는 티베트인들에게 먹을 것에서부터 잠자리 그리고 생필품과 신앙생활에 필요한 각종 종교적 봉헌물 및 주술품을 공급해주는 청장고원의 유일한 동물이었다. 야크는 좋은 우유와 버터, 고기를 생산하는 식량 공급의 원천이므로 유목민의 목축 대상이 될 뿐 아니라

18 그의 본명은 却吉扎巴(chos-kyi-grags-pa)이며 塔波拉結의 제자이다. 三世는 티베트어로 '都松'이고 '欽巴'는 '능히 안다'(能知)의 의미이다. 王森, 『西藏佛教發展史略』, 中國社會科學出版社, 1997, 108~136쪽.

19 『清史』의 기록에는 塔破拉結가 都松欽巴에게 관정(灌頂)을 전교(傳教)하는 내용이 전해진다. 廓諾 · 迅魯伯 著, 郭和卿 譯, 『清史』, 西藏人民出版社, 1965, 312쪽.

농업을 생업으로 삼는 농경민에게는 축력을 제공하는 일소 구실을 하며 상품 교역이 생업인 대상인들에게는 사막의 낙타와 같은 상품 운송수단 및 탈것 구실을 하기 때문에 티베트인들에게는 숭배의 대상이었다.[20] 이러한 문화적 환경은 자연스럽게 흑색을 길조의 색깔로 인식하게 하였다.

흠파는 티베트의 전역에서 총 30년의 시간을 할애하며 현교와 밀법을 모두 수양하고 1147년에 고향으로 돌아와 '갈마단살사'(噶瑪丹薩寺, karma gdan-sa)라는 사원을 건립하였다.[21] 이때 그의 명성을 듣고 몰려든 제자의 숫자가 7천여 명에 달했다고 한다. 1187년에 고령의 흠파는 오늘날 라싸의 서북쪽 퇴용(堆龍)지방에 백교의 핵심 본거지인 '초포사'(楚布寺, mtshur-phur)를 건립하고 본 종파의 중흥을 예견한다.[22] 초포사는 오늘날까지도 백교의 종주사원으로 자리매김하고 있다.

백교는 티베트불교의 수많은 종파 중 제일 복잡한 계보(4개의 큰 계보와 8개의 작은 계보)를 형성하고 있는 종파 중의 하나이다([도표 1] 참조). 이러한 세분화된 지파(支派)의 난립은 백교의 창시자 탑파랍결(塔破拉結, dvags-po-

20 티베트 야크문화에 관한 서술로는 임재해의 「티베트 유목문화의 생태학적 해석」, 『比較民俗學』 8집, 1992 참조.

21 王森의 책, 1997, 115쪽.

22 티베트불교 '噶瑪噶擧派'(黑帽派)의 조주사원이다. '楚浦寺' 혹은 '楚普寺'라고도 한다. 라싸시의 서북쪽 堆龍德慶縣에 위치한다. 해발 고도 4,400m, 라싸에서는 50km 거리에 위치한다. 楚普寺는 1189년(어떤 사료는 1187년) 13세기 중엽에 건립됐다. 1401년 지진으로 무너졌으나 1414년 明成祖의 재정 지원 아래 噶瑪噶擧派의 5대 활불 德信寫巴의 추진 아래 오늘날의 楚普寺 규모로 탄생하였다. 20세기 1970년대 문화대혁명의 영향으로 다시 한 번 페허가 됐으나 1981~1992년까지 중국 정부의 보조와 원조 아래 확장 공사되었다. 1962년에 티베트자치구 문물보호 중심으로 규정되었다. '楚普寺'라는 명칭은 당시 이 지역이 楚布氏 가문의 관할지였기 때문에 사원의 명칭이 자연스럽게 결정되었다. 『楚布寺志』에 따르면 흥성할 때 사원의 승려 수는 5천 명에 이르렀으며 사원 내에는 유명한 석가모니상이 자리하고 있으며 역대 활불의 靈塔이 모셔져 있다. 楊輝麟, 『西藏佛教寺院』, 四川人民出版社, 2003, 120쪽.

lha-rje)의 유명한 4명의 수제자가 티베트의 전후(前後)지방에 각 사원을 창립하고 제자를 받아들이면서 4개의 지파(支派)가 형성되었기 때문이었다.[23] 그리고 이 4개의 지파 중 마지막에 형성된 '파죽갈거'(帕竹噶擧, phag-gru bka-brgyud) 일파에서 8개의 분파가 또다시 분출되었다. 티베트 불교사에서는 이를 두고 백교의 '4대(大) 8소(小)'라고 일컫는다.[24] 백교의 4개 지파 중에서 '갈마갈거파'(噶瑪噶擧派, 속칭 黑帽派)는 티베트에 존재하는 수많은 종파 중 가장 먼저 활불전세의 전통을 채택했고 가장 오랫동안 그 전통을 유지해오고 있는 종파이다. 본 종파는 시간의 차이를 두면서 몇 개의 활불체계를 태동시켰는데 그 중 가장 영향력 있는 활불체계는 흠파가 창설한 '흑모파'(黑帽派, zhva-nag-pa)이다. 티베트의 역사서인 『토관종파원류』(土觀宗派源流)에 따르면 흠파는 유독 흑색의 모자를 선호하였으며 항상 지니고 다녔다고 전한다. 따라서 훗날 그의 계파를 '흑모파'로 결정하는 동기가 되기도 하였다.[25] 흠파는 훗날 갈마갈거파(噶瑪噶擧派)의 제1대 활불로 추존 받는다. 이는 실질적인 활불전세의 창시자가 바로 그의 제자인 갈마발희(噶瑪拔希, Karma-pakshi, 1204~1283)[26]이기 때문이다. 티베트의 고대 역사서 『현자희연』(賢者喜宴)[27]에는 갈마발희가 화신이 되는 과

---

23 백교의 4大 支派: ① 噶瑪噶擧, ② 察巴噶擧, ③ 拔戌噶擧, ④ 帕竹噶擧.

24 彭英全의 책, 1983, 53쪽.

25 都松欽巴의 출생지는 오늘날의 캄(康) 지역이다. 그래서인지 오늘날 캄 지역, 즉 昌都, 玉樹, 阿壩, 嘉誠 지역에서는 여전히 黑帽의 라마승들을 볼 수 있다.

26 噶瑪拔希의 본명은 却吉喇嘛(chos-kyi bla-ma, 法師의 의미)이고 西康 출신이다(1204년). 티베트불교사에서 蓮花生(연꽃에서 태어난 사람) 다음으로 불교경전에 능통하다 하여 神童으로 알려졌으며 라싸 일대에서 密法을 10여 년간 수련하고 고향으로 돌아왔다. 불교 신자들 사이에서 그가 신과 통할 수 있다(神通)는 소문이 돌자 얼마 지나지 않아 제자가 500명이나 몰려들었다. 1253년 원(元)의 쿠빌라이가 雲南을 정벌할 때 噶瑪拔希를 수장으로 하는 噶瑪噶擧派의 법력을 신뢰하여 사신을 파견하여 噶瑪拔希와의 만남을 요청하였으나 그는 응하지 않고 甘肅, 寧夏, 內蒙古 등지를 돌며 밀법을 전교하였다는 일화는 유명하다. 1256년 元朝 憲宗(蒙哥)의 초청을 받았고 그에게 金印, 白銀 등과 금테를 두른 黑帽를 하사받았

정을 다음과 같이 소개하고 있다.

열반의 순간에 갈마발희(噶瑪拔希)는 도솔천으로 돌아갔다. 이곳은 불교에서 말하는 희족(喜足)의 세계로 천계내원(天界內院)이며 미륵보살이 계시는 곳이다. 그는 공손하게 공양품을 올렸다. 8일 후 그는 갑자기 자기들의 제자들이 생각나 다시 자신의 시체 속으로 들어가 세상으로 돌아와 보았다. 그리하여 그의 시체는 엎드리는 자세로 변하였다. 그는 고통 속에서 울부짖는 사람들을 보고 마음이 불안하고 가련한 마음이 생겨나 '탈사법'(奪舍法)을 써서 전세(轉世)하게 된 것이다. 그리고 그는 고통 받는 사람들에게 선한 일을 베풀었다. 공교롭게 하루는 라싸 서북부의 퇴용발창촌(堆龍拔昌村)에 사는 노부부의 13세 아이가 돌연히 죽었는데, 마침 갈마발희가 제사 지내는 연기가 모락모락 오르는 것을 보고 급

다. 이는 噶瑪噶擧派의 전통을 존중해준 사례이다. 이로부터 본 종파는 세상에 이름을 본격적으로 알리기 시작했다. 周煒의 책, 2001, 20~21쪽.

27 『賢者喜宴』의 원래 명칭은 '佛敎諸轉輪王之産生顯揚善說賢者喜宴'이다. 이 책의 저자는 噶瑪噶擧派의 활불인 巴臥 · 祖拉陳哇(dPav-bo gTSug-lag-vphreng-ba, 1504~1564)이다. 土觀 · 洛桑却吉尼瑪, 劉立千 譯, 『土觀宗派源流』, 西藏人民出版社, 1985, 63쪽. 『賢者喜宴』의 문헌에서 다루고 있는 내용의 범위는 티베트 고대 신화와 전설의 시대부터 元明의 시대까지 서술하고 있다. 주요 내용으로는 역사적으로 티베트와 관계를 맺었던 중원지방과 돌궐, 토욕혼, 남조, 서하, 몽고 등과 대외적으로 인도, 네팔, 大食에 이르기까지 광범위하게 논하고 있다. 본 문헌의 주요 내용은 티베트의 정치 · 종교 · 법률 · 역사 · 문화 · 의학 · 음악 · 건축 · 회화 등을 주제로 하는 티베트의 전방위 인문학을 明代 이전까지 상세하게 서술하고 있다. 본문 중의 중대한 티베트 역사 사건의 해석이나 서술은 토번시대 이래로 전해오는 대량의 비석이나 조서 · 문서 · 법령 등의 원시 자료를 인용하고 있다. 또한 『敦煌本藏文』 원본과 『漢文』 사료를 보충 자료로 활용하고 있어 원시 자료의 한계를 보충하고 있다. 따라서 본 문헌은 학계에서 티베트 역사문화 연구에 있어서 매우 중요한 사료로서의 가치를 인정받고 있다. 『賢者喜宴』는 또한 통사의 성격도 갖추고 있다. 따라서 본 문헌은 네 가지의 형식 체계를 갖추고 있다. 예를 들어 1) 本紀: 家普/世譜, 2) 表: 世系와 人物, 3) 志: 제도 · 형법 · 지리 · 미술 · 의학, 4) 列傳: 고승 등이다. 이 점은 기존 티베트 역사 문헌과 다른 『賢者喜宴』만의 독창적 서술 방법이다. 王璞, 『藏族史學思想論綱』, 中國社會科學出版社, 2008, 185~187쪽.

히 그곳으로 가서 시체 안으로 들어가니, 시체의 눈이 일순간에 환하게 되었다. 노부부는 이런 기이한 현상을 보고 말하길 "죽어 있는 사람의 눈이 살아 있는 사람처럼 된 것은 매우 두렵고 흉악한 징조이다." 그래서 노부부는 황급히 부엌으로 달려가 재를 가지고 와서 눈에 뿌리고 침으로 찔러버렸다. 이는 티베트인들의 민간 풍습에서 나온 것이다. 아궁이 재를 사람 몸에 뿌리는 것은 일종의 전통적으로 내려오는 사악한 것을 몸에서 쫓아내는 방법이었다. 노부부는 죽은 아들에게 마귀가 씌워서 아궁이 재로 쫓을 생각만 했지 갈마발희가 전세한 것임을 꿈에도 생각하지 못했다. 그리하여 갈마발희는 자기의 영혼을 다시 옮기어서 다른 방법으로 전세하여 재생할 것을 생각해보았다. 그리고 마침내 '공탕양형다길'(貢塘攘迴多吉, rang-vbyung-rdo-rje)의 뱃속으로 들어가 전세(轉世)하게 되었다.[28]

티베트에서는 전통적으로 전생의 고승이 승하하면 49일 안에 스스로의 의지대로 새로 잉태할 모태를 찾는다. 그리고 9개월이나 10개월 후에야 비로소 전세가 되어 어린 영동(靈童)으로 출현한다. 그러나 갈마발희는 영혼이 새로운 모태로 진입한 후 불과 5개월 만에 전세되어 세상에 출현한 것으로 전해진다.[29] 그는 전형적인 환생의 과정에 따라 전세로 인정된 티베트 최초의 고승인 것이다. 그는 갈마갈거파(噶瑪噶擧派) 제2대 활불로 인정되었으며 그의 스승을 제1대 활불로 추존하였다. 갈마갈거파 3대 활불은 양형다길(攘迴多吉, rang-byung rdo-rje, 1284~1339)이다. 그는 백교의 1대 종사인 미랍일파(米拉日巴)의 고향인 후장(后藏)의 공탕(貢塘, gung-thang) 지역에서 1284년에 태어났다. 티베트의 활불이 출생할 때면 언제나 그렇

---

28 김영진, 「티베트 活佛사상의 연구」, 『중국학연구』 제28집, 2004, 103쪽.
29 周煒의 책, 2001, 20쪽.

듯이, 양형다길(攘迥多吉) 역시 출생한 지역인 공탕 일대에서는 기이한 일들이 많이 일어났다. 예컨대 그가 초포사(楚布寺)로 들어갈 적에 법호신(法護神)이 그를 위해서 산간으로부터 물을 공급해주었다는 전설과 초포사에서 열일(涅日) 라마와 기타 고승들이 처음 대면할 때 그가 무심코 땅에 마른 나뭇가지를 꽂았는데 얼마 지나지 않아 성수가 뿜어져 나오더니 마른 고목에 생기가 돌고 발아(發芽)를 시작했다는 일화들이다. 더욱더 신기한 것은 그가 태어나고 얼마 지나지 않아서 그가 전생의 상황, 심지어 중음계(中陰界)[30]의 현상까지도 일일이 구술하였고 배우지도 않은 교법(教法)에 능통하였다는 것이다. 이는 충분히 활불의 자격을 잠재하고 있는 것으로 인정되었으며 사람들로 하여금 관심의 초점이 되기에 충분했다. 결국 양형다길은 승하한 전(前) 갈마발희(噶瑪拔希)의 새로운 전세영동으로 인정되어 5세 때 백교의 중주사원인 초포사로 초대되었다.

『토관종파원류』(土觀宗派源流)에서 갈마발희(噶瑪拔希)는 임종 전 제자(鄔堅巴)에게 "내가 오기 전에 네가 잠시 그의 대리 역할을 하라"[31]라고 예시하고 승하했다고 한다. 이에 관하여 『청사』(靑史)에서는 다음과 같은 기록을 보이고 있다.[32]

> 갈마발희(噶瑪拔希)의 전세활불인 양형다길(攘迥多吉)이 초포사(楚布寺)에 도착했을 때 갈마발희의 제자 교견파(鄔堅巴)는 사원의 경당 안에 높은 자리를 마련하고 스승의 후임 준비를 마쳤다. 양형다길의 부친이 아들을 데리고 경당 안에 들어서자 양형다길은 아무런 주저 없이 교견파의 면전에 자리한 높은 자리에

30 索甲仁波切 著, 鄭振煌 譯, 『西藏生死之書』, 靑海人民出版社, 1999, 124쪽.

31 土觀·洛桑却吉尼瑪, 『土觀宗派源流』, 民族出版社, 2000, 65쪽: "我死后, 在邊方拉推, 肯定會出現一名繼承黑帽派秘法的傳人. 在他未來之前, 你說暫時佛的代理!"

32 廓諾·迅魯伯 著, 郭和卿 譯, 『靑史』, 西藏人民出版社, 1965 참조.

대뜸 앉았다. 교견파가 순간 놀라며 물었다. "얘야, 너는 무슨 이유로 스승님의 자리에 앉느냐?" 양형다길은 바로 대답했다. "너의 스승이 바로 나다." 그 소리를 듣자마자 교견파는 순간 스승인 갈마발희가 죽으면서 남긴 유언이 떠올랐다. 그리고 이내 이 아이가 전세된 스승임을 감지했다. 따라서 전통의식과 교의에 따라 아이를 활불전세로 인준하고 모든 권한을 전수했다. 이로써 양형다길은 초포사의 주지로 초빙됨과 동시에 티베트 전역에서 최초의 전세활불로 이름을 알리게 되었다.[33]

요약하면, 티베트 활불의 태동과 전세제도의 원형은 백교에서 시작되었다. 마이파(瑪爾巴)가 조주인 백교는 종파와 지파가 복잡한 가운데 도송흠파(都松欽巴)라는 위대한 밀교 수행자가 속칭 '흑모파'라는 갈마갈거파(噶瑪噶擧派)를 만들어서 백교의 첫 번째 지파로 지정되었는데 그가 바로 티베트불교사에서 인정하는 첫 번째 활불이다. 그러나 실질적인 활불전세의 창시자는 바로 그의 제자인 갈마발희(噶瑪拔希)라고 할 수 있다. 갈마발희는 처음으로 전생과 화신의 과정을 거쳐 전세활불로 인정된 인물이다. 그는 그의 스승인 도송흠파(都松欽巴)가 환생이 되어 활불로 다시 인간세계에 재림한 인물이다. 오늘날 티베트의 전통적 전생제도의 기준에 따르자면 도송흠파는 처음으로 활불의 기준과 자격을 제시한 인물로 평가된다. 그는 갈마갈거파(噶瑪噶擧派)의 2대 활불로 인정되었다. 제3대 활불은 양형다길(攘迥多吉)인데, 앞서 설명에서 보여지듯이 전생과 환생의 일화, 영동의 신비함 등이 더욱더 구체적으로 제시된 전세활불이다. 따라서 문헌과 학자의 견해에 따라 양형다길이 실제적인 갈마갈거파(噶瑪噶擧派)

33 攘迥多吉이 승하한 후 그의 전세(轉世)는 1340년 티베트의 昌都 지역에서 출생한 乳必多吉(rol-pa'i rdo-je)이 이어받았다. 그가 黑帽派의 제4대 활불이다.

直貢噶擧派(백교)의 교주 吉天松恭 활불(1143~1217)의 출생지(卓瑪邦雜寺 사원)
(청해성 옥수티베트 자치주 소재)

'卓瑪邦雜寺' 사원의 활불(청해성 옥수티베트 자치주 소재)

尼宗寺(청해성 옥수티베트 자치주 소재)

竹節寺(청해성 옥수티베트 자치주 소재)

[도표 1] 티베트 백교 종파(噶擧派)와 지파 계보도

- 噶擧[39]
  - 塔波噶擧(dvags-po bka-brgyud)[34]
    - 1. 噶瑪噶擧(karma-bka-brgyud)[35]
    - 2. 蔡巴噶擧(tshal-pa bka-brgyud)[36]
    - 3. 拔戌噶擧(ba-rom bka-brgyud)[37]
    - 4. 帕竹噶擧(phag-gru bka-brgyud)[38]
      - ① 止貢巴(bri-gung)
      - ② 達壟巴(stag-lung bka-brgyud)
      - ③ 主巴(brug-pah ka-gyud)
      - ④ 雅桑巴(ya-bzang bka-brgyud)
      - ⑤ 掉浦巴(khro-phug bka-brgyud)
      - ⑥ 修賽巴(shug-gseb bka-brgyud)
      - ⑦ 葉巴(yel-pa bka-brgyud)
      - ⑧ 瑪倉巴(smar-tshang bka-brgyud)
  - 香巴噶擧(shangs-pa bka-brgyud)[40]

---

34 오늘날 백교라고 하면 일반적으로 '塔波噶擧'를 의미한다. 이 종파는 塔波拉結(dvags-po lha-rje)에 의해서 창건됐다. 瑪爾巴와 米拉日巴라는 걸출한 스승 밑에서 塔波拉結이 배출됐다.

35 噶瑪噶擧(karma-bka-brgyud)의 창시자는 塔波拉結 활불과 그의 제자 都松欽巴(dus-gsum mkhyen-pa)에 의해서이다. 都松欽巴의 본명은 却吉扎巴(chos-kyi-grags-pa)이다.

36 蔡巴噶擧(tshal-pa bka-brgyud)의 창시자는 向蔡巴(zhang tshal-pa)이다. 그의 본명은 尊追扎(brtson-grus grags, 1123~1194)이다. 그는 라싸 부근의 蔡巴竹(tsha-pa-gry) 지방에서 출생했다.

37 拔戌噶擧(ba-rom bka-brgyud)는 達瑪旺秋(dar-ma dbang-phyung)에 의해서 시작되었다. 그의 생졸 연대는 미상이다.

의 제1대 전세활불이며 티베트에 출현한 첫 번째 전세활불의 유래 인물이라고 보는 견해도 있다. 어찌됐든, 백교에서 시작된 활불제도는 이후 티베트 사회의 체제 안정과 종족 통합의 유효한 종교적 · 사회적 기능을 하였으며 불교 사원이 티베트 사회의 중추신경으로 정착하는 데 핵심적 역할을 담당하였다.

---

38 帕竹噶擧(phag-gru bka-brgyud)는 塔波拉結 활불의 최고 수제자인 帕木竹巴(phag-mo gru-pa, 1110~1170)에 의해서 창건되었다. 본명은 多吉杰波(rdo-rje rgyal-po)이며 西康 남부의 止壟乃學(dri-lung rne-shod) 지방에서 출생했다. 어려서 부모를 모두 상실했고 9세에 출가하여 본명을 하사받았다.

39 전통적으로 噶瑪派는 두 개의 명칭으로 불린다. 첫 번째는 噶爾擧(dkar-brgyud)이고 두 번째는 噶擧(bka-brgyud)이다. 전자는 '白傳'의 의미를, 후자는 '口傳'의 의미를 가지고 있다.

40 이 종파의 창시자는 琼波南交(khyung-po rnal-byor)이다. '요가 수행자'라는 의미를 가지고 있다. 그는 10세(1095)부터 범어와 티베트어에 통달했으며 13세(1098)에 이르러서는 티베트의 원시종교인 본교(本教)에 심취했다. 훗날 홍교의 밀교 수행법인 '大圓滿法'에 통달했으나 그는 이에 만족하지 못하고 인도와 네팔 등지로 가서 尼古瑪(ni-gu-ma)와 같은 고승으로부터 밀교를 전수받았다. 밀교를 전수받은 뒤 그는 다시 티베트로 돌아와 后藏의 '香' 지방으로 내려가서 3년 동안 108여 개의 사원을 건립하고 수많은 제자를 받아들였다. 대표적으로 桑定寺(bsam-sdings)가 이 분파의 조주사원이다. 결국 이 지방을 중심으로 백교는 세력을 확산했으며 지역 이름을 따서 '香巴噶擧'이라는 분파를 형성하였다. 15세기 저명한 고승인 塘東杰波(thang-stong rgyal-po)를 마지막으로 이 분파는 역사 속으로 사라졌다.

[도표 2] '갈마갈거파'(噶瑪噶擧派)의 주요 활불 체계

역대 흑모(黑帽) 활불 1

대(代)	이름	영문 이름	생애
1	都松欽巴	dus-gsum mkhen-pa	1110~1193
2	噶瑪拔希	karma pakshi	1204~1283
3	攘迥多吉	rang-byung rdo-rje	1284~1339
4	乳必多吉	rol-pai rdo-rje	1340~1383
5	得銀協巴	de-bzhin bshegs-pa	1384~1415
6	通哇頓巴	mthong-ba don-Idan	1416~1453
7	却札嘉錯	chos-grags rgya-mtsho	1454~1506
8	彌覺多吉	mi-bskyod rdo-rje	1507~1554
9	旺曲多吉	dbang-phyug rdo-rje	1556~1603
10	却英多吉	chos-dbyings rdo-rje	1604~1674
11	耶歇多吉	ye-shes rdo-rje	1676~1702
12	降曲多吉	byang-chub rdo-rje	1703~1732
13	堆督多吉	bdud-dul rdo-rje	1733~1797
14	台喬多吉	theg-mchog rdo-rje	1798~1845
15	喀恰多吉	mkha-khyab rdo-rje	1846~1923
16	日畢多吉	rig-pai rdo-rje	1924~?

역대 홍모(紅帽) 활불 2

대(代)	이름	영문 이름	생애
1	札巴僧格	grags-seng-ge	1283~1349
2	喀覺旺波	mkha-spyod kbang-po	1350~1405
3	却貝耶歇	chos-dpal ye-shes	1406~1452
4	却札耶歇	chos-grags ye-shes	1453~1524
5	袞喬演拉	dkon-mchog yan-lag	1525~1583
6	却吉旺秋	chos-kyi dbang-phyug	1584~1635
7	耶歇寧波	ye-shes snging-po	1639~1694
8	却吉頓朱	chos-kyi don-grub	생년 미상
9	却吉尼瑪	chos-kyi nyi-ma	생년 미상
10	却朱嘉錯	chos-grub rgya-mtsho	1738~1780

[도표 3] 塔波噶擧(dvags-po bka-brgyud) 계승표

- 瑪爾巴 (mar-pa-chos-kyi-blo-gros, 1012~1097)
  - 米拉日巴(1040~1123)
    - 熱穹(ras-chung-pa)
      본명: 多吉扎(1083~1161)
    - 塔波拉結(dvags-po-Iha-rje)
      본명: 索南仁欽(1079~1153)
  - 梅頓村波索南堅贊(mes-ston-tshon-po-bsod-nams-rgyal-mtshan)
  - 粗頓旺額(mtshur-ston-dbang-nge)
  - 鞠頓却古多吉(rngog-ston-chos-sku-rdo-rje)

2. 활불제도의 특징

1980년대 서방 세계에 티베트의 존재가 본격적으로 알려지면서 이방인들은 티베트의 생존 환경과 외적 구조물에 흥분을 감추지 못했다. 따라서 초창기 사진작가나 여행자 수준의 홍보와 입소문에 의한 티베트 외관에 대한 소개는 점차 전문적인 탐사단과 학술인들에 의해서 보다 구체적이고 상세한 티베트 내부의 이야기가 알려지게 되었다. 평지에 살고 있는 일반인들은 해발 고도에 살고 있는 티베트인들의 내부 구조가 궁금했던 것이다. 외형적인 포탈라(布達拉) 궁보다도 그 안에 살았던 달라이 라마라

는 신적 존재가 궁금했으며, 티베트인들이 오체투지(五體投地)하는 조캉사원(大昭寺)보다도 그 안에서 생활하는 라마승들의 일상이 궁금했다. 그 중에서도 티베트인들이 열광하는 살아 있는 부처, 즉 활불에 대한 궁금증은 날이 갈수록 증폭됐다. 결국 서방 학자들에 의해서 활불의 유래와 전세의 과정 그리고 환생의 신화 등에 대한 각종 이론과 학술서가 소개되었다. 그 중 이탈리아의 인류학자 마레이니(Maraini)의 티베트 활불과 제도에 관한 고찰기(考察記)는 일반인들에게 그동안 베일에 감춰져 있던 내부 상황을 처음으로 감지할 수 있는 단초를 제공해주었다.

1948년, 티베트에 잠입하여 직접 티베트를 고찰해본 마레이니는 티베트 활불제도의 특징을 다음과 같이 소개했다. "우리는 달라이 라마 제도를 매우 좋아했다. 왜냐하면 (1) 사회적 안정이 보장되는 세습제의 방식과 그때마다 새로운 선거 방식으로 달라이 리미를 선출하며; (2) 특정 계급의 노예가 되는 일이 없고; (3) 종교적인 통일을 위해 깊은 의미를 부여하고 있으며; (4) 누구든지 고귀한 보호자인 달라이 라마가 될 수 있는 가능성을 갖고 있기 때문이다. 즉, 달라이 라마는 어느 한 사람만의 특권이 아니다."[41] 이러한 그의 고찰과 견해는 활불제도의 긍정적인 측면만을 부각시켰다. 특히나 누구나 활불이 될 수 있다는 '공약수'에 대한 언급은 오늘날에도 변함없는 원칙이다.

사실상 마레이니가 언급한 몇 가지 이외에도 활불제도의 중요한 특징으로써 티베트 환생의 개념과 영동(靈童)의 전승 과정은 매우 중요하다. 환생은 활불의 사상적 배경이다. 티베트인들은 그들만의 불교(藏傳佛敎)를 신봉한다. 불교의 이론 속에는 '윤회' 혹은 '전생'이라는 보이지 않는 영혼과 육신의 관계를 설명한다. 이는 인간의 삶과 죽음이라는 문제와 밀접

---

41 야마구치 즈이호 · 야자키 쇼켄, 이호근 · 안영길 옮김, 『티베트불교사』, 1990, 198쪽.

하다. 티베트인들은 고대로부터 이러한 관념에 천착해왔다. 그래서인지 티베트인들의 문학과 신화, 철학 속에서 환생의 이론과 장면은 적지 않게 발견된다.[42] 이는 고대로부터 티베트인들의 사유의식 속에 영혼과 육신의 관계를 설명하는 환생이라는 키워드가 항상 잠재하고 있음을 시사해준다. 따라서 이론이나 오감으로 설명이 불합리한 환생의 논리는 티베트에서 더욱더 빛을 발한다. 티베트인들의 환생의 절대 믿음에서 활불의 전세와 계승 이론은 유효하게 발휘되는 것이다. 이는 티베트 활불제도의 가장 큰 특징 중의 하나이기도 하다.

또 하나, 속인들과 마찬가지로 티베트 내부에서도 전대 활불의 전승(傳承) 과정은 매우 주목을 끄는 부분이다. 어떤 과정과 절차를 거쳐 전대의 활불로 확인되는 것일까? 투명성은 담보되고 있는 것인가? 이에 관하여 14대 달라이 라마는 자신의 자서전에서 '환생' 혹은 '전승'에 대하여 다음과 같이 증언을 하고 있다. "활불의 전승 과정은 생각보다 논리적이다. 윤회의 법칙을 받아들이고, 환생이 모든 중생을 고통에서 구제하려는 노력을 지속적으로 하기 위한 것이라는 사실을 받아들인다면 개별적인 환생은 확인이 가능하다. 또 그들을 찾아내어 교육시켜 이 세상에서 전생에 하던 일을 가능한 한 계속하도록 할 수도 있다."[43] 이러한 이야기는 일반인의 입장에서 보면 선뜻 납득하기 어렵고 신비하게만 들린다. 그러나 티베트인들은 아무런 반감 없이 받아들인다. 그러하기에 티베트 사회에서 활불과 그 제도가 합법성을 가지고 유효하게 작동할 수 있었다. 이는 티

---

42 가장 대표적인 케이스는 티베트 활불전세 사상의 전형이라고 할 수 있는 「格薩爾王傳」이다. 티베트인들이 가장 사랑하고 널리 애송하는 세계 최장의 영웅서사시 「格薩爾王傳」에서는 蓮花生의 화신설과 관련된 고사를 많이 찾아볼 수 있다. 김영진, 「티벳 活佛사상의 연구」, 『중국학연구』 제28집, 99쪽 참조.

43 텐진갸쵸 지음, 심재룡 옮김, 『달라이 라마 자서전』, 정신세계사, 1991, 305~310쪽.

베트가 종교적 · 역사적 공통체로서의 매우 특수한 불교 왕국으로 오랫동안 버틸 수 있었던 동력중의 하나가 되었다.[44]

1) 환생(還生)

오늘날 중국 청해성(青海省) 옥수티베트자치주(玉樹西藏自治洲) 니종사원(尼宗寺)에 현존하는 켄보(堪布) '困錯普諾'(활불)는 인간의 '죽음'과 '환생'에 관하여 다음과 같이 설명했다. "환생이란, 촛불에 불을 점화하는 것과 같다. 촛대는 하나이지만 불은 끊임없이 꺼졌다 켜졌다 하기 때문이다." 또한 "인간의 죽음이란 여행을 하다가 여관을 들르는 것과 같은 이치이다. 즉 어떤 이는 여관에서 10일을 머물다 나가는 이도 있고 어떤 이는 100일을 머물다 가는 이도 있다. 우리가 죽음을 맞이하는 순서도 이와 같다. 또한 어떤 이는 즐겁게 머물다 가는 이도 있고 어떤 이는 불쾌하게 머물다 가는 이도 있다. 즉 우리의 인생에서 어떤 이는 타인에게 해(害)를 주지 않으면서 즐겁게 살아가는 이가 있는가 하면 어떤 이는 화난 부엉이처럼 타인에게 상처를 주면서 살아가는 이가 있다는 것이다. 우리는 얼마나 머물다가 어떻게 죽음을 맞이하는가?"

---

44 이와 관련하여 김한규는 다음과 같은 견해를 보이고 있다. "전통시대 동아시아의 '국가'(國家)는 일반적으로 '왕조'(王朝)의 형태로 유지되었다. 왕조란 특정한 한 가문이 국가권력을 영속적으로 독점하는 국가 형태를 가리킨다. '티베트'란 특정 국가의 명칭이 아니라 역사공동체의 이름이다. 그러나 티베트의 역사공동체는 '왕조' 대신, 다른 형태의 매우 독특한 '국가'를 창출하였으니, 특정한 가문이 혈통적 세습을 통해 국가권력을 지속적으로 독점하는 체제 대신에 특정 교파가 전생활불 제도를 통해 지속적으로 국가권력을 독점하는 체제를 운영하였던 것이다. 이러한 관점에서 본다면, 티베트는 동아시아는 물론 전세계적으로도 유래가 없는, 매우 독특한 '국가' 형태를 창출하여 활용하였던 것으로 이해할 수 있다. 김한규, 『티베트와 중국의 역사적 관계』, 혜안, 2003, 218쪽 참조.

경전을 염송하는 어린 라마승

티베트 활불전세의 이론적 핵심은 인간의 '영혼' 혹은 '정신'의 연속성에 관한 계승의 문제라고 볼 수 있다. 예를 들어 사람이 죽으면 그 '영혼'(識)은 인간의 육신을 떠나서 타인에게 전이가 가능하다는 인식이다. 이를 티베트에서는 다시 태어남, 즉 '환생'이라고 여긴다.

일반인들은 우리 인간의 탄생이 우연이거나 저절로 그러한 것으로 간주하는 경향이 있다. 그러나 티베트불교의 관점에서 보자면 우리가 기억하지 못하는 전생에 자비의 역량을 크게 발휘한 사람들은 어머니의 자궁 속으로 다시 들어가서 세상에 태어날 수 있다. 티베트인들은 이를 '환생'의 연속선상으로 받아들인다. 환생의 논리는 영혼의 존재와 연속성을 확신하는 믿음 위에서 출발한다.

불교의 윤회사상에 따르면 일반 사람들도 환생할 가능성이 부여되고 있다. 그러나 문제는 사람들이 실제로 환생한다고 하더라도 전생을 기억할 수 없는 상태에다가 자신의 본디 모습과 전혀 다른 갓난아기가 되어 생전에 살았던 곳과 무관한 엉뚱한 곳에서 생면부지의 부모로부터 태어나기 때문에 스스로 환생을 자각하지 못할 뿐 아니라 가족이나 이웃들로부터 환생을 인정받지 못한다는 것이다. 따라서 사실상 환생했더라도 아무도 환생인 줄 모른다면, 그래서 환생으로 인식되지 않는다면 그것은 환생이라고 말할 수 없을 것이다. 일반 출생이나 다름없기 때문이다. 다시 말해서 죽음과 출생이 아무 개연성이 없는 경우는 환생이라고 말할 수 없는 것이다. 일반적인 출생은 환생이 입증되지 않기 때문인 것이다. 결국 중요한 것은 입증된 환생만이 진정한 환생이라는 것이다.[45] 티베트에서는 이러한 입증된 환생을 전문용어로 '툴구'(朱古, sprul-sku)라고 일컫는다. '화신(化身)'의 의미를 가지고 있다.

티베트에서는 13세기부터 부처님의 화신(化身)을 의미하는 툴구를 인정하고 계승하는 전통이 형성되었다. 바로 '활불전세제도'이다. 티베트에서 이 전통이 유지되는 근본적인 목적은 깨달은 전대 스승들의 지혜를 잊어버리지 않기 위함이다. 『티베트 사자(死者)의 서(書)』에서는 환생에 관하여 다음과 같이 설명하고 있다.

> 인간의 욕망이 바로 그의 운명이다. 왜냐하면 그의 욕망이 바로 그의 의지이기 때문이다. 그리고 그의 의지가 곧 그의 행위이며, 그의 행위가 곧 그가 받게 될 결과이다. 그것이 좋은 것이든 나쁜 것이든. 인간은 그가 집착하는 욕망에 따라 행동한다. 죽은 다음에 그는 그가 한 행위들의 미묘한 인상을 마음에 지니고

45 임재해, 「티베트 출산풍속의 생태학적 이해와 '환생'의 생명관」, 『비교민속학회』, 비교민속학 16, 1999, 69~76쪽.

서 다음 세상으로 간다. 그리고 그의 행위들의 수확을 그곳에서 거둔 다음에 그는 이 행위의 세계로 다시 돌아온다. 이와 같이 욕망을 가진 자는 환생을 계속할 수밖에 없다.[46]

따라서 티베트의 라마승들은 윤회의 법칙에서 해탈하고 환생을 자기의 의지로 주관할 수 있는 방법을 터득하기 위해서 한평생 수양한다. 이를 그들의 세계에서는 '閉關' 정진이라고 한다. 문도 몸도 마음도 밖의 세상과 단절하고 오지 깨달음을 향해서 공부만 하는 것이다.

최근 서방의 인지과학(Cognitive Science)은 전생 혹은 환생 분야와 매우 상관성이 있어 관련 과학자들이 14대 달라이 라마를 직접 알현하고 과학과 종교의 지적 접촉을 시도하고 있다. 이는 인간의 정신 영역을 입증하지 못한 서구 과학이 티베트의 환생사상에서 그 연관성을 찾으려는 노력으로 비추어진다.[47]

동양에서는 환생과 카르마(業)의 이론이 비교적 지지를 받았지만, 초기 서양에서는 환생이론은 외면당했다. 서양의 물질주의는 측정하고, 무게를 달고, 듣고, 냄새 맡고, 사거나 팔 수 없는 것들은 어느 것 하나 실체로 인정하지 않았기 때문이다. 즉 비가시적(非可視的)인 것은 인정받지 못했

---

46 파드마삼바바 지음, 라마 카지 다와삼둡 번역, 에반스 웬츠 편집, 류시화 옮김, 『티베트 사자의 서』, 정신세계사, 1995 참조.

47 이러한 인식에 관하여 최근 서양의 학자들은 달라이 라마에게 자문하기 시작했다. 서구의 최신 과학이 마음과 몸의 긴밀한 상관관계를 인정한 것이다. 이와 관련하여 대니얼 골먼 편, 김선희 옮김, 『마음이란 무엇인가: 현대 신경과학과 동양 불교사상의 만남』(씨앗을 뿌리는 사람, 2006)이란 저서는 '마음과 생명학회'에 소속되어 있는 세계적인 석학들의 1990년 대담 내용을 담고 있다. 인류의 영적 스승 달라이 라마와 EQ의 제창자인 심리학자 대니얼 골먼(Daniel Goleman)을 비롯한 신경과학 · 생리학 · 행동의학 · 심리학 · 철학 분야의 저명한 서양 학자들이 정신과 신체, 감정과 건강의 상호연관성에 대해 집중적인 토론을 벌인 것이다.

던 것이다. 하지만 1970년대 과학적인 조사를 통해 전생(前生)을 되살리려는 연구가 진행됨에 따라 그동안 영적인 영역이었던 환생의 신화는 부활되기 시작했다. 예컨대 여러 가지 흥미로운 사례가 수집됨에 따라 70년대 중반에는 최면 상태에서 환생의 기억들을 되살림으로써 육체와 정신의 이상증세를 치료하는 전생 치료법이 도입되기도 하였다. 이러한 현상은 단순히 삶의 연속성에 대한 믿음을 부각시키는 데 그치지 않았다. 환생에 대한 관심은 영적인 자각에 대한 관심을 고조시켰으며 고도의 과학기술이 판을 치는 서방 세계에서 비물질적인 것에 대한 갈망이 증대되는 현상으로까지 확산되었다.[48]

그동안 서구 과학은 '죽음'에 대해 많은 실험과 이론을 시각적으로 보여왔다. 일반적으로 서구 과학은 심장의 박동이 멎고 뇌파 측정기의 그래프가 직신으로 나타나는 현상을 '죽음'이라고 징의한다. 그들은 뇌가 활동하고 있는 동안 '나'라는 개체적인 의식이 존재하며, 뇌의 활동이 멈추면 의식도 사라진다고 정의한다.[49] 따라서 서구인들은 죽음을 수동적으로 받아들인다. 그러나 티베트에서는 똑같은 '죽음'에 대해 다른 각도로 접근한다. 사람이 죽으면 의식이 소멸된다는 견해는 과학적인 탐구의 결과로 나온 것이 아니라 그럴 것이라는 가정에 불과하다는 것이다. 실제로는

---

48 1982년, 갤럽의 여론조사에는 네 명의 미국인 중에서 한 명 꼴로 환생을 믿는 것으로 나타났다. '선데이 텔레그래프'가 실시한 여론조사에서는 1980년대 영국의 성인들 가운데 28%가 환생을 믿는 것으로 드러났다. 이것은 10년 만에 10%가 증가한 수치였다. 그리고 1980년 정통 보수를 표방하는 영국 「런던 타임즈」의 조사에 의하면 설문에 응한 1,314명 가운데 29%가 환생을 믿는 것으로 나타났다. 물론 당시 전생 체험을 주장하는 사람들에 대한 회의적인 시각을 갖는 회의론자들은 환생이나 전생의 체험은 마음의 작용에 의해 나타나는 속임수라고 평가절하하기도 했다. 조피셔 지음, 손민규 옮김, 『환생이란 무엇인가』, 태일출판사, 1996, 15~16쪽.

49 로버트 A. F. 서먼, 정창영 옮김, 『티베트 사자의 서』, 시공사, 2000, 51쪽.

한동안 뇌파가 정지된 상태로 있다가 다시 살아난 사람들이 많으며, 그들은 한결같이 뇌파가 정지된 상태로 있는 동안에도 이런저런 체험을 했노라고 증언한다.[50] 티베트인들은 여기서 한 발 더 나아가 '영혼'이라는 보이지 않는 세계까지 이야기한다. 영혼을 과학적으로 측정할 수 있을까? 영혼의 주체는 무엇일까? 눈에 보이는 현상만을 믿어온 우리들에게는 너무도 접근하기 어려운 화두일 것이다. 하지만 영적 풍요로움을 위해 정진하는 티베트의 라마승들은 오래전부터 이 문제에 대해 골몰해왔다. 사후의 인간 상태에 관한 티베트 고승들의 견해는 상당히 독특하며 체계적이기까지 하다. 그들은 죽음과 인간세계로의 재생 사이에 일정한 시간의 간격이 있다고 믿는다. 사람이 어떤 세상에 다시 태어나 거기서 행복하게 사는 것은 생전에 행한 선행과 악행에 달려 있다고 믿는다. 또한 인간은 행위, 특히 정신활동을 통해 자신의 실체를 바꾸어서 신이나 동물 같은 존재의 성질을 얻을 수 있다고도 믿는다. 대다수 티베트인들은 죽은 사람의 운명이 도덕성에 따라 결정된다고 믿는 가운데, 라마승들은 '바른 방법'을 깨친 사람은 사후의 운명까지도 좋게 바꿀 수 있다고 주장한다. 다시 말해서 올바로 수행하고 정진한다면 언젠가는 본인이 원하는 바람직한 상태로 '환생'할 수 있다는 것이다. 티베트에서 밀교에 정통한 라마승들은 죽을 때 그 앞에 무엇이 기다리고 있는지 알 수 있으며, 명상에 숙달한 라마승은 죽음에 따르는 감각을 생전부터 경험한다고 한다. 그래서 현재의 육체가 무너질 때도 그들은 두려워하지 않는다. 육체는 중요하지 않다고 생각하기 때문이다. 중요한 것은 육체가 원래의 요소로 분해됨에도 불구하고 계속 남아 있는 '무엇'이라는 것이다. 육체가 무너진 후에도 계속 존재하는 '그것'이란 무엇일까? 그것은 '나'라는 의식이며, 달리 표현

50 로버트 A. F. 셔먼의 책, 2000, 52~53쪽.

하면 '존재하고자 하는 의지'라고 한다.[51] 전세(轉世)와 환생(還生)에 있어서 이것은 매우 중요한 요소이다.

환생이란 '다시 존재함'(punabbhava)을 의미한다. 이를 티베트에서는 미묘한 의식의 연속성으로 받아들인다. 그래서 누군가가 환생을 증명해 보라고 한다면 티베트에서는 '마음(意識)의 연속성'을 말하곤 한다. 이에 관하여 현 14대 달라이 라마는 다음과 같이 피력했다.

> 불교에서 환생 개념을 받아들이는 근거는 기본적으로 '의식의 연속성'에 있다. 물질계를 예로 들어보자. 우리는 우주 안에 있는 모든 요소들을 아주 미시적인 차원에 이르기까지, 그러니까 물질계의 모든 요소가 '우주 입자'라고 알려진 것 속에 응축되어 있는 최초의 지점까지 추적할 수 있다고 믿고 있다. 그런데 이 우주 입자들은 이진의 우주가 붕괴되어 산산이 흩어진 상태라고 한다. 따라서 우주가 진화하고 붕괴하는 순환이 계속 반복되고, 소멸된 모든 것은 다시 존재하게 된다. 물질계와 마찬가지로, 마음도 그 과거와 연속성을 가지고 있음에 분명하다. 따라서 우리들이 지금 이 삶에서 전생의 마음 또는 의식을 추적할 수 있다면, 물질계의 기원과 마찬가지로 마음의 연속성의 기원을 무한 차원까지 추적할 수 있음을 알게 될 것이다. 그러므로 마음의 연속성을 계속 유지하게 만드는 환생이 있음은 분명하다. 불교는 모든 것은 변화할 수밖에 없으며 원인과 조건에 따라 바뀐다는 인과론이 일체에 통용된다는 것을 믿는다. 우리가 원인과 조건을 말할 때 두 가지 주요한 유형이 있다. 어떤 것을 생성시키는 실체적 원인, 그러한 인과(因果)관계에 작용하는 협동요소 두 가지가 있다. 마음과 몸의 경우, 서로 상호작용하지만 하나가 다른 것의 실체가 될 수는 없다. 바로 이것이 불교가 환생을 받아들이는 근거이다.[52]

---

51 파드마삼바바 지음의 책, 1995, 102~106쪽.

1995년에 뉴욕에서 달라이 라마는 '칼라차크라'[53] 법회를 하면서 환생에 대해 자신의 이해를 다시 한 번 설법했다.

마음은 과거와 끊임없이 이어지는 연속성을 갖는다. 지금의 생에서 전생의 마음이나 의식을 찾아갈 수 있다면, 물질계가 그러한 것처럼 마음이 갖는 연속성의 시초를 무한한 차원에까지 찾아갈 수 있다. 그러나 그 처음은 없다. 마음의 연속성을 계속 유지하게 해주는 '환생'이 있다는 것은 분명한 사실이다. 모든 것은 어떤 원인의 결과로 있는 것이며, 마음이나 의식도 그 직전 상황의 결과로 존재하는 것일 뿐이다. 마음과 물질은 상호작용하지만 그 중 어떤 하나가 서로 다른 어떤 하나의 실체가 되지는 못한다.

티베트에서 말하는 '환생'을 어떻게 받아들여야 하는가? '윤회'의 또 다른 형태는 아닐까? 또한 티베트 사회에서 말하는 전세영동(轉世靈童), 즉 전대의 활불로 점지된 어린아이들의 환생은 무엇에 근거하여 결정되는 것일까? 자신들의 의지가 반영된 결과인가?

인간의 마음과 관련하여 현존하는 활불에게 설법을 들은 적이 있다. 그는 우리의 마음은 원래 4개라는 것이다. 과거의 마음, 현재의 마음, 미래의 마음 그리고 잃어버린 마음이라는 것이다. 티베트의 라마승들은 그 잃어버린 원래의 마음을 찾아 수양하는 것이다. 만약 용맹정진하여 그 잃어버린 마음을 찾아올 수 있다면 우리는 윤회에서 벗어나 환생을 주관할 수

52 1991년 뉴욕에서 달라이 라마가 공개 강연할 때 설법한 내용.
53 티베트 탄트라 불교의 신과 그 가르침을 뜻한다.

있게 될 것이다(竹節寺의 현존하는 활불 多杰增巴와의 인터뷰 중에서).

환생의 기본 원리에서는 모든 인간이 이 땅에 계속 태어나는 것은 '카르마'(業) 때문이라고 설명한다. 우리가 어떤 생각과 행동을 하든지 간에 우주는 그에 대한 반작용을 일으켜 균형을 유지하려는 경향이 있는데 우리의 생각과 행위가 그 작용에 영향을 미친다는 개념이 '카르마'이다. 다시 말해서 원인과 결과의 복합적인 상호작용을 통해 모든 불완전함이 해소될 때까지 환생의 과정은 결코 멈추지 않는다는 것이다. 카르마의 법칙이 보여주는 냉정한 공정성은 우주의 구조 자체만 놓고 보아도 쉽게 알 수 있다. 바로 어떠한 에너지도 소실되지 않는다는 에너지 보존의 법칙, 즉 뉴턴(Newton)이 주창한 '운동의 제3법칙'[54]이다.

환생의 개념은 어찌 보면 현대 물리학의 '에너지 보존 법칙'(energy conservation, law of)과도 일맥상통한다. 둘의 공동점은 '순환'의 개념이 존재한다는 것이다. 에너지 보존은 에너지의 형태가 어떻게 바뀌더라도 총 에너지의 합은 일정하다는 것이다. 즉 물리학에서 말하는 '에너지 보존법칙'은 에너지의 총량은 보존된다는 물리학적 법칙이다. 그런데 과학적으로 증명된 이 개념은 때때로 비물리적이며 보편적인 개념이 될 수도 있다. 죽음의 현상을 예로 들어보자. 누군가 죽으면 누군가 태어난다. 누군가에게는 행복이 되고, 그 현상이 누군가에는 불행이 된다. 이러한 득과 실의 현상은 우리 일상사에서 항상 접하게 되는 자연현상이다. 그래서 죽는다고 슬퍼할 필요도 없고 인간으로 태어난다고 기뻐할 것도 없다는 것이다. 이러한 논리는 티베트인들의 생사(生死)관에서 여실히 드러난다. 티베트불교는 '죽음'을 매우 중요시 여긴다. 따라서 죽음 이후의 사후세계는 티베트인들에게 관심의 대상이다. 티베트인들은 환생을 믿고 있기

54 작용이 있으면 반드시 크기는 동등하면서 방향이 반대인 반작용이 있다.

때문에 누군가가 죽더라고 슬퍼하거나 절망하지 않는다. 다만 이생에서 카르마의 누적이 중요할 뿐이다. 따라서 환생은 고대로부터 티베트 민중들의 생활양식에 절대적인 영향력을 미치고 있다. 그런데 이러한 환생의 사상은 티베트의 활불제도와 밀접한 관련을 맺고 있다. 왜냐하면 티베트 활불제도의 탄생과 전승에 관련하여 '환생'이라는 사상적 배경은 매우 중요한 이론적 역할을 하기 때문이다.[55] 티베트 사회에서 주류에 속하는 라마승과 활불들이 활불제도의 필요성과 합리성을 역설할 때 가장 설득력 있게 제시한 이론적 근거는 영혼의 영속성을 강조하는 환생이론이었다. 무지한 유목민이 대다수인 티베트인들은 그들이 신봉하는 활불과 라마승들의 언행을 절대적으로 신뢰했다. 따라서 대다수의 티베트인들은 영혼이 전이될 수 있다는 환생론을 자연스럽게 받아들였다. 민중들로부터 절대적인 지지와 복종을 이끌어낸 환생의 신화는 결국 티베트 사회를 통합하고 질서를 유지할 수 있는 활불이라는 종교적 신을 만들어내는 데 유용한 사상적 환경을 조성해주었던 것이다.

불교의 윤회의 관점에서 보자면 현생의 모든 것은 전생의 결과라고 볼 수 있다. 현생에서 영화를 누릴 수 있는 것이나 불행한 삶을 누리는 것이나 모두 전생의 업(業)의 누적 때문이라는 것이다. 『티베트 사자의 서』에서는 인간은 죽기 전 얼마간의 시간이 다음 생의 내용을 결정지을 수 있는 아주 중요한 시간이라고 말한다. 윤회의 사슬을 기본적으로 끊을 수 있는 것은 아니지만 최소한의 영향은 행사할 수 있다고 강조하고 있다.

55 김영진은 그의 논문 「티벳 活佛사상의 연구」에서 활불전세의 사상적 배경과 관련하여 다음과 같이 추정하고 있다. "먼저 활불전세 제도이론의 사상적 배경과 유래는 인더스 문명권인 힌두교 및 그 개혁세력인 불교에서 주창한 육도윤회(六道輪回) 사상 및 '삼세설'(三世說)과 '삼신설'(三身說) 등의 관점에서 발전하기 시작한 대승불교의 보살관 · 여래관을 비롯하여 티베트 민간 고유의 영혼불사 및 본교 신앙 등과 매우 다양하고 밀접한 사상적 토대 위에서 서로 융합 혹은 혼합되는 과정에서 탄생했다고 추정할 수 있다." 『중국학연구회』, 2004, 92쪽.

그것은 자신의 힘에 의할 수도 있고 인도자의 능력에 의탁할 수도 있다. 티베트에서 종교적 지도자(활불)가 필요한 가장 중요한 이유이다.

환생이라는 초현실의 영역을 티베트인들은 고대로부터 신뢰하고 경험적으로 천착해왔다. 따라서 통계나 숫자로의 표현에는 어색하지만 경험과 깨달음의 경지(境地)로 전개해낸 티베트 환생의 개념은 어느 민족보다도 구체적이고 섬세하다. 티베트 민족의 환생이라는 전통적 관습세계의 신앙과 깨달음의 축적은 '활불'이라는 구체적 대상의 집적(集積)을 이루었다. 이것은 한 개인이 개별적으로 이룰 수 있는 전통이 아니다. 오랜 시간 배양해온 집단행동의 덩어리인 것이다. 중요한 사실은 오늘날에도 환생이라는 이 의문투성이의 정신세계가 티베트인들의 신념과 가치관에 압도적 역할을 담당하고 있다는 것이다. 환생이라는 영적 관념은 오늘날 구체적으로 눈에 보이는 증거를 내놓고서야 수긍하는 우리들보다도 티베트 사람들에게 훨씬 더 깊게 뿌리박혀 있다. 고도의 과학기술이 나날이 발전하는 세상에서 전혀 과학적인 증거와 통계를 확보하지 못하는 이러한 환생과 윤회라는 고도의 내면세계는 티베트인들에게 전혀 낯설지가 않다. 왜냐하면 그들은 환생의 존재 여부를 따지는 것보다도 믿는다는 것이 더 중요하다고 생각하기 때문이다. 그래서 티베트인들에게는 환생이 보이는 것이다.

2) 전승(傳承)

외부 세계의 시각으로 보자면 티베트 활불의 전승(傳承) 과정과 확인 작업은 매우 신비하며 의문스럽기만 하다. 그런데 중요한 것은 이러한 표피적인 호기심보다는 활불의 '전승이 누구에 의해서 어떤 시기에, 그리고 왜 이루어져야 하는 것인가?'에 대한 근원적인 궁금증이 더 필요하다. 왜냐하면 이는 티베트 '정교일치'(政敎一致)의 시스템을 관통하고 있는 핵심 사안이며 활불제도 탄생의 근본적 목적이기 때문이다.

활불을 상징하는 달라이 라마와 판첸 라마 외에도 티베트에는 전세(轉世) 활불이 무수히 많다. 티베트에서 환생 능력은 일반의 세속 신도가 쉽게 발휘할 수 있는 것이 아니지만, 달라이 라마와 판첸 라마라는 두 명의 활불만 환생한 것은 아니다. 역사의 기록에 따르면 청 건륭(乾隆)연에는 이번원(理藩院)에 책봉 승인을 요청한 호톡투(呼圖克圖)급 대활불의 수가 148명에 이르렀고, 청 말에는 160명으로 증가하였으며, 중화인민공화국에 편입된 초기에는 티베트자치구(西藏自治區) 안에서만 3~4천 명의 활불이 존재하는 것으로 파악되었다.[56] 이와 관련하여 만가(曼苛)는 『티베트의 신비한 종교』(西藏神秘的宗教)에서 다음과 같이 말했다.

> 티베트의 모든 라마사원에는 한두 명의 활불이 존재한다. 모든 라마는 신앙의 대상이 되고 각지의 사람들에게 절대적인 숭앙을 받는다. 활불의 출현은 라마 전생의 목적에 따라 세상에 나오는 것이다. 제1세가 원적(圓寂)하면서 제2세를 선택하는 것이다. 그 선택의 방법은 다음 세 가지 요건에 따른다. (1) 전생의 암시에 따라 환생할 방향, 촌락, 산수풍경을 알아야 한다. (2) 2세가 태어난 초기에 특이한 징조와 행위를 보이고(奇異的徵兆) 모든 마을 사람들의 선포에 따라 활불을 인정한다. (3) 전생에 사용했던 서적과 여러 가지 유품들 중에서 일부를 늘어놓아 아이가 하나씩 알아차려야 한다. 위의 세 가지 조건을 충족하고 고명한 활불이 점괘에 따라 이를 증명하면(占卜) 정식으로 활불로 인정된다. 이후 모든 라마 및 민중의 존중을 받는다.[57]

---

56 弘學, 『西藏佛教』, 四川人民出版社, 1997, 173쪽.
57 曼苛, 『西藏神秘的宗教』, 台湾: 文殊出版社, 1998, 260쪽.

여기서 말하는 전생의 개념은 불교의 기본적인 개념이다. 전생이라고 해도 인도불교의 그대로냐 하면 그렇지도 않다. 인도불교에서 전생은 수태(受胎)사상에 기초한다. 즉 부친의 정(精)과 모친의 혈(血)의 화합에 의해서 수태한다는 것이다. 그런데 활불의 경우 선대가 죽은 후 전생자(前生者)를 찾는다는 점에서 인도불교에서의 전생 수태설과는 다른 것을 알 수 있다. 즉 이미 태어난 아이에게서 전이(轉移)된 증좌를 찾는다는 것이 티베트불교의 특징이다.[58]

티베트에서 활불의 전세(轉世)는 특이한 조짐과 유훈을 중시한다. 즉 전

58 崔吉城, 「라마교에 있어서 轉生의 意味」, 『비교민속학』 제8집, 1992, 72~73쪽. 최길성은 그의 논문에서 티베트불교의 가장 핵심적인 요소를 활불의 생성 과정에서 조명하였다. 즉 활불이 되는 과정에서는 먼저 신비스러운 징조를 찾고 거기서 신비력을 인정하는 과정이 중요하다는 것이다. 그는 신비성을 지닌 인간의 발견이 절대 중요한 것으로 간주하였다. 그의 논문 「라마교에 있어서 轉生의 意味」에서 주목할 만 한 점은 티베트의 전생 구조를 일본의 천황제와 한국의 무속신앙인 강신무와의 비교를 통해서 異同을 분석하였다는 점이다. 우선 왕권의 계승 방법이 일본의 천황제와 비슷하다는 의견이 상당히 있으나 활불의 전생에서는 육신적 세습 제도를 거부하는 점에서 일본의 천황제와는 상이하다는 주장이다. 즉 천황제는 생물학적 세습을 전제로 하고 있기 때문이다. 그러나 일본의 천황제에서도 단순히 천황권이 세습으로만 결정되는 것이 아니다. 대상제와 즉위식에서 볼 수 있는 바와 같이 죽은 선왕의 영혼이 신왕에게 전위되는 의식을 행함으로써 왕권이 완전히 즉위되는 점에서 '영혼의 전생'이라는 공통분모를 찾을 수 있다. 그러나 근본적으로 육신의 세습을 거부하는 활불과 세습 원리를 기본으로 하고 있는 천황제가 유사하다고 하기는 어렵다는 주장이다. 결국 활불과 천황은 상당히 차이가 있다는 것이다. 이러한 활불제도와 유사한 점을 한국에서 찾는다면 무속신앙과 강신무를 들 수 있다. 세습무는 기본적으로 세습 원리를 생명으로 삼고 있기 때문에 일본의 천황과 유사하지만 라마교와는 거리가 있다. 그러나 강신무의 경우에는 영혼의 전생이 육신의 세습 관계를 전제로 하지 않는다는 점에서 라마교와 유사하다고 할 수 있다. 그러나 차이가 나는 것은 강신무에게서는 일정한 죽은 자의 영혼이 깃드는 것은 아니라는 점이다. 많은 신들 가운데 몸주신이 깃드는 것이기 때문에 일정한 죽은 자의 영혼이 깃드는 것을 배제하지 않고 실제로 그러한 경우도 많지만 원칙적으로는 일정한 죽은 자와의 관계를 전제로 하지 않는다는 점에서 강신 또는 전생의 폭이 매우 넓다고 할 수 있다. 그리고 강신무는 어떤 죽음을 전제로 하지 않는다는 것이 특징이라고 할 수 있다. 그에 비하면 티베트불교의 전생의 범위는 훨씬 폭이 좁다. 세습무는 세습을 통해서 사제자로서의 자격을 얻지만 항상 신의 상태에 있지는 않고 신을 경배하는 사제자로서 그친다는 점에서 라마가 항상

대 활불의 남겨진 유훈이나 새로운 활불이 태어날 때의 각종 기이한 현상을 주목하는 것이다. 비밀스런 유훈과 기이한 현상은 새로운 활불의 탐색에 근거로 작용한다. 새로운 활불의 태어남은 일반인과 다르다는 특색을 가진다. 예를 들면, 어떤 활불은 어린 시절부터 종종 "내가 전대의 활불이다"라고 말한다고 한다. 그리고 결국 활불 탐색단에 의해 이런 어린이는 영동(靈童)의 대상으로 선정되어 구체적인 테스트를 거치게 된다.

유훈을 특히나 강조하는 티베트의 불교 종파로는 백교(噶擧派)를 들 수 있다. 백교의 활불은 임종 전에 유서를 작성하고 비밀스럽게 자신의 수제자에게 남긴다. 그 유서에는 자신이 어느 날, 어떤 장소, 어떤 환경 속에서 새롭게 전세할 것을 예지하고 있다. 따라서 제자들은 전세된 활불을 찾는 데 이를 적극 참고한다. 전세된 새로운 활불, 즉 어린 영동이 출생할 때도 일반인과 다른 환경이 조성된다. 즉 평소에는 나타나지 않는 큰비 · 번개 · 지진 · 무지개 등의 기이한 자연현상이 동반되는 것이다. 이는 전세된 활불이 다시 인간 세상에 재림하는 조짐을 나타내는 것이다. 예컨대 백교의 16대 활불 갈마파(噶瑪巴)가 승하했을 때 그는 자신의 제자에게 두 가지 유언을 남겼다. 첫 번째는 공개적 유언이었고 두 번째는 비밀스런 유언이었다. 공개적 유언이란 자신이 승하하면서 그 자신이 생전에 못다 이룬 불교사업과 종교 활동에 관한 부탁이었다. 중요한 것은 비공개로 남겨진 전세에 관한 또 다른 유언이다. 그는 자신의 영혼이 또 다른 인간의 육신을 빌려 티베트 지역에서 다시 환생한다는 것을 수제자에게 알려주었다. 물론 시기와 장소, 시간 등을 구체적으로 예시해준 것이다. 이를 티

신격으로 존재하는 것과는 차이가 난다. 세습무 · 강신무 · 활불 · 천황 등은 모두 인간이 신격을 얻는 종교적 존재임에 틀림없다. 그러나 신격을 부여받는 과정이나 기능이 다를 뿐이다. 이와 같이 인간이 신격을 갖는 것은 어느 종교에서나 어느 정도 다소의 차이는 있으나 보편적으로 나타나는 현상이다.

베트어로 '용단'(龍單)라고 일컫는다. 티베트의 불교 종파 중 백교는 이러한 점을 중요시하지만 달라이 라마를 활불의 수장으로 삼고 있는 황교는 여기에 다른 점을 추가한다. 바로 점성학적으로 점(問卜)보기와 강신(降神)의 의식을 진행하는 것이다. 백교는 훗날 황교의 이러한 의식을 추가적으로 접목하여 새로운 활불을 찾는 데 활용하였다.[59]

전통적으로 알려진 티베트 활불전세의 방식은 크게 다섯 가지로 나누어진다.[60] 이 방법들은 고금의 시간차를 두면서 각 종파마다 사원마다 특색에 맞게 형성된 것이다. 훗날 이 방법들은 객관성과 투명성을 확보하기 위하여 다시 구체적으로 조합되어진다. 첫 번째는 '조구법'(抓鬮法) 방식이다. 이는 제비뽑기 방식으로 찾아낸 몇몇의 아동 중에서 영동을 결정하는 것이다. 두 번째는 '강신지정법'(降神指定法)이다. 이는 종파와 사원의 지위를 안정시키고 공고히 하기 위하여, 그리고 기타 종파와의 투쟁에 유리하기 위하여 신(神)의 뜻으로 활불의 전세를 확정하는 것이다. 세 번째는 '고승활불지정법'(高僧活佛指定法)인데 달라이 라마 또는 판첸 라마로부터 지정받는 것이다. 달라이 라마나 판첸 라마는 최종 테스트에 통과된 어린 영동을 다시 한 번 확인하고 새로운 티베트 이름과 축하의 의미로 '하다'(哈達)를 선사한다. 그리고 어린 영동을 공개적으로 전대 활불의 환생자라고 공식화한다. 이는 오늘날까지 진행되고 있는 가장 유효한 방법 중의 하나이다. 네 번째는 세속 통치자가 일방적으로 지정하는 방식이다. 사원의 활불전세는 티베트 내부의 일로 간주되긴 하나 때에 따라서는 외부세력이 불교세력을 이용하여 통치를 강화하는 수단으로 활용되었다. 예컨대 중원의 원대와 청대의 황실은 티베트의 유력한 라마승을 종교적 스승

59 次旦倫珠, 「活佛轉世的産生及歷史作用」, 『西藏研究』 特刊 總第30期, 1989, 106쪽.
60 정인재, 「티베트(西藏)불교와 판첸 라마의 환생」, 『동아연구』 제36집, 2001, 168쪽.

으로 삼는 한편 정치적으로 '활불' 또는 '국사'(國師)라는 칭호를 하사하여 티베트를 간접적으로 통치 · 관리하였다. 다섯 번째는 승속(僧俗)이 공동으로 활불전세를 확인하는 것이다. 이는 세속 통치자와 라마승이 공동으로 활불전세를 추진하고 황교의 3대 사원(哲邦, 色拉, 甘丹)에서 승인을 얻는 방식을 취하는 것이다. 이밖에도 '금병추첨'(金瓶掣簽)의 방식이 있는데 이것은 청조가 활불 전세 과정의 투명성을 확보하고 특정한 귀족세력의 정치 참여를 견제하고자 하는 목적에서 기획되었다.[61]

실제로 청 정부는 7대 달라이 라마 시대부터 본격적으로 티베트와 밀접한 관계를 시작한다. 종교적 지원자임을 선포하지만 실질적으로는 정치적 견제와 관리의 본격적 시작이었다. 이는 청조가 후방에서 황교를 지원하고 달라이 라마의 선정 과정까지 관여하게 됨을 살펴보면 알 수 있다. 당시 티베트 정부 '갈하'(噶厦)의 행정수반이 달라이 라마와 주장대신(駐藏大臣)으로 구성된 이유도 '금병추첨'과 무관하지 않다. 티베트에서 최초로 신분의 등급을 나누어 품계(1~4품)의 형식으로 녹봉을 지급한 것도 청조의 기획이었다. 당시 최고의 품계는 2품으로 분류된 달라이 라마와 섭정(攝政)이었다. 3품은 噶厦정부의 4명의 대신인 噶倫(3인 귀족, 1인 라마)이었고 4품은 噶厦정부의 譯倉(비서관, 4인의 라마)과 仔康(회계 담당, 4인의 귀족)이었다.

역사를 추적해보면 건륭 53년(1788), 네팔 고르카(廓爾喀)군이 후장(后藏=짱지역)에 진입하여 라모(拉木), 제중(濟嚨), 쫑카(宗喀) 등에서 소란을 일으켰다. 건륭 56년(1791)에도 고르카 군이 다시 후장을 침입하여 르카저(日喀則)까지 침입당하였다.[62] 이에 청의 건륭제는 대장군 복강안(福康安)

61 何宗英, 「從"金瓶掣簽"看清朝對西藏的管理」, 『西藏研究』 特刊 總第30期, 1989, 110~112쪽.

등을 보내어 대군으로 티베트를 지원하게 하였다. 네팔과의 전쟁을 통해, 만청(滿淸)은 티베트와의 관계에 있어서 새로운 제도의 필요성을 느끼게 되었다. 그 이유는 두 가지 측면에서 설명이 가능하다. 첫 번째는 1751년에 수립한 '13조 장정' 체제가 티베트의 정국과 티베트-만청 관계를 안정시키는 데 부족하다는 사실을 확인한 것이고, 두 번째는 13조 장정은 티베트 '법왕'(藏王)의 전제 체제를 철폐하고 주장대신(駐藏大臣)으로 그 기능을 보완하게 하였으나, 네팔 '고르카'와의 전쟁 과정에서 티베트의 제반 사항은 달라이 라마와 噶倫(대신) 등이 마음대로 처리하고, 주장대신은 관리하지도 보고받지도 못하여, 주장대신이 헛되이 설치되었음을 확인하였기 때문이었다.[63] 이에 건륭제는 고르카의 2차 침입을 격퇴한 후에 복강안을 시켜 29조의 새로운 장정을 만들어, 철군한 뒤에도 티베트 정국과 티베트-만청 관계를 안정시킬 수 있는 제도적 장치를 마련하게 하였다. 결국 1793년에 이른바 「장내선후장정」(藏內善后章程) 29조를 반포하였는데 그 중에서 제1조가 바로 활불과 금병추첨에 관한 내용이었다.[64] 제1조의 내용을 인용하면 다음과 같다.[65]

---

62 건륭(乾隆) 53년(1788) 7월에 "巴勒布廓爾喀屬下의 두목 蘇爾巴爾達布등이 서쪽으로 沮木郎부락을 약탈하고 다시 동으로 청(淸) 변경을 침구하였다"(『淸高宗實錄』 1309). 巴勒布는 네팔의 당시 칭호였고, 廓爾喀는 국내 일개 종족의 명칭이었는데, 18세기 중엽에 이 종족에 의해 네팔의 정권이 장악되었다. 김한규의 책, 2003, 274쪽, 주 47 재인용.

63 김한규의 책, 2003, 133쪽.

64 「장정 29조」는 달라이 라마의 전세영동을 확인할 때 금병추첨 방법을 사용할 것, 카론(噶倫) 등 고급관리를 임명할 때 달라이 라마와 주장대신(駐藏大臣)이 함께 의논하여 선임할 것, 3천 규모의 티베트 상비군을 양성할 것, 대외 업무는 주장대신의 비준을 받을 것 등, 이후 티베트와 만청의 관계를 결정할 중요한 사항들이 규정되었다. 陣光國, 「情潮 ≪欽定藏內善后章程二十九條≫ 的頒行与祖國的統一」, 『藏學硏究論叢』 第6集, 1994, 34~36쪽.

65 牙含章, 『達賴喇嘛傳』, 人民出版社, 1984.

> 활불(活佛)과 호톡투(呼圖克圖)의 영동을 찾는 문제는, 티베트인의 습속에 따르면 영동을 확인할 때 반드시 4대 호법(護法)에게서 점을 쳐서 묻는데, 이같이 하면 폐단의 발생을 면하기 어렵다. 따라서 청의 황제는 티베트의 황교를 흥성케 하기 위해 특별히 하나의 금병(金甁)을 내려, 앞으로 영동을 찾을 때에 4대 호법을 불러 모으고 영동의 이름과 출생 연월을 만(滿), 한(漢), 장(藏)의 3종 문자로 첨패(簽牌) 위에 써서 병 안에 넣고, 학문이 있는 활불을 골라 보내어 7일간 기도하게 한 뒤에, 각 호특투와 주장대신의 참석 하에 '조캉사원'(大昭寺, Jokhang)의 석가모니 불상 앞에서 정식으로 인정한다. 만약 영동을 한 명만 찾았을 경우에도 한 명의 영동 이름을 쓴 제비와 이름이 없는 한 개의 제비를 함께 병 안에 넣는데, 만약 이름이 없는 제비를 뽑게 되면 이미 찾은 아동을 인정할 수 없으므로 다시 찾아야 한다.

이 29조 장정 중의 제1조는 청의 티베트 활불전세 제도에 대한 간섭이라고 볼 수 있다. 그러나 역사의 현실에서는 이 장정대로 모두 이루어지지는 않았다. 예를 들어, 1808년에 8대 달라이 라마의 전세영동을 확인할 때는 금병체첨 방식이 적용되지 않았으며, 12대와 13대 달라이 라마의 전세영동을 확인할 때도 금병체첨을 통한 간여는 배제되었다.[66]

사실상 금병추첨의 기획과 시도는 활불의 전승 과정 중 일부의 귀족세력 혹은 달라이 라마의 가문('아계'[亞谿])에서 번갈아가며 세습하는 병폐를 차단하기 위한 방법의 하나로 고안된 것으로 보인다. 즉 추첨 제도를 통하여 달라이 라마나 판첸 라마의 친인척 중에서 전세영동이 의도적으로 선택되는 것을 방지하기 위한 고육책이었다. 그러나 이 또한 객관성과 투명성을 확보하기에는 한계가 있었다.

---

66 김한규의 책, 2003, 139쪽 참조.

활불전세의 가장 핵심이 되는 사안은 역시 전세영동(轉世靈童)을 찾는 과정이다. 티베트에서는 전통적으로 다음과 같은 절차를 따른다. 우선, 활불이 사망하면 제자와 측근들은 '이 세상에 가능한 한 빨리 돌아와주세요'라는 기원을 한다. 이는 활불의 지위와 인지도에 따라 결정된다. 나무가 적은 티베트에서는 시신을 독수리에게 먹이는 조장(鳥葬)이 일반적이지만 활불의 경우에는 화장(火葬)하거나 탑장(塔葬)으로 장례를 치르는 것이 관례이다. 그 이유는 화장이나 탑장을 통하여 몸속의 사리를 찾아내고 다비식 때 연기의 방향을 체크하여 환생한 위치를 파악하기 위해서이다. 심지어 유골 속에서 발자국의 형상을 찾아내어 탐색의 근거로 활용하기도 한다.[67] 장례식이 끝나면 전세영동을 찾기 위한 탐사대가 꾸려진다. 이는 대부분 섭정(攝政)이나 활불의 수제자가 협의하여 주도한다. 탐사 팀은 승하한 활불의 생전언동, 측근의 꿈, 무당의 신탁, 점 등을 참고하여 전생이 언제, 어디서 어떤 상황에서 이루어지는지 검토한다. 특히나 이 과정에서 티베트의 전통의식에 따라 지정된 장소의 호수, 즉 신의 호수(神湖)에서 어린 영동의 형상을 관측하고 길흉을 점(占) 보는 의식은 외부 세계에 미신적 요소로 인식되고 있는데 사실 이러한 전통은 티베트 고대의 원시종교인 본교(苯教)에서 영향을 받았다. 티베트의 본교는 주로 하늘, 땅, 눈 덮인 산(雪山) 등 자연물을 숭배한다. 그들은 하늘은 삼계(三界) 중에 천상의 세계로 신(神)과 영혼이 존재하는 곳으로 인식하고 해와 달, 별들은 광명의 신으로 받들어진다. 본교는 산천과 호수 또한 숭배하였다. 티베트는 눈사태나 진흙과 바위 등이 굴러내려 재난이 발생하는 경우가 많이 발생했다. 불규칙한 재난의 공포 속에서 티베트인들은 신들이 모여 산다는 설산을 동경하고 숭배하기 시작했다. 그리고 호수는 신령이 드러나

67 諾布旺丹, 「活佛轉世思考述」, 『藏族哲學思想史論集』, 民族出版社, 1991, 67쪽.

는 곳이라고 생각하였다. 예컨대 티베트인들은 '라모이 라초'(Lhamoi Lhatso) 호수가 신의 호수라고 생각한다. 또한 고대 티베트의 법왕은 나랏일에 중대한 결정을 하기 전에 먼저 무사(巫師)를 이 신령한 호수에 보내어 성영(聖影)을 보고 길흉을 점쳤다고 한다. 이러한 의식은 훗날 티베트 불교에 영향을 주어 달라이 라마를 선정할 때 모두 이 호수에 와서 성영을 보고 영동(靈童)의 선택을 확정하는 유래가 되었다.[68] 활불의 수제자는 객관적 자료가 수집되면 점성학의 대가인 활불에게 다시 한 번 환생의 위치와 부모의 형상 등을 알아내어 본격적으로 탐색단을 꾸리게 된다. 탐색단은 1인이 되는 경우도 있고 3인에서 7인이 되는 경우도 있다. 탐색단이 떠날 준비가 끝나면 최고 섭정활불에게 보고를 마치고 징후가 가리키는 곳을 직접 방문하여 후보자가 되는 영동을 찾는다. 태어날 때 천둥이 치거나 무지개가 생겨나는 등의 상서로운 징조가 있었던 것, 또한 전세자(前世者)를 예감케 하는 언동이 있는 것 등이 선정 기준이 된다. 따라서 아이가 수제자 본인과 측근밖에 알 수 없는 행동을 한다든지 바로 전세자의 유품(주로 염주)을 골라내든지 하면(觀察靈童的体相 言談舉止) 이는 전생의 기억이 존재하는 것으로 인정된다.[69] 그리고 사원에 보고되고 어린 영동은 사원에 초빙되어 또다시 활불들 앞에서 최종 테스트를 받는다. 이때 부모에게 동의를 구해야 한다. 만약 부모가 동의하지 않으면 아이를 사원으로 데려가 테스트와 교육을 시킬 수 없다. 그리고 새로운 활불을 찾지도 않는다. 그러나 티베트의 정서상 자신의 아이가 전대 활불의 환생이라고 하면 대부분 매우 영광으로 여긴다. 이 최종 테스트를 통과하면 어린 영동은 부모의 최종 동의하에 전대의 사원에 맞아들여져서 전대의 활불로 즉

---

68 常霞青,『西藏的宗教文化』, 浙江人民出版社, 1988, 43쪽.
69 趙永紅,『文化雪域』, 中國藏學出版社, 2006, 442~445쪽.

위한다. 사원에 진입한 어린 영동(小活佛)은 고승들에게 맡겨져 종파의 전통(불교철학)을 교육받고 각별한 보살핌을 받는데 그 결과 영동이 성인이 되었을 때에는 일반적으로 불교 학식이 풍부한 고승이 되는 것이다. 그러나 중원의 역대 왕조에서 청조는 이러한 티베트의 전통 방식에 의문을 제기했다. 전세영동의 추적과 인준 과정이 투명하지 못하다는 것이었다. 따라서 '금병추첨'(金瓶掣簽)라는 공개적인 확인 방법을 제안하였다. 금병의 례의 시작은 18세기 청 건륭제(乾隆帝)시대로 거슬러 올라간다.[70] 이 의례는 앞서 설명한바 중원에서 파견된 주장대신(駐藏大臣)[71]의 참석 하에 금으로 만든 병(瓶)에 넣어둔 제비를 뽑아 거기에 기록된 후보자를 전생자로 결정하는 것이다. 티베트의 전통적 의례를 무시하고 중원이 직접 참여하게 된 이유는 무엇일까. 가장 근원적인 이유는 티베트 사회의 특정 집단(귀족이나 섭정 그리고 고승 라마승)들의 상호 이해득실에 의해서 전세영동이

---

70 청조 건륭(乾隆)제는 티베트의 달라이 라마에게 전통적인 전세활불의 방식의 개선을 건의하는 개선책(先後章程)을 제시했다. 그 속에는 달라이 라마나 판첸 라마 같은 대활불의 전세를 '금병추첨'이라는 방식을 통해 진행하라는 내용이 있었다. 하지만 이를 인정하는 권한은 여전히 티베트 정부나 섭정(攝政)에게 있음을 공시했다. 티베트 정부는 청 황제의 건의를 참고했지만 실제로 모든 활불들에게 적용되지는 않았다. 예컨대 10대, 11대, 12대는 금병추첨의 방식을 적용했지만 9대, 13대, 14대는 적용하지 않았다. 何宗英의 책, 1989, 67~73쪽.

71 19세기 초부터 말까지 100여 년 사이에 청조는 티베트에 약 80여 명의 駐藏辦事大臣이나 幫辦大臣을 파견하였다. 당시 청조가 제정한 선후장정 29조에 규정된 주장대신의 권한은 매우 컸다. 첫째, 달라이 라마와 공동으로 噶廈와 噶倫 이하 대소 문무관원 및 활불을 관할하고 전 티베트 인구와 호적 등을 조사하는 행정권을 관장하였다. 둘째, '금병추첨' 의식을 주관하여 청조에 달라이 라마, 판첸 라마 및 황교의 각 大活佛과 轉世靈童을 보고하고, 달라이 라마와 회동하여 噶倫, 代本 이하 각급 티베트 지방정부 관원을 임명하는 인사권을 가졌고, 티베트군의 병력을 징발하였다. 셋째, 달라이 라마와 함께 代本이하 각급 군관을 뽑으며, 매년 티베트 군대를 사열하는 군사권을 가졌다. 넷째, 범죄자를 재판 · 처벌하고 위법을 저지르는 장한(藏漢) 관리를 조사하는 사법권을 가졌다. 다섯째, 인근 국가와의 교섭 사무를 처리할 수 있는 외교권을 가졌다. 여섯째, 화폐주조와 부세(賦稅), 정부 수지 등을 감독하고 세금 부과와 차역(差役)의 증감을 결정하는 재정금융권을 가졌다. 顧效榮, 「清代設置駐藏大臣簡述」, 『西藏研究』, 1983 참조.

사원의 내부

라마승들의 집단 경전 암송 장소

인위적으로 결정되지 않도록 하기 위해서이다. 즉 티베트에서 강력한 정치권력 중의 한 축인 달라이 라마와 그의 가문이 세습적으로 전세영동을 배출하지 못하도록 개입을 한 것이다. 이는 전통적으로 티베트 내부에서 진행된 활불의 탐색 작업과 영동 찾기 및 인준의 과정이 매우 복잡하고 정치적이었음을 암시하는 대목이다. 이 부분에 관해서는 후술(3장)에서 구체적으로 서술할 것이다.

제2장
활불제도의 권력구조

티베트의 활불, 그중에서도 달라이 라마는 활불들의 정점이자 수장이다. 그는 개인적 집사 격에 해당하는 섭정(攝政)활불과 세속귀족 그리고 사원의 고위 라마승들의 추존과 도움 속에서 궁정 생활을 유지할 수 있었다. 또한 그들의 상호관계에 의해서 활불제도 또한 전승될 수 있었다. 따라서 달라이 라마를 정점으로 존재하는 이러한 힘의 실체(섭정세력, 세속귀족 집단, 사원의 라마승)는 사실상 티베트 사회의 중추였으며 권력 실세였다. 그런데 살펴보면, 이러한 집단들의 특징은 권력과 신분이 보장되어 있었으며 상호간에 종파와 개인의 이해득실에 따라 이합집산을 수시로 한다는 것이었다. 예를 들어 달라이 라마의 승하 후에 새로운 전세영동(轉世靈童)을 찾기까지 티베트 사회는 종교적 · 정치적으로 공백기나 다름없다. 설혹 새로운 전세영동을 찾는다고 해도 그가 티베트의 새로운 지도자가 될 때까지는 대략 20여 년의 시간이 필요하다. 이 공백기의 티베트 사회는 누구에 의해 어떤 실체에 움직이는가? 1959년 전까지 티베트의 역사와 사회체제는 보이지 않는 정치적 · 종교적 실체에 의해서 움직여왔다. 즉 ① 세속귀족, ② 황금귀족, ③ 불교 사원, ④ 섭정활불 등이다. 사실상

중국 청해성 옥수티베트자치주의 백교(直貢噶擧) 사원 竹節寺.

이 집단들이 티베트의 활불제도를 유지하고 전승시키는 중요한 역할을 담당하고 있는 권력 집단들이라고 볼 수 있다.

1. 세속귀족(貴族)[1]

티베트 사회에서 '등급' 혹은 '계층' 개념이 처음으로 표출된 시기는 언제일까? 기록에 의하면 티베트 사회에 제일 먼저 '천신'(天神)이라는 개념이 생긴 시기는 고대 토번(吐藩)시대로 거슬러 올라간다.[2] 당시 천신은 하늘로부터 강림한 절대 존중의 대상이었다. 티베트 사회에서는 그 대상을 군주라고 인식하였는데 티베트어로 '법왕'(贊普)이라고 일컬었다. 티베트 역사상의 초대 군주는 '섭지찬보'(聶墀贊普)였는데 그는 티베트인들로부터 신(神)의 대리인으로 간주되어 추앙받았다. 여기로부터 티베트 사회의 정치상 · 경제상의 특권 계층인 세속귀족이 탄생하게 되었다. 섭지찬보의 출현은 티베트 사회에 처음으로 군주와 신하의 구별을 탄생시켰다. 군신의 구별과 인정은 곧 티베트 사회의 자연스런 '등급 분화'의 계기를 마련해주었다. 초대 법왕의 통치 이후 티베트의 정치권력은 그의 후예들의 세습으로 자연스럽게 정착되었다. 이는 지도자인 섭지찬보(聶墀贊普)뿐만 아니라 그의 직계가족과 친인척까지도 신성한 사회 지위를 획득할 수 있는 사회구조를 만들어냈다. 이러한 현상은 비교적 단기간에 신의 후예라는 특권 세력을 형성하였으며 이는 티베트 사회에서 권력의 중심축으로 훗날 세속귀족이 발양할 수 있는 토대를 마련해주었다.

고대로부터 티베트의 세속귀족은 활불과의 관계에 있어서 매우 중요한 역할을 담당했다. 귀족은 광활한 토지(莊園)를 소유하고 있는 관계로 활불의 재정적 후원자가 되기도 하였다. 학자에 따라서 세속귀족은 근현대 티베트 역사에서 그 지위와 역할에 관하여 명암(明暗)의 평가를 받는다. 특

---

1 티베트의 세속귀족(貴族) 사회를 이해하는데 次仁央宗, 『1900~1951: 西藏貴族世家』(中國藏學出版社, 2006)의 책은 매우 유용하다. 이 책은 북경 소재 「中國藏學研究中心」의 티베트 연구원 次仁央宗의 저서이다. 책의 주요 내용은 티베트 귀족 가정의 탄생과 세습 상황 그리고 권력관계를 집중적으로 해부하고 있다. 특히나 '황금귀족'(亞谿家庭)이라고 불리는 달라이 라마 친족의 권력구조와 세습 방식을 밀도 있게 전개하고 있는 것이 가장 큰 특징 중의 하나이다. 책 속에서는 티베트 귀족세력의 출현과 부흥을 다섯 방향에서 설명하고 있다. 다음과 같다. ① 고대 토번왕실과 대신들의 후예; ② 원 · 명 · 청 시대에 중앙정부에서 하사한 公爵이나 土司의 후예; ③ 역내 달라이 라마의 직계가족; ④ 판첸 라마의 직계가족; ⑤ 샤카파 법왕(薩迦法王)의 가속과 그의 속한 관원들이다. 본서의 서평에 관하여는 『中蘇연구』, 한양대학교 아태지역연구센터/중국문제연구소, 33권 3호 2009, pp. 263~266에서 자세히 소개하고 있다.

2 恰白 · 次旦平措, 諾章 · 吳堅 著, 陳慶英, 何宗英 譯, 『西藏通史』, 西藏社會科學院, 1996, 18~19쪽.

히나 달라이 라마의 친인척으로 구성된 '황금귀족'(黃金世家)의 출현과 흥성은 학계에서도 주목하고 집중적으로 연구하고 있는 특정 계층이기도 하다. 1959년까지 티베트의 세속귀족은 경제적으로 광활한 영지를 바탕으로 많은 농노를 장악하고 있었고 정치적으로 적지 않은 관료를 중앙에 배출하고 있어서 티베트 사회의 특수한 계층으로 군림할 수 있었다. 그러나 1959년 이후 중국 정부의 주도하에 이루어진 소위 티베트의 '민주개혁'과 '민족평등'의 실현으로 대다수의 세속귀족은 붕괴를 맞이하고 말았다.

1) 외부에서 들여다보기: 티베트 귀족과 농노의 세계

중국 정부에서 주장하는 티베트의 민주개혁(1959)이 이루어지기 전 티베트의 농노는 전체 인구의 95%에 이르는 수준이었다.[3] 동시에 당시 티베트의 귀족세가(貴族世家)는 대략 197家에 이르는 것으로 집계되고 있다. 귀족 집단은 사원의 라마(僧)와 지방정부 및 사원의 3대 영주가 주축을 이루고 있었다. 실질적으로 구(舊)티베트의 사회는 관가(官家)와 사원의 고위 라마승 집단의 합작으로 운영되는데 중국 정부의 '민주개혁'이란 이들

---

3 구(舊)티베트 사회에서는 인간의 등급이 '3級 9等'으로 나뉘어져 있었다. 티베트의 법전인 『13法典』에 따르면 티베트 사회는 상 · 중 · 하의 3급(級)으로 나뉘어져 있었고 각 급은 또다시 상 · 중 · 하의 등급으로 나뉘어져 있었다. 따라서 티베트 사회는 총 9개의 신분 등급으로 나뉘어져 있었고 이 중 1등급이 귀족이고 9등급이 농노인 것이다. 티베트의 농노제는 약 10~12세기에 맹아기를 보였으며, 토번왕조가 멸망한 이후에 그 토대가 형성된 것으로 추정된다. 농노제 속에서의 생산 자료는 기본적으로 정부 · 영주 · 사원이 점유하는 장원(莊園), 즉 토지이다. 정부나 영주 집단으로부터 실질적으로 이러한 생활과 생산의 자료를 획득하여 여기에서 생산되는 차역과 세무를 담당하는 계층은 '車巴' 집단이다. 이외에도 '堆窮'과 '囊生'은 기본적인 생산 자료를 전혀 소유하지 못하고 오직 노동에 의지하여 생활하는 하층의 농노 집단이다. 티베트 농노의 형성 배경과 구조에 관하여는 홍병혜, 「티베트 전통의 혼인유형 분석과 군혼문화의 형성배경」, 『중국학연구』 제28집, 2004 참조.

계층의 붕괴를 의미하는 것이다. 그런데 오늘날 이에(민주개혁) 관한 티베트인과 중국 정부의 시각차는 크다. 티베트인은 이민족(한족)에 의한 지배와 침탈로 여기는 반면, 중국 정부는 100만 명에 달하는 티베트 농노를 해방해 민주개혁과 민족 평등을 이뤘다는 점을 강조한다.

중국 정부는 그동안 신화통신, CCTV 등 모든 매체를 동원해 티베트의 정신적 지도자인 달라이 라마 14세를 비난하며 티베트 통치의 정당성을 국내외에 홍보해왔다. 2009년 3월 27일에 베이징 인민대회당에서 열린 소위 '티베트 농노해방 50주년 기념 좌담회'에는 중국 정부가 세운 티베트불교 2인자인 판첸 라마 11세가 참석했다. 그는 "공산당 덕분에 누가 정말 티베트를 위하는지, 누가 티베트의 안정을 파괴하는지 알았다"며 달라이 라마 14세를 공개적으로 비판했다.[4] 여기서 말하는 판첸 라마 11세는 중국 정부가 지정하고 인준한 활불이다. 중국 정부는 여기서 그치지 않고 좀 더 구체적이고 전면적인 방법을 구사하였다. 예컨대 구(舊)티베트 사회에서 귀족의 구성원이었던, 혹은 농노의 일원이었던 후손들을 찾아내어 직접 인터뷰한 내용을 대대적으로 언론을 통해 홍보하는 것이다.

2009년 중국 정부는 티베트 농노해방 50주년을 기념하고 선전하는 작업으로 과거 농노의 신분이나 귀족의 신분으로 살았던 티베트인들을 전격 인터뷰하고 내용을 대대적으로 홍보했다.

2009년 3월, 중국 『동방주간』(東方周刊)에 실린 티베트 귀족 후예들의 고백을 들어보면 과거 귀족들이 향유한 호화스러운 삶과 생활을 가늠할 수 있다.[5] 그들은 공통적으로 자신들이 소유하고 있던 방대한 토지(莊園)

4 http://www.youtube.com/watch?v=S5QFD7OSnKY&feature=related 참조.

5 기본적으로 고대 티베트 사회에서 상승 귀족계층의 삶이란 별장과 객실이 갖추어진 장원을 몇 채씩이나 소유하고 있었고 복식 또한 일반 티베트인들과는 전혀 다른 스타일을 착용했다. 이를테면 양 · 여우 · 표범 등과 같은 고가의 동물 껍질로 만든 의복이었다. 심지어 어떤 귀족

2009년 3월, 중국의 주요 주간지 『동방주간』(東方周刊)에 실린 어느 티베트 귀족의 고백

와 가옥, 목장과 농노 등을 소개했다. 다음과 같다.

첫 번째, 구(舊)티베트 사회에서 귀족의 신분(拉魯家貴族)으로 살았지만 지금은 평민의 신분으로 살아가는 '랍노 · 차왕다걸'(拉魯 · 次旺多杰, 拉魯家 최후의 귀족)의 이야기는 흥미롭다. 그는 『동방주간』과의 인터뷰에서 다음과 같은 자신의 심정을 피력했다. "지금 내 일생의 가장 아름다운 시간을 보내고 있습니다."[6] 그는 200년 전 티베트 사회의 핵심 귀족세가인 랍

은 양주인 위스키와 음향기기 또한 소유하고 있었다. 또한 기본적으로 귀족가문의 창고에는 각종 보물과 음식이 가득했다. 따라서 귀족들은 의식주의 기본 생활고에서 벗어났기 때문에 그들만의 문화를 창출할 수 있었다.

6 2000년 제9회 중국 정협(政協) 제3차 회의에서 次旺多杰는 근현대 티베트 역사의 증인으로 발언하였다. 그는 자신이 전통 시대 티베트 사회의 특수 신분이었던 귀족 출신임에도 불구하고 현재가 내 인생의 최고로 행복한 시기라고 피력하였다. http://www.sina.com.cn 참조.

노가(拉魯家)의 마지막 후예이다. 티베트의 랍노알채(拉魯嘎彩)[7] 지방은 포탈라 궁 북쪽으로 1km 지점에 위치하는 지역이다. 이곳은 자연환경이 수려하고 햇볕이 잘 들어 6대 달라이 라마의 휴식처로 유명하며 200년 전 '랍노가'의 영지였다. 랍노 가문은 구(舊)티베트 사회에서 인정받았던 최고 등급의 '아계'(亞谿) 귀족이었다.[8] 이 가문이 차지한 영지의 면적은 원래 6.8평방km의 원시림이었다. 하지만 지금은 중국 정부가 국가급 자원 보호구역으로 지정하고 많은 자금을 투입하여 몇 배 더 넓어진 공원으로 조성돼 있으며 라싸에서 매우 유명한 관광지가 되었다.

두 번째, 2000년 제9회 중국 '정협'(政協) 제3차 회의에서 티베트인 차왕다걸(次旺多杰)은 근현대 티베트 역사의 증인으로 발언을 하였다. 그 역시 현재가 내 인생의 최고로 행복한 시기라고 공개적으로 발언하였다. 그리고 자신이 속한 가문이 구(舊)티베트 사회에서 누리던 지위와 특혜에 관하여도 구체적으로 설명하였다. 예를 들어 자신이 살던 집은 100개 이상의 방이 있었으며 각 50여 명 정도의 관리인과 농노가 관리하였으며, 산남(山南) 일대에는 경제적 자산인 장원(莊園)이 무려 6개나 되었고 10여 개의 목장도 소유하고 있었다는 것이다.[9] 차왕다걸은 구(舊)티베트 사회의 '용하'(龍厦) 귀족가문의 후예이다. 귀족가문 중에서 용하 가문은 규모가 작은 귀족에 속한다. 역사적으로 이 귀족가문에서는 걸출한 인물이 두 명이나 배출되었다. 그 첫 번째 인물이 용하(龍厦)이다. 용하는 과거 전통 귀족의 완전한 교육을 받았고 1913년에 달라이 라마의 권유를 받아들여 네 명의 귀족 자제를 데리고 영국으로 유학을 다녀오기도 했다. 당시 용하는

---

7 '拉魯嘎彩'의 원래 의미는 '용과 신의 후손들이 놀던 장소'이다.

8 '아계'의 거주지는 전문용어로 '堯西'라고 한다. 아계 귀족은 달라이 라마의 친혈족으로 구성된 귀족가문이다.

9 http://www.sina.com.cn.

영국을 둘러보면서 서방 민주제도와 평민들의 삶을 보면서 강력한 인상을 받았다. 그리고 마음속에 고국 티베트에도 영국식의 군주입헌제의 정치제도가 도입되기를 바라면서 그동안 전승되어오던 '까샤'(噶厦)의 행정 개혁을 시도했다. 즉 정부 내에서 권위와 지위를 영구히 약속받는 대신들의 직위를 4년에 한 번씩 투표를 통하여 선출하자는 것이었다. 이를 역사적으로는 '용하 사건'이라 칭한다. 그러나 이 개혁은 끝내 실현되지 못했다. 두 번째 인물이 바로 14대 달라이 라마 시기에 출현한 차왕다걸(次旺多杰)이다. 차왕다걸은 14세 때 '까샤'정부에 입성했고 '자강'(孜康, 재정 담당)의 관직을 역임했다. 그는 아버지의 영향력으로 4품관에 해당하는 '색랑파'(色朗巴)라는 관직까지 승진하였다.[10] 사실상 이 관직은 티베트 정부의 관리를 전문적으로 양성하는 직책이며 차왕다걸은 이곳의 수장으로 임명되었다. 이러한 화려한 약력과 신분을 가지고 구(舊)티베트 사회에서 특혜를 받았던 그도 오늘날에는 중국 측의 입장에서 발언을 하고 있는 것이다.

세 번째, 구(舊)티베트 사회의 금지옥엽 신분에서 지금은 중국 내에서 티베트 문화의 전파자로 전환한 티베트 여인 '색랑백마'(索朗白姆)이다. 색랑백마의 모친은 티베트 산남의 귀족 '달파과걸'(達巴果杰) 가문 출신이다. 모친의 삼촌은 13대 달라이 라마의 총관이었고 따라서 지위가 상당했다. 부친은 티베트 강정(康定)에서 토사(土司)의 후예였다. 따라서 색랑백마는 구(舊)티베트 사회의 전형적인 귀족 집안의 출신이다. 그런 그녀는 1951년에 티베트가 중국에 점령당한 후 오늘날 북경에 소재한 중국 통전부 소속의 티베트 연구기관 '중국장학연구중심'(中國藏學硏究中心)에서 후학을 가르치고 있다. 그녀는 말한다. "과거 티베트의 교육은 모두 불교

10 중국 '동방주간'(東方周刊), 2009. 3.

사원에서 완성되었다. 철학 · 언어 · 문학 · 역사 모두 사원에서 교육되었다. 그런데 사원에서 형성된 티베트의 지적 유산은 밖으로 공개되지 않았다. 그래서 일반 티베트인들은 알 수가 없었다. 그런데 지금은 시대가 바뀌어 모든 티베트의 지적 유산이 출판되어 세상에 공개된다. 너무도 좋은 세상이다. 내가 지금 속해 있는 이 연구기관이 이 분야에 많은 공헌을 하고 있다."[11]

네 번째, 아패 · 앙금백마(阿沛 · 央金白姆)는 올해로 61세를 맞이한 라싸의 귀족 집안 여인이다. 그녀는 중국이 민주개혁을 시도할 당시에 10세가 안 된 어린아이였다. 그녀는 또렷이 기억한다고 진술했다. "과거 티베트 사회는 사람들의 생활수준이 천차만별이었다. 그것은 불합리한 사회 상태였다. 과거 티베트의 귀족과 일반 백성들의 생활수준과 양극화 현상은 상상을 초월하는 수준이었다."[12] 그녀는 또한 자신이 어렸을 당시 자신이 목격한 현장을 소개했다. 1948년에 그녀의 어머니가 그녀를 데리고 산남(山南)의 어느 사원으로 공양을 드리러 갔다. 그때 그녀는 사원의 2층 난간에서 놀고 있었는데 놀라운 광경을 목격했다. 사원의 2층에서 밖을 바라보니 수백의 남루한 옷을 입은 농민들이 사원을 기웃거리고 있었다. 그리고 잠시 후에 사원에서 라마승이 나오더니 사원에서 버리려 하는 음식물을 그들에게 나누어주었다. 농민들은 그 음식을 차지하려고 싸우고 울고 밀고 아수라장이 되었다. 귀족가문에서 성장한 그녀는 사람들이 왜 굶어 죽고, 얼어 죽고, 아우성인지 알 수가 없었다. 구(舊)티베트 사회에서는 특히나 의료시설이 매우 빈약했다. 그나마 규모가 있었던 진료소나 병원은 귀족의 차지였고 대다수의 농노는 근본적으로 치료를 받지 못했다. 그들

11 tibet.news.cn, 2009. 3. 24, "一个西藏貴族后裔的前世今生."

12 http://www.tibet.cn/index.htm (中國西藏信息中心)

은 다만 신의 도움을 바랄 뿐이었다. 그나마 할 수 있는 처방이 라마승을 초빙하여 주문을 염송하고 기본적인 치료를 받는 것이었다.[13] 그래서인지 근대 이전 티베트인들의 평균수명은 그리 높지 않았다. 그런데 1950년대 중국이 티베트를 접수한 후, 진행된 티베트의 '민주개혁' 이후 사람들의 생활은 천지개벽의 변화가 일어났다고 한다. 특히나 티베트의 교통과 의료 상황은 매우 약진했다는 것이다. 모든 이들이 평등하게 의료 혜택을 받을 수 있으며 부녀자들의 지위도 향상되었다는 것이다. 앙금백마는 이 모든 것이 중국의 '민주개혁'과 '민족평등' 정책 때문이라고 설명한다.

다섯 번째, "중국 공산당이 없었으면 오늘날의 티베트도 없다." 티베트 산남 내동현 극송촌(山南乃東縣克松村)의 농민 색랑돈주(索朗頓珠)의 발언이다. 그는 중국 정부의 주도하에 진행된 전국 농노자 성토대회에서 다음과 같이 피력했다. 한마디로 말해서, 구(舊)티베트 사회에서 우리의 생활은 "말이나 소보다도 못했다", "인간 지옥"이라고 말할 수 있다.[14] "반세기 전 우리 집안은 대대로 농노였다. 우리 식구들은 농노주가 제공하는 야크의 우리에서 살았다. 식구들이 살기에는 매우 궁색했다. 나는 8세가 되면서부터 '개송장원'(凱松庄園)의 농노가 되어 새벽 5시부터 밤까지 일을 해야 했다. 그리고 하루에 받는 임금은 일용할 양식인 짬바(糌粑)가 전부였다." 색랑돈주의 주장에 의하면 티베트 민주개혁 전에 '개송장원'에는 59가구의 400여 명이 농노였다고 한다. 농노들은 대다수 빚이 있었는데 그 이자율이 50%는 기본이고 심할 때는 100%도 초과하는 지경이었다고 한다. 따라서 일단 빚을 지게 되면 갚을 길은 없고 대대손손 세습 농노가 되어야만 했다. 개송장원의 농노주는 농노의 인권을 전혀 고려하지 않았

13 孟德利, 「廢除西藏封建農努制的人權意義」, 『西藏研究』 特刊, 總第30期, 1989, 37~40쪽.

14 『光明日報』, http://www.tianshannet.com, 2009. 3. 28.

다.[15] 돈을 갚지 않거나 말을 듣지 않으면 감옥이나 형벌을 가했다. 극송촌 마을 촌장인 낙상곡달(洛桑曲達)의 증언에 의하면 당시 형벌에 못 이겨 죽은 농노가 5명이나 되었고 식물인간은 16명이나 되었다고 한다. 그런 것에 비하면 오늘날의 세상은 천국의 생활이다. 집안마다 전깃불과 TV, 세탁기, 전화, 심지어 VCD까지 구비되어 있다. 2008년, 이 촌락의 극송거위회(克松居委會)에서 발표한 바에 의하면 1년간 경제 총수입은 1,020위안(인민폐)에 다다르고 평균 수입은 6,380위안이다. 민주개혁 전에는 귀족의 자제만 수업을 받을 수 있었는데 지금은 극송(克松)촌의 모든 어린이들이 학교에 다닌다. 대학생도 23명이나 배출했다. 과거의 사정과는 전혀 다르다. 색랑돈주는 말한다. "이 모두가 중국의 민주개혁 덕분이다."[16]

이들의 공통점은 중국 측의 권유로 공개 · 증언한 모두가 구(舊)티베트 사회에서 대단한 귀족 집안의 후예들이라는 것이다. 이들의 조상은 모두 권세와 경제적 자산을 겸유하고 있었다. 즉 구(舊)티베트 사회에서 모두 축복받은 가문이었던 것이다. 일반 티베트인들에 비해 많은 것을 향유하고 지배적 위치에 있었던 이들이 오늘날 과거의 티베트 사회구조를 비판하고 중국 정부를 위하여 '민주해방'이라는 오늘날의 상황을 찬양하고 있는 것이다. 이들에 반해 농노들의 삶은 매우 빈곤했다. 구(舊)티베트 사회에서 생계를 스스로 해결할 수 있었던 자유 농부의 수는 얼마 되지 않았다. 그리고 대략 1만 명 정도가 중산계급에 속하였는데 이들은 상인이나 영세 무역상들이었다. 나머지 수천 명은 거지였다. 그 중 일부는 노예들이었는데 대부분 가정 노예였고, 아무런 재산이 없었다. 노예의 자녀 또한 세습적으로 노예가 되는 경우가 많았다. 농노들과 기타 소작인들은

15 張權武, 「略述民主改革前的西藏社會」, 『西藏硏究』 特刊, 總第30期, 1989, 65~66쪽.
16 http://www.backchina.com.

노예와 다름없었다. 이들에게는 교육은 물론 병원 혜택도 거의 없었다. 이들은 자신들보다 높은 계급인 라마승과 귀족의 소유지에서 노역하면서 일생을 보냈다. 이들은 영주나 라마의 허락 없이 결혼도 하지 못했고 지주들은 그들을 가족과 분리하여 먼 지역으로 노역을 보냈다. 대부분의 농노들은 지주나 사원의 소유지에서 아무런 임금도 받지 못한 채 평생 주인의 집을 고치고, 곡식을 운반하고 장작을 모아야 했다. 심지어 결혼할 때 세금을 내야 했고, 아이가 태어날 때 그리고 가족이 죽을 때도 세금을 내야 했다. 티베트의 불교 사원들은 세금을 내지 못하는 사람들에게 20%에서 최고 50%의 살인적인 이자로 돈을 빌려주었다. 만역 빚을 갚지 못하면 평생 노예 신세를 각오해야 했다.[17] 이러한 구(舊)티베트의 신권 통치 사회에서 종교적 계율은 계급 질서를 강화했다. 가난하고 고통 받는 사람들은 자신들의 고난이 전생에서 사악한 짓을 했기 때문이라고 배웠다. 따라서 그들은 지금 겪고 있는 고통이 하나의 업보라고 생각했고, 현생에서는 죄를 짓지 말아야 다음 생애에서는 자신들의 운명이 더 나아질 것이라고 믿었다. 물론 현재 부귀와 영예를 향유하고 있는 권력자들은 그들의 행운을 과거의 선행에 대한 보상이라고 생각했다. 이러한 봉건주의적 관념과 사회 형태와 관련하여 마이클 파렌티(Michael Parenti) 교수의 『낯익은 봉건주의: 티베트의 신화』(*Friendly Feudalism: Tibet Myth*)는 티베트 귀

---

17 티베트 사회구조와 계층에 관한 심층적인 연구로는 미국의 인류학자 Melvyn C. Goldstein의 *Taxation and the Structure of a Tibetan Village*(Central Asiatic Journal, 1971)를 참조할 만하다. 골드스타인 교수는 연구의 완성도를 위하여 티베트의 江孜 지방의 농촌인 薩瑪達(Sa mda) 지역을 고찰하고 농민과 농노의 부역과 납세하는 세금의 상황을 자세히 묘사했다. 이 논문은 중국의 陳乃譯에 의하여 번역되어 「西藏農村的結构与差說制度」라는 제목으로 『西藏封建農奴制研究論文選』, 中國藏學出版社, 1989, 519~549쪽에 실렸다. 王玉平, 「從封建地租形式的演變看西藏的社會發展」, 『西藏研究』 特刊, 總第 30期, 1989, 32~33쪽.

족과 농노의 관계를 같은 맥락에서 바라보고 있다. 즉 "티베트가 맹목적인 달라이 라마 신봉자들의 믿음과는 달리 90%의 인구를 차지했던 농도들을 한줌의 라마승과 봉건 귀족(지주)들이 지배하는 끔찍한 봉건적 노예사회였다는 것은 의심할 여지가 없다."[18]라고 적나라하게 평가하고 있는 것이다. 이는 대다수의 서방 학자들이 티베트의 사회구조를 인정하고 고대 신권 정치의 사회를 하나의 진정한 '샹그리라'라고 옹호하는 입장과는 전혀 다른 관점이라는 점에서 주목할 만하다.

1937년에 티베트를 방문했던 '스펜서 채프먼'(Spencer Chapman) 또한 다음과 같은 기록을 보인다. "라마승들은 사람들에 봉사하거나 교육하는 등의 일을 하지 않았다. 또한 승려들은 길가에 버려진 거지들을 전혀 신경 쓰지 않았다. 티베트에서 지식은 사원의 특권을 보호하고 그들의 세력과 재산을 늘리기 위해 철저히 조작되었다."[19] 이들의 증언과 시각은 다음과 같은 공통점을 가진다. 티베트는 불교 사원이 중심이 되어 신권(神權) 통치를 하고 있는 불교 왕국이다. 그리고 사회는 대다수 농노와 농민들의 희생을 바탕으로 특권 세력(라마 · 귀족 · 활불)들이 부와 명예를 향유하는 정국이다. 이는 티베트의 사회구조와 문화가 부정을 정당화하는 보호막으로 작용하면서, 타 세력의 커다란 희생을 바탕으로 소수만이 안녕을 누릴 수 있는 사회구조라는 것이다.

티베트 근현대사의 목격자인 14대 달라이 라마는 '농노'에 관하여 다음과 같은 견해를 피력했다. "나는 농노(serf)라는 표현은 잘 모른다. 하지만 불평등한 제도였고, 우리가 불쌍한 사람들을 위해 뭔가 해야 한다는 생각이 들었다. 따라서 1952년 우리는 개혁위원회를 구성했다. 하지만

18 유재현, 『아시아의 오늘을 걷다』, 그린비, 2009, 307쪽.
19 牙含章, 「試論西藏封建農奴制度」, 『中國藏學』, 總第一期(創刊號), 1988, 30쪽.

나에게는 아무런 힘이 없었다."[20] 사실상 구(舊)티베트에는 '농노'라는 단어가 존재하지 않는다. '힘없고 가난한 사람들'이라는 뜻의 '냠탁'(Nyamthang)이나 가난한 백성이라는 뜻의 '차방'(Chanbang)만이 존재할 뿐이다. 따라서 농노나 봉건사회 같은 단어를 사용해 침략 전 티베트의 사회구조와 체제를 설명하는 것은 중국의 일방적인 표현으로 볼 수 있다.

1951년, 침략 이전의 티베트에 대해서 중국 정부는 일관되게 다음과 같은 주장을 펼치고 있다. "전 인구의 95%를 차지하는 농노와 노예들이 토지 등의 생산수단을 소유하고 있지 않았다." "티베트인 전체의 60%가 땅을 소유하고 조세를 납부했다."[21] 이에 관하여 미국의 티베트 전문가 톰 그룬펠드(Tom Grunfeld)는 95%보다 1959년에 주장된 60%를 좀 더 신뢰한다. 하지만 이러한 수치를 일반화하려면 다음의 전제조건을 우선 유의해야 한다. 첫 번째가 티베트 전체 인구의 20%를 상회하는 유목민은 정부 혹은 통치자의 간섭권에서 비교적 자유로웠다. 따라서 이들은 조세 의무에서 제외된다. 두 번째가 캄과 암도 같은 특정 지방의 많은 농민들은 지주나 지배자를 섬기지 않았다. 티베트의 중앙 귀족들은 동부 지역까지 지배하려고 여러 번 시도했지만 동부 티베트인들은 이를 거부했다. 티베트의 지방마다 차이가 존재하기 때문에 일반화할 수 없다는 것이다. 그런데 이러한 외부의 관점과 견해가 사실일지라도 중국이 티베트를 점령하고 '해방'이라는 표현을 정당화하는 데 사용될 수 있을까? 티베트 사회를 말할 때 '봉건'이나 '농노' 같은 단어를 사용하는 것이 적정한가? 하는 토론이 최근 서방의 티베트 전문가들에 의해서 제기되고 있다. 『현대 티

---

20 Thomas Laird 지음, 황정연 옮김, 『달라이 라마가 들려주는 티베트 이야기』(*The Story of Tibet*), 웅진 지식하우스, 2008.

21 A. Tom Grunfeld, *The Making of Modern Tibet*, 1987, 14쪽.

베트의 형성』(*The Making of Modern Tibet*)의 저자 톰 그룬펠드는 '1950년 이전에 티베트 농노의 수를 기록한 신뢰성 높은 자료는 거의 없다'[22]라고 주장한다. 만약 티베트 정부가 자체적으로 이런 사실들을 지난 세기 동안 총괄적으로 기록해두지 않았으면, 기록해두었다 하더라도 남아 있던 자료들은 근래에 사라졌을 가능성이 매우 크다. 더욱이 지금까지 남아 있는 자료의 대부분은 1959년 이후에 작성된 것이고, 소수의 오래된 자료도 중국의 수중에 있기 때문에 자료들 거의 전부가 티베트의 실제 역사보다는 중국 정부의 침략 정당화 노력이 반영되었을 가능성이 크다는 것이다.[23] 이들의 관점이 어찌됐든 중요한 사실은 중국이 티베트의 영토와 사회를 접수하는 명분이 티베트를 불평등한 농노제의 사회체제에서 '해방'하기 위해서라고 말했다는 점이다. 그와 동시에 중국은 기존의 사회질서를 보존하게 해주겠다고 약속했고, 그 약속을 「17개조 평화협상」에 명문화했다. 그러나 중국 정부는 주장과는 다르게 티베트를 접수한 후 9년 동안은 티베트인 귀족들과 결탁해 농노에 대한 귀족의 권리를 보호했다. 14대 달라이 라마가 망명한 1959년 이후에야 중국은 농장을 집단화하고 지주를 처형해 티베트의 농노제를 본격적으로 붕괴시켰다. 이는 중국이 티베트 사회를 불평등한 농노제로부터 '해방'시켜 민족평등을 구현하기보다는 우선 티베트를 침공하고 주권을 찬탈하려는 목적에 더 부합된다고 볼 수 있다.

1940년대 중국과 티베트 양쪽 모두를 다녀갔던 사람들은 티베트 농민들이 중국 농민들보다 훨씬 먹고살 만했다고 증언한다.[24] 당시 티베트 사

---

22 Thomas Laird의 책, 2008, 392쪽.

23 http://www.swans.com/library/art9/mparen01.html.

24 대표적으로 *The Story of Tibet*의 저자 Thomas Laird는 티베트를 현지 답사하면서 티베트 농민들이 중국인 농민들보다 부유했다고 했다.

람들은 굶주림에서 어느 정도 벗어나 있었지만, 중국은 일반적으로 가난하고 굶는 사람들이 많았다는 것이다. 달라이 라마 또한 당시 티베트인들은 먹고 입는 생필품 정도는 모두에게 있었다고 증언한다. 더불어 티베트 내에서 착취도 있었다고 인정했다. 그러나 달라이 라마는 티베트와 중국의 농노의 차이를 설명했다. 중국에서는 농노들이 지주에게 많은 반감을 보이지만, 티베트에서는 농노의 대다수가 지주를 지켜주려 한다는 것이다. 이는 티베트 내부의 농노와 귀족의 차이를 인정하는 것이기도 하지만 중국 내륙의 농노와는 전혀 다른 차원의 사회구조임을 설명하고 있는 것이다.

2) 내부에서 바라보기: 귀족과 농노의 세계

고대 티베트의 사회구조는 초기에 귀족과 평민 양대 계층으로 나뉘었지만 점차로 사원의 라마승 집단이 사회의 종교적 · 정치적 지위를 점유하면서 귀족 · 라마승 · 일반인의 계층으로 분화되었다. 이들 계층 중에서 귀족과 라마승 집단은 지배계층이 되었고 일반인은 빈부에 관계없이 피지배계층이 되었다.

1959년 이전까지 티베트의 사회계층은 크게 승려계층(라마승)과 非승려계층(일반인)으로 구분될 수 있다. 이 중 일반인은 귀족계층인 '급이파'(給爾巴, aristocratic lords)와 농노계층인 '미새'(米塞, serfs)로 구분된다. 이 두 계층의 신분은 모두 세습되고, 지주와 농노의 관계 역시 대등적 계승의 법칙에 의거하여 농노계층은 지주에게 귀속된다. 또한 농노계층은 상층농노계층과 하층농노계층으로 대분되며, 이 중 하층농노계층은 다양한 조건에 따라 여러 명칭으로 세분화된다([도표 3] 참조).

유관 자료에 따르면, 고대 티베트의 토번(吐藩)시대에는 확실히 '농노'와 '노예'가 존재했던 것으로 보여진다. 이유는 다음과 같다. 첫째, 토번

시대에는 법왕인 '찬보'(贊普)가 그의 대신들에게 봉록과 토지를 하사하곤 했는데 그 중에 '노예'(奴隸)가 있었다는 점. 둘째, 당시 찬보는 종족의 통합을 위해서 부락과의 전쟁을 주도해야 했는데 이때 대량의 노예를 군인 부대로 편성했다는 점. 셋째, 왕실에서 대형 종교의식을 거행할 때, 그들의 원시종교인 본교(苯教)의 교의에 따라 노예를 순장(殉葬)했다는 점. 넷째, 토번시대에는 법왕이나 대신이 죽으면 순장(殉葬)이 유행했는데 이때 그들을 섬기던 노예까지도 순장했다 점. 이러한 기록들을 살펴볼 때, 토번시대에는 군신과 노예의 계급관계가 추형(雛形)적이나마 존재했음을 알 수 있다.[25] 그러나 AD 686~877년(唐懿宗咸通 10년~唐僖宗乾符 4년)의 기간 동안 티베트에서는 대규모의 노예 봉기가 일어났다. 장기간에 걸친 노예 봉기는 티베트 사회를 황폐하게 만들었고 결국 토번왕조가 붕괴하는 결정적 역할을 하였다. 이후 살기(薩迦)정권이 티베트를 통일하기 전까지 400백 년 동안(9~13세기) 티베트는 지방의 몇몇 세력에 의해서 유지됐다.[26]

티베트의 농노제는 시기적으로 10~12세기에 맹아기를 보였으며, 토번(吐蕃)왕조가 멸망한 이후에 그 토대가 형성되어 각 지역에서 세력을 할거하였다. 농노제 속에서의 생산 자료는 기본적으로 정부(政府)·영주(領主)·사원(寺院)이 점유하는 장원(莊園), 즉 경작 가능한 '토지'라고 볼 수 있다. 농노계층 안에서도 정부나 영주 집단으로부터 실질적으로 이러한 생활과 생산의 자료를 획득하여 여기에서 생산되는 차역과 세무를 담당하는 계층은 '차파'(車巴) 집단이다. 이외에도 '퇴군'(堆窘)과 '낭생'(囊生)[27]

25 牙含章,「試論西藏封建農奴制度」,『中國藏學』第一期, 1988, 30쪽.

26 토번의 마지막 법왕인 랑다마(郎達瑪)의 자손이 티베트의 아리(阿里) 지역에 새로운 왕조(谷格)를 세워 토번왕조의 전통을 이어가려 했으나 얼마 지나지 않아 멸망했다. 이외에도 '五王宮', '九王族', '十王系' 등의 지방 세력이 있었으나 역시 오래지 않아 멸망했다.

은 기본적인 생산 자료를 전혀 소유하지 못하고 오직 노동에 의지하여 생활하는 하층의 집단으로 분류 되었다.[28]([도표 3] 참조).

[도표 3] 티베트 농노의 계층구조

- 농노계층(米塞: serfs)
  - 상층농노계층 — 차파(車巴)
  - 하층농노계층
    - ① 퇴군(堆窘)
    - ② 낭생(囊生)

정치권력이나 실제 세력과 같은 사회적 지위를 통해서 본다면 상층농노계층에 속하는 車巴는 비교적 그 입지가 높고 경제적으로도 여유가 있는 계층이다. 車巴는 각각 가족의 명의로 협동화된 가정 단위를 조직한다. 각각의 車巴는 지주로부터 승인받아 상당한 경지의 면적을 관리한다. 또한 이러한 토지들은 계승 방식에 따라 자손들에게 세습이 가능하다. 따라서 모든 車巴의 가정은 서면화된 토지계약서를 가지고 있다. 그러나 규정된 각 항의 의무 내용을 철저히 이행해야 하며, 규정 내용을 위반할 경우에는 지주에게 추방당하게 된다. 뿐만 아니라 車巴는 그들이 계약한 토지에 구속되어 직접적으로 또는 영구적으로 계약한 토지를 이탈할 수 없다. 車巴는 그들의 토지 또는 지주들에게 복무해야 할 의무가 매우 광범위한데, 여기에는 각종의 부세는 물론 다양한 인력노역과 수력(獸力)노역까지 포함된다. 어떤 것은 반드시 실물로 납세해야 하지만 어떤 것은 현

27 봉건농노제도 후기에 생산된 계층으로 이들 대부분은 파산한 '차파'(車巴)와 '퇴군'(堆窘)으로 구성되었다.

28 홍병혜, 「티베트전통의 혼인유형 분석과 군혼문화의 형성배경」, 『중국학연구』 제28집, 2004, 235~240쪽.

금으로의 대체가 가능하다. 결국 차파들은 지주와의 계약을 통해 광대한 면적의 토지를 세습하고 계승하는 반면, 이에 상응하는 세무 책임 역시 엄중하였다. 하층인 堆窮은 차파와 같이 경지에 구속받은 퇴군(束縛堆窮)과 그렇지 않은 퇴군(米波堆窮)으로 구분된다. 전자는 극소한 면적의 토지를 보유할 수 있는데, 이러한 형식으로 보유한 토지는 협동화된 가정 단체의 소속이 아니라 법에 따른 단독 개인의 소속이다. 그러나 이와 같은 소규모의 조용(租用)토지는 車巴가 모두 합법적으로 세습할 수 있는 것과는 완전히 그 성격이 다르며, 이러한 한계 때문에 '미파퇴군'은 일시적으로 토지를 보유할 경우에도 車巴와 같은 다양한 부세와 노역은 없다. 단지 지주에게 인력 노역만을 제공하면 되는데 이러한 부역은 개인의 단독 소관으로 협동화된 가정의 단위와는 무관하다. 미파퇴군은 본인이 근로하게 되는 장원의 지주와 관계가 발생하여 그 지주에게 복무해야 하는 일정한 의무가 있다. 그러나 본인이 본인의 행동을 제어할 권리를 가지고 있어 자율적으로 본인의 거처와 노동지점 및 지주를 선택할 수 있다. 따라서 이와 같이 미파퇴군의 주요 생존방식은 車巴의 토지를 차용하여 경작하는 것이다. 결국 미파퇴군은 전체 인구의 수치에 있어 이들을 통한 정치적 역량이나 경제적 자원을 언급할 수 없다. 반면 車巴의 계층은 대량의 토지를 보유하고 있지만 이 대량의 토지는 이들에게 주어진 다양한 부역을 감당하기 위한 필수적인 자원이며, 또한 이 자원을 원활히 운영하기 위한 기초는 퇴군의 노동력이다. 堆窮은 車巴로부터 차용한 토지를 경작하며 일반적으로 이들은 노동력으로 세금을 대신하는데, 이와 같은 세금 납입 방식은 납세자의 필요에 따라 노동 일수와 시간을 규정한다. 이는 속박퇴군과 미파퇴군이 같으며, 모든 퇴군은 단지 개인적인 신분으로 다양한 토지 자원을 사용하는 것에 불과하여 토지에 대한 권리를 가진 가정 단체의 성원으로서 토지를 사용할 수는 없는데, 이 때문에 각종의 자원을 모두 세습할 수 없다. 이와 같은 티베트 사회의 계층구조는 토지를 중심으로 계층 사이의 심각한 경제적인 차이를 가져왔고, 그 역량의 영향권에 있는 계층에서는 본인이 소속된 계층의 경제적 이익 향상과 발전을 추구하기 위해 그 혼인의 형태도 다양하게 선택하였다.[29]

티베트 최초의 귀족은 대략 기원전 4세기에 티베트 최초의 법왕인 섭적찬보(聶赤贊普)시대에 출현한 것으로 보아진다. 티베트의 신화에 따르면 그가 인간세계에 강림하여 토번의 군왕이 되었고, 이때부터 토번에는 처음으로 군신(君臣)의 구분이 생겨 이후에 생긴 그의 후예들은 티베트의 신성한 가족으로 그들은 이미 선천적으로 귀족의 특징을 갖추었다고 전하고 있다. 예를 들어, 고대 토번의 송찬간포(松贊干布)법왕시대에는 이미 상윤(尙倫) · 공윤(公倫) · 제윤(齊倫) 등의 다양한 특권을 향유하는 계층이 있었는데, 이들이 실제적으로 초기의 티베트 귀족이라고 할 수 있다. 그러나 엄격한 의미에서의 티베트 귀족계층은 17~18세기에 형성되었다. 당시 티베트불교 종파 중에 황교(黃敎)가 중앙정부를 육성하면서 안정적인 정교합일의 정권 체계인 '간덴포장'(甘丹頗章, dga' ldan pho brang)[30]이라는 지방정권을 건립하였고, 이는 관작(官爵)의 수여를 통해 티베트 지방정부로 하여금 분봉을 받는 귀족이 300여 년의 역사 속에 일종의 집단을 형성하도록 하는 계기가 되었다.

티베트의 귀족계층은 서구의 귀족과는 구별되는데, 티베트 귀족의 고저 구분은 영지의 대소와 관작을 통해 획득한 신분과 권력의 정도로 가늠

29 농노계층의 혼인문화는 홍병혜의 논문, 2004, 223~228쪽 참조.

30 「甘丹頗章」 즉 '간덴'궁전은 1518년 티베트를 통치하고 있던 帕木竹巴 정부가 2대 달라이 라마 根敦嘉措(dGe-vdun-rgya-mtsho)에게 하사한 건물로 황교 사원인 哲邦寺 내부에 위치해 있다. 17세기 중반, 황교 교단이 티베트의 정권을 장악하면서 당시 달라이 라마의 집정 장소였던 '甘丹頗章'의 이름을 따서 정권의 이름을 붙였다. 당시 황교는 19년 만에 라싸의

된다. 티베트의 귀족계층은 봉건화 과정 속에서 계층에 따른 토지분봉으로 인한 재산의 차이를 형성하였다.[31]

티베트의 귀족사에서 전통적으로 주목하는 귀족계층은 ① 아계(亞谿, yab-gzhis),[32] ② 제본(第本, sde-dpon), ③ 미찰(米扎, sku-drag), ④ 고찰(古札, dkyus ma) 귀족 등의 대·중·소·일반의 네 유형으로 구분된다.

① 제본(第本, sde-dpon) 귀족

의식 형태와 공통의 종교관이 공고히 굳어진 사회에서, 출생과 혈통은 고정 불변의 법칙이 될 수 있다. 고대 티베트의 사회에서 '사회 등급'은 세습의 특징을 가지고 있었다. 즉 본인의 의지와는 무관하게 귀족의 가문에서 출생하면 일반 가정보다 많은 특권과 지위를 세습 받는 것이었다. 따라서 귀족가문에서 성장하는 티베트의 어린아이는 '가문의 우월성'에 대한 가치관을 일찍부터 자각하기 시작했다. 그리고 그 신분에 부합되는 언행을 배우고 실행하게 되는 것이다.

티베트의 귀족사회에서 '제본'(第本)이라는 귀족가문은 출생과 혈통을 매우 중요시하는 집단이다. 이들 귀족 집단은 티베트 사회에서 전통적인 최고위층 귀족가문으로 분류된다. 학자에 따라서는 '대본'(岱本, sde dpon)이라고도 불린다. 이들은 '아계'(亞谿) 귀족가문처럼 갑자기 신분이 수직 상승한 경우가 아니고 조상 대대로 세습되는 귀족세력들이었다. 따라서 이 귀족의 주요 특징은 순수한 '혈통'을 중시한다는 것이다. 이들에게는

'신년기원대법회'(新年祈願大法會)에 참여할 수 있는 권리를 회복하였으며, 이로부터 달라이 라마 활불 계통이 哲邦사원과 色拉사원의 최고 지위를 역임하는 전통이 마련되었다.

31 張江華, 「試論西藏封建農奴制度的基本類型」, 『西藏封建農奴研究論文選』, 中國藏學出版社, 1991, 122~123쪽.

32 학자에 따라서는 '요서'(堯西, yab gzhis) 가문이라고 불린다.

대대로 계승되는 조상의 비문이 있고 관직이 존재한다. 때문에 이 가문에서 출생한다는 것은 다른 가정에서 태생하는 것보다 우량한 생존 환경에서 성장하는 것을 의미한다. 이 귀족가문이 태동하고 흥성했던 시기는 7세기(토번시대)로부터 9세기까지이다. 티베트 사회에서 '제본'이라는 상징적 어휘는 특수 계층을 의미한다. 그 이유는 티베트 사회의 공통적인 인식이 그들의 혈통은 일등급이라는 공감대가 형성돼 있기 때문이다. 이 귀족은 정치적으로 특권을 향유하고 있으며 이것으로 인해 그들의 혈통은 더욱 부각될 수 있었다. 티베트사의 처절한 종교전쟁 속에서도 굴곡이 거의 없이 살아남은 귀족 집단이 바로 이 제본 귀족 집단이라고 할 수 있다. 이러한 제본 귀족의 정치적 · 종교적 영향력과 지위의 원동력은 조상 대대로 상속받는 대량의 '토지'에서 그 힘을 발휘한다. 즉 방대한 장원(莊園)을 집안 대대로 소유하고 있는 것이다.

오늘날까지 학계에 알려진 바로는 대표적으로 5가(家)의 제본 귀족들이 흥망성쇠 속에서 살아남았다. 대표적으로 다음과 같다. ㉠ 갈석(噶錫, dGav-bzhi), ㉠ 탄(呑, Thon), ㉢ 타객(朵喀, mDo-mkhar), ㉣ 파랍(帕拉, pha-lha), ㉤ 랍가일(拉嘉日, Lha-rgya-ri) 귀족 등이다.

㉠ 랍가일(拉嘉日, Lha-rgya-ri) 귀족

제본 귀족가문 중에 '랍가일'(拉嘉日, Lha-rgya-ri) 가정은 매우 특수한 귀족가문으로 분류된다. 이 가문은 세습으로 인한 막대한 토지와 사회적 지위를 얻고 있었으나 그들은 대대로 티베트의 변방인 산남 랍가일(山南拉嘉日)일대에 거주하였다. 이 지역은 티베트의 정치사에서 매우 자유로운 지역이었다. 그래서인지 이 가문은 지명도에 비해서 중앙의 어떤 관직도 획득하지 못한 것으로 전해진다. 기록에 따르면 고대 산남 일대의 대다수를 '랍가일' 가문이 관할하였으며 그들의 영지였다.[33] 따라서 훗날 이 지역

의 명칭을 따서 '랍가일' 가문이라고 일컫게 되었다.[34]

랍가일 가문의 구성원들은 스스로 고대 토번시대 '법왕'(贊普)의 후예들이라고 인식했다.

5대 달라이 라마 시기에 이 가문은 '적흠'(赤欽)이라는 봉호를 수여받았다. 이때부터 '적흠'은 일종의 귀족의 숭고한 신분을 표시함과 동시에 자기 관할의 영지를 자치할 수 있는 능력 있는 귀족을 상징했다. 랍가일 가문은 이 상징적 봉호를 집안 대대로 계승했다. 이는 가문의 원칙이며 전통이 되었다. 이러한 봉호의 하사는 당시 랍가일 가문이 티베트 지방정부와의 어떤 정치적 연계도 없는 상황에서 연출된 것이라 가문의 영광은 확대되었다. 주지하다시피 티베트 귀족은 그 가정의 구성원 중 한 명이라도 티베트 중앙의 관료(예를 들어, 噶厦정부의 대신)가 되어야만 명예스런 봉호와 거기에 상응하는 지위를 좀 더 쉽게 획득할 수 있는 구조였다. 그래야만 자신의 가문을 지키고 계승할 수 있었다. 그런데 랍가일 가문은 조상 대대로 산남 일대의 대영주였지만 중앙정부와는 아무런 연고가 없었다. 따라서 5대 달라이 라마로부터 하사받은 '적흠'이라는 봉호는 확실하게 이 가문의 이름을 티베트 전역에 알릴 수 있는 계기가 되었으며 가문의 구성원들은 훈장 같은 정신적 유산을 품게 된 것이다.

랍가일(拉嘉日)은 '신(神)의 후예들'이라는 의미를 가지고 있다. 따라서 가족의 구성원들도 가문의 명운과 권세는 초자연적 존재인 신과 함께 한다고 믿었다. 랍가일 가문은 부자간의 통속 관계가 전승된다. 즉 가정에서 부친의 권위는 최고이며 그 다음이 아들이다. 따라서 적흠(赤欽)의 봉호 또한 부자지간에 계승되었다. 랍가일 가문은 자기의 영지에 독립적인

33 고대에는 이 지역을 '埃'라고 일컬었다.

34 次仁央宗, 『西藏貴族世家: 1900~1951』, 中國藏學出版社, 2006, 61쪽.

행정관리기구인 '강좌강'(强佐康) 또한 설치했다. 이러한 독자적 행정기관은 당시 중앙으로부터 어떠한 행정적 장애와 영향을 받지 않았다. 본 가문은 산남 일대의 영지와 그에 속한 농노들을 관리하기 위해서 '랍가일장원'(拉嘉日莊園)을 거대하게 건립했다. 이러한 장원의 건립은 다양한 의미를 함의한다. 우선 지역 경제의 중심을 장악하고 있다는 의미가 될 것이다. 다음으로는 이 지역에서 행정과 종교의 중심을 랍가일 가문이 확실하게 장악하고 있다는 의미이다. 이러한 일련의 경제적 · 행정적 조치는 랍가일 가문이 일반 귀족과는 확연히 다른 점을 부각시키게 되었다. 결국 산남 일대에서 랍가일 가문은 최고의 귀족가문으로 발흥하게 되었다. 이에 힘입어 초창기와는 다르게 티베트의 중앙정부에서도 이 가문을 주목하게 되었다. 예를 들어, 랍가일 가문의 구성원이 라싸로 들어오는 날이면 중앙정부는 '자준'(孜准),[35] '설준'(雪准),[36] '설파'(雪巴)[37] 등의 고위 간부를 비롯하여 8명의 고위 승려를 파견하여 화려하게 맞아들였다. 또한 랍가일 가문의 혼상(喪婚)이 있는 날이면 매우 중히 여겨 관원을 파견하여 참관하게 하였다. 이는 초창기에 비해서 이 귀족가문이 정치적으로 약진하고 권위가 확산되었음을 의미하는 것이다.

지역의 맹주로 자리 잡은 랍가일 귀족가문은 결국 정치와 종교의 중심지인 라싸에까지 그 이름을 알리게 되었다. 그리고 모든 활동은 라싸의 저명한 사원과 활불로부터 친밀한 도움을 받았다. 특히나 행정 부분이나 토지에 문제가 생길 때면 라싸에서 인사를 파견하여 적극 도와주었기 때문에 랍가일 가문의 지위와 권위는 지속적으로 공고히 할 수 있었다. 그

35 주로 달라이 라마나 섭정(攝政)활불의 영접을 담당한다.

36 주로 포탈라 궁에 진입하는 인사들을 영접하는 일을 담당한다.

37 포탈라 궁의 행정장관이다.

러나 라싸의 중앙정부가 일관적으로 이 귀족가문을 도와주는 것은 아니었다. 티베트 사회에서 일방적인 헌신과 헌납은 일반 평민들에게만 적용되었다. 지방의 귀족가문은 정치의 중심지 라싸의 정부로부터 관심과 협조를 얻는 대신, 필요에 따라서는 자신이 보유하고 있는 영지 내의 사병을 제공해야 했다. 이는 암묵적으로 종속관계에 있는 지방의 귀족들이 관병이 모자란 라싸의 치안을 위해 혹은 종교 분파의 전쟁을 위해 대신 파견해주는 것이었다. 이는 양자의 정치적 · 종교적 상생의 관계를 지속하기 위해서는 필요한 부분이었다. 하지만 관계가 지속될수록 라싸 정부의 요구와 부감은 가중되었다. 특히나 13대 달라이 라마 재위 기간에는 더욱 그러했다. 부담의 가중은 이 가문의 경제와 정치 기반을 요동시킬 정도로 위협적이었다. 여기서 말하는 부담이란 재정적 기반인 토지의 헌납을 의미한다. 때문에 가문의 구성원들은 가문의 유지와 계승을 위해서 묘안을 찾아내야만 했다. 그래서 택한 방법이 당시의 또 다른 귀족인 '색강'(索康, Zur-Khang) 귀족([도표 4] 참조)[38]과의 전략적 혼인이었다. 각종 방법을 동원하여 결국 혼인에 성공했고 이를 바탕으로 정부의 중요 관료인 '갈륜'(噶倫)으로의 진출을 모색했던 '랍가일' 가문은 정계 진출이 쉽지 않음을 깨달았다. 많은 노력 끝에 '찰살'(扎薩)이라는 직위를 얻었지만 정식 관직이라고 보기에는 힘들었다. 하지만 이 관직은 티베트 지방정부(噶廈) 내에서 3품의 관직에 해당되는 보직이었다. 중요한 것은 당시 이러한 관직도 세습이 된다는 것이었다. 이러한 매력 때문에 티베트 사회에서 지방과 중앙의 관직을 차지한다는 것은 매우 중요한 문제였다. 가문의 영광인 동시에

38 4대 달라이 라마 친족의 후예 가문이다. '색강'(索康, Zur-Khang) 귀족은 당시 갈하(噶廈)의 대신(大臣) 귀족으로 막강한 부와 권세를 가지고 있던 것으로 전해진다. 이 가문 최초의 인사는 古陽喀夏喀으로서 그는 1714년 부탄(不丹)과의 전쟁에서 지휘관으로 처음 출현한다([도표 4] 참조).

귀족의 후예

광활한 영지는 귀족의 자산이다

[도표 4] 색강(索康 Zur-Khang) 귀족가문의 계보

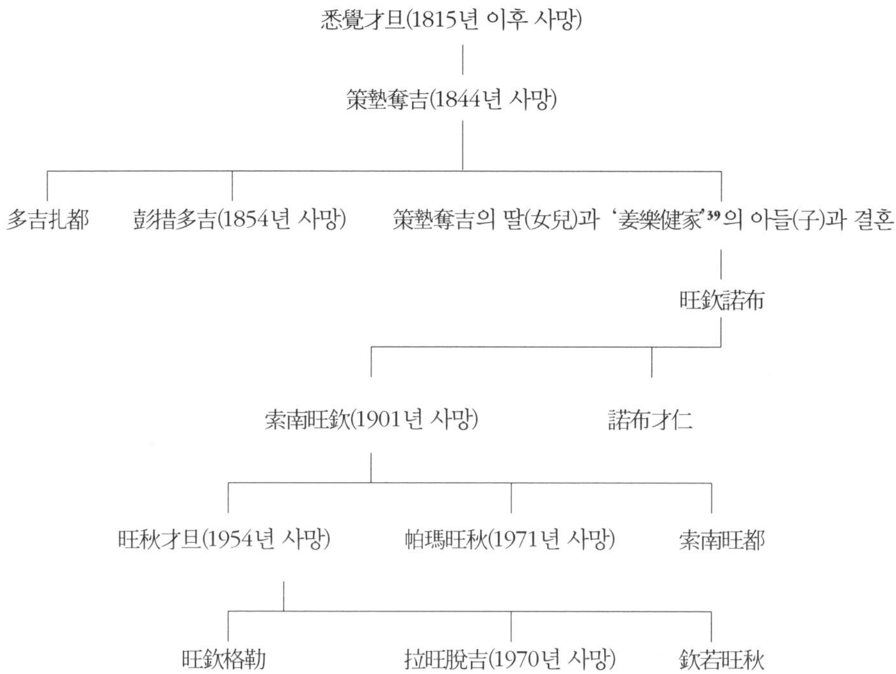

가문의 지위와 권세를 공고히 할 수 있는 방법이기 때문이다. 이러한 피할 수 없는 관계 때문에 당시 티베트의 귀족사회와 지방정부 사이에는 뇌

39 姜樂健(lCang-lo-can) 가문은 티베트 후장(后藏) 지역 최고의 귀족가문이다. 姜樂健 가문는 江孜의 부근의 姜樂健村에서 유래됐다. 이 가문 최초의 조상은 유명한 법왕 '若丹恭桑帕'(Rab-brtan-kun-bzang-vphags, 1389년 출생)인데 그가 오늘날 江孜의 유명한 불교 사원 '白居寺'(dPal-vkhor-mchod-rten)를 긴립힌 인물이다. 라마승과 활불이 티베트 사회를 장악하고 있는 사회체제를 감안할 때, 세속귀족들에 있어서 지방의 군사지휘권(代本)은 매우 매혹적인 직위였다. 역사적으로 1728년 이후 티베트 군대를 장악했던 4명의 대본(代本)은 전장(前藏)에 1家, 후장(后藏)에 3家가 존재했다. 즉 전장 지역의 '宇妥'와 후장 지역의 '姜樂健'와 '拜采'그리고 '阿蘭巴' 등이다. Luciano Petech(著), 沈衛榮/宋黎明(譯), 鄧銳齡의 책, 2008, 195~197쪽.

물의 매수가 빈번하게 발생했다. 이는 수요와 공급이 맞아떨어졌기 때문이다. 티베트 사회에서는 일개 귀족이 아무리 자치 기반과 명성을 보유하고 있더라도 중앙의 관직이 없으면 그 가문은 언제 어떻게 나락으로 떨어질지 모르는 운명을 안고 있었기 때문이었다. 랍가일 귀족 또한 비록 티베트 산남 일대에서 광활한 영지와 자기 구역을 가지고 오랫동안 군림하고 있었지만 결국 13대 달라이 라마 정권 때는 많은 토지를 정부에 헌납해야만 했다. 따라서 가문이 살아남기 위해서는 각종 방법(혼인과 뇌물)을 동원하여 중앙 혹은 지방정부의 관직을 획득할 수밖에 없었다. 당시 이러한 현실은 일반 귀족가문의 피할 수 없는 길이었다. 어쩌면 이러한 티베트 귀족 세계의 생리는 일반 평민들보다 더 치열하고 긴장된 삶이었는지도 모른다.

ⓛ 갈석(噶錫, dGav-bzhi) 귀족

'갈석'(噶錫)의 별칭은 '타인'(朵仁, rDo-ring)이다.[40] 문헌에 따라서 '다인'(多仁)이라고도 한다. 현재 이 두 개의 명칭은 티베트 문헌에서 자주 혼용되어 사용되고 있다. 그러나 일반적으로 '다인'이 좀 더 많이 사용되고 있다. '다인' 명칭의 유래는 원래 라싸의 변두리 가옥 이름에서 나왔다. 이 가옥은 조캉사원(大昭寺) 앞의 당번회맹비(唐蕃會盟碑) 앞에 위치하고 있는 저택이다. 이 귀족의 경제적 기반인 '갈석장원'(噶錫莊園)은 티베트자치구 남부의 장쯔(江孜, Gyangtse)에 위치하고 있다. 이 가문의 원류를 문헌상으로 추적하기는 매우 난해하다. 서방 학자 벨(Ch, bell)이 1928년에 자

40 '朵仁'(rDo-ring)은 『八世達賴傳』(中國藏學出版社, 2006)에서는 '噶錫'과 혼용되어 쓰이고 있다. 기본적으로 문헌에 따라 「噶錫」과 「朵仁」 및 「多仁」이 혼용되어 쓰이고 있지만 같은 귀족가문의 명칭이다.

[도표 5] '갈석'(噶錫) 귀족가문의 가계도

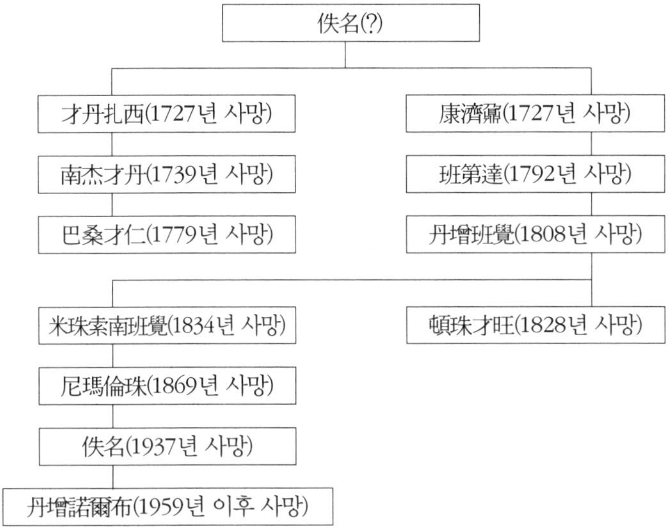

신의 저서 『서장지』(西藏志)에서 잠시 언급하고 있으나 그 또한 매우 모호하게 전하고 있다.[41] 이 가문의 창립자는 강제 · 색랑걸파(康濟 · 索郎杰坡)이다. 일반적으로 '강제내'(康濟鼐, Khang-chen-nas)라고 불린다. 역사적으로 그에 관한 활동은 찾아보기 힘들다. 다만, 1715년 말 혹은 1716년 초에 랍장한(拉藏汗, Lajang Khan)의 임명에 의해 티베트 남부 아리(阿里) 지역의 총독(sgar-dpon)으로 관직 생활을 한 기록이 전한다.[42] 그는 1720년(康熙, 59년)에 준거얼(准噶爾)을 축출한 공로를 인정받아 1721년(康熙, 60년) 황제로부터 '패자'(貝子)라는 봉호를 하사받고 수석 갈륜(噶倫)에 임명받는다. 또한 양탁림(羊卓林, Yar-vbrog-gling) 장원 또한 하사받는다. 훗날 그는

41 Ch. bell의 1928년의 저서 『西藏人』(*The People of Tibet*), Oxford, 98~102쪽에서 조금 언급하고 있으나 설명할 수준은 아니다.

42 陳慶英 等, 『歷輩達賴喇嘛生平形象歷史』, 中國藏學出版社, 2006, 475~491쪽.

개인 역량과 신분을 발휘하여 결국 '갈석와'(噶錫哇, dGav-bzhi-ba)라는 제본 귀족의 가문을 최초로 건립하였다.[43] 따라서 티베트의 귀족사에서 강제내(康濟鼐)는 갈석(噶錫) 가문의 창시자이자 영웅적인 인물로 상징된다. 1727년 8월 5일, 그는 의문의 피살을 당하면서 역사 속으로 사라졌다.[44] '갈석' 귀족가문의 가계도는 [도표 5]를 참조.

㉢ 탄(呑, Thon) 귀족

'탄'(呑) 귀족은 티베트 토번(吐藩)시기의 귀족이다. 이 귀족의 역사와 문화는 매우 오래되어서 오늘날에는 그 자취를 완전히 감추었다. '탄' 귀족의 별칭은 '랍장저파'(拉章宁巴)와 '랍양저파'(拉讓宁巴)이다.[45] 랍양(拉讓)은 '활불의 거주지'라는 의미를 가지고 있다. 저파(宁巴)는 '구시대' 혹은 '오래된'의 뜻을 가지고 있다. 따라서 '랍양저파'는 오래된 활불의 거주지라는 의미를 내포하고 있다. 티베트인들 사이에서는 일반적으로 '랍장저파'가 상용되었다. 탄파(呑巴)라는 명칭은 라싸에 위치한 고택의 명칭에서 유래했다. 그러나 문헌에서 이 별칭의 흔적을 찾기는 쉽지 않다. 다만 1733년 3월 30일에 탄파갈륜(呑巴噶倫)이 팽납(彭納) 신부(Father Francesco Orazio della Pena)에게 보낸 서신에서 스스로 랍장저파(拉章宁巴)의 용어를 사용했음을 찾을 수 있다.[46]

이 귀족의 원류는 7세기 티베트의 지도자 송찬감포(松贊干布)의 대신 탄미상포찰(呑米桑布扎, Thon-mi-Sambhota 이하 '탄미')로부터 시작된다. 당시 송찬감포의 충실한 4대 대신(公倫)이 있었는데 탄미(呑米桑布扎)는 그 중의

43 恰白・次旦平措, 諾章・吳堅 著, 陳慶英, 何宗英 譯의 책, 1996, 705~707쪽.

44 Luciano Petech(著), 沈衛榮/宋黎明(譯), 鄧銳齡(校)의 책, 2008, 33~46쪽.

45 '呑巴'와 '拉讓宁巴'는 서로 호환되어 사용됐다.

46 『在西藏和尼泊爾的意大利敎士』 권4, 200~201쪽.

하나였다. 탄미는 능력이 출중하고 충실한 인재였다. 그는 왕의 대외 강역(疆域)사업에도 적극 참여했으며 결정적으로 티베트 문자(藏文)를 창시하고 전파한 핵심 인사 중의 하나였다. 티베트의 신화와 전설 속에서 탄미(呑米桑布扎)의 이야기는 매우 풍성하다. 그러나 오늘날 티베트의 어떤 문헌과 학자들도 그가 어떻게 탄파(呑巴) 귀족의 부흥기를 가져왔으며 지위를 확보했는지 명확하게 설명하지는 못한다. 하지만 탄미가 '탄파' 귀족의 창시자임에는 모두 동의한다. 이 가문의 경제적 기반인 장원은 섭모(聶姆, Snye-mo)[47] 협곡의 하류 지방인 객약(喀若, Kha-rag)에 근거하고 있다. 역사 속에서 탄파 귀족은 5대 달라이 라마와 6대 달라이 라마 시대에 가장 전성기를 누린 것으로 나타난다.[48]

1721년, 탄색미특색포등(呑色米特色布騰, Thon Sri-gcod-tshe-brtan 이하 '탄색')에 의해서 이 가문은 티베드 사회에 진면직으로 부각된다. 그리고 1723년에 그는 최고 귀족가문만이 향유할 수 있다는 '하중'(夏仲, Zhabs-drung)이라는 직위를 하사받는다. 또한 1724년에 곡물 수납과 세금을 관장하는 중요 보직에 임명되었으며 1726년에는 티베트에서 명문 귀족가문만이 초대된다는 라싸의 판첸 라마 접견에도 선발되었다. 따라서 이 시기 '탄색'의 활약으로 이 가문은 최고 귀족가문으로 등극한다.

1727년(淸雍正 5년)에 티베트 대신(噶倫)들 사이에서 내홍이 발생했다. 이는 귀족들 사이의 파벌싸움으로 확대되었다. 탄파 가문도 이를 피해갈 수는 없었다. 이때 탄파 귀족가문 중에 걸출한 인물이 출현했다. 바로 '탄파색각차단'(呑巴色覺次丹)이다. 그는 마찰과 내홍이 정점을 향해 달리자

47 聶姆(Snye-mo) 지역은 藏絨의 藏布江북부 지류 중의 하나이다.

48 次仁宗央의 책, 2006, 75~77쪽. 근대 '拉章寧巴' 귀족의 구성원들은 모두 '呑米桑布扎'의 후예들이다. 이 가문은 제본 귀족가문 중 가장 오래된 귀족 중의 하나로 5대와 6대 달라이 라마 시대에 출현했고 頗羅鼐시대에 와서 비로소 그 지위와 명성을 획득했다.

파라내(頗羅鼐)에게 접촉했다. 그러한 행위를 다른 귀족들은 황당하고 이기적인 것으로 간주했다. 과정이야 어찌됐던 간에 당시의 혼란한 정국에서 탄파색각차단은 승리할 수 있었다. 덕분에 가문은 내홍에서 살아날 수 있었다. 그리고 그의 아들 서열반다(西熱班多)는 그의 사업과 정치적 수완을 계승받았다. 이와 관련해서 『8대 달라이 라마 전기』(八世達賴喇嘛傳)에는 다음과 같은 구절을 발견할 수 있다.

> 달라이 라마의 형에게는 '공'(公)이라는 관직을 책봉했고, 달라이 라마의 숙부는 '아제도감포'(阿齊圖堪布)라는 칭호를 하사했다. 그리고 열(熱)과 탄(吞)에게도 상을 하사했다.[49]

여기서 말하는 '열'과 '탄'은 당시의 대신 중에 '탄파와'(吞巴哇)와 '열객하와'(熱喀夏哇)를 말한다. 한때 흥성했던 이 귀족가문이 시간이 지남에 따라 초창기의 부귀영화를 상실하게 되었다. 역사 속에서 이 가문의 최후의 귀족 인사는 '돈주걸파'(頓珠杰波)로 기억된다. 1887년에 출생한 돈주걸파는 1906년에 티베트 사회에 진출한다. 1938년까지 가문을 이끌던 돈주걸파는 1940년대 들어와 형제들의 불협화음으로 장원(莊園)이 사분오열되고 가문의 붕괴를 맞이한다. 형제 중의 한 명이 당시 명문 귀족가문 중의 하나인 '다길림'(達吉林) 가문[50]에 데릴사위로 들어가 가문의 영광을

---

49 次仁央宗, 「帕拉庄園朗生的今昔」, 『西藏研究』, 中國藏學出版社, 1998, 第3期 참조.

50 '達吉林'(bDe-skyid-gling) 가문은 티베트 귀족史에서 '讓巴康賽'(Ram-pa-khang-gsar) 가문으로 불린다. 이 귀족가문의 명칭은 그들이 소유한 장원(絨, Rong)에서 유래했다. 이 가문은 티베트의 정치사에서 크게 두각을 나타내지는 못했다. 그러나 이 가문은 18세기에 티베트 사회에서 두각을 나타내기 시작한다. 즉 1971년에 가문의 일원인 聶塘達吉林巴(snye-thang bDe-skyid-gling-pa)가 '仲尼'의 직위에 오르면서부터이다. 1760~1769년간에는 聶塘額珠若巴(snye-thang dNgos-grub-rad-brtan)가 저명한 隆多喇嘛와 시주(施主) 관계를

되찾으려 하였으나 실패하였고 결정적으로 후손도 보지 못했다. 이로부터 이 가문은 티베트의 귀족사에서 사라졌다.

㉣ 파랍(帕拉, pha-lha) 귀족

'파랍'(帕拉) 귀족의 통칭은 '파각랍강'(帕覺拉康, Pha-jo-Iha-khang)이다. 일부에서는 '중자와'(仲孜哇)라고 호칭되기도 한다. 이 가문의 근원지는 티베트 후장(后藏)의 장쯔(江孜)에 위치하며 막대한 장원을 소유하고 있었다.[51] 일반 티베트인들 사이에서 이 가문의 인상은 막대한 장원을 소유한 화려한 귀족가문이란 것이다. 장원 이외에도 일반인들 사이에서 이 가문의 호화로운 복식과 생활은 부러움의 대상이 되곤 했다. 이 가문의 구성원들은 화려한 복식의 치장에 신경을 많이 쏟았다. 그 이유는 자신들의 지위와 신분을 과시하여 일반인들과의 차이를 부각시키려 하였기 때문이다. 특히나 이 귀족들이 입는 복식은 희귀한 고대의 복식이었다. 따라서 일반인들은 물론 기타 귀족들도 구하기 힘든 복식이었고 비싼 것들이었다. 이 귀족가문은 막대한 부를 바탕으로 복식과 가옥, 의전 활동 등에 많은 비용을 할애했고 이는 티베트인들 사이에서 부러움의 대상이 되었다. '파랍'가문의 전설은 부탄 서부의 '파각랍강'(帕覺拉康) 사원으로부터 시작된다. 이곳의 한 승려가 이 가문의 최초 조상이라는 것이다. 문헌에서 전하는 기록은 다음과 같다. 1644~1647년 사이에 티베트에서는 불교 종

맺기도 하였다. 그러나 19세기에 들어와 이 가문은 급속한 쇄락의 길에 들어선다. 귀족사회에서 뚜렷한 주목을 받지 못하다가 1913년에 達吉林巴가 티베트 지방 정부의 대신으로 발탁되었으나 다음해(1914년)에 사망한다. 1954년을 기점으로 이 귀족가문은 티베트의 역사에서 사라진다. Luciano Petech(著), 沈衛榮/宋黎明(譯), 鄧銳齡(校)의 책, 2008, 95~96쪽.

51 王家風 · 達瓦次仁, 「論帕覺拉康庄園興亡的內在因素」, 『西藏研究』 特刊, 總第30期, 1989, 23~25쪽.

파 간에 내전이 일어나 사회가 어수선했는데 어떤 티베트인이 여기에 관여했다가 결국 생명의 위협을 느끼고 부탄으로 도망갔다. 그는 훗날 자신의 존재를 이어줄 아들을 낳지 못하고 여자아이 하나만 낳았다. 그런데 이 여자가 당시 '노마와'(努瑪哇, Nu-ma-ba) 가정과 통혼을 하고 그들의 아이부터 파랍(帕拉)이라는 명칭을 쓰게 되었다는 것이다.[52] 18세기 전반기까지 이 가문은 세상에 전혀 알려지지 않았다. 그러다가 1783년 당시 3대 판첸 라마가 일련의 관리들과 접견을 나눌 때 그 중의 한 명이 왕파랍파(旺帕拉巴, Wang pha-Iha-ba)라고 불렸는데 그는 파랍 가문의 일원이었다.[53] 훗날 학자들에 의해 규명된바 그가 바로 '파랍' 귀족가문의 실질적인 창시자 단진나본결(丹津那本結, bsTan-vd-zin-rnam-rgyal)이었다.[54] 모든 귀족세가(世家)가 그렇듯이 이 가문 또한 한 사람의 힘으로 건립되고 유명해진 것이 아니었다. 기록에 의하면 이 귀족가문에서 5인의 걸출한 인물이 출현해서 기초를 닦았으며 근대까지 가문의 부흥을 주도했다.[55] 5인의 인물은 다음과 같다. 첫 번째가 백마결포(白瑪結布, Padma rgyal-po)이다. 그는 소남걸파(索南杰波)의 아들로 1850년에 '자본'(孜本)의 직책으로 티베트 사회에 그 모습을 드러낸다. 1860년에 티베트 정부(噶厦)의 대신(噶倫)이 된 그는 가문을 위해 활약하다가 1875년에 사망했다. 두 번째는 찰서달길(扎西達吉, bkra-shis-dar-rgyas)인데 그는 백마결포(白瑪結布)의 아들이다. 그는 외교적인 사업 수완에 능한 것으로 알려졌다. 특히나 1876년에 청조의 주진(周溱)과 부탄의 대신 액주왕추(額珠旺秋)와 더불어 영국의 부탄 진입

---

52 次仁央宗, 「帕拉家族及其庄園」, 『中國藏學』, 中國藏學出版社, 第2期, 1999 참조.

53 中國第二歷史檔案館, 『第三世班禪傳』, 中國藏學出版社, 1992, 327쪽.

54 第穆呼圖克圖 · 洛桑圖丹普麥嘉措 著, 馮 智 譯, 『第八世達賴傳』, 中國藏學出版社, 2006, 107쪽.

55 次仁央宗의 책, 2006, 89쪽.

[도표 6] '파랍'(帕拉) 귀족가문의 가계도

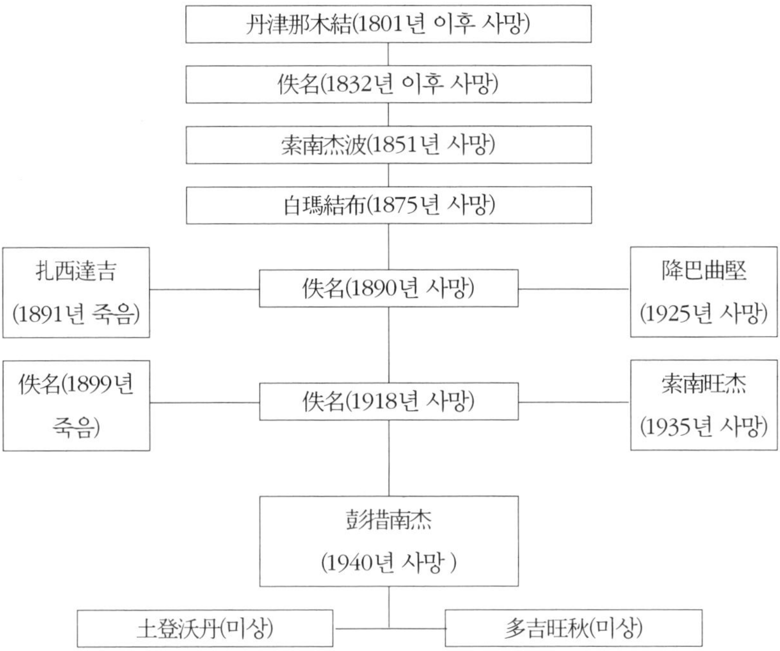

과 도로 확장공사를 결사적으로 반대한 일화는 유명하다. 세 번째는 강파곡결(降巴曲堅, 1865~1925)인데 이 역시 백마결포(白瑪結布) 만년의 아들로 여겨진다. 그는 13대 달라이 라마 토등가조(土登嘉措, 1895~1933)의 재위 시절에 가장 영향력 있는 인사 중의 하나였다. 1882년에 18세의 나이로 티베트 사회에 입문한 강파곡결은 1888년에 26세의 젊은 나이로 '자종'(孜仲)의 관직을 획득한다. 그리고 1896년에는 '감궁'(堪窮)의 지위와 포탈라(布達拉, rtse-slob dge-rgan) 학교의 교장까지 겸하여 자신의 가문을 최고의 귀족가문으로 끌어올리는 데 중요한 역할을 하였다. 네 번째는 색남왕걸(索南旺杰)이다. 그는 강파곡결의 아들로 1817년에 출생하였다. 그의 별칭은 '저만파도이파혁색'(底万巴圖爾巴赫色)으로 불리는데 역사의 기록에

서 그에 관한 흔적은 거의 없다. 다섯 번째는 팽조남걸(彭猎南杰)이다. 그는 문헌적으로 이름을 추적할 수 없는 파랍가문의 일원의 아들로 1891년에 출생했다. 그는 1909년에 티베트 사회에 본격적으로 진출했으며 '갈설'(噶雪)과 '갈중'(噶仲)의 직책을 거쳐 장쯔(江孜) 지방의 '종본'(宗本)까지 역임했다. 이 직위는 1924년까지 유지한 것으로 밝혀졌다. 따라서 팽조남걸(彭猎南杰) 역시 이 가문의 부흥을 주도한 인물 중의 하나로 인정된다. 이들 외에도 이 가문의 일원인 미마(米瑪, mig-dmar)의 아들이 몽고의 활불이 되어 가문의 위상을 높였다는 기록이 전해지는데 확실하지 않다.[56] 본 가문의 주요 계보는 [도표 6]을 참조.

ⓜ **타객(朵喀, mDo-mkhar) 귀족**

이 귀족가문은 티베트인들에게 별칭으로는 '요갈하'(饒噶厦, Rag-kha-shag) 혹은 '약객하'(若喀霞, Rag-kha-shar)라고 불린다. 라싸의 조캉사원(大昭寺) 부근의 고택에서 그 이름이 유래했다. 이 가문의 명칭은 1761년 『제8대 달라이 라마 전기』(第八世達賴傳)에서 처음으로 '타객'(朵喀)이라는 명칭으로 소개되었다.[57] 이 가문은 원래 달용(達隴, aTag-lung)[58] 촌장의 봉건 가족에서 유래됐다. 이 가문은 지역의 유명한 달용(達隴)사원과 긴밀한 관계를 맺고 있었는데 '타객' 가문의 재정적 지원을 받고 있었다. 따라서 이 가문의 인사들이 이 사원을 방문할 때는 사원의 승려들이 적극 환대하였다. 지방의 귀족가문과 지역 사원과의 상생적 관계를 보여주는 전형적인 티베트의 사회구조는 이때부터 시작된 것이다. '달용'사원에는 활불이 전생제도로 계승되고 있었는데 활불의 공백기가 생기면 타객 가문의

56 畢達克 著, 沈衛榮 · 宋黎明 譯의 책, 2008, 62~64쪽.

57 畢達克 著, 沈衛榮 · 宋黎明 譯의 책, 2008, 53쪽.

58 '達隴'은 라싸의 북쪽에 위치한다.

[도표 7] 타객(朵喀) 귀족가문 가계도

남자가 대신하기도 했다.[59]

59 이 사원의 저명한 활불로는 세 명이 존재하는데, ① 夏仲活佛(Zhabs-drung), ② 瑪活佛(Ma-Rin-po-Che), ③ 孜珠活佛(rTse-Sprul-Rin-po-Che) 등이 그들이다.

이 가문의 창시자는 18세기 초의 '아왕창파'(阿旺倉巴, Ngag-dbang-tshang-pa)로 전해진다. 그는 가문을 건립하는 데 일조했을 뿐 티베트의 귀족사에서는 뚜렷한 족적은 남기지 못하고 1724년에 사망했다. 오히려 그의 아들 '재인왕걸'(才仁旺杰, Tshe-ring-dbang-rgyal, 1697~1763)이 가문을 반석 위에 올려놓았다. 이 가문의 주요 계보는 [도표 7]과 같다.

티베트에서 귀족가문의 구성원들은 매우 보편적이면서 중요시하는 관념이 일찍부터 자리하고 있었다. 그것은 가문의 보존과 계승을 위해서, 토지의 확대를 위해서, 신분의 상승을 위해서, 어린 시절부터 치열하게 정신무장을 하고 티베트 사회에 뛰어든다는 것이다. 이는 일반인들이 상상하는 것 이상이었다. 티베트 사회에서 제본(第本) 가문은 의심할 바 없이 토지와 신분을 향유하는 특권 계층이었다. 따라서 이 가문의 구성원들은 조상의 신화적 요소를 신격화하고 전승하였으며 이러한 세습은 후예들로 하여금 사회등급 의식을 촉발시켰다. 그리고 후예들은 가문의 보존, 신분의 상승, 장원의 확대 등을 통한 사회적 특권 계층으로서의 대가를 향유하고 연속성을 확보하려고 최선의 노력을 다했다.

티베트의 귀족가문은 대소를 막론하고 세습을 통하여 유지되는 특징을 가지고 있다. 티베트 사회의 특성을 고려할 때 귀족의 지위와 신분 유지는 귀족 구성원이 중앙관료의 정치 입문을 통하여 고위 관직을 부여 받느냐의 여부에 달려 있었다. 특히나 대 귀족에 속하는 가문은 대대로 관료의 세습을 매우 중시하고 있었다. 만일 귀족 구성원의 관직이 파면되거나 세습이 되지 못할 경우 그 가문의 연속성은 담보되지 못하는 경우가 다반사이다. 따라서 상술에서 언급한 귀족가문들은 장기적으로 가문의 혈통과 지위를 유지시켜온 티베트의 대표적인 귀족가문이라고 할 수 있다. 이들 가문은 시기마다 나름대로의 가문의 위기를 맞았으나 전형적인 위기 탈출 방법인 권문세가와의 '정략적 통혼' 혹은 '데릴사위제'를 통하여 가문의 지속성을 유지시켰다. 티베트 귀족사회에서 혼인은 매우 중요한 전략적 수단이요 방법이 될 수 있었다. 따라서 귀족사회에서 행해지는 혼인은 '상호 교역'의 성질이 농후했다. 왜냐하면 당시 귀족 사이의 혼인은 당사자들 간의 감정은 그리 중요하지 않았으며 가문끼리의 공리적 요소가 중요한 사항이었기 때문이었다.

② **미찰**(米扎, sku-drag) **귀족**

티베트에서는 세속귀족을 '고찰'(古扎)이라고도 하며 '미찰'(米扎)[60]이라고도 한다. 지역에 따라서는 이 두 개의 용어를 혼합해서 쓰는 경우도 있다. 그런데 엄격하게 구분하자면 같은 귀족이라도 '고찰'과 '미찰'은 미묘한 차이가 있다. 요컨대 '고찰'은 일반적인 귀족 가정을 말하고 '미찰'은 티베트 정부에서 직위를 차지하고 있는 귀족 가정을 말한다. 따라서 직위를 차지하고 있는 '미찰'가문을 티베트에서는 좀 더 세분화하여 '삼하흠갈'(森厦欽噶)이라고 일컫는다. 따라서 티베트 사회에서 '삼하흠갈'이라고 불리게 되면 이는 가문 중에 과거에 혹은 현재 티베트 정부에서 고위 관직을 획득했다는 것을 의미한다. 이 가문과 일반 귀족가문과의 차이점은 그들의 자녀가 받는 대우에서부터 차이를 드러낸다. 특히나 아들의 경우는 더욱 그러하다. 호칭의 차이는 그들의 사회적 지위를 실감나게 해준다. 예를 들어, '미찰' 귀족가문의 남자아이들은 출생과 더불어 '새'(賽) 혹은 '새낭파'(賽囊巴)로 호칭되는데 이는 '도령' 혹은 '공자님'을 나타내는 말이다. 1959년 전까지 티베트 전역에는 대략 200여 개의 귀족이 여기에 속하며 이들은 방대한 토지를 점유하고 있었다. 당시 한 가정이 보

60 '米扎'은 티베트어로 '강하고 용맹한 사람'의 뜻을 가지고 있다. 학자에 따라서는 '밀찰'(密扎, mi drag)이라고도 한다.

편적으로 6인 정도로 구성되어진다고 계산할 때 이 귀족계층은 대략 1,200여 명 정도의 구성원들이 존재했다고 볼 수 있다. 이 귀족가문 역시 다량의 혹은 소수의 장원(莊園)을 보유하고 있었다. 장원의 형태는 유럽 봉건 시기의 영주장원(領主莊園)과 매우 흡사했는데 장원은 영지(領地)와 분지(份地)의 형태로 나뉘어져 있었다. 전자는 영주가 직접 관할했고 후자는 농노가 사용하도록 했다. 이러한 장원은 미찰 귀족가문의 중요한 재정적 원천이자 권세의 동력이었다. 장원은 세습의 전통을 가지고 있었다. 그러나 근대에 들어서면서 티베트의 귀족계층은 점유한 토지에 의탁해서만 신분과 사회 지위를 유지하는 시대가 아님을 자각했다. 따라서 그들은 정치적 세력을 이용하여 귀족의 신분과 권위를 격상시키려 하였다. 이러한 배경 속에서 형성된 특권 계층이 바로 '미찰' 귀족계층인 것이다. 티베트 사회에서 성공한 '미찰' 귀족가문의 수단과 방법은 다양하였는데 대부분 지방정부와의 비밀스런 밀착을 통하여 성공을 이루었다.

티베트 귀족사회의 등급으로 볼 때 '미찰' 귀족은 중상의 귀족 등급에 속한다. 이 귀족 집단은 다른 귀족들과 마찬가지로 방대한 장원과 그에 속한 농노를 가지고 있다. 물론 이 가문의 구성원이 티베트 정치의 심장인 '갈하'(噶厦)에서 고위 직위를 획득하기까지 경제적 · 정치적인 인적 교류는 매우 치열했다. 그러나 일단 관직을 획득하여 귀족사회에서 인정받게 되면 그 가문은 사회적 지위와 신분뿐만 아니라 생활방식까지도 급변하게 된다. 다시 말해서 티베트의 진정한 특수 귀족 집단의 일원으로 살아가게 되는 것이다. 따라서 이 귀족가문의 자녀들은 어려서부터 티베트 사회의 정치에 대한 민감도가 매우 높은 편이다. 현실적으로 가문의 일원이 티베트 지방정부에서 직위를 차지하면 그에 상응하는 대가로 신분은 수직 상승되기 때문이다. 그러나 이 과정은 개인 스스로의 정치 능력만으로는 한계가 있었다. 따라서 물질을 기초로 한 뇌물의 방법으로 관직을 매수하는 현상이 이루어지기도 했다.

근대에 들어와 1940년대, 티베트에서 '미찰' 귀족가문의 신분으로 남아 있던 가정은 대략 30여 가구로 집계된다.[61] 이들 대부분의 가정은 티베트 사회의 중심 귀족세력이었으며 여전히 티베트의 행정과 정치에 절대 권력을 행사하고 있었다. 1959년 이전의 티베트 귀족사회는 정해놓은 법률보다 개인의 능력과 정치적 활동이 한 가문의 흥망을 좌지우지할 정도의 사회적 정서가 충만했다. 예를 들어 하찰(夏扎) · 찰계(擦誡) · 색강(索康) · 적문(赤門) · 갈설파(噶雪巴) 등은 이러한 사회적 정서 속에서 가문의 구성원들이 활약을 보여 40년대 최고의 미찰 귀족으로 부흥했던 가문들이다. 이 귀족가문들은 등급으로 구분하자면 '아계' 귀족처럼 신성하거나 특수하지 않았으며 '제본'처럼 귀족의 혈통이 순수한 것도 아니었다. 따라서 이 부류 귀족의 특징은 아계나 제본에 비해 스스로 자수성가하여 귀족의 대열에 올라섰다는 것이다. 따라서 이 귀족들은 매우 실용적이며 정치적 로비를 잘하였다. 이를 반증하는 것이 이들 귀족가문들(夏扎, 擦誡, 索康, 赤門, 噶雪巴)은 1728~1959년 사이에 티베트정부에서 최소 1석 이상의 관직을 차지한 적이 있는 가문들이라는 것이다.[62]

---

61 次仁央宗의 책, 2006, 112~114쪽.

62 티베트 귀족세력의 주요한 구성 조건은 사회 권력과의 연계이기만큼 중국 정부의 흡수 시기인 1950년대는 전국에 약 30개의 가정으로 줄어들었다. 그 중 일부의 미찰 가정은 기본적으로 당시 티베트의 재정권을 장악하고 있었는데 예컨대 夏扎 · 擦誡와 같은 가문이다. 특히 이와 같은 미찰 가정 역시 가족의 지속을 위하여 이혼 · 재혼 · 데릴사위 · 양자 등의 결합 형태를 추구하였다. 남성 계승자가 있다면 이 계승자의 직위 상승(정치권의 진입)을 통하여 그 가족의 경제적 · 정치적 지위를 향상시킬 수 있었으며 이러한 과정을 이용하여 가족의 사회적 지위 또한 제고할 수 있었다. 결국 당시의 혼인 형태와 가족 구성의 구조를 살펴보면 당시 토지의 보유 정도가 티베트 귀족 가정의 정치적 지위와 개인의 운명에 상당한 영향을 미쳤음을 알 수 있다. 이러한 이유 때문에 귀족계층 사이에는 일부일처 이외에도 일처다부의 형식과 같은 티베트 스타일의 혼인 유형이 창출되었다. 홍병혜의 논문, 2004, 238~241쪽.

티베트의 귀족사회에서 어떠한 방법이든 간에 중앙관직의 획득은 사회적 · 경제적 특권의 보장으로 이어졌다. 이러한 관례는 각 귀족 가정의 구성원들에게 흥분과 기대심리를 불어 넣어주었다. 따라서 귀족 집안의 구성원들은 어려서부터 타 가문에 대한 경쟁 심리와 타인에 대한 배타성이 자연스럽게 배양되었다. 이러한 현상은 사실상 외관으로 보여지는 귀족사회의 우아하고 품위 있는 언행과는 전혀 다른 치열한 내부적 사실이었다. 일반 티베트 민중들이 귀족들에 대하여 품고 있는 신화와 같은 낭만과 품격을 생각할 때, 귀족의 현실은 전혀 다른 세계였다. 귀족들은 현재의 삶에서 더 나은 귀족계층으로의 격상을 원했기 때문에 그들이 추진하는 모든 종교적 · 사회적 활동은 공리적인 성격을 농후하게 띠게 되었다.

요약하면, 상술한 유형의 귀족계층은 고대 티베트 농노제 사회에서 형성된 전형적인 귀족계층들이다. 티베트 귀족가문의 중요한 특성 중의 하나는 비록 가문의 혈통을 전혀 배제하거나 무시하는 것은 아니지만 가업계승이라는 중요한 목표를 위해서 가문 내부에서 굳이 '혈친' 전승을 엄격히 적용하지 않는다는 점이다. 오로지 가문 내에 관료 출신의 남성이 있는지 없는지의 여부를 중시하였기 때문에, 가문 내에서 남성은 가문의 발전과 쇠락에 직접적으로 영향을 미쳤다. 따라서 귀족가문의 가업 전승이라는 유일한 목적을 위하여 계층 사이의 성원 유입이 상당히 탄력적으로 운영되었다. 즉 귀족가문의 연속적인 생명력을 위하여 귀족 간에는 이혼 · 재혼 · 데릴사위 · 양자 등의 다양한 방법을 통하여 혼인과 가족의 재구성을 허가하고 운용하였다. 이는 귀족계층 간에는 일반적인 현상이었다. 때에 따라서는 가문의 권력과 경제력을 구비하기 위해 이혼과 재혼은 물론 여러 배우자를 일시에 동반하는 현상도 나타나게 되었다. 이와 같은 가정 구성의 방식에 부합하여 '제본 가정'에서는 '일처다부'(一妻多夫)의 혼인 형태가 존재하고 있었는데, 이는 티베트 귀족 가정의 일반적인 현상일 뿐만 아니라 귀족 가정을 제외한 농노 가정에서 역시 보편적으로 존재했던 혼인 형태이다. 이러한 혼인 유형을 선택하는 원인은 각 계층마다 다양하지만 귀족 가정에서는 정치적인 권력과 경제적인 실권을 지속적으로 계승하기 위한 것이 주요 목적이었다.

③ **고찰**(古札, dkyus ma) **귀족**

티베트의 불교관으로 볼 때, 귀족가문의 태생은 일반인에 비하여 이미 정해진 '윤회'(輪迴)의 결과다. 이러한 인식으로 인해 귀족계층은 굳이 일반인들과의 생활과 신분의 차이를 의식할 필요도 없었고 일반 티베트인들 또한 차이를 알려 하지 않았다. 다시 말해서 일반 티베트인들의 의식 속에는 계급의 존재가치와 부(富)의 차별의식이 없었다는 것이다. 티베트 사회의 모든 현상은 불교의 핵심 논리인 '업'과 '윤회'에 의거하여 발생하는 현상이므로 귀족계층의 형성과 신분의 문제는 티베트 사회에 아무런 문제가 되지 않았다. 어찌 보면 이러한 인식론이 티베트 사회를 안정되고 질서 있게 유지하는 보이지 않는 힘이자 원리였다. 이분법에 익숙한 외부의 시각으로는 이해하기 어려운 대목일 것이다. 따라서 1951년에 중국은 티베트를 접수하고 가장 우선적으로 실행한 정비 작업이 티베트 사회의 '재구성'이었다. 즉 귀족의 재산과 신분을 몰수하고 계층 간의 구별을 허물고 평등 사회를 이루자는 것이 중국 정부의 구호였던 것이다. 그러나 진정한 평등 사회와 구조가 이루어졌는지는 알 길이 없다. 다만 주도권을 쥐고 통합과 분열을 재구성한 중국 정부의 관점에서는 티베트 사회는 과거에 비해 완전한 '민족 평등'과 '해방'을 이루었다. 티베트 사회의 해방을 위해 중국 정부는 기존 귀족계층의 가정을 수없이 축소시키고 해부시켰다. 앞서 살펴본 '미찰' 귀족의 설명에서도 알 수 있듯이 수백 가(家)를 이루던 귀족계층이 근대에 들어서는 겨우 명맥만 유지하는 숫자로 감소한 현실은 중국 정부가 티베트의 귀족계층을 얼마나 주시하였는지를 가늠할 수 있는 대목이다.

그런데 이러한 윤회의 결과로 태생되었다고 인식된 귀족계층의 구성원들은 현실적으로 일반 티베트인들과는 다른 특별한 대우를 받았다. 그것은 바로 태생과 동시에 어떤 노동력도 필요 없이 귀족 세계에서 삶을 향유하는 것이었다. 그리고 그들은 조상 대대로 상속되는 토지와 그를 바탕으로 특수한 사회 신분을 향유할 수 있었기 때문에 그들의 주요 관심사는 정치와 사교였다. 공고히 형성된 이러한 티베트의 사회 시스템은 그들을 비능률적인 사회구성원으로 만들기에 충분한 배경을 제공했다. 그러나 이와는 다르게 상당히 능동적이고 주동적인 행위를 할 수밖에 없는 귀족층이 있었는데 바로 '일반 귀족'이다. 이 가문은 상술한 특수 귀족계층과는 달리 조상이 상속해준 유산과 명예가 없을 뿐만 아니라 현재의 신분을 나타내는 작위조차도 유지하지 못한 가난한 귀족가문이다. 예컨대 '당맥가족'(唐麥家族), '강아파가족'(强俄巴家族), '경양가족'(瓊讓家族) 등의 가문을 들 수 있다. 이들의 특징은 자체적으로 보유한 정치적 · 경제적 기초가 없지만 스스로의 수완과 능력 그리고 치열한 노력으로 티베트 귀족계층의 대열에 합류했다는 것이다. 따라서 이들을 '일반적'(一般的) 귀족, 티베트에서는 '고찰'(古札)이라고 일컫는다.[63] 이들은 특수 귀족층과 마찬가지로 귀족으로서의 교육을 중시했으며 대부분의 시간을 정치와 경제적 기반 마련을 위한 인적 교류에 할애했다. 따라서 개인의 수완과 능력에 따라 토지를 적극적으로 확보했으며 심지어 특수 귀족보다 많은 토지를 확보한 일반 귀족도 등장했다. 특수 귀족과 일반 귀족의 가장 큰 차이점은 정치적 지위와 그로 인한 영향력의 파급력이다. 때문에 일반 귀족들은 확

63 학자에 따라서는 '거마'(居麻, dkyus ma)라고도 한다.

보한 많은 재산을 그들 가문의 정치 지위의 격상을 위하여 모두 쏟아 붓는 열정을 발휘했다. 이는 티베트의 귀족 세계가 경제력만으로는 유지될 수 없음을 의미한다. 이와 관련하여 미국의 인류학자 골드스타인(M. C. Goldstein) 교수는 그의 논문 「티베트 장원(莊園)의 주기적인 순환(周轉): 활불전세제도(活佛轉世制度) 하의 토지와 정치의 관계」[64]에서 귀족의 토지가 주기적으로 지역의 활불 또는 달라이 라마에게 헌납되거나 몰수되고 있음을 밝히고 있다. 그는 논문에서 18세기 티베트 귀족의 경제 수준과 세습의 과정을 구체적으로 설명하고 있다. 또한 '장원'(莊園, pha-gzhis)을 기초로 하는 티베트의 귀족가문은 유럽의 그것과는 다른 특성을 가지고 있음을 설명한다. 서구의 귀족계층은 혈통을 중시하는 반면, 티베트의 귀족가정은 혈통이 아닌 토지장원에 그 목적을 두고 있다는 것이다. 또한 티베트 귀족사회는 서구 사회에는 없는 데릴사위제도, 즉 '마파'(瑪巴)제도를 원칙으로 정해놓았다. 이는 경제적 부와 권력을 상속하기 위해서이다. 즉 만약 아들이 없어 대가 끊긴 집안은 사위를 집안으로 들인다. 그리고 부인의 성(姓)을 따르게 하였다. 이러한 '마파'(瑪巴)제도는 가정을 세습하고 유지하는 중요한 수단 중의 하나였다.[65] 그런데 여기서 주목해야 하는 그의 견해는 당시 귀족계층이 장악하고 있었던 대다수의 토지는 지역의 수장 격인 활불이나 라싸의 달라이 라마의 교체 시기에 맞추어 '순환'된다는 것이다. 여기서 말하는 '순환'이란 귀족의 토지가 자의든 타의든 간에 지방정부나 달라이 라마에게 헌납되거나 몰수된다는 것이다. 역사적

---

64 M. C. Goldstein(梅文. C. 高爾德史泰恩)著, 陳乃文譯, 「西藏庄園的周轉: 活佛轉世制度下的土地与政治」, 『西藏封建農奴制研究論文選』, 1991, 549~563쪽.

65 골드스타인(M. C. Goldstein) 교수는 자신의 또 다른 연구 성과인 "Serfdom and Nobility: An Examination of the Institution of 'Human Lease' in Traditional Tibetan Society", 『亞洲研究雜志』, J. As. St, 제30권 1971, 521~534쪽에서 그 예를 명확히 제시하고 있다.

으로 티베트의 통치자들 예컨대, 달라이 라마나, 섭정, 귀족 집단들은 대규모의 장원과 그에 속하는 농노들을 겸유하고 있었다. 그런데 이들 중 귀족 집단은 새로운 통치자가 등장하여 정권이 바뀌면 어김없이 토지를 헌납하는 주요 대상이 되었다. 주요 대상 중 특수계층인 '황금귀족'(아계[亞谿])이나 혈통이 공고한 '미찰'(米扎, sku-drag) 귀족보다는 인맥, 지연, 정치적 입지가 비교적 부실한 일반 귀족이 토지 헌납의 1순위가 되었다. 이는 티베트의 귀족계층이 비교적 많은 토지와 농노를 장악하고 있었기 때문이기도 하지만 여기에는 종교와 정치라는 티베트의 근본적인 정치구조가 작용하고 있었기 때문이었다. 티베트의 통치 시기가 평균적으로 30년에 한 번씩 바뀌는 주기를 감안하고 광활한 면적에 비해 농작이 가능한 토지는 유한적임을 감안할 때 매번 새로운 토지를 통치자에게 바친다는 것은 불가능했다. 따라서 경작 가능한 유효한 토지를 장악하고 있는 귀족계층이 그 주요 대상으로 선정되었으며 귀족들도 이를 피할 수 있는 방법이 없었다. 이를 티베트에서는 '토지의 주기적인 순환'이라고 인정하는데 이러한 순환게임은 일반 귀족들의 자산 감소로 이어졌다. 따라서 귀족계층 간의 첨예한 권력의 줄서기 현상과 정치투쟁이 발생했다. 어느 종파와 어떤 활불의 세력권에 진입하였는지의 여부가 자신 가문의 경제 원천을 지킬 수 있었기 때문이었다. 만약 새로운 통치자와 불편한 관계의 귀족가문일 경우는 가문이 장악하고 있던 토지와 농노를 스스로 헌납해야만 가문의 명맥을 유지할 수 있었다. 이러한 티베트 특유의 장원 헌납제로 14대 달라이 라마는 통치 시절에는 접수된 혹은 헌납 받은 장원이 각지에서 27개에 달하는 것으로 전해진다.[66] 그러나 장원은 귀족의 핵심적 재정적 자산이었다. 따라서 어떤 귀족도 주동적으로 자신의 장원을 통치

66 M. C. Goldstein(梅文. C. 高爾德史泰恩) 著, 陳乃文譯의 논문, 1991, 550~554쪽.

자에게 내놓으려 하지 않았다. 이에 티베트의 새로운 통치 집단에서는 각 지방의 장원을 모두 몰수하여 다시 재분배하는 형식을 취하였다. 그러나 이러한 장원의 몰수는 주로 일반귀족에게만 적용되었다. 당시 불교 사원도 막대한 장원을 소유하고 있었지만 사원의 장원은 몰수되거나 재분배되지 않았다. 이는 티베트가 활불과 달라이 라마가 통치하는 불교 왕국이었기 때문이었다. 이것은 통치 집단과 불교 사원의 밀착형 정치구도가 고대로부터 형성되고 작용되었기 때문이다. 따라서 이러한 사회구조를 간파했기에 '고찰' 귀족 또한 가문의 구성원이 정치권에 진입하여 가문의 장원을 안정적으로 지키고 더욱더 격상된 귀족 세계의 승격을 간절히 희망하였다.

조사에 따르면, 1950년대 초 티베트 귀족의 권력과 재산의 규모는 1750년대와 비교했을 때 별다른 차이가 없을 정도로 티베트 사회는 매우 봉쇄된 환경 속에서 '불변성'과 '영구성'의 사회 체제를 유지해온 것으로 파악된다. 사실상 귀족과 승려라는 막강한 정치 집단의 사회 구조는 티베트 사회를 통합시키고 하나의 '종교 공동체'로 집약시키는 데 있어서 결정적 역할을 한 것임에는 틀림없다. 외부 세계와 단절된 인문 · 지리학적 환경 속에서 이 집단(승려와 귀족)은 티베트 스타일의 통치 시스템을 현명하게 발견한 것이라고 볼 수 있다. 그것은 곧 그들의 부와 명예로 이어졌는데 중요한 것은 일반 평민, 즉 티베트 민중들은 그러한 시스템을 전혀 이상하게 여기지도 않았을 뿐만 아니라 오히려 그들을 존경하고 숭상하였다는 점이다. 이러한 인문학적 사유 체계와 통치 방식이 오묘하게 맞아떨어져서 티베트는 1,000년 이상의 불교 왕국을 지탱할 수 있었고 독특한 그들만의 문명을 탄생시킬 수 있었던 것이다.

티베트의 귀족

귀족의 복식

3) 황금귀족(亞谿, yab-gzhis)[67]

티베트에서 '아계'(亞谿) 귀족가문은 전대(前代) 달라이 라마의 전세영동(轉世靈童)으로 인정된 부모와 친 혈육의 구성으로 형성된 공동체를 의미한다. 따라서 티베트 사회에서는 최고의 신분과 지위를 향유하는 귀족계층에 속한다. 일반 티베트 민중들에게는 속칭 '황금귀족'(黃金貴族)이라고 불린다.

대략 300년의 역사를 가지고 있는 이 귀족은 근대까지 6개 정도의 가문이 존재했던 것으로 파악되고 있다.[68] 이 귀족가문은 앞서 설명했던

---

67 현재까지 티베트 귀족사에 관한 연구로는 그리스의 R. Rahul과 이탈리아의 P. Carrasco, 그리고 미국의 인류학자 M. G. Goldstein에 의해서 진행되어왔다. 그러나 최근 기존의 연구성과를 넘어서는 티베트 귀족에 관한 체계적인 학술성과가 출간됐다. 바로 Luciano Petech(이탈리아)의 저서 『1728~1959: 西藏的貴族和政府』(*Aristocracy and Government in Tibet*)이다. 이 책은 국제적인 티베트 학자 루치아노 페치(이탈리아)가 1973년 로마에서 출간한 책을 중국학자 沈衛榮이 번역하여 中國藏學出版社에서 2008년에 새롭게 출간됐다. 저자도 밝히고 있지만 이 책의 목적은 고대 티베트 귀족계층들 중에서 경제나 정치 면에서 특권과 우대를 누렸던 '황금귀족'들을 찾아내어 분석하는 것이다. 시기적으로는 중국의 침입으로 티베트의 농노제가 와해되기 바로 직전인 1959년까지를 설정했다. 특히나 황금귀족의 상징인 달라이 라마의 집안과 그 연계된 가족들의 인물을 중심으로 그들의 사회적 지위와 경제적 특권을 해부한 방법은 매우 독특하다. 연구 대상이 고대 상층 귀족계층이므로 연구문헌의 한계를 가진다는 점이 아쉽다. 특히나 18세기 19세기의 참고문헌 자료는 매우 드물다. 20세기 자료 또한 한·중 문헌과 서방 여행가들의 기록을 참조하고 있으나 고대 귀족계층의 영향력과 권위의 증거물을 전방위로 설명하기에는 다소 부족함이 없지 않다. 하지만 연구 소재의 희소성과 현 학계의 연구 동향으로 볼 때 이 책의 주제와 연구 내용은 앞으로 티베트 귀족의 연구, 특히나 '귀족의 莊園경제'를 연구함에 있어서 그 기초를 제공한다는 점에서 학술적 가치가 있다. 『中蘇연구』, 한양대학교 아태지역연구센터/중국문제연구소, 33권 3호 2009, pp. 263~266 참조. 본문에서 설명하고 있는 '황금귀족'의 내용은 「티베트 황금귀족(黃金貴族)의 출현과 실체」, 『아시아문화연구』, 경원대학교 아시아문화연구소, 제18집(2010. 5)에 등재된 내용이다.

68 ① 제7대 달라이 라마의 가족인 '桑珠頗章', ② 제10대 달라이 라마의 가족인 '玉妥', ③ 제11대 달라이 라마의 가족인 '彭康', ④ 제8대 달라이 라마와 제12대 달라이 라마의 가족인 '拉魯', ⑤ 제13대 달라이 라마의 가족인 '朗頓', ⑥ 제14대 달라이 라마의 가족 등이다. 원래는 7개의 귀족 집단이어야 하는데 역사적으로 9대 달라이 라마의 가족은 멸망했기 때문에 기록으로 자세히 전해지지 않는다.

'제본'(第本) 귀족처럼 대대로 세습되어온 집안이 아니다. 즉 어느 날 갑자기 자신들의 아이가 활불(달라이 라마)의 전세영동(靈童)으로 지정되면서부터 가정의 경제적 · 사회적 수준이 수평선상에서 수직선상으로 격상된 케이스이다. 자신의 어린 아들이 전세영동으로 지정되어 정치적 · 종교적 수습 기간에 들어서면 부모들은 티베트 정부로부터 고관의 작위(爵位)나 대장원(大莊園)의 경제적 기반을 부여받는다. 하지만 이 전통이 고대로부터 형성된 것은 아니었다. 역사적 사실로 비추어보면 6대의 달라이 라마 재위 기간까지 이러한 전례는 없었다. 엄격하게 구분하자면 제7대 달라이 라마의 재위 기간 중에 1729년에 청조의 전격적인 실행으로 이루어졌다. 당시 청은 7대 달라이 라마의 부친에게 '보국공'(輔國公)이라는 관직을 하사하였다. 이 관직명은 이후 전세영동의 부친에게 자주 하사되었다. 그러나 모든 달라이 라마의 부모가 받은 것은 아니다. 예를 들면 9대 달라이 라마의 가족은 어떤 관직도 하사받지 못했으며 10대 달라이 라마의 가족은 '일등대길'(一等台吉)이라는 비교적 낮은 등급의 관직명을 얻기도 했다. 따라서 이 '아계'라는 황금귀족은 7대 달라이 라마 재위 시절부터 본격적으로 티베트 사회의 경제 · 정치 · 문화의 중심에 들어서기 시작했으며 가족을 중심으로 하는 세습의 전통을 확립하였다. 구체적으로 역대 7대 달라이 라마부터 13대 달라이 라마까지 황금귀족의 명칭과 유래는 다음과 같다.

① **상주파장(桑珠頗章, bSam-grub-pho-brang) 귀족**

이 귀족가문은 7대 달라이 라마 격상가조(格桑嘉措, 1708~1757)의 친인척 가족으로 구성되었다. 티베트에서는 통상 '상파'(桑頗) 귀족으로 불린다. 이 가문의 혈연적 계보는 [도표 8]과 같다.

이 귀족가문은 색낙목달이찰(索諾木達爾扎, 이하 '색낙')이 창립자이다. 색

[도표 8] 상주파장(桑珠頗章) 귀족가문의 가계도

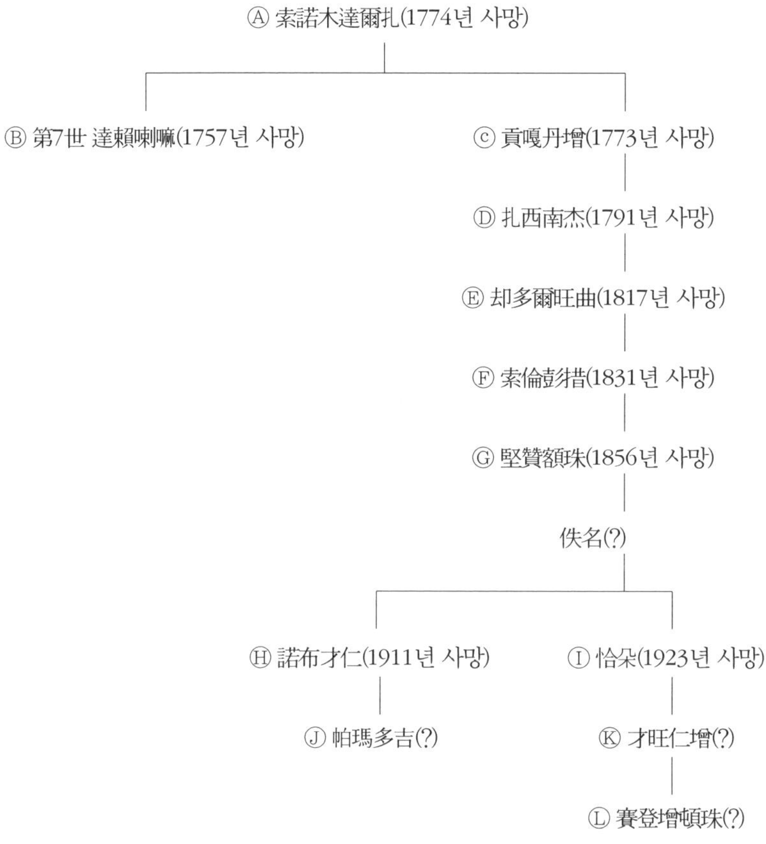

낙([도표 8] Ⓐ 참조)은 18세기 전반기 티베트 귀족계의 매우 저명한 인사 중의 하나이다. 그는 티베트자치구 남부의 소도시 장쯔(江孜)에서 출생했다. 어렸을 적 그는 티베트의 관습대로 저명한 황교 사원인 철방사(哲蚌寺)로 출가하여 승려가 되었다. 그러나 출가한 지 얼마 지나지 않아 수행에 회의를 품고 환속하여 티베트의 동부(東藏)로 가서 결혼하였다. 그런데 그의 첫 번째 아들이 바로 6대 달라이 라마(倉央嘉措, 1683~1706)의 환생으로 인

정되어 이 집안은 일약 아계(亞谿)귀족으로 신분이 상승되었다.[69] 색낙은 1724년에 상예사원(桑耶寺, bSam-yas)에서 그의 아들(훗날 7대 달라이 라마)을 맞아들였다.[70] 그리고 그는 1726년까지 이 사원에 계속 머물며 사원의 수리와 관리를 책임졌다. 색낙은 1727~1728년 사이에 우연히 전쟁에 참여하게 됐는데 패배하면서 동장(東藏)으로 쫓겨났다. 그 이듬해 1729년에 북경으로 수감되었으나 청 황제는 당시 그가 속해 있던 황교의 지위와 그의 입장(달라이 라마의 아버지)을 고려해 그를 사면해주었다. 그리고 오히려 '보국공'(輔國公)의 관직을 하사하였다. 그는 관직을 하사받고 알룽창포강(雅魯藏布江) 북부의 상일(桑日, Zang-ri) 하류에서 이 가문의 기초를 닦았다. 이 지역의 장원(莊園)은 그의 또 다른 아들인 공알단증(© 貢嘎丹增)이 담당하였다. 부자는 상일강마(桑日康瑪)촌 부근에 '상주파장궁'(桑珠頗章宮)이라는 가문의 영역을 건설했는데 이로부터 이 귀족가문의 명칭이 세간에 알려지게 되었다. 가문의 설립자 색낙의 두 번째 아들 공알단증은 가문의 부흥을 주도한 인물로 평가된다. 그는 1735년에 상일(桑日)과 상주(桑珠) 지역의 장원을 물려받았다. 아울러 1744년에는 보국공의 관직까지 아버지로부터 계승받았다. 그는 상일 지역에 거주하면서 1754년에 그의 형 7대 달라이 라마를 보좌하기도 했다. 1763년에는 그가 정치적으로 가장 왕성한 성과를 이룬 시기이다. 당해 연도에 공알단증은 까사(噶厦) 정부의 중요 대신인 '갈륜'(噶倫)[71]의 직위를 임명받았다. 그리고 10년 후 1773년에 사망했다. 임종 후에 그의 아들 찰서남걸(Ⓓ 扎西南杰)은 역시 아버지의

---

69 馮 智, 「七世達賴的認定對清初智藏的影響」, 『青海社會科學』, 第4其, 1998, 36쪽.

70 章嘉 · 若貝多杰 著, 浦文成 譯, 『七世達賴喇嘛轉』, 北京: 中國藏學出版社, 2006, 147~149쪽.

71 '갈륜'(噶倫, bkav-blon), 전체적인 명칭은 '噶貢倫'(bkavi-gun-blon)이며 티베트정부(噶厦)의 대신이다.

관직과 장원을 계승받았다.[72] 1783년에 중원의 황제는 그에게 '갈하'(噶厦) 정부[73] 내에 공석으로 남아 있는 대신의 자리를 추천했다. 그러나 당시 그는 달라이 라마의 공식 대리인인 섭정(攝政)과의 관계가 좋지 않았다. 이는 달라이 라마의 친인척으로 구성된 아계 가정의 특징이기도 하다. 왜냐하면 섭정은 달라이 라마를 근거리에서 보좌하면서 티베트 권력구조의 한 축을 담당하는 집단(황교)의 수장이었기 때문이다. 따라서 섭정은 특정 귀족가문에서 정치적 인사가 출현하는 것을 원치 않았으며 특히나 아계 가문의 구성원이 달라이 라마의 후광으로 티베트 정치권력의 중심으로 진입하는 것을 우려했다. 1787년에 그는 그의 아들 각다이왕곡(Ⓔ 却多爾旺曲)과 함께 라싸에 새로운 사원인 '랍각랍강'(拉覺拉康)을 건립하였다. 티베트에서 사원의 건립과 신도의 확보는 가문의 권위와 지위를 공고히 하는 데 중요한 소통기관의 역할을 담당한다. 그러나 그는 1791년에 네팔(廓爾喀)과의 전쟁에 참여했다가 사망한다.[74] 이 가문의 견찬액주(Ⓖ 堅贊額珠)는 티베트의 귀족사에서 단 한 차례 등장한다. 바로 1841년에 몽고의 활불 저부준단바(哲布尊丹巴呼圖克圖)의 병문안을 위해서 티베트 대표자로 몽고로 파견된 사례이다. 이때 당시 견찬액주는 이미 일등대길(一等大吉)의 관직을 차지하고 있던 것으로 기록은 전한다.[75] 1853년에 그는 처음으

72 覺羅 · 勒德洪, 『大淸歷朝實錄總目 · 高宗』, 臺北: 華聯出版社, 民1953, 931권, 15쪽.

73 티베트정부(噶廈, bkav-shag)의 구조는 엄격한 관료주의 체계이다. 정부의 관료는 명확하게 두 부분으로 구성되어 있다. 첫 번째가 세속귀족으로 구성된 속관(俗官)이고 두 번째가 황교의 승려들로 구성된 승관(僧官)이다. 이 중 속관은 일률적으로 귀족 집단으로부터 공급된다. 이는 속관이 되는 자격이 귀족의 자제나 구성원으로 제한되어 있었기 때문이다.

74 張駿逸, 「乾隆末年廓爾喀與西藏軍事衝突之始末及其影響」, 臺灣國立政治大學 『邊政研究所』, 民66 참조.

75 孟保, 『西藏奏疏』, 台北: 廣文出版社, 民67, 2권, 4쪽. 西藏奏疏는 티베트의 주장대신인 孟保가 1839~1844년 사이에 티베트에 머무르면서 경험한 사건을 일기의 형식으로 기록한 문헌이다.

로 갈륜(噶倫)의 신분으로 귀족사회에 등장한다. 당시 그는 라싸를 떠나 남장(藏南)에서 순시를 하고 있는 달라이 라마와 접견하고 시중을 도맡았다. 그는 종교적으로 상예(桑耶)사원 복건에 앞장서서 모금을 주도했으며 외교적으로는 1856년에 네팔과의 화평 협약을 주도하였다.[76]

1900년에 이 가문의 마지막 세대인 흡타(Ⓘ 恰朵)가 출현한다. 그는 중원의 황제로부터 대길(大吉)의 관직을 받은 인물이다. 이 당시 달라이 라마는 흡타가 거주하는 지역을 친히 방문하여 '상주파장'(桑珠頗章) 가문은 세간의 황홀한 주목을 받았다. 흡타의 아들 재왕인증(Ⓚ 才旺仁增)은 1905년에 출생하여 1919년에 처음으로 벼슬길에 올랐다. 그는 '설덕파'(雪德巴, zhol-sde-pa)[77]가 되었으며 다시 '자본'(孜本)[78]에 올랐다. 그러다가 1931년에 불미스런 사건에 연루되어 대길(大吉) 관직을 박탈당한다. 그러나 1937년에 다시 복직되었고 1947년 3월, 인도 델리(德里)에서 진행된 '범아시아회의'(Inter-Asia Conference)에 티베트 대표로 참석했다. 그는 1957년에 갈륜(噶倫)으로 승진하고 1959년에는 티베트 군구(軍區)의 부사령관까지 오른다. 당시 14대 달라이 라마의 인도 망명과 중국 정부와의 긴장 속에서 그는 티베트자치구 준비위원회 상무위원의 직함을 부여받고 티베트의 존망을 걸고 중국 정부와 대치했다. 결국 1967년에 중국 공산당에 잡혀서 반란 집단의 수장으로 각인되어 모든 관직을 박탈당하였다. 그 이후로 그의 종적은 찾을 길이 없다. 새반단곡왕(賽班丹曲旺)은 1902년에 출생해 1920년에 처음으로 관직에 오른 이 가문의 일원이다. 그는 상주파장(桑珠頗章) 가문의 역사 속에서 혁혁한 궤적을 보여주지는 못하지만 그

76 Luciano Petech(著), 沈衛榮/宋黎明(譯), 鄧銳齡(校)의 책, 2008, 18~19쪽.

77 '雪尼'(zhol-gnyer)라고도 한다. 포탈라 궁의 행정 관료이다. 5품관에 해당하며 3명의 속관과 10명의 승관으로 구성돼 있다.

78 '孜本'(rtsis-dpon), 재정대신이다. 4품에 해당되며 3인의 속관으로 구성돼 있다.

래도 벼슬길에 오른 인물이었다. 역사 속에서 그는 1924년에 라싸의 치안을 담당하는 '경찰대장'(vgo vdoms bkav-tshab)을 역임한 것으로 전한다. 재왕인증의 장자 새등증돈주(Ⓛ 賽登增頓珠)는 1924년에 출생했다. 그는 1942년에 '인희'(仁稀)[79]라는 고위 관료가 되었다. 1951년 2월에는 중국 정부와 「티베트 평화 해방에 관한 협의」를 작성할 때 티베트 대표단의 일원으로 참석하였다. 1959년에 한족에 의해 감옥살이를 했으며 옥중에서 병이 악화돼 석방되었으나 얼마 있지 않아 사망했다.

② 전기(前期) '랍노'(拉魯, Lha-Klu) 귀족

이 가문은 제8대 달라이 라마(强白嘉措, 1758~1804)의 혈족이 주축으로 형성된 가문이다. 정식 명칭은 '랍로알찰'(拉魯嘎察, Lha-Klu-dgav-tshal)이다. 이 귀족의 명칭은 라싸 부근의 지역(壯觀宅第) 명칭이기도 하다.[80] 제8대 달라이 라마는 이 가문에서 출현하였는데 특이한 점은 이 가문에서 전세영동(轉世靈童)을 두 명이나 배출하였다는 점이다. 이는 이 가문에서 두 명의 달라이 라마가 나왔다는 것이다. 따라서 이 가문은 두 개의 시기, 즉 8대의 전기와 12대의 달라이 라마(赤烈嘉措, 1856~1875)의 후기 '아계' 귀족 가문으로 나누어진다. 두 명의 달라이 라마를 배출한 덕분에 이 가문은 티베트 사회에서 오랫동안 막강한 부와 명예를 차지할 수 있었다. 이러한 티베트의 사정을 주시하던 청조는 티베트 지역의 원만한 경영과 통치를 위하여 1793년에 '장내선후장정'(藏內善后章程) 29조를 제정했다.[81] 이는 1728년에 처음으로 주장대신(駐藏大臣)을 파견한 이후로 티베트에 관한

---

79 '仁稀'(rim-bzhi), 고위 관료의 일반적인 명칭이다.

80 第穆呼圖克圖 · 洛桑圖丹普麥嘉措 著, 憑智 譯, 『八世達賴喇嘛傳』, 北京: 中國藏學出版社, 2006, 3~5쪽.

실증적인 정책이라고 할 수 있다.[82] 이러한 규약의 설정은 청조의 권위 확보와 득세하는 달라이 라마 가문의 권위를 종교적인 것에만 한정하려는 의도에서 이루어진 조치였다. 흠정장정 29조는 광범위한 내용을 포괄하고 있는데 이 중 제12조의 규정은 달라이 라마와 친인척(황금귀족)에 관한 것이어서 매우 흥미롭다. 내용은 다음과 같다.[83]

> 달라이 라마와 판첸 라마 주위의 수종 관원은 과거에는 모두 그들의 친속(親屬)이어서 [……] 세력에 의탁하여 불법을 많이 저질렀다. 앞으로는 티베트 각 계층과 타쉬룬포사원(扎什倫布寺) 승속 인민의 바람에 따라, 달라이 라마와 판첸 라마의 생존 시에는 그 친속 인원이 정사에 참여할 수 없게 한다.

이 같은 내용은 당시 티베트 귀족사회에 새롭게 부상한 황금귀족의 지위와 권위의 투명성을 확보하기 위한 특단의 조치로 받아들여진다. 왜냐하면 7대 달라이 라마로 시작된 황금귀족의 탄생은 기존 귀족세력의 권력 판도에 새로운 변수로 작용하기 시작하였기 때문이었다. 중원의 막대한 경제적 지원과 종교적 권위의 담보는 달라이 라마를 중심축으로 하는 친인척 집단들이 티베트 정치권력의 중심으로 부상할 수 있는 동력을 제

81 陳光國, 「情潮 '欽定藏內善后章程二十九條'的頒行与祖國的統一」, 『藏學硏究論叢』 第6集, 1994, 34~36쪽.

82 여기에 관한 학술 성과로는 대만 쪽은 蕭金松, 『清代駐藏大臣之研究』, 台灣: 蒙藏委員會, 唐山出版社, 1996; 蕭金松, 「清代初置駐藏大臣原因之探討」, 『中國邊政』 42기, 1973; 楊嘉銘, 『清代西藏軍事制度』, 台灣: 蒙藏委員會 審訂 唐山出版社, 1996; 丁實存, 「清代駐藏大臣考」, 『邊政公論』 제1권 11~12기, 1940; 대륙 방면은 王忠, 「中央政府管理地方制度的發展」, 『歷史研究』 제3기, 1959; 陳鳴鍾, 「清代前期中央政府對西藏地方政治制度的改革」, 『史學月刊』 제1기, 1960; 曾國慶, 『清代駐藏大臣略傳』, 西藏人民出版社, 1988 등을 참조.

83 김한규의 책, 2003, 137쪽 참조.

공해주었기 때문이다. 따라서 티베트 사회에서 한 가정에서 전세영동이 탄생한다는 것은 권력과 지위를 동시에 획득할 수 있는 지름길이 되었다. 이에 한 가정에서 두 명의 전세영동이 배출되는 기이한 현상이 나타나게 된 것이다. 이는 당시 귀족가문과 새로운 전세영동을 주관하는 섭정 그리고 사원의 고위 라마승들 간의 이해득실이 얽혀 인위적인 전세영동이 배태될 수 있음을 보여주는 사례가 되었다. 따라서 청 정부가 이를 간파하고 적극적으로 개입한 것이다. 하지만 규약의 설정과 방침에도 불구하고 티베트 귀족사회는 자신의 가문에서 새로운 전세영동을 배출하기 위한 노력은 치열하였다. 이는 해당 귀족가문의 흥망성쇠와 깊은 관련을 맺고 있었기 때문이었다.

[도표 9] 전기(前期) 랍로(拉魯, Lha-Klu) 귀족가문의 가계도

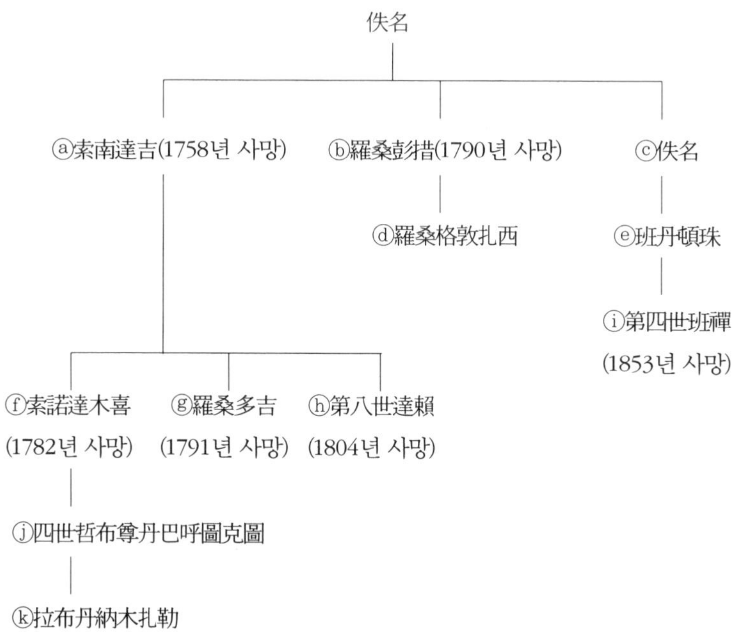

이 가문의 기원은 성과 이름을 알 수 없는 무명씨(佚名)가 배출한 세 명의 자손으로부터 시작되는데 이 중 장남이 색남달길(ⓐ 索南達吉)인 것으로 알려져 있다. 문헌의 기록으로는 그의 또 다른 칭호가 아모보모(阿姆普姆)인 것으로 나타나고 있다. 그는 티베트 사회에서 별다른 활약 없이 1758년에 사망했다.[84] 그에게는 세 명의 아들이 있었다. 첫째, 색낙달목희(ⓕ 索諾達木喜)와 둘째, 라상다길(ⓖ 羅桑多吉) 그리고 훗날의 제8대 달라이 라마(ⓗ 第八世達賴)이다. 색낙달목희는 1771년에 3대 판첸 라마(羅桑丹珠, 1505~1566)를 방문할 정도로 티베트 사회에서 지명도가 있었다. 그리고 1781년에는 중원의 황제로부터 영예로운 보국공(輔國公)의 관직을 하사받았다.[85] 그는 생전에 두 명의 아들을 두었는데 하나는 라상토등왕추(羅桑土登旺秋)이고 또 다른 아들은 랍포단납목찰륵(拉布丹納木扎勒)이다. 그 중 첫 번째 아들은 유명한 활불이 되었고 두 번째 아들은 아버지의 관직을 계승받아 가문을 위해 정치에 뛰어들었다. 색남달길의 두 번째 아들 라상다길은 원래 일찍부터 출가한 승려였다. 역사상 그는 1781년과 1783년에 처음으로 티베트 사회에 이름을 알린다. 그는 1783년에 시카체(日喀則)의 저명한 황교 사원 '자스룬부'(扎什倫布)사원에서 진행된 판첸 라마 즉위식에 참석한 것으로 처음 그 이름을 알린다. 그 후 1789~1790년 동안 '망약'(芒若, Mang-ra)사원에서 거주하면서 공부하다가 청의 주장대신(駐藏大臣)의 눈에 들어 북경에 초청된다. 1791년에 황제를 알현하고 황제로부터 켄보(堪布)의 지위를 하사받는다. 색남달길의 동생 라상팽조(ⓑ 羅桑彭錯)는 이 가문의 최고 활약자이다. 특히나 그는 3대 판첸 라마(羅桑丹珠)와 친밀한 관계를 유지했다. 1765년 이래로 네 차례에 걸쳐서 판첸 라마와의 긴

---

84 第穆呼圖克圖 · 洛桑圖丹普麥嘉措 著, 憑智 譯의 책, 2006, 12쪽.

85 三世班禪編輯委員會編, 『三世班禪傳』, 深圳: 海天出版社, 1991, 307쪽.

밀한 만남이 이루어졌다.[86] 티베트에서 정교의 지도자인 판첸 라마와의 만남이 이루어진다는 것은 대단한 가문의 영광이요 능력으로 인정된다. 1781년에 그는 특사로 파견되어 강고랍(康古拉, gDang-la) 지역에서 북경에서 승하한 판첸 라마의 유해를 받아들여 장례를 주관하였다. 그로 인해 북경의 황제로부터 인장이 담긴 하사품을 수여받았다. 이를 발판으로 그는 티베트의 정계에서 날이 갈수록 막대한 영향력을 발휘했다. 1789년에 판첸 라마의 아버지 장례식 참석을 마지막 행보로 그는 역사 속에서 사라진다. 라상팽조의 아들로는 라상격돈찰서(ⓓ 羅桑格敦扎西)가 있다. 그는 8대 달라이 라마와 같은 모계이지만 아버지는 다르다. 그는 1781년에 3대 판첸 라마의 장례식에 처음으로 그 모습을 드러냈다. 1789년에 청의 주장대신 파충주(巴忠奏)는 황제에게 그를 '켄보'(堪布)로 추천했으나 동의를 얻지 못했다.[87] 그러나 진인적인 달라이 라마가 '섭녁주'(聶德珠, gNyalsde-drug)사원의 주지로 임명하여 종교적 직위를 획득할 수 있었다. 1792년 1월에 그는 네팔과의 국제적 문제를 담당하였으나 담판의 결과를 보지 못하고 그 이듬해 2월에 사망했다.[88] 이 귀족의 또 다른 구성원인 반단돈주(ⓔ 班丹頓珠) 또한 주시할 만하다. 정확히 따지자면 그는 8대 달라이 라마의 숙부 라상팽조의 조카이다. 1767년 라상팽조는 그를 파견하여 3대 판첸 라마를 알현하게 하였다. 역사의 기록 속에는 1778년에 반단돈주는 티베트의 후장(后藏) 지역으로 가서 정착한 것으로 전한다.[89] 훗날 그의 아들이 4대 판첸 라마 랍상단파니말(羅桑丹巴尼瑪, 1781~1853)인 것으로 밝혀

86 三世班禪編輯委員會編의 책, 1991, 310쪽.

87 賀文宜, 『淸朝駐藏大臣大事記』, 北京: 中國藏學出版社, 1993, 162~163쪽.

88 西藏硏究編輯部編輯, 『淸實彔藏族史料』, 北京: 西藏人民出版社, 1982, 217쪽.

89 Luciano Petech(著), 沈衛榮/宋黎明(譯), 鄧銳齡(校), 『1728~1959: 西藏的貴族和政府』, 北京: 中國藏學出版社, 2008, 22~24쪽.

진다. 그는 1787년에 보국공(輔國公)의 직위를 하사받고 2년 뒤 1789년에 사망한다.[90] 이로써 이 가문의 찬란했던 부흥의 역사는 뒤안길로 사라지게 되었다.

③ **후기(後期) 랍로(拉魯,** Lha-Klu) **귀족**

티베트의 역사 속에서 이 귀족의 정식 명칭은 '랍노알찰'(拉魯嘎擦)로 전해진다. 12대 달라이 라마(赤烈嘉措, 1856~1875)의 아버지 '팽착책왕'(彭錯策旺, Phun-tshongs-tshe-dbang)이 중심이 되어 형성된 황금귀족이다.[91] 이 가문은 이미 전기 랍노(拉魯) 귀족을 형성한 과거가 있는바 티베트 정부는 토지의 합리적인 분배를 위하여 1858년 12대의 달라이 라마 가족과 8대 달라이 라마 가족의 혼거(混居)를 권장하였다. 이는 황금귀족인 달라이 라마 친인척들의 부의 축적과 재정의 낭비를 방지하려는 목적이었다. 그러나 받아들여지지 않았다. 팽착책왕은 세 명의 아들을 두었는데 12대 달라이 라마는 그 중에 막내였다. 첫 번째 아들은 이희라포왕곡(伊喜羅布汪曲, 이하 '이희')이다. 1868년 그는 티베트 정부에서 3품의 관직으로 승진했고 중원의 황제로부터 공작의 깃털(孔雀頂翎)을 하사받았다.[92] 이희는 1870년대와 1880년대에 정치적으로 왕성한 활동을 보였다. 1875~1876년 동안에 그는 포탈라 궁에서 진행된 7대 달라이 라마의 '영탑'(靈塔) 제작을 감독하는 중대한 책임을 맡았다. 그리고 그 이듬해 1877년, 그는 처음으로 '랍노공'(拉魯公)이라는 호칭을 얻는다. 1880년에 최고직위인 갈륜(噶倫)에 임명되었던 그는 변경의 전쟁에 참여하게 된다. 그런데 여기서 그의 일생

---

90 四世班禪編輯委員會編, 『四世班禪傳』, 深圳: 海天出版社, 1991, 62쪽.

91 普布覺活佛洛桑楚臣强巴嘉措 著, 熊文彬 譯, 『十二世達賴喇嘛傳』, 北京: 中國藏學出版社, 2006, 192쪽.

92 화령(花翎)이라고도 함. 청(淸)대 관리의 예모(禮帽)에 달던 공작 깃털.

에 매우 중요한 사건이 발생했다. 1883년 4월 8일, 라싸에서 종교법회가 진행되던 때, 한 명의 네팔 상인과 두 명의 티베트 부녀자 사이에 소란이 발생했다. 당시의 소란은 티베트인들이 네팔인들의 상점을 대량으로 약탈하고 파괴하는 결과를 가져왔는데 이는 결국 국가 간의 외교전으로 번져 네팔 정부가 티베트에 170만 루피의 손해배상을 요구하게 된다. 티베트 정부는 원칙상 네팔 정부의 요구에 동의했으나 시간을 끌고 배상의 금액에 조절을 요구하자 네팔은 원정군을 동원하여 티베트와의 전쟁을 불사한다. 네팔은 장격파도이(藏格巴都爾)를 총사령관으로 임명하여 티베트 침공을 감행하였다. 이 소식이 중원의 청조와 티베트에 전달되자 당시의 주장대신 색경액(色楞額)과 티베트의 대신 이희는 협조하여 네팔군과의 담판을 책임진다. 당시 네팔군의 협상 담당자는 제용(濟嚨, skyid-grong)이었다.[93] 오랜 기간 동안의 협상 끝에 티베트 측에서 942,098루피를 배상하기로 합의됐고 이 금액은 7년을 분할로 납입하는 것으로 결정했다. 그러나 협상 과정과 결과를 놓고 이희는 많은 질책을 받았다. 그러나 더 큰 문제가 발생했다. 당시 영국은 시킴과의 관계를 통해서 티베트의 변경 문제에 적극적으로 관여하려 하였다. 이때 이희는 시킴 변경의 티베트 군사령관으로 임명되어 1888년 4월 9일에 라싸를 떠나 장쯔(江孜)에 지휘본부를 설치했다. 5월 22일에 그는 영군 군영지인 나동(那東, sNa-gdong)을 공격했다. 그러나 공격은 성공하지 못하고 파리(帕里, Phag-ri)로 퇴군했다.[94] 9월 24일에 네팔의 격뢰액모(格雷厄姆) 장군의 습격을 받은 파리(帕里)의 티베트군은 대패했다. 1889년까지 티베트군의 사령관으로 존재했던 그는 전쟁의 책임을 다하다가 결국 1891년 12월 16일에 전장에서 사망했다. 이

93 王彦威, 王亮 編, 『清季外交史料』 36卷, 台北: 文海出版社, 民74, 32~34쪽.

94 吳豐培, 『清季籌藏奏牘 · 升泰奏牘』 2卷, 台北: 學海出版社, 民59, 12쪽.

희의 동생은 흠약락제미(欽若洛濟美)이다. 역사의 기록 속에서 그는 랍노중니재단팽조(拉魯仲尼才旦彭措)의 신분으로 출현[95] 하지만 확정짓기에는 매우 난해하다. 랍노팽조걸파(拉魯彭措杰波)는 1883년에 출생하여 1906년에 정계에 입문한 랍노(拉魯) 귀족의 중요한 인사 중의 하나이다. 1924년에 그는 '설니'(雪尼)가 되었다.[96] 그의 행적을 문헌에서 추적하기란 쉽지 않다. 그는 첫 번째 부인과 이혼하고 '탄파'(呑巴) 귀족가문의 티베트 여인과 재혼했다. 그는 첫 번째 부인과의 사이에 아들이 없었으므로 두 번째 부인과의 사이에서 태어난 아들을 후계자로 지목했다. 그가 바로 팽조약길(彭措若吉)이다. 팽조약길은 1919년에 '공'(公)이라는 관직을 얻었지만 1920년에 16세의 젊은 나이로 요절했다.[97] 이 가문의 랍노랍강(拉魯拉姜, Lha-Icam)은 일찍부터 과부가 되었다. 그는 남편이 죽은 후 몇 년간을 혼자 지냈다. 이 귀족가문의 입장으로는 자손이 시급했다. 당시 티베트 귀족의 가문은 남자의 관직 획득과 정계 진출이 매우 중요했기 때문이다. 이는 가문의 흥망이 달린 문제였다. 그녀는 가문의 대를 잇기 위해서 재왕다길(才旺多吉)을 양자로 받아들였다. 재왕다길은 또 다른 귀족가문인 '용하'(龍厦) 가정의 아들이었다. 재왕다길은 27세에 본격적으로 티베트 사회에 입문한다. 1937년에 그는 '갈중'(噶仲)[98]이 되었다. 그는 1940년에 탄파(呑巴, Thon-pa) 귀족가문의 여인과 결혼한다. 1941년에 4품관으로 승진하고 자본(孜本)[99]을 역임했다. 1946년에 갈륜(噶倫)이 되었고 마기(瑪

95 五世班禪編輯委員會編, 『五世班禪傳』, 深圳: 海天出版社, 1991, 239쪽.

96 普布覺活絡桑楚臣强巴嘉措 著, 熊文彬 譯, 『十二世達賴喇嘛傳』, 北京: 藏學出版社, 2006 참조.

97 Bell C., *The Religion of Tibet*, Oxford, 1931, 78쪽.

98 전체적인 명칭은 '噶廈仲譯'이다. 갈하(噶廈) 서기관의 수령이다. 大噶廈(bkav-drung che-ba)와 小噶廈(bkav-drung chung-ba)로 나뉘는데, 전자는 6품에 속관이 2인이고 후자는 7품에 속관이 3인이다.

99 '財政' 대신이다. 4품에 속하며 3인의 俗官으로 구성되어 있다.

基)[100]를 겸임하였다. 1947년에 색강협파(索康協罷)를 도와 전(前)섭정활불을 체포하여 구금하는 정치적 활동도 하였다. 1950년에 참도(昌都)에 머물다가 라싸에 돌아왔다. 1959년에 중국 인민해방군과의 저항운동에 적극 가담하였으나 활동이 실패로 돌아가자 옥에 감금되는 신세가 되었다. 1964년에 5년간 옥살이 끝에 풀려났고 1972년까지 그의 생존은 확인되고 있다. 재왕다길을 끝으로 이 귀족가문의 흥성은 막을 내리게 되었다.

④ **랑돈(朗頓**, Glang-mdun) **귀족**

13대 달라이 라마(土登嘉措, 1876~1933)의 아버지 공갈인청(工噶仁靑)을 주축으로 이루어진 귀족가문으로 티베트 사회에서는 '랑돈'(朗頓) 귀족으로 호칭된다. 공갈인청은 티베트 달랍강포(達拉岡布) 지역 랑돈촌(朗頓村)의 일개 농민이었다. 그러나 그의 네 번째 아들이 13대 달라이 라마의 전세 영동으로 인정되자 그의 혈족은 1879년 4월 12일에 청 황제로부터 '공'(公)이라는 명칭과 관직을 하사받았다.[101] 공갈인청은 슬하에 5명의 아들을 두었다. 첫 번째 아들이 돈주다길(頓珠多吉)이다. 그의 생애는 1910년에 일본인 승려 하구혜해(河口惠海)와 적대적 관계를 맺은 것을 제외하면 순탄했다. 1904년에 동생인 13대 달라이 라마를 도와 라싸를 떠나 1905년에 몽고의 고륜(庫倫, urga)으로 피난했다. 1909년에 시달목(柴達木)에서 사망했다. 두 번째 아들은 라상찰서(羅桑扎西)이다. 처음에는 사원의 승려가 되었으나 훗날 관료가 되기 위해서 사원을 떠났다. 평생 관료의 생애를 거쳤다. 세 번째 아들은 강파남걸반단(强巴南杰班丹)이다. 1909년에 첫 번째 형이 죽자 13대 달라이 라마는 몽고에서 라싸로 귀환했는데 이때 세

---

100 전체 명칭은 '瑪結基巧'(dmas-gi spyi-khyab)이다. 군대의 총사령관에 해당된다.
101 陳慶英의 책, 2003, 880~886쪽.

번째 형인 강파남걸반단이 보필하였다. 네 번째 아들이 바로 13대 달라이 라마인 토등가조(土登嘉措)이고, 다섯 번째 아들은 강반왕추(江班旺秋)이다. 라싸의 황교 사원 '색랍'(色拉, se-la)사원의 '찰창'(扎倉)[102]에서 라마승으로 수행했다. 돈주다길(頓珠多吉)의 아들 공갈왕추(貢嘎旺秋)는 티베트의 근대사에서 많은 공적을 이루었던 인물로 평가된다. 13대 달라이 라마는 그의 숙부에 해당된다. 1951년에 한족과 티베트민족 간에 협정된 「티베트의 화평해방 방법의 협의서(關于西藏地方和平解放協議)」가 쌍방 간에 조인된 후 공갈왕추는 새로운 인생을 살게 된다. 1956년 그는 티베트자치구 준비위원회 핵심위원에 임명되고 1959년에는 티베트 지방정부와 중국인민 정치협상위원회 부주석에 임명된다. 또한 티베트자치구가 성립되는 1965년에는 자치구 인민대표(人民大表)의 수장으로 선발되기도 하였다. 1968년 이후로는 그의 행적을 알 길이 없다. 그는 근대사에서 티베트 '랑돈' 귀족가문의 마지막 인사로서 중국 정부와의 긴밀한 관계를 맺은 인물로 평가된다.

⑤ **팽강(彭康,** Phun-Khang) **귀족**

11대 달라이 라마의 혈족 가문이다. 역사 속에서 정식 명칭은 '팽조강새'(彭措康賽)이고 이 가문의 경제적 기반인 장원(莊園)은 야룽(雅隆)계곡 입

---

102 '라마승의 숙소'라는 의미를 가지고 있다. 漢文 문헌 중에 '基巧堪布'(Spyi-khyab mkhan-po)와 같은 의미이다. '扎倉'은 사원 안의 또 다른 독립된 사원이라고 볼 수 있다. 자체적으로 경당과 불전, 승려 등을 갖추고 있고, 관할하는 토지와 목축, 농노도 있기 때문에 그 자체가 하나의 작은 사원이다. 즉 사원 속의 사원인 것이다. 작은 사원은 하나의 扎倉만으로 이루어진 것도 있다. 그러나 티베트의 대형 불교 사원은 전통적으로 몇 개의 扎倉이 연합하여 이루어진다. 따라서 扎倉은 사원의 전체구조에서 매우 중요한 개체별 종교조직이다. 扎倉은 4명의 堪仲(mkhan-drung)으로 구성된다. 扎倉의 최고 수장을 '堪仲牽哇'(mkhan-drung che ba)라고 하며 일반적으로 간략하게 '堪欽'(mkhan-che)이라고 호칭한다. 德勒格, 『內蒙古喇嘛敎史』, 內蒙古人民出版社, 1997, 452~455쪽.

구의 '창주'(昌珠)라는 지역에 뿌리를 내리고 있다. 공자재왕돈주(貢孜才旺頓珠)[103]는 이 가문의 설립자이며 1841년에 청 황제로부터 '보국공'(輔國公)의 관직을 하사받았다. 또한 1845년에 지방정부로부터 황금귀족에게만 하사하는 장원을 수여받았다.[104] 그에게는 세 명의 아들이 있었는데 두 번째 아들이 11대 달라이 라마인 개주가조(凱珠嘉措, 1816~1837)의 전세영동으로 점지된 것이다. 막내아들이 아왕견찬(阿旺堅贊)인데 그의 행적은 역사의 기록 속에서 간략하게 소개되고 있다. 그는 1848년에 라싸 '책각림'(策覺林)사원의 활불이 되었다.[105] 당시 그를 부르는 칭호는 '소훈작'(小勛爵)이었다. 공자재왕돈주의 다음 세대는 팽강찰서다걸(彭康扎西多杰)이다. 1888년에 출생한 그는 1901년부터 티베트 사회에 이름을 알리기 시작했다. 1901년에 신년 라싸의 종교대법회[106]을 책임지고 있던 그는 당시 중국 내륙의 한군(漢軍)이 쳐들어오자 방어하다가 화살에 맞고 쓰러진다. 그리고 한족에게 포로가 되어 옥에 갇히는 경험을 한 그는 이후 한족과의 투쟁에 적극적으로 가담한다. 특히나 1912년과 1913년에 자신의 토지와 농노를 처분하여 군자금을 마련한 일화는 그의 성격을 보여주는 대목이다. 그는 1919년에 '공'(公)의 관직을 하사받았고 1924년에는 후장(后藏)에서 곡물세를 담당하는 관직을 맡았다. 그는 1946년에야 비로소 모든 관직에서 물러났다. 그에게는 두 명의 아들이 있었는데 한 명은 곤파재인

103 1841년에 그의 나이가 33세인 것을 『西藏奏疏』(권2, 15쪽)에서 기록하고 있는 것으로 보아 그는 1809년에 출생한 것으로 학계에서는 유추하고 있다.

104 Luciano Petech(著), 沈衛榮/宋黎明(譯), 鄧銳齡(校)의 책, 2008, 5쪽.

105 牙氏, 『達賴喇嘛傳』, 文珠出版社, 1986, 112쪽.

106 藏歷(장력)으로 신년 3일째(1901년 2월12일). 신년기원대법회(新年祈願大法會, smon lam chen mo)가 열리는 기간에는 티베트는 물론 몽골 각지에서 밀려드는 인파로 라싸는 인산인해를 이뤘다. 신년대법회는 1409년 황교 교단의 창시자 종카파(宗喀巴)가 제안하여 라싸에서 정월 초하루부터 16일간 진행되는 티베트의 최대 종교 행사이다.

(袞波才仁)이고 또 한 명은 강반낭니(江班娘尼)이다. 곤파재인은 1938년에 '갈준'(噶准)[107]이 되었고 1939년에는 티베트 장쯔(江孜) 지역의 총감독(宗本)이 되었다. 강반낭니는 1939년에 갈중(噶仲)을 역임하고 1943년에 니창(尼倉)[108]에서 일을 하였다. 강반낭니가 1945년에 요절한 이후로 이 귀족가문은 더 이상 발흥하지 못하고 명맥만을 유지하다가 1959년 이후 와해되었다.

⑥ **우타**(宇妥, gYu-thog) **귀족**

10대 달라이 라마 초신가조(楚臣嘉措, 1816~1837)의 혈족으로 구성된 귀족가문이다. 초신가조의 아버지 낙포상년찰(羅布桑年扎, 이하 '낙포')이 가문의 기반을 닦았으며 황금가족인 '우타'(宇妥) 귀족가문을 탄생시켰다. 낙포는 1822년에 황제로부터 '일등대길'(一等台吉)이라는 작위를 하사받았다. 1824년에 낙포가 사망한 후[109] 아버지의 후계자는 격상가조(格桑彭措)가 이어받았다. 그는 10대 달라이 라마 초신가조의 친동생이다. 1824년 11월에 초신가조는 부친으로부터 관직과 장원을 이어받았다. 장원은 가문의 이름이 걸린 '우타'(宇妥)였다. 이 장원은 1792년에 포당(布塘)이라는 가문의 장원을 흡수한 것이며 명칭은 라싸의 '우타교'(宇妥橋) 부근의 고택에서 유래됐다. 티베트 귀족세계에서 이 가문에서 얼굴과 이름을 알린 이는 다길약단(多吉若丹)로 평가된다. 그는 역사 속에서 10대 달라이 라마 모친의 아들로 등장한다.[110] 그러나 그는 격상가조(格桑彭措)의 자녀가 아

---

107 전체 명칭은 '噶厦准尼'(bkav-shag mgon-gnyer)이다. 티베트 지방정부의 6품의 관직으로서 상급기관과 하급기관의 전달자 역할이다.

108 달라이 라마와 판첸 라마의 궁정 관가(官家)이다. 이 안에서 귀족들과 관원들의 시중과 연락을 담당하는 집사의 역할을 했다.

109 Luciano Petech(著), 沈衛榮/宋黎明(譯), 鄧銳齡(校)의 책, 2008, 8~11쪽.

니라는 설이 유력하다. 왜냐하면 격상가조는 1817년에 출생했는데 다길약단(多吉若丹)는 1826년에 이미 어린아이였기 때문이다. 그는 아마도 부모가 다른 달라이 라마와 형제였을 것이라는 것이 학계의 추측이다. 그는 역사 속에서 우타의 아들(宇妥之子)로 세 번 출현(1848년, 1850년, 1852년)하는데 학계에서는 이가 다길약단(多吉若丹)일 것으로 유추하고 있다.[111] 이 가문의 다른 구성원으로 승관(僧官)을 역임한 우타격상단증(宇妥格桑丹增)이 있다. 그는 1848년에 티베트 최초의 사원인 '상예'(桑耶)사원을 건립할 때 공정의 부감독이었다. 이 가문의 또 다른 구성원은 우타격상왕단(宇妥格桑旺丹)인데 1859년에 '감궁'(堪窮, mkhan-chung)으로 임명되었다.[112] 1860년에 출현한 우타의 아들은 이 귀족가문에서 배출한 가장 저명한 인사로 분류된다. 그는 우타흡탁(宇妥恰卓)이다. 그는 1873년에 갈륜(噶倫)이 되었고 1878년에 13대 달라이 라마를 호위하는 관원으로 승진하여 세간의 주목을 받았다. 그의 아들 우타파팽조반단(宇妥巴彭紗喈班丹)은 근대사의 산 증인이기도 하다. 그는 이 가문에서 가장 많은 관직을 역임한 인물이었다. 1860년에 출생한 그는 1903년에 '자흡'(孜恰)[113]을 역임했다.[114] 그리고 1904년에 영국군이 티베트를 침략했을 때 그의 활약은 두드러졌다. 그는 영국의 침략을 저지하는 지휘관으로 파견되었다. 1904년 7월 20일에 그는 당시 영국군의 프랜시스 영허즈번드(Younghusband, 1863~1942) 대령과 랑카즈(浪卡子, sNag-dkar-rtse)[115]에서 벌어진 회담에서 격전을 벌였

110 陳慶英 等 編, 『歷輩達賴喇嘛生平形象歷史』, 2006, 475~491쪽. 여기서는 달라이 라마의 외숙(sku-zhang)으로 출현한다.

111 羅開什 · 闡德拉 編, 『桑耶寺史』, 新德里, 1961, 232쪽.

112 陳慶英 等 編, 『歷輩達賴喇嘛生平形象歷史』, 2006, 507~533쪽.

113 포탈라 궁의 총무에 해당된다.

114 吳豐培, 『清季籌藏奏牘 · 升泰奏牘』 卷 1, 台北: 學海出版社, 民59, 25쪽.

115 央金, 「浪卡子縣林鄉經濟結構的調查分析」, 『西藏研究』 제2기, 1989, 22쪽.

으나 좋은 결과는 얻지 못했다. 그러나 이 회담은 2달 후 영국과 티베트의 '라싸조약'(拉薩條約)의 도화선이 되었다.[116] 회담과 조약의 결과에 관계없이 파팽조반단(巴彭措班丹)은 그의 능력과 충성심을 인정받아 티베트 자치구 남부의 장쯔(江孜) 지방을 외국과의 통산도시로 개편하라는 임명을 받고 파견되었다. 그러나 1907년에 청의 주장대신(駐藏大臣) 장음당(張蔭棠)의 음해에 빠져 옥살이를 했으며[117] 1910년 이후 그의 행적은 찾아보기 힘들다. 일각에서는 14대 달라이 라마와 함께 인도로 망명했다는 설이 제기되고 있다. 역사 속에서 이 귀족가문의 최후의 인사는 둔주남걸(頓珠南杰, 1890~1951)로 전해진다. 1913년에 처음으로 티베트 사회에 이름을 알린 그는 1924년에 관직의 핵심기구인 '랍니'(拉尼)에 임명된다.[118] 여기에 속한 관원은 티베트 정부를 감찰하는 동시에 라싸의 공공건축과 사원을 관리하는 것이다. 일종의 감찰기구이며 복지 담당인 것이다. 그는 또한 달라이 라마의 여름 휴양지인 '노블링카'(羅布林卡)의 재정과 재산을 관리하기도 했다. 중국의 인민해방군이 침공한 1951년에 사망한 것으로 전해지고 있다.

---

116 祝啓源, 『中華民國時期中央政府与西藏地方關系』, 北京: 中國藏學出版社, 1991, 2~3쪽.

117 1906년 주장대신에 취임한 장음당(張蔭棠)의 티베트의 통치에 관한 연구 성과로는 다음의 문헌을 참고할 만하다. 許廣智, 「張蔭棠'査辦藏事'始末」, 『西藏硏究』 제2기, 1988; 趙富良, 「試論張蔭棠 '査辦藏事'及其治藏方針」, 『西藏硏究』 제2기, 1992; 憑麗霞, 「試論張蔭棠 '査辦藏事'的性質」, 『西藏硏究』 제4기, 1987; 徐子明, 「論滿淸政府在西藏的若干政策」, 『民族硏究』 제1기, 1991.

118 전체적인 명칭은 '拉薩尼倉'(Lha-sa gnyer-tshang)이다. 5품의 관직이며 2명의 속관과 1명의 승관으로 구성되어진다.

2. 귀족과 티베트 사회

고대에서 근대에 이르기까지 귀족은 티베트 사회에서 지위와 권력의 핵심 축이라고 할 수 있다. 왜냐하면 귀족집단은 티베트의 정치 · 경제 · 문화 · 종교의 여러 방면에서 주도적인 역할을 수행하고 있었기 때문이었다. 특히나 주목할 만한 사항은 귀족의 자제가 불교사원에 출가하여 활불이 되는 경우가 많았다는 점이다. 이는 일반인이 출가하는 것보다 경제적 후원을 충분히 받을 수 있는 귀족의 자제가 활불이 되는 길이 쉬웠기 때문이다. 티베트 사원에서 라마승을 거쳐 최후의 활불로 되기까지는 적지 않은 경비와 시간을 필요로 한다. 이러한 환경에 귀족의 자제는 매우 적합하였다. 실지로 황교에서 최후의 불교시험을 통과하여 '게시'(格西)가 되려면 많은 경비가 필요하였나. 이는 홍교나 백교의 '켄보'(堪布)가 되는 것과는 비교가 되질 않는다. 황교는 소위 심사위원과 사원에 적지 않은 공양비를 납부해야 되기 때문이다. 황교에 비해 기타 종파는 이런 경우가 거의 없었다. 따라서 황교의 대부분의 고승과 활불은 귀족 출신의 성분을 가지고 있었다. 심지어 달라이 라마를 보좌하는 섭정(攝政)조차도 귀족 출신인 경우가 대부분이었다. 티베트의 모든 종교와 행정을 담당했던 간덴포장(噶丹頗章)과 까샤(噶廈)정부의 모든 인사들은 황교의 라마승이거나 세속의 귀족들이었다. 결론적으로 세속귀족이 속세와 사원을 모두 장악하고 움직인다고 보아도 될 것이다. 그만큼 귀족의 영향력은 티베트 사회에 있어서 무시할 수 없는 존재이다(竹節寺 활불[丹貝洛追]과의 인터뷰 중에서).

티베트 사회에서 특수 계층으로 인정되어 각종 경제적 · 사회적 혜택을 향유하던 귀족 집단에 대하여 일반 티베트인들의 인식은 어떠할까? 7대 달라이 라마는 전세영동으로 확인됨과 동시에 그의 아버지는 청 황제로부터 '보국공'(輔國公)이라는 관직을 하사받는다. 그리고 어린 아들과 함

尼宗寺에서 활불과 필자

께 티베트의 중심 라싸로 초빙되었는데 당시 민중들로부터 성대한 환영의식과 존중을 받았다.[119] 이러한 현상은 티베트 특유의 종교적 인문 환경에서 자연스럽게 형성된 것이다. 즉 살아 있는 부처, 활불의 경외감과 신성함에서 비롯되는 것이다. 특히나 달라이 라마나 판첸 라마와 같은 대활불(大活佛)의 인정은 그 부모나 친형제들에게는 티베트의 특수 계층, 즉 귀족 세계로의 진입을 의미한다. 그런데 여기서 짚고 넘어가야 하는 것은 '아계'라는 황금귀족의 탄생과 그 권력 기반을 중원의 청조에서 만들어 주었다는 점이다. 청조는 역사상 처음으로 달라이 라마 가족에게 공작(公

119 전세영동으로 확인되면 그 집안은 '아계' 가정으로 분류되고 아울러 그 부모 또한 새로운 환경에 접하게 된다. 이때 어린 영동의 부모는 원래의 이름 대신 새로운 호칭을 얻게 된다. 父인 경우는 '加亞'라고 부르고 母의 경우는 '加雍'이라고 한다. 티베트어로 加는 王의 의미이고 亞는 아버지의 존칭이다. 따라서 '加亞'는 '왕부'의 뜻이 된다. '雍'은 티베트어로 모친의 존칭이다. 따라서 '加雍'는 왕모의 뜻이 된다.

爵)이라는 직위를 하사했으며 달라이 라마를 수장으로 하는 '간단포장'(噶丹頗章)이라는 개인 정권을 막후에서 후원하는 역할을 했다. 이는 중원의 청조가 티베트 사회에서 고등 귀족 집단의 출현과 형성을 조장하고 있음을 시사한다. 사실상 혈통을 중시하는 기존의 귀족 집단에 비해 황금귀족의 출현은 역사와 전통이 단시간 내에 형성되었다. 그럼에도 불구하고 티베트 사회에서 주류의 귀족사회에 쉽게 편입할 수 있었던 것은 청조의 후방 지원이 있었기 때문이다. 권위 있는 직위와 토지의 수여는 황금귀족에게만 집중적으로 주어졌다. 중원의 청조가 특정 귀족(황금귀족)에게만 유달리 지원과 관심을 보인 이유는 달라이 라마를 이용한 티베트 사회의 통제와 민족 통합을 용이하게 추진하기 위해서라고 볼 수 있다. 이러한 측면은 청조가 역대 중원 왕조 중에서 티베트 사회의 생리를 가장 잘 파악하고 관리하고 있음을 보여준다.

티베트의 정교합일 권력구조가 안정기에 접어든 7대 달라이 라마(格桑嘉措, 1708~1757) 시기부터는 달라이 라마의 친인척 가족들은 최고 귀족가문의 반열에 올라섰다. 이것이 암시하는 점은 달라이 라마가 어떤 강력한 세력을 가지고 있는 귀족의 독점적 대상이 아니라는 것이다. 다시 말하면, 아계 귀족의 출현은 달라이 라마의 권력이 강력하였기 때문에 그가 출생한 가문은 자연히 그의 권력을 나누어 받을 수 있었다는 점과 달라이 라마의 전세영동은 그 당시 가장 세력이 강한 어떤 가문으로 내부적 결탁에 의해 낙점 받을 수도 있다는 것이다. 18세기 아계 가정의 출현은 기존의 티베트 귀족사회에 새로운 권력 구도와 문화 판도를 형성하게 하였다. 달라이 라마라는 수장의 지위와 신성함을 등에 업은 아계 귀족의 등장은 제본이나 미찰 등의 기존 귀족계층을 긴장시켰으며 새로운 권력 판도의 재구성을 암시하는 것이었다.

살펴보았듯이 아계 가정은 본래 '제본'이나 '미찰' 가문처럼 혈연이나 지연이 공고하고 토지라는 든든한 경제력에 근거하는 귀족 집안이 아니다. 결정적으로 아계 가정은 세습으로 유지되는 귀족가문이 아니었다. 따라서 청 중앙정부의 '공'(公) 혹은 '보국공'이라는 설득력 있는 직위와 봉록의 확약은 아계 가정의 약점인 집안의 내력을 보완해주는 작용을 하였다. 이는 티베트 사회에 합법적으로 아계 가정을 고등 귀족계층으로 격상시키는 역할을 하였다. 황제의 정식 인가는 달라이 라마의 권위를 부각시켜줄 뿐만 아니라 가족의 지위 또한 일반 가정에서 특수 귀족으로 전환시켜주었다. 이는 전세영동으로 확정된 집안의 부모에게는 매우 영광되고 부와 명예를 동시에 획득할 수 있는 기회였다. 그러나 이러한 신분의 변화는 훗날 인위적인 '세습'(世襲)의 배양이라는 후유증을 낳게 된다. 티베트에서 활불의 조건은 기본적으로 누구나에게 가능하다는 평등의 원칙이 존재한다. 환생과 윤회라는 불교의 이론은 특정 계층에 적용되는 것이 아니었지만 달라이 라마를 배출한 아계 가정은 부와 명예를 경험한지라 활불의 전통마저 인위적으로 세습하려 하였다. 예컨대 랍로(拉魯, Lha-Klu)라는 귀족가문은 두 명의 전세영동을 배출하고 8대와 12대 달라이 라마의 아계 가정으로 군림하는 현상이 나타나는 것이다. 이는 활불의 투명성과 귀족가문들의 세력 다툼으로 대두되어 티베트 사회에 불안정 요소로 자리 잡게 되었다. 결론적으로 달라이 라마의 권위와 특히나 그의 아계 가문이 티베트 사회의 귀족세계로 편입되기까지는 청의 중앙정부 도움 없이는 불가능했다. 따라서 당시 티베트의 지방정권은 청 중앙정부의 지지와 관심 속에서 새로운 전세영동의 신성함과 위대함을 대외적으로 홍보하는 일에 주력했다. 그래야만 자연스럽게 그의 가족이 귀족가문으로의 편입이 쉽게 이루어졌기 때문이다. 달라이 라마와 그의 가정을 티베트 사회의 중심으로 규정하고 그의 집안을 특수한 귀족집안으로 편입시켜 '신격화' 혹은 '신성화' 시키는 작업은 사실상 이때부터 시작된 것이다. 이는 티베트 사회가 오래도록 견고한 그들만의 사회체제를 유지하는 핵심적인 종교적 이념화 작업에 속한다고 볼 수 있다. 이러한 현상들에 근거하여 우리는 다음의 몇 가지 역사적 사실을 확인할 수 있다. 첫째, 오늘날까지 전승되는 달라이 라마의 권위와 신성함은 시기적으로 다르게 형성되었다는 점이다. 즉 1대에서 6대까지는 티베트 고유의 전통적인 방식, 환생과 전세영동의 과정 및 활불의 인정에 이르기까지의 모든 절차가 티베트의 전통적 스타일로 진행되었지만 7대 이후로는 그렇지 못했다는 것이다. 7대 이후로는 여러 가지 외부적 환경에 의해서 결정되는 경우가 대부분이었다. 따라서 투명성에 의문이 제기되었다. 그러나 달라이 라마 1대부터 6대까지의 역사적 상황을 보더라도 이 시기의 활불의 전승과 확인 작업 역시 그다지 투명성을 담보하고 있지 않다. 예컨대 섭정과 달라이 라마를 둘러싼 귀족세력들과의 권력 다툼에서 전반기(1~6대)의 어린 활불들은 신권(神權)과 교권(教權)을 발휘할 기회가 적었다. 후반기(7대 이후)의 달라이 라마들 또한 이 점에서는 마찬가지였다. 환생과 전세영동 그리고 활불이 되기까지의 모든 과정은 외부 세계의 상황과 내부의 권력 다툼으로 결정지어지는 경우가 많았다. 특히나 7대 이후로는 중원과의 종교적 · 정치적 관계로 인하여 달라이 라마의 선정과 인준 작업은 더욱 복잡하고 정치성을 겸비하였다.

역사적으로 중원과 정치적 관계의 포문을 연 시기는 티베트의 5대 달라이 라마와 만청의 순치제(順治帝)가 북경에서 전격적인 회동을 가진 때로부터 시작된다. 이후 12대 달라이 라마의 시대까지 중원은 티베트 최대의 종파 황교(黃教)를 인정해주고 물질적인 지원을 아끼지 않았으며 황교의 최고 수장인 달라이 라마는 중원의 통치자에게 정치적 · 이념적 지원을 제공하였다. 이는 당시 동아시아에서 매우 특수한 '공시'(供施) 관계의 한 유형을 만들었다는 점에서 주목할 만하다. 그러나 시간이 지남에 따라 중원의 청조는 두 번의 장정(章程)과 금병체점, 주장대신과 같은 일련의 제도적 장치들을 기획하고 시행하여 티베트의 정치적 자주성과 독립성을 충분히 훼손시켰다. 이러한 대내외적인 상황 속에서 7대 달라이 라마의 시기를 기준점으로 전후의 극명한 차이점은 후반기에 들어서 달라이 라마의 가족이 티베트의 귀족사회로 자연스럽게 편입되었다는 사실이다. 당시 티베트의 귀족사회는 종교보다는 정치권력의 중심축이다. 따라서 아계 가문이라는 새로운 고등 귀족의 등장은 티베트 사회의 정치 판도에 새로운 변수로 등장하였으며 활불의 정점인 달라이 라마를 더욱 상징적 인물로 부각시키는 역할을 하였다. 두 번째, 본서에서 일관되게 주목하고 있듯이 최고의 활불로 대변되는 달라이 라마는 사실상 본인의 의지와는 별개로 외부 세계의 힘으로 추대되는 상징적 인물에 불과하다. 이는 달라이 라마가 오랜 세월 동안 심오한 불교철학과 영적 세계를 경험하고 축적할 수 있는 종교적 수장은 가능할 수 있으나 의외로 복잡하고 미묘한 티베트 정치 판도를 이끌어갈 동력은 부족하다는 의미를 내포하고 있다. 엄밀하게 보자면 티베트 사회는 달라이 라마가 이끌어온 것이 아니었다. 그는 신격화된 이미지로 상징적 역할을 수행할 뿐이다. 현실적으로는 그를 둘러싸고 있는 섭정과 귀족세력 그리고 사원의 고위 라마승 세력이 티베트 사회를 이끌고 변화시키는 중심 집단인 것이다. 여기에 아계 가문이라는 새로운 귀족세력이 등장하였고 이들은 자신들의 세력을 보호하고 유지하기 위하여 새로이 티베트의 정치 판도에 끼어들었다. 그러나 아계 가문은 원천적으로 인맥이나 혈통, 지연 등의 근본적인 약점을 가지고 있었기에 그들은 정치세력의 중심축으로 부상하기에는 한계가 있었다. 다만 가문에서 '전세영동'이라는 종교적 수장이 배출됐기에 그에 상응하는 경제적 · 사회적 신분의 혜택을 누릴 수 있었다.

기록에 의하면, 7대 달라이 라마의 전세영동이 확인된 후, 그의 부모는 신성하고 성대하게 라싸로 모셔졌다. 그리고 티베트 귀족 전통에 의거하여 많은 토지와 노비를 하사받았다. 그리고 관례적으로 전세영동의 가문에만 주어지는 전통적인 호칭도 주어졌다. 이른바 '아계 · 상주파장'(亞谿 · 桑珠頗章)이다. 일반적으로 '상파' 귀족가문으로 알려져 있다. 이러한 과정은 7대 달라이 라마의 가정이 티베트 사회의 특수 귀족계층으로 진입되었음을 공개적으로 선포하는 것이기도 하다. 역사상 '상파' 귀족은 '아계'(亞谿) 귀족가문의 시작을 의미한다. 아계 가정은 그 과정의 특수성을 인정하여 '황금귀족'이라고 부르기도 한다. 이렇듯 달라이 라마의 친부모와 친혈족으로 구성되는 아계 가정은 티베트 사회에서 아무런 저항없이 받아들여졌으며 극도의 존중을 받았다. 그러나 일반 농촌민이나 유목민에서 일약 아계 가정으로 신분이 격상되면 그 구성원들은 티베트 귀족사회의 복식이나 음식 심지어 인적 관계망까지도 새롭게 적응해야만 했다. 티베트의 귀족사회는 겉으로는 소박하고 단순한 삶을 강조하고 있지만 내부적으로 그들의 삶과 문화는 그렇지 않았다. 그들은 매우 화려하며 격식을 따지고 귀족 신분에 맞는 소비문화가 형성돼 있었다. 그들이 먹는 음식 또한 일반 티베트인들과는 전혀 다른 것이었다. 따라서 고등귀족으로 편입된 아계 가정은 그러한 전통적 관습을 받아들이고 그 내부의 일원으로서 귀족문화에 하루빨리 익숙하도록 노력을 해야만 했다.

1751년에 티베트는 달라이 라마로 대표되는 활불의 세속통치를 본격적으로 시작한다. 달라이 라마의 정치체제에 있어서 귀족세력은 이상적인 정치 파트너가 되었다. 미국의 티베트 연구자 카라스코(P. Carrasco)는 그의 평론서 『서장의 토지와 정치체제』(西藏的土地與政体)에서 1951년 전까지 티베트 사회는 외부 세계로부터 격절된 봉건(封建)사회라고 서술하고 있다.[121] 그리고 그 속에서 귀족세력은 황교와 그 종파의 종속적인 관계로 묘사하고 있는데 당시 귀족의 구성 및 조직, 정치 참여에 관해서는 모호하게 분석하고 있다. 그 이유는 귀족들의 흥망이 변화무쌍했기 때문이다. 예컨대 토번왕국(600~841)시대의 명문 귀족인 '달찰'(達扎, aTag-sgra)과 '속호'(屬戶, Cog-ro) 그리고 '림'(淋, hims)씨 가문 등은 토번왕조의 붕괴 후에 그 흔적을 찾아볼 수가 없으며 새로운 귀족으로 대체되었다.

대다수의 귀족가문이 티베트 정부의 관료가 되고 싶어 하는 이유는 명예와 지위의 확보보다는 근본적으로 재산의 축적이 주요 목적이었다. 그런데 정치 · 경제의 중심지인 라싸의 주요 관직을 차지하려면 우선 지방의 관직부터 경험해야 했다. 그래서 어떤 귀족들은 지방의 관직을 우선 불법적인 방법으로 매수하고 입문하였다. 그리고 일정 기간 관료로서의 경험과 재정을 축적한 다음 라싸로 진입하였다. 그러나 일부분은 라싸의 첨예한 관료사회에 적응하지 못하고 다시 지방으로 돌아가는 경우도 있었다.

장원(莊園)은 귀족의 중요한 재정 자원이다.[122] 따라서 귀족가문들은 세습

120 티베트 정치사에서 승려와 귀족의 정치권력이 가장 정점에 있었던 시기는 청조가 군사적 후원을 맡고 있었던 1720~1912년과 그 다음 단계인 1912~1951년이다. 그런데 학술적으로 이 시기에 티베트의 귀족과 정치권력을 서술한 문헌은 극히 드물다. 그나마 학계에서 인정받는 연구 성과물은 서방 학자인 伯戴克(L. Petech), 『達賴喇嘛和西藏攝政: 編年研究』(*The Dalai Lamas and Regents of Tibet: A Chronological Study*, 通報 제47기 1959)와 夏格巴(W. D. Shakabpa), 『西藏政治史』(*Tibet: A Political History*, New Haven and London, 1967)이다. 동양인 학자로는 일본의 鈴木中正(Suzuki chusei), 『1844年 拉薩政變之硏究』(*A Study of a Coup Detat at Lhasa in 1844*, 東方硏究, 東京, 1960)가 학술적 가치를 인정받고 있다. 가장 최근의 저술로는 拉霍爾(R. Rahul), 『西藏政府与政治』(*The Government and Politics of Tibet*, Delhi, 1969)가 있다.

121 P. Carrasco, *Land and Polity in Tibet*, Sealtle, 1959, pp. 207~208.

122 미국의 골드스타인(Goldstein) 교수의 연구 성과인 "Taxation and the Structure of a Tibetan Village"에 따르면 고대 귀족의 경제 수준과 세습의 과정을 구체적으로 알 수 있다. 그의 연구에 따르면 '莊園'(pha-gzhis)을 기초로 하는 티베트의 귀족 가정은 유럽의 그것과는 다른 특성을 가지고 있다는 것이다. 그 주요한 특징으로는 경제적 富와 권력을 상속하게 하기 위해서 데릴사위제도, 즉 '瑪巴'제도를 습속으로 정해놓았다는 점이다. 아들이

되는 토지를 공고히 하는 한편 확장하려는 노력이 매우 치열했다. 이는 앞서 살펴보았던 달라이 라마의 교체시기에 가문의 보존을 위해 헌납해야 하는 토지와 농노를 확보하기 위한 작업이기도 했다. 전술했듯이 티베트에서 장원은 순환된다. 즉 가문이 속해 있는 달라이 라마나 판첸 라마의 교체 여부에 따라 장원은 헌납해야 하거나 하사받는 경우가 있기 때문이다.

과거 200년간(1751~1950) 티베트 귀족의 재정 상태를 조사해보면 귀족들은 점진적으로 자신들의 장원을 잃어버렸으며 빈곤화되는 경향을 보이고 있다. 이와 관련하여 티베트의 장원과 정치와의 관계를 논술한 카라스코(Pedro Carrasco)는 1917년 티베트의 사원이 보유한 토지 점유율은 42%, 정부가 보유한 토지 점유율은 37%, 그리고 귀족이 보유한 토지점유율은 21%라고 주장했다.[123] 그런데 의외의 사실은 당시 200가구 정도의 귀족

없어 대가 끊긴 집안은 사위를 집안으로 들인다. 그리고 부인의 姓을 따르게 한다. 이는 가정을 세습하고 유지하는 중요한 수단이었다. 당시 그들에게 중요한 건 가족의 세습을 위하여 토지장원을 확보하고 유지하는 것이지 순수한 혈통만을 고집하는 것이 아니었다는 점이다. 특히나 이 점에 있어서는 아계 가정이 제본 가정보다 자유로웠다. 즉 티베트의 귀족 가정은 가업 계승이라는 중요한 목표를 위해서 가족 내부에서는 굳이 혈친 전승을 엄격히 적용하지 않았다는 것이다. 단지 가족 내에 관료 출신의 남성이 있는지 없는지의 여부를 중시하였기 때문에 남성은 직접적으로 귀족가문의 발전과 쇠락에 영향을 미쳤다. 따라서 귀족계층의 가업 전승이라는 유일한 목적을 위하여 계층 사이의 성원 유입이 상당히 탄력적으로 운영되었다. 결국 귀족 가정의 연속적인 생명력을 위하여 귀족 가정에서는 이혼 · 재혼 · 데릴사위 · 양자 등의 다양한 방법을 통하여 혼인과 가족의 구성을 허가하고 운영하였는데 이는 귀족 가정 내부의 이익 보호를 위하여 사회가 인정하는 일반적인 현상이었다. 따라서 가정의 권력과 경제력을 구비하기 위해 이혼과 재혼은 물론 여러 배우자를 일시에 동반하는 현상이 보편화되어 있었다. 이와 같은 가정 구성의 방식에 부합하여 '제본 가정'에서는 일처다부의 혼인 형태가 존재하게 되었다. 이는 사실상 티베트 혼인 형태의 보편적인 형태로 발전하였다. 티베트 유목사회가 경제적인 목적을 위하여 일처다부제를 선택하였다면 귀족 가정에서는 정치적인 권력과 경제의 실권을 모두 장악하기 위해서 일처다부제를 운영하였다.

123 Pedro Carrasco, 『티베트의 토지와 정치체계』, 워싱턴대학, 1959, 86쪽. 본서는 중국학자 陳永國에 의해서 1985년 『西藏的土地与政体』이라는 번역본으로 중국에서 출간되었음.

가문 중 대다수의 귀족이 빈곤한 상태에 놓여 있는 것으로 드러났다. 상위 몇 귀족가문을 제외하면 대다수의 귀족들은 외관에 비해 재정 상태가 매우 심각한 것으로 밝혀졌다. 심지어 농노 중에 부유층에 속하는 '지차'(支差)보다도 더 빈곤한 상태에 있는 귀족가문이 존재하는 것도 드러났다.[124] 이러한 귀족가문들은 라싸에서 귀족 회의를 하면 참가해야 하는 기본적인 복식과 말 그리고 장신구의 부족으로 어려움을 겪곤 했다. 티베트 귀족 부인 타링(Taring)은 당시 이러한 상황을 다음과 같이 묘사하였다.

> 종종 귀족이 소유한 장원의 수입이 형편없을 때면 귀족 자신이 대량의 상업 활동에 적극적으로 참여해야 했다. 이는 가문의 존속을 위해 해야 하는 마지막 생존방법이었다. [……] 어떤 귀족들은 생활이 너무 힘들어서 관직을 포기하거나 가문의 장원을 사원에 넘기고 현금을 확보하는 경우도 있었다.[125]

귀족의 빈곤화 정도는 급진적으로 이루어지는 것이 아니라 순차적으로 이루어졌다. 그 이유는 귀족이 자구책으로 상업과 무역을 통해서 생활을 유지했기 때문이었다. 특히나 근대에 들어와 티베트의 귀족은 내지와의 무역과 상업을 통하여 빈곤화의 정도를 완만히 저지하였다. 그러나 이러한 방책은 빈곤 탈출의 유효한 전환점이 되지는 못하였다. 그래서인지 20세기에 들어서 티베트 사회제도의 변화를 요구한 일부의 세력은 농노가 아닌 일부 귀족세력이었다.

티베트에서 토지는 '순환'하는 성격을 가지고 있지만 중요한 것은 토

---

124 Pedro Carrasco, 「西藏村社的結構與稅收制度」, 『中亞學報』 第一期, 第15卷, 1971, 1~27쪽과 「農奴與其變化: 對傳統西藏社會中 '人役稅' 制度的考察」, 『亞州研究學報』 第三期, 30卷, 1971, 521~534쪽 참조.

125 R. D. Taring, 『西藏的女兒』, 1970, 6쪽.

지의 순환이 균등하게 이루어지는 것이 아니라는 것이다. 예를 들어, 귀족영주와 종교영주를 놓고 볼 때 종교적 영주는 특혜를 받는 편이었다. 그 이유는 티베트 사회의 구조 때문이다. 주지하다시피 티베트는 종교가 통치하는 사회라고 볼 수 있다. 즉 라마승이 속해 있는 불교 사원이 종교적 파워를 가지고 티베트 사회를 이끌어가고 있는 특수 사회인 것이다. 따라서 토지의 공급과 배분도 귀족보다는 종교적 영주에게 우선순위가 주어진다. 사원의 승려들은 그들이 소유한 장원에 의해서 생활을 영위한다. 사원의 장원을 몰수한다는 것은 종교 조직에 직접적인 영향을 미치는 것이므로 티베트에서 그러한 조취는 거의 불가능하다. 그렇다고 사원이 한 번도 장원을 몰수당한 적이 없는 것은 아니다. 사원 또한 그들의 생계 수단인 장원을 몰수당한 적이 있다. 예컨대 1895년에 발생한 13대 달라이 라마 모살 사건이다. 당시의 섭정(攝政) '데모런보체'(第穆仁波切, Demo Rinpoche)와 그의 형제가 주도한 달라이 라마 모살 사건은 결국 발각되어 그들이 소유한 모든 장원이 몰수되었다. 그리고 1948년에 '열진'(熱振, Reting) 활불이 당시 집권 중인 섭정을 반대하는 계획을 세우다가 발각되어 감옥에 갇히는 사건이 발생했다. 이때도 열진과 그의 일가족이 소유한 모든 토지는 몰수되었다. 티베트 사회에서 종교적 지도자가 재산을 몰수당하는 경우는 매우 드물다. 그렇기 때문에 재산의 몰수는 영구적이지 않다. 일정 기간이 지나면 몰수한 재산을 당사자와 친인척을 제외하고 사원의 승려들에게 나누어 배분한다. 이러한 현실 때문에 귀족계층은 권력에 더욱더 집착하는 경향을 나타나게 된다. 귀족은 사원의 라마승과 같이 티베트 사회에서 특수한 계층에 속해 있는 집단이었지만 종교 세력과의 지분 싸움에서는 밀리는 현실적 구조를 가지고 있었다. 이에 귀족세력이 자신의 토지와 지위를 확고히 보장받은 방법은 정치 입문을 통한 관직의 보유였다. 보다 나은 권세와 지위를 확보하면 자신들이 보유하고 있는 토지를 온전히 지킬 수 있다고 확신했다. 그래서 귀족들의 가정에서는 젊은 정치가를 배양하는 것이 보편화되었다. 이는 모두 자신이 속한 가문의 유지와 세습을 위한 일이었다. 하지만 가문의 자식을 티베트 사회에서 인정하는 관료로 양성시키기까지는 매우 많은 비용이 들었다. 그러나 대다수 귀족들은 이 모든 것이 가문을 위한 투자라는 인식이 팽배하였다. 따라서 그들의 세계에서는 광범위한 인맥의 인프라 구축이 중요했다. 라싸는 달라이 라마가 거주하는 티베트의 정치의 중심이자 동시에 특수 계층 집단의 사교장이기도 하다.

일반적으로 라싸에서 귀족이 집중적으로 거주하는 지역을 보면 그들의 가옥이나 복식 심지어 기호식품까지도 일반 티베트인들과는 현격한 차이를 보인다. 일반 귀족이 좀 더 높은 고급 귀족의 세계로 편입되고 싶은 이유가 여기에 존재한다.

달라이 라마의 세속적 권력기관인 티베트정부(噶廈, bkav-shag)[126]의 구조는 엄격하게 관료주의 체계이다. 정부의 관료는 명확하게 두 부분으로 구성되어 있다. 첫째가 세속귀족으로 구성된 4인의 속관(俗官)이고 두 번째가 황교의 승려들로 구성된 4인의 승관(僧官)이다. 이 중 속관은 일률적으로 귀족 집단으로부터 공급된다. 이는 속관이 되는 자격이 귀족의 자제나 구성원으로 제한되어 있었기 때문이다. 또 하나 중요한 것은 승관의

126 티베트의 역사에서 1907년 이전까지 티베트 정부의 세속 부분은 '噶廈'(bkav-shag)라는 의사결정기구가 최고의 지위에 있었다. 당시 噶廈는 '噶倫夏朗杰'(bkav-bion shag Lhan-rgyas)라고 불렸다. 噶廈는 원래 라싸 대조사 부근의 출입문의 명칭이었다. 그런데 훗날 티베트 사회에서 噶廈라는 관청은 귀족세력들의 본영지가 되었다. 噶廈는 달라이 라마와 직접적으로 접촉할 수 있는 세속적 권력기관이다. 이 기관의 결정은 티베트의 모든 것을 좌우할 만큼 결정적 역할을 하였다. 따라서 噶廈에 대한 이해는 근대 티베트 세속정치제도의 실질적인 운영과 맥락을 살펴볼 수 있는 방법이기도 하다. 噶廈는 시기적으로 1792~1793년 청조가 추진한 티베트 행정 개혁의 일환인 주장대신(駐藏大臣)의 파견으로 간섭과 제약을 받았으나 티베트의 실질적인 행정 방면에서는 역시나 최고의 권력기구로 군림했다.

자격 조건이 황교의 라마승이라는 점이다. 티베트의 다른 불교 종파도 모두 라마승이지만 유독 황교의 라마승들이 관료가 될 수 있었던 주요 이유는 황교의 수장과 섭정이 달라이 라마였기 때문이다. 이는 티베트의 종교와 권력구조가 어떤 관계를 맺고 있는지를 가늠할 수 있는 단서이다. 티베트에서 오래도록 황교가 권력의 중심에 군림할 수 있는 이유는 바로 여기로부터 나온다. 달라이 라마나 티베트 정교(政教)의 수장은 한 번도 황교 이외의 다른 종파에서 나온 적이 없다. 물론 백교나 홍교의 저명한 활불이 지도자급의 위치에 추존된 사례들은 적지 않으나 모두 종교와 정치의 최고 지도자에 옹립된 적은 없다. 오직 황교의 활불만이 달라이 라마가 될 수 있을 뿐이다. 그런데 이는 오늘날 14대 달라이 라마의 최대 고민 중의 하나이다. 자신의 후계자를 또다시 황교에서 배출할 것인지 아니면 현존 17대 백교의 수장인 '오겐 틴레 도르제'로 임명할 것인지에 대한 고민인 것이다. 황교가 아닌 다른 종파에서 티베트의 지도자가 나온다는 것은 매우 이례적인 일이기 때문이다. 여기에 관하여는 이 책의 5장에서 자세히 논할 것이다.

귀족 집단이 일반 평민과 다른 가장 큰 차이점은 적지 않은 장원(莊園)을 소유하고 있다는 점이다. 그러나 귀족도 토지의 소유와 농노의 보유량에 따라 등급이 나뉜다. 등급의 구분은 재산의 보유 정도, 지위, 그리고 혈통 등과 같이 세세한 부분까지 영향을 미치고 있었다. 귀족이 보유하고 있는 장원은 영지(領地)와 분지(份地)로 나뉠 수 있는데 전자는 영주가 직접 관리하는 것이고 후자는 농노가 관리하는 것이다. 귀족 집단은 대소의 차이는 있지만 이와 같은 기본적인 경제적 우세와 득세를 바탕으로 티베트 정부 내에서 권위와 지위를 차지하고 있었다.

티베트 지방정부는 일반적으로 175명의 '승관'(僧官)과 175명의 '속관'(俗官)으로 구성된다. 이는 티베트의 귀족계층 중 상층승려와 세속관원이

평행하는 구성이다. 그러나 각지에는 '격파'(格巴)라고 불리는 가정이 매우 많았는데 이는 '급이파'(給爾巴)라고 불리는 귀족계층의 가정이다. 이들은 각 지역에서 명백한 귀족으로 상당한 특권을 누리고 있었으나 그들은 결코 완전한 자신의 고유 세력을 형성하기는 부족한 계층이다. 단지 그러한 생활을 영위하는 달라이 라마 집단의 중심으로서 일정한 세력을 견지하는 소수로서의 진정한 특권 계층을 형성하였다. 또한 이들 계층의 하위 귀족계층은 그 지방의 상위 계층에 소속된다. 이와 같이 귀족계층의 내부는 또 다른 계층으로 구분된다.[127] 티베트에는 정부에 속하는 귀족, 판첸랍장(班禪拉章) 소속의 귀족, 살가법왕(薩迦法王) 소속의 귀족, 지방성을 지니는 소(小)귀족 등 다양하게 분화되지만 그들이 비록 같은 계층에 소속된 귀족이라고 할지라도 그들 사이의 관계는 의존성과 종속성이 매우 뚜렷하다. 특히 지방정부 소속의 귀족들은 관부(官府)의 대변인으로 지방정부의 권위를 옹호한다. 그러나 지방정부 소속의 귀족 내부에는 대단히 엄격한 등급의 구분이 있으며, 이러한 구별은 관리 사회와 교류 및 복식 등에서 확연히 표시될 뿐만 아니라 사용하는 언어와 자녀 교육 및 윤리 관념 등에서도 그 차이가 현저하다. 따라서 귀족집안의 정치권력은 '까샤'(噶廈)라고 하는 관료들의 의사결정기구 안에서 몇 석의 자리를 차지하고 있는 것이 관건이었으며 얼마나 오랫동안 유지하는 것 또한 매우

127 1959년 이전 농노제 속에서의 티베트 사회계층은 크게 승려계층과 非승려 계층으로 구분되며, 이 중 非승려 계층은 귀족계층인 '급이파'(給爾巴: aristocratic lords)와 농노계층인 '미새'(米塞: serfs)로 구분된다. 이 두 계층의 신분은 모두 세습되고, 지주와 농노의 관계 역시 대등적 계승의 법칙에 의거하여 농노계층은 지주에게 귀속된다. 전체 인구의 수치에 있어 300호의 급이파 가정을 제외하고 기타의 비승려 인구는 모두 미새인 농노계층이었다. 또한 농노계층은 상층 농노계층과 하층 농노계층으로 구분되며, 이 중 하층 농노계층은 다양한 조건에 따라 여러 명칭으로 세분화된다. 홍병혜, 「티벳 전통의 혼인유형 분석과 군혼문화의 형성배경」, 『중국학연구』 제28집, 중국학연구회, 2004, 235~237쪽.

중요했다.

19세기, 티베트에서 귀족 집단의 지위는 최고조에 다다른다. 당시 귀족은 범죄행위로 인하여 재산이 몰수되는 것을 제외하고는 그들의 경제 기반은 매우 공고했고 보장되었다. 더불어 귀족은 하층의 계급으로부터 어떤 영향과 간섭도 받지 않는 세력 집단이었다. 반면 사원 소속의 라마승과 귀족은 티베트 사회에서 상생의 관계이기도 하지만 견제의 대상이기도 했다. 티베트가 정교의 체제로 유지되는 사회임을 감안할 때 승려와

[도표 10] 귀족과 '噶廈' 정부와의 관계

귀족	점유한 의석수 (1845~1959)	점유한 의석수 (1728~1844)
朵喀(mDo-mkhar)	3	3
噶錫(dGav-bzhi)	4	1
帕拉(pha-lha)	3	2
沙扎(bShad-sgra)	3	2
索康(Zur-khang)	2	2
桑珠破章(bSam-grub-pho-brang)	2	2
吞(Thon)	3	0
薩迥(gSar-byung)	0	3
赤門(Khri-smon)	1	1
阿沛(Nga-phod)	0	2
擦絨(Tsha-rong)	0	2
宇妥(gYu-thog)	0	2
霍爾康賽(Hor-khang-gsar)	1	1
拉魯(Lha-klu)	0	2
布隆贊(vBrong-rtse)	1	0
拉定(Lha-sding)	1	0
기타 21家 귀족	0	각 1인

귀족은 서로 불가분의 관계를 맺고 있음을 알 수 있다. 티베트의 의사결정기구인 '噶廈' 내에서 귀족세력이 차지하는 의석수는 티베트 통치 계층의 실질적인 파워를 과시하는 단적인 예이다. [도표 10]을 통해 그러한 상황을 명료하게 확인할 수 있다. [도표 10]은 티베트 귀족의 전성기였던 1728~1959년의 기간, 즉 230년 동안의 시간을 2단계의 시기별로 나누어 귀족이 점유했던 의석수와 흥망의 관계를 도표화한 것이다.

[도표 10]을 통해 다음과 결론을 추론할 수 있다. 첫째, 두 시기를 비교해보았을 때 실질 권력을 장악한 귀족은 1단계(11개 귀족)보다 2단계(34개 귀족)의 시기에 더욱 심화·확대되었다. 이는 첫 번째 시기에 권력의 중심부에 처음 들어온 귀족집안이 두 번째 시기에 들어와서도 세습 혹은 유지되었거나 확대되었음을 말해준다. 둘째, 두 시기에 걸쳐 2석 혹은 2석 이상의 의석수를 점유한 귀족은 당시 정치권력의 중심에 있었는데 그 귀족 수는 14가(家)뿐이다. 『위장귀족』(衛藏貴族, *The Aristocracy of Central Tibet*)의 일서(一書)[128]에서 밝힌 당시 귀족의 전체 수는 200여 가(家)에 달한다. 그런데 그 중 14가(家)만이 噶廈정부 내에서 중심 귀족으로 자리 잡고 있었다. 이는 다수의 귀족 중에서도 일부 몇 가(家)의 귀족만이 정치의 중심에서 활약하고 점유하고 있었음을 알 수 있는 대목이다. 요컨대, [도표 10] 속에서 출현하였던 귀족 집단만이 최고위층의 귀족계층에 속하며 정교의 영향력을 발휘하였던 것이다.

정리하자면, 18세기 들어와 티베트의 귀족 집단은 경제적 토대를 기반으로 본격적으로 정치 무대에 등장했으며 실질적인 티베트의 권력 집단

128 Prince Peter of Greece, *The Aristocracy of Central Tibet*, Kalimpong, 1954. 본문에서 제시하고 있는 귀족과 噶廈정부와의 관계 도표와 일부 내용은 인천대학교 중국학연구소, 『중국학논집』(2009년 제4집)에서 발표한 「티베트 활불(活佛)제도의 권력구조 분석: 貴族집단을 중심으로」, 87~125쪽에서 재인용하였음.

으로 부상했다. 이들은 세습을 특징으로 가문의 부와 명예를 지속하였으며 정치적 입지를 공고히 하였다. 이러한 귀족의 출현과 부흥은 사실상 티베트의 상징적 존재인 달라이 라마의 영향력을 위협할 정도의 권력 집단으로 성장했다. 반면 달라이 라마의 부모와 친혈족으로 형성된 신흥 귀족인 '황금귀족'은 중원의 원조가 있었음에도 불구하고 혈통의 지속성과 정치력의 부족(전세영동의 불투명성)으로 기존의 귀족 집단만큼 조직적이고 체계적인 힘은 발휘하는 데 한계가 있었다. 따라서 가문에서 배출한 달라이 라마를 보호하고 지지할 수 있는 세력으로 성장하지는 못했다. 이는 달라이 라마가 정교의 영향력을 발휘하는 데 있어서 약점으로 작용했다. 이에 비하여 기존의 귀족세력들은 저명한 사원의 후원자가 되었으며 이를 통해 종교를 움켜쥘 수 있었다. 또한 정부의 고위 관직으로 등장하여 사원에서 주관하는 각종 종교 활동 및 심지어 활불의 전승 작업에도 막후에서 관여할 수 있는 힘을 발휘하였다. 이러한 상황은, 티베트가 '신권(神權)정치'이자 '귀족(貴族)정치'라는 특징을 확인시켜준다. 즉 18세기 전후를 기준으로 달라이 라마를 중심으로 하는 '신권정치'가 전반기였다면 후반기는 귀족을 중심으로 하는 '귀족정치'가 주류를 형성한 것이다. 티베트는 달라이 라마와 그를 지지하는 황교만의 불교 왕국은 아니었던 것이다.

3. 불교 사원

티베트에는 사람이 거주하는 곳이면 주위에 반드시 불교사원이 존재한다. 마을의 중심이나 가장 높은 곳에는 항상 사원이 세워져있다. 그렇다면 티베트에서 불교 사원의 존재는 무엇을 의미하는가? 1차적으로 불교 경전을 보존하고 전승하는 장소이다. 그러나 사원의 현실적 존재 의미는 승가의 가장 중요한 목적인 영적 수행의 순수성과 그것이 후대로 잘 내려갈 수 있도록 법통을 지키는 일이다. 기본적으로 사원은 라마승들이 명상하고, 공부하고, 가르치는 곳이다. 스승들은 그들의 스승에게서 훈련을 받았고 또 그들의 제자를 같은 방식으로 훈련한다. 사원에서는 스승과 제자와의 관계를 중요시한다. 제자는 스승의 언행만을 따를 뿐이다. 따라서 스승과 제자와의 공부는 명상과 구전(口傳)이 매우 중요하다. 왜냐하면 그것이 티베트불교의 전통적 계승 방법이라고 믿고 있기 때문이다.

사원은 일반 신도들의 종교 활동의 장소이기도 하다. 또한 활불(달라이라마)의 은신처이자 종교 활동의 근거지이다. 사원은 활불을 배양해내고 전세(轉世)를 주관하는 장소이기도 하다. 그러나 티베트 사원은 출가한 라마승들만의 전유물이 아니다. 일반인들에게도 필요한 곳이다. 종교적으

청해성(青海省) 시닝(西寧)의 황교 사원 塔爾寺

로는 '관정'(灌頂)의식을 진행해주기도 하고 오락을 즐길 수 있는 장소이기도 하다.

이렇듯 티베트 불교사원은 종교적 · 교육적 · 사회적 기능과 역할을 수행하면서 장족(藏族)을 하나의 '역사공동체'와 '종교공동체'의 집단으로 공고히 하는 가교 역할을 해왔다.

1) 활불과 사원의 관계

티베트의 불교 사원은 매우 탄탄한 인적 네트워크로 이루어져 있다. 매우 조직적이며 상하의 신분이 노골적으로 드러나는 장소이기도 하다. 따라서 불교 사원은 세속적 정치 조직이라기보다 종교적 정치 조직에 가깝다. 사원 밖의 귀족세력이 세속적 정치 집단이라면 불교 사원은 달라이 라마를 근거리에서 보살피는 근위대 역할을 한다. 동시에 달라이 라마를 조종할 수 있는 장소이기도 하다. 사실상 사원 내의 교육적 · 종교적 수장인 '켄보'(堪布)와 '섭정'(攝政)의 역할과 영향력은 달라이 라마보다도 더 유효하다고 볼 수 있다. 모든 권한이 그들에게 있고 그들의 통제로부터 사원은 움직인다. 불교 사원은 크게 사원의 관리와 유지를 담당하는 '행정 라마승'과 오로지 영적 세계를 추구하는 '수행 라마승'으로 구성된다. 활불과 달라이 라마는 후자의 경우에 해당한다. 따라서 행정적 · 정치적 능력만을 보자면 달라이 라마의 능력은 한계를 가질 수밖에 없다.

티베트의 불교 사원은 양면성을 가지고 있다. 하나는 불교적 수양과 정진이라는 본래의 의미를 구도하며 수양하는 라마승들의 불교 도장이다. 그리고 또 하나는 티베트 사회에서 정치권력의 근원지라는 것이다. 이는 한평생 활불만을 목표로 정진하는 라마승이 있는가 하면 이런 이들을 떠받들며 사원의 경영과 유지를 위해 헌신하는 행정적 라마승들 또한 존재한다는 것이다. 사원에서 이들의 역할과 책임 분야는 서로 다르다.

티베트불교의 역사는 랑다르마(朗達瑪, 836~842)의 폐불(廢佛)을 전후로 전홍기(前弘期)와 후홍기(后弘期) 시기로써 발전하였다.[129]

후홍기 불교의 특징은 11세기 초에 인도의 고승 아띠샤(阿底峽)가 티베트로 건너와 밀교를 전파함에 따라 원시종교인 본교와 융합하여 주술적 요소가 더욱 강한 색채를 띠게 되었다는 것이다. 이러한 경향은 시간이 지나면서 성적(性的) 실천에 의한 수도법을 강조하는 탄트라 불교, 즉 '좌도밀교'(左道密敎)가 티베트에서 크게 유행하게 되었다.[130] 이러한 상황 속에서 티베트의 사원은 본격적으로 발전하였다. 여기서 발전한다는 의미는 종교 조직으로서 혹은 정치의 중심지로서 티베트 사회의 중추 기능을 담당하게 되었다는 것을 의미한다. 티베트 사회의 특징 중의 하나는 불교 종파와 지방 정권과의 밀월적 만남이다. 양자는 서로 도움을 주고받으며 같이 성장한다. 공생공사의 관계라고 할 수 있다. 대표적으로 티베트불교

---

129 티베트의 불교는 랑다르마(朗達瑪, 836~842)의 폐불(廢佛) 정책을 분기점으로 하여 두 시기로 나뉜다. 폐불 이전 7세기에서 838년에 이르는 기간을 티베트 역사에서는 '전홍기'(前弘期)라고 하고 폐불 후 200년이 지나 978년에 불교가 재건되었는데 이 시기를 '후홍기'(後弘期)라고 한다. 이 중 전홍기의 역사는 赤松德贊(755~797)－牟尼贊普(797~798)－赤德松贊(798~815)－赤祖德贊(815~836)의 시기를 말한다. 『西藏宗教概說』의 저자인 중국인 학자 彭英全 교수의 따르자면, 엄격히 구분해서 전홍기의 시작은 티베트 법왕 赤松德贊(755~797) 시기부터 시작된다고 할 수 있다. 왜냐하면 비록 이 시기 이전에도 불교는 존재했으나 여전히 티베트의 토착종교인 苯敎와 치열하게 공방 중이었고 중요한 건 불교 사원이 전무했으며 티베트 승려조차 불교에 천착하는 시기가 아니었다는 점이다. 따라서 정확하게 赤松德贊이 정권을 잡으면서 그가 불교 진흥정책을 추진했으며 실제로 티베트에서는 이 시기부터 불교가 환영받기 시작했다는 것이다. 즉 赤松德贊의 적극적인 원조와 격려 속에 티베트 최초의 불교 사원인 桑耶寺가 오늘날의 山南 지역에 건립되었다. 후홍기가 가지는 역사적 의의는 11세기 중기부터 13세기 초에 이르기까지 시간차를 가지면서 오늘날의 대표적인 티베트 4대 불교 종파가 형성되었던 점이다. 예컨대 格魯派 · 寧瑪派 · 噶丹派 · 薩迦派 · 噶學派 등이 그것이다. 彭英全, 『西藏宗教概說』, 西藏人民出版社, 2002, 32~33쪽.

130 김한규의 책, 2003, 214쪽.

종파 화교(薩迦敎)와 파무주빠(帕木竹巴) 정권의 관계를 들 수 있다. 양자는 서로의 이해득실을 챙기며 정치적으로 종교적으로 상호 성장할 수 있었다. 그런데 이러한 발전적 관계의 중심에는 언제나 사원이 존재한다. 사원이 지방 정권의 흥망에 중요한 역할을 하는 것이기 때문이다. 사원은 거주하는 관할 구역의 신도들을 관리하며 교권을 장악하였다. 사원은 지역의 정치 · 종교 · 문화의 중심지이다. 그래서 사원의 명칭이 곧 지역의 명칭이 되기도 하고 교파의 명칭이 사원의 명칭이 되기도 한다. 심지어 지방 세력의 명칭이 사원의 명칭이 되기도 한다.

불교 사원이 지역사회의 인문을 창출하고 주도하는 경향 속에서 사원의 구성원인 라마승들은 적지 않은 특혜를 받았다. 노동이 면제되고 등급에 따라 거기에 상응하는 부와 명예를 향유할 수 있게 된 것이다. 따라서 티베드 사회는 라마승들의 천국이 된 것이다. 이에 일련의 라마승들이 순수한 종교적 구도에서 일탈하는 현상이 나타나기도 하였다. 그러던 중 15세기 초, 티베트불교 교단에 영웅이 출현한다. 바로 종카파(宗喀巴, Tsong Kha pa, 1357~1419)이다. 그는 승단의 혁신적 개혁, 철저하고 예리한 밀교 주해 등으로 유명하였다. 일탈한 라마승들을 겨냥하며 불교 종파의 혁신을 주장한 그는 황교의 부흥을 주도했다. 계율을 강조하며 썩어가던 교단의 부패를 척결했던 그는 세속귀족의 도움을 받아 결국 황교를 티베트불교의 가장 강력한 종파로 재창조해냈다. 그리고 종카파는 대형 사원의 건립을 추진했다. 바로 오늘날까지도 티베트 신앙의 중심지로 추앙받고 있는 황교의 3대 사원이다. 제일 먼저 건립한 사원은 1409년에 라싸의 북동쪽 달자현(達孜縣) 경내에 위치한 '간덴사원'(甘丹寺)이다.[131] 당시 황교의

131 티베트 불교 황교의 6대 사원 중의 하나이다. 전체 명칭은 '卓甘丹南巴杰衛林'이며 '甘丹朗杰林'라고도 불린다. 甘丹寺는 甘當寺 · 葛丹寺 · 葛爾丹廟 · 葛勒丹寺라고도 일컫는다. 甘丹의 의미는 '喜悅'이다. 1733년(淸, 용정제 11년) 淸世宗은 '永泰寺'라고 사원 명칭을

모든 종교의식은 이 사원에서 주최되었을 정도로 초기 이 사원의 존재감은 대단했다.

종카파의 개혁이 성공하면서 황교의 부흥과 발전은 급속하게 사원의 유포로 이어졌다. 초기의 불교 종파인 갈단파(噶丹派, bKab gdams)의 승려들과 사원들 또한 결국 황교(格魯派)로 합병되었다. 따라서 황교는 승려 수와 신도가 급속하게 확산되었다. 따라서 새로운 황교 사원은 계속 건립되었고 본 종파의 위세와 권위는 날이 갈수록 공고해졌다.[132] 세력이 불어난 사원과 종파는 정리정돈이 필요하였다. 따라서 사원의 지도자인 활불은 관리와 체계적인 제도의 필요성을 느끼고 사원의 조직을 전문적으로 분리하고 운영하였다. 종교 사무의 부서에는 수장을 임명하였으며 정해진

하사했다. 楊輝麟, 『西藏佛教寺廟』, 四川人民出版社, 2003, 200쪽. 甘丹寺의 설립자 宗喀巴가 1419년에 죽자 그의 제자들은 그의 시체를 방부 처리해 사원에 묻었다. 여기에 관하여 현 14대 달라이 라마는 다음과 같은 일화를 소개했다. 달라이 라마는 1959년 티베트를 탈출하기 직전에 甘丹寺를 방문했다고 한다. 당시에는 커다란 불상들을 모신 법당이 20여 개 있었고, 가장 큰 본당에는 3,500명가량 앉을 수 있었으며, 한곳에는 종카바(宗喀巴)의 무덤이 있었다. 그런데 1960년대에 문화혁명의 붉은 바람이 불면서 甘丹寺의 승가들은 파괴되었고, 홍위병들은 종카바의 무덤을 파헤쳐 승려 '보미'활불(Bomi Rinpoche, 1918~2002)에게 종카바의 미라를 등에 진 다음 불까지 끌고 가 던져 넣게 했다. 티베트 사람들에게 총카파의 유해는 매우 소중한 보물이었다. 보미활불은 홍위병들 몰래 미라를 태우고 남은 재에서 두개골 등의 남은 유골과 재를 수습해 감췄다. 1980년대에 중국 정부에 의해 불교 사원 재건 사업이 시작되었으며, 종카바의 유골을 묻을 무덤도 다시 제작하였다. 따라서 오늘날 甘丹寺를 방문하면 황교의 조주 宗喀巴의 법좌와 영탑을 관람할 수 있다. 토머스레어드 지음, 황정연 옮김, 『달라이 라마가 들려주는 티베트 이야기』, 웅진지식하우스, 2008, 166쪽 참조.

132 宗喀巴와 그의 제자들이 세운 사원들이 급속히 성장하고 있을 무렵 다른 종파들은 황교의 세력 확산에 경계심을 느끼고 있었다. 특히나 백교는 황교의 부상에 강한 경계심을 느끼며 제동을 걸기 시작했다. 티베트 사회는 1450년부터 종교전쟁이 끊임없이 발생했다. 그리고 종파 사이의 전투는 철학적 차이가 아닌 부와 패권을 차지하기 위한 싸움으로 번져갔다. 예컨대 1565년에는 티베트의 후장(后藏) 지역의 日喀則을 중심으로 한 창(Tsang) 지방의 제후들이 주권을 찬탈해 티베트 중부를 손에 넣게 되었다. 따라서 왕족이 백교 지지 세력으로 바뀌고, 라싸의 황교파와 황교 지지 제후들은 계속해서 공격을 받기도 했다.

임기를 두었다. 각각의 부서에는 책임자를 두었고 명령의 전달과 복종이 윤활하게 돌아갈 수 있도록 제도화시켰다. 사원의 총 책임자는 크고 작은 활불이 맡았으며 활불의 엄격한 지도하에 행정조직은 그 체계를 갖추었다. 그리고 활불도 사원의 규모와 승려 수를 감안하여 등급을 가지게 되었다.

종카파가 황교의 조주사원 격인 간덴사원을 건립한 이후 그의 제자들은 1416년에 철방(哲邦)사원을, 1419년에 색랍(色拉)사원을 라싸 인근에 추가적으로 건립했다. 또한 종카파의 제자 근돈주(根敦朱, Gendundrup)는 1445년에 티베트 제2의 도시 시카체(日喀則)에 자뿌룬부스(扎布倫布)사원[133]을 건립했다. 이는 모두 황교의 주요 사원들이다. 이 사원들의 교육 방식과 규율은 다른 불교 사원들과 다른 차원의 수준이었다. 따라서 티베트 전역, 심지어 몽고에서조차도 라싸의 황교 3대 사원은 최고의 불교 사원으로 인식된다. 이 사원에서는 일반 라마승들뿐만 아니라 각지에서 올라온 크고 작은 활불들이 즐비하다. 한마디로 티베트에 존재하는 모든 고승들은 이 사원에 집결한 것이다. 일반 티베트인들은 이 3대 사원을 추앙했고 동경했다. 물론 살아 있는 부처, 달라이 라마가 이 사원의 수장이었기 때문이다.

티베트의 불교 종파 중 황교는 달라이 라마를 정점으로 하는 대표적인 종파이다. 황교는 막대한 종교적 힘을 바탕으로 티베트의 통치 사원으로 군림하게 되었다.[134] 살펴보면 황교가 건립한 사원은 라싸 이외에도 무수

133 扎什倫布 사원은 '吉祥須弥' 사원이라고도 불린다. 사원의 전체 명칭은 「扎什倫布白吉德欽曲唐結勒南巴杰瓦林」이며 티베트 日喀則 지역 최대 황교 사원이다. 이 사원은 4대 판첸 라마 이후의 거주지가 되었다. 日喀則 서쪽의 尼色日산 정상에 위치하고 있으며 라싸의 3대 황교 사원과 청해성의 塔爾寺, 감숙성의 拉卜楞寺 등과 같이 황교의 6대 사원에 속한다. 楊輝麟, 『西藏佛敎寺廟』, 四川人民出版社, 2003.

히 많다. 예컨대 티베트의 위장(衛藏) 지역을 시작으로 아리(阿里)·강(康)·감(甘)·청(靑)·천(川)·전(滇) 등 일대에는 황교 사원이 사방에 존재한다. 이는 활불의 전세가 이곳에서도 이루어지고 있으며 황교의 세력 범위를 의미하는 것이다. 중국 내륙의 청해성 지역의 대표적인 사원으로는 타얼사(塔爾寺)[135]를 들 수 있다. 청해 지방의 최대 사원이며 황교의 6대 사원 중의 하나이다.[136] 사원에는 저명한 아가(阿嘉: 呼圖克圖), 갈륵단석륵(噶勒丹錫勒: 圖呼圖克圖), 조장(朝藏: 呼圖克圖) 등을 비롯한 18명의 고승 활불이 존재했을 정도로 그 규모는 방대하다. '타얼사'를 중심으로 동쪽에는 홍화사(弘化寺)·영장사(靈藏寺), 서쪽에는 영화사(迎華寺), 남쪽에는 융모사(隆務寺), 북쪽에는 곽장사(郭莽寺) 등의 저명한 사원이 즐비하다. 감숙성의 저명한 사원으로는 라브릉스(拉卜楞寺)[137]를 들 수 있다. 이밖에도 이당사(理

134 불가의 영성 개혁을 목표로 시작된 황교가 결국 막대한 군사력까지 휘두르게 되는 극적인 변화는 티베트불교 역사의 중대 사건이라고 볼 수 있다.

135 塔爾寺는 청해성(靑海省)·황중현(湟中縣)에 있는 사원으로 기원전 1560년에 축조되었으며, 400년의 역사를 간직하고 있다. 황교(格魯派)의 6대 사원 중의 하나로 손꼽힌다. 황교의 창시자인 宗喀巴의 탄생지이기도 하다. 대금와전·소금와전·대경당·여의보탑 등 대소 건물로 구성된 塔爾寺는 티베트 스타일과 한족식을 결합한 불교 사원이다. 이 사원의 최대 건축물은 티베트 건축양식으로 지은 대경전으로 경전 안에는 168개의 기둥이 받치고 있으며 1천 명 분의 좌석이 설치되어 있다. 티베트어로 滾本賢巴林라고 하며, 그 뜻은 '십만 마리의 사자가 울부짖는 불상의 미륵사'이다. 이곳에는 매년 음력 1월 14~15일, 4월 14일~15일, 6월 7~8일, 9월 22~23일 네 차례의 법회가 거행된다. 楊輝麟의 책, 2003 참조.

136 청해성에는 塔爾寺와 더불어 郭隆寺라는 저명한 사원 또한 존재한다. 이 사원은 청해성의 13개 부락 촌장들의 요청으로 제4대 달라이 라마의 지휘 아래 迦色활불이 파견되어 1604년(明萬曆 32년)에 郭隆 지방에 건립된 사원이다. 훗날 佑寧寺로 개명했다.

137 拉卜楞寺는 티베트불교 황교(黃敎) 6대 사원 중의 하나이다. 감숙성 甘南藏族自治區 夏河縣에 위치하고 있다. 康熙 48년, 1709년에 건립되었고 3,800여 명의 승려 수를 보유하고 있다. 오늘날에는 6개의 승가학교, 48개의 불전, 500여 개의 승려 숙소가 남아 있다. 이 사원은 역사적으로 安多(암도) 지역의 정치·경제·문화의 중심 역할을 담당하였다. 이 사원은 마을 주민들의 종교 신앙의 중심지일 뿐만 아니라 거대한 예술 박물관이기도 하다. 1982년에 중국국무원 종교국의 회의를 거쳐 '전국중점문물보호' 지역으로 선정되었다. 洲塔,

塘寺)[138] 감자사(甘孜寺), 경경사(更慶寺), 대융모사(大隆務寺) 등이 즐비한데 이 모두가 황교의 분파 사원들이다. 이러한 상황을 살펴볼 때 달라이 라마가 주도하고 있는 황교의 세력은 사천 · 청해 · 감숙 등지를 비롯해서 동장(東藏)의 지역까지도 광범위하게 퍼져 있음을 알 수 있다. 근대에 이르기까지도 이 사원들은 티베트의 대표적 사원으로 추앙받고 있으며 티베트인들이 영적 풍요로움을 갈구하는 장소로 이용되었다.

16세기, 이러한 티베트의 종교와 사원의 열풍은 몽고 지역에서도 대단한 환영을 받는다. 특히나 황교가 그러했다. 그 이유는 당시의 대외적인 환경의 조성, 요컨대 몽고의 봉건 통치 계급의 형성과 청조의 지원이 있었기도 하지만 황교 자체가 가지고 있는 매력이 풍부했기 때문이다. 즉 황교만이 추구하던 엄밀한 제도와 계율 그리고 사원의 조직 시스템은 몽고 불교신자들을 급속하게 티베트불교에 전입할 수 있는 힘으로 작용했다.

1543년에서 1584년까지 몽골 동부에서는 강력한 군사력을 가진 큰 부족장이 출현하였는데 바로 알탄 칸(俺答汗)이다. 그는 칭기즈칸의 17대 손이다. 1571년경, 알탄은 멀리 떨어진 몽골 유목민을 제외한 몽골 동부의 각 세력을 모두 재패했다. 그리고 그 영향력으로 중원의 왕조를 압박하여 국경 시장을 열어 몽골의 부족민들이 많은 수익을 얻게 했다. 당시 중원은 명조(明朝)였는데 군사력으로는 몽골의 침략을 막을 길이 없었기에 받

『論拉卜楞寺的創建及冀六大學院的形聲』, 甘肅民族出版社, 1998, 1쪽; 陳中義, 『拉卜楞寺与黃氏家族』, 甘肅民族出版社, 1995.

138 1580년 3대 달라이 라마에 의해 건립된 캄(康) 지역 최초의 황교 사원이다. 경내 면적만 900평이 넘고 과거 홍성기의 승려 수는 5,000명을 헤아렸다. 위로는 라싸의 3대 사원이 있고 아래로는 청해의 塔爾寺가 존재한다. 그 중간이 '理塘寺'이다. 이 사원은 통상 '長青春科爾寺'라고도 부른다. 楊輝麟, 『西藏佛敎寺廟』, 四川人民出版社, 2003.

아들일 수밖에 없는 상황이었다. 1570년에 들어서 황교의 세력은 티베트를 넘어섰다. 그리고 3대 달라이 라마의 명성은 인근 지역에까지 퍼졌다. 인근의 몽골 유목민에게는 티베트 문화와 불교는 매우 신선했고 매력적이었다. 그들의 입장에서 보면 티베트에는 지적이고 영적인 활기가 넘쳤고, 엄격한 승려 교육과 장대한 인도 불경이 번역되었으며 세련된 불상과 벽화를 겸비한 훌륭한 사원 건축술 등 탐낼 만한 것들이 많았다. 더욱이 3대 달라이 라마가 관세음보살의 화신이라는 소문을 듣고 대다수의 몽골인들은 그를 만나보고 싶어 했다.

1577년에 알탄 칸은 3대 달라이 라마(索南嘉措, 1543~1588)를 몽골로 초청했다. 1578년 6월에 만난 그들은 관례에 따라 서로 명예 직위를 주고받았다. '달라이 라마'라는 칭호와 '법왕대법천'(法王大梵天)이라는 칭호를 서로 교환하였는데, '달라이'는 대해(大海)라는 뜻을 가진 '갸초'(Gyatso)의 몽고어 명칭이었다. 이 뒤부터 3대 달라이 라마, 즉 소남갸초를 가리켜 흔히 3대 달라이 라마라고 부르게 되었다. 그 이유는 그가 겐둔갸초(根敦嘉措)의 환생이라고 믿었고, 겐둔갸초는 종카파의 수제자 겐둔주빠(根敦朱巴)의 화신으로 여겨졌기 때문이다. 따라서 제1대와 2대 달라이 라마의 칭호는 추인된 것으로, 지금까지 14대째 계승되고 있다.[139]

3대 달라이 라마는 알탄 칸을 불교로 개종시켰다. 그리고 다른 칸들에게도 개종을 장려했으며 불경 번역과 인쇄를 장려했다. 또한 알탄 칸의 지원 아래 몽골 최초의 티베트 불교사원 '텍첸 최코'(Thegchen Chonkhor)가 건설되었다. 따라서 몽골 사람들은 3대 달라이 라마를 그 누구보다 많

139 달라이 라마와 함께 종카파의 법통을 이은 또 다른 계통은 '판첸 라마'를 일컬었는데, 제4대 羅桑 · 曲結堅贊 때부터 활불전생이 시작되어, 현재 11대까지 계승되고 있다([도표 11] 참조).

은 몽골 부족민을 불교로 이끈 스승으로 인식하고 있다. 사원 건립 외에도 3대 달라이 라마를 따르던 몽골인들은 티베트어 불교 경전을 몽골어로 바꾸는 작업을 위해 기금을 모으기도 했다. 그 후 50년 동안 거의 몽골 사람들이 불교로 개종했고 승려가 된 사람도 수십만 명이었다. 몽골인 대부분이 황교를 따르게 되었고 달라이 라마를 스승으로 받들어 추앙했다.[140]

1580년에 3대 달라이 라마는 캄(康)의 리탕(里塘)에도 사원을 건립했다. 2년 후 1582년에 알탄 칸의 사망 소식을 들은 달라이 라마는 몽골의 초대로 다시 몽골로 향하게 되었다. 그곳으로 가던 중 230년 전 황교의 창시자 종카파가 출생한 곳에 이르러서는 백거사(白居寺, Kunbum)사원을 세웠다. 백거사는 그 후 티베트 최대 사원 중의 하나로 성장했다. 1588년에 3대 달라이 라마는 티베트로 돌아가던 중 사망했다. 그런데 알탄 칸과 3대 달라이 라마의 죽음은 새로운 환생을 야기했다. 1589년에 몽골에서 윈텐갸쵸라는 소년이 4대 달라이 라마(雲丹嘉措)로 지목받는데 공교롭게도 그는 알탄 칸의 증손자였다. 그 어린아이는 3대 달라이 라마의 환생자로 인정받았다.[141] 이는 역대 달라이 라마 중에 처음으로 티베트가 아닌 지역에

140 알탄 칸과 3대 달라이 라마 사이에는 불교 전파를 촉진했던 호혜 관계가 있었음을 알 수 있다. 두 사람은 각각 자국에서 한창 힘을 모으던 세력의 수장이었다. 당시 황교는 백교와 싸우고 있었고, 알탄은 몽골 부족들을 통일해 대칸이 되기를 원했다. 이들은 몽고에서 3대 달라이 라마는 팍파(Phags-pa, 1235~1280)의 환생이고 알탄은 쿠빌라이 칸의 환생이라고 발표했다. 두 지역의 지도자들이 승려와 후원자가 되어 이생에서 서로에게 보인 존경은 여러 전생에 걸쳐 쌓아온 인연 때문이라고 설명할 수도 있겠다. 하지만 일각에서는 교묘한 정치 책략을 경건한 종교로 포장한 것이라고 풀이하는 경향도 있다. 사실 이 흥미로운 '환생정치'(還生政治)는 티베트와 몽골 그리고 중원과의 관계에서 모두 적용되었다.

141 4대 달라이 라마가 몽골의 후손이라는 점에 대해서 역사학자들은 정치적 동기가 개입됐다고 주장한다. 즉, 몽고와의 호혜 관계를 유지하고 티베트를 종교적으로 관리하기 위해서 환생의 절차와 결과를 조작했다는 것이다. 4대 달라이 라마는 1617년에 20대 중반의 나이로 사망한다. 이를 두고 몇몇 학자들은 그가 독살되었다고 주장한다. 이러한 주장은 추측과 설

서 출생된 경우였다. 3대와 4대 달라이 라마의 종교적 행보의 유명세는 중국 대륙의 사천과 청해를 넘어 내몽고 지역까지 티베트불교의 전파와 사원의 건립에 탄력을 주었다. 타지역으로의 티베트불교의 전파는 역시 영향력이 있는 활불의 주도로 이루어졌는데 사원의 건립이 우선 순위였다. 그래서인지 내몽고 지역에서도 티베트 사원이 붐을 이루기 시작했다.

세속의 시선으로 보자면 티베트의 사원은 단지 라마승들이 경전을 읽거나 일반 신도들이 신앙을 갈구하는 장소로 여겨질 뿐이다. 그러나 살펴보면 티베트 사원은 매우 복합적인 기능을 가지고고 있다. 요컨대 불학의 학교가 될 수도 있지만 종교 축제 때에는 오락을 즐기는 여흥의 공간으로도 활용된다. 특히나 고대에는 오늘날과 같은 문화적인 시설이나 즐길 만한 설비의 한계가 있었다. 따라서 일반 티베트인들은 특별한 날에 사원의 광장에서 라마승들이 준비한 종교의식을 오락으로서 받아들였다.

티베트에서 사원의 건립은 일반적으로 저명한 고승 활불의 지명도와 세속 시주자(주로 귀족)와의 긴밀한 유대관계 속에서 이루어진다. 따라서 티베트에서 사원의 건립에 필요한 모든 공정과 비용은 활불이 책임지고 있다고 해도 과언이 아니다. 예를 들어 황교(黃教)의 경우는 신도 수가 많을 뿐 아니라 저명한 활불도 많아서 사원 건립 자금을 모금하는 것이 어렵지 않았다. 하지만 황교에 비해 세력이 약하거나 지명도가 떨어지는 홍교(寧瑪派)나 본교(苯教)의 분파 사원의 건립은 상대적으로 쉽지 않다. 사원에 거주하는 승려들도 일부분 금액을 책임지지만 거액을 모금할 만한 능력은 없기 때문이다. 그래서 반드시 봉건영주나 해당 지역의 유력한 귀족의 지원을 받아야만 했다. 활불의 존재감은 여기로부터 부각된다. 활불이

로만 주장되었지만 이런 주장 자체로 17세기 초기 티베트의 정세가 얼마나 혼란스러웠는지를 알 수 있다.

유명할수록 해당 사원은 흥성하는 법칙이 적용된다. 신도들에게 영향력을 미치는 것은 물론이고 실질적인 지원자인 영주나 귀족가문의 재정적 호응을 이끌어낼 수 있기 때문이다. 이러한 관계는 활불만이 원하는 것은 아니다. 세속 귀족이나 영주들도 활불과의 관계를 이용하여 자신의 종교적 · 사회적 입지를 공고히 하고 정계에 진출하려 하였다. 저명한 활불과의 원만한 관계는 자신들의 대외적 입지를 높여주기 때문이다. 양자는 상생의 관계인 것이다.

2) 사원의 권력구조

티베트에서 불교 사원은 대표적 권력 기구 중의 하나이다. 대형 사원일수록 그러하다. 예컨대 라싸의 3대 황교 사원이 대표적이다. 외관적으로 볼 때, 사원은 지역사회의 종교적 구심체로서 존재한다. 하시만 사원 내부의 치밀한 조직 체계와 대외 활동을 살펴보면 순수한 종교적 구도와 전교(傳敎)만을 위해 존립하지 않음을 알 수 있다. 사원 내부에는 무수히 많은 라마승과 활불들이 존재하는데 이들은 사원의 유지와 확대를 위하여 정치 일선에 나서기도 한다. 이들의 권력 파워는 티베트 사회에서 어떤 권력 집단보다도 우월하다. 특히나 활불의 영향력은 사원을 포함하여 대내외적으로 막강하다. 티베트의 역사 속에서 정치 변동은 대부분 사원과 활불이 주도하였다는 점을 상기할 때 사원의 권력 파워를 이해할 수 있을 것이다. 이와 관련하여 최성흠은 「티베트 '政教合一'의 권력구조」에서 티베트의 사회구조 속에서 사원과 사원 조직의 중요성을 다음과 같이 서술하고 있다.[142]

142 최성흠, 「티베트 정교합일의 권력구조 분석」, 『중국학연구』 제28집, 2004, 24쪽.

티베트에서 정치 변동은 반드시 사원 또는 교단 간의 충돌을 통해 일어났고 강력한 후원자의 지지를 받는 교단의 승리로 일단락되었다. 승리자는 왕권적 국가를 세우지 않고 티베트 전역을 거대한 사원화하고 사원 간의 연결망을 구축하였다. 예컨대 황교의 집권기에는 3대 사원을 중심으로 정교합일(政教合一)의 통치가 행해졌다. 사원 조직은 티베트 권력구조의 핵심을 이루며 세속적 정치조직의 지도적 지위를 점하였다.

활불의 중요한 대외 사업 중의 하나는 새로운 사원의 건립과 확대이다. 그리고 사원이 건립되면 관리 조직을 시스템화하는 것이다. 규모가 큰 사원일수록 체계적이고 조직화된 분야별 시스템이 필요하기 때문이다. 달라이 라마가 수장으로 있는 황교의 6대 사원이 그 대표적인 케이스이다. 각지에 설립된 사원들은 그 규모의 차이만 가질 뿐 내부적인 구조는 대동소이하다. 활불이 승하하면 그 다음 전세영동을 찾는 탐색대를 구성하는 곳도 바로 사원의 내부에서 결정된다.

티베트의 불교 사원은 내부적으로 크게 두 개의 조직 시스템으로 구성되어 있다. 첫 번째는 순수한 종교 신앙을 목적으로 건립된 '찰창'(扎倉)이고 두 번째는 사원의 행정관리를 담당하는 '사원관리위원회'(索干代)이다.

일반적으로 티베트불교 사원의 조직 구조는 다음과 같다([도표 11] 참조). 먼저 사원의 심장은 '차흠'(磋欽)이다. 이는 사원의 '대경당'(大經堂)에 해당된다. 그리고 그 아래 부설 단위로 '찰창'(扎倉, Yig-tshang)이 설립돼 있다. 찰창은 독립된 사원 조직이다. 즉 자체적으로 경당과 불전, 승려 등을 갖추고 있고, 관할하는 토지와 목축, 농노도 있기 때문에 그 자체가 하나의 작은 사원이다. 사원 속의 사원이라고 볼 수 있다. 작은 사원은 하나의 찰창만으로 이루어진 것도 있다. 그러나 티베트의 대형 불교 사원은 몇 개의 찰창이 연합하여 이루어진 것이다.[143]

찰창은 구체적으로 '현종찰창'(顯宗扎倉, 현종학부)과 '밀종찰창'(密宗扎倉, 밀종학부)으로 나누어진다. 예를 들어 라싸의 철방(哲蚌)사원에는 네 개의 찰창이 존재하는데 3가(家)의 현종과 1가(家)의 밀종 찰창으로 구분되어 있다. 반면 색랍(色拉)사원에는 총 세 개의 찰창이 있는데 두 개가 현종(顯宗), 하나가 밀종(密宗)의 작은 사원으로 구성되었다. 감단(甘丹)사원에는 두 개의 찰창이 있는데 모두 현종 사원이다. 이렇게 사원에 현종과 밀종이 공존하고 있는 이유는 황교의 조주 종카파(宗喀巴) 덕분이다. 그는 사원 간의 불협화음과 마찰이 현종과 밀종 간의 세력 다툼과 수양 방식의 우월함에 기인한다고 판단하고 스스로가 현종과 밀종을 모두 수양하고 정진하여 양자의 수행 방식을 겸유하였다. 훗날 그로 인해 황교가 부흥하고 성장하자 대다수의 황교 세력과 사원들은 조주의 방식에 따라 현종과 밀종을 모두 존중할 수밖에 없었다. 따라서 건립된 사원 내에는 현종과 밀종의 작은 사원이 공존하고 있는 것이다.

찰창은 자체 규모와 자산을 기준으로 '승열'(僧熱)이라고 하는 반급(학년)을 설정한다. 이는 공부하는 경전과 난이도에 따라 학년이 나뉘는 것을 의미한다. 예를 들면 큰 사원의 경우 일반적으로 찰창은 13개의 승열(학년)까지 나누어진다. 그러나 일반 사원의 경우에 경비와 교재, 선생님의 부족으로 5~8개 정도의 승열만이 존재한다.[144]

찰창의 종교적 수장은 '켄보'(堪布, mkhan-po)인데 사원 안에서는 일반적으로 '런보체'라고 불린다. 이는 상급 단계인 '라길'(喇吉)의 승인 하에 임명된다. 켄보는 사원의 주지 혹은 방장의 역할을 담당한다. 더불어 사

143 扎倉은 4명의 堪仲(mkhan-drung)으로 구성되며 그 지위는 噶夏정부의 대우와 비슷하다. 扎倉의 최고 수장을 堪仲牽哇(mkhan-drung che ba)라고 하며 일반적으로 간략하게 堪?(mkhan-che)라고 호칭한다.

144 德勒格, 『內蒙古喇嘛教史』, 內蒙古人民出版社, 1997, 225쪽.

원 내의 승려들의 불교 학식을 위한 교육도 책임진다. 사원 내의 종교적 직함과 더불어 켄보의 정치적 역할은 더욱더 중요하다. 그는 달라이 라마와 직접 접촉할 수 있는 사원 내 인사 중의 하나이며 갈하(噶廈)[145]와 섭정(攝政)을 연결해주는 중간자의 역할도 겸임한다. 켄보의 임명은 불교학 박사를 취득한 고승 라마들을 기본 자격으로 달라이 라마와 섭정이 선택하여 결정한다.[146] 임기는 5년이며 두 번의 연임이 가능하다. 사원 내에서 가장 존경받는 인물 중의 하나이다. 찰창 내부에는 사원의 유지와 관리를 위하여 체계적인 소규모 조직도 존재한다. 예를 들어 강사달(强斯達, 사원 총괄), 격사귀(格斯貴, 사원 계율 담당), 옹사달(翁斯達, 교학 담당) 등이다. 세부적으로 보자면 강사달은 찰창 소유인 재산과 토지, 부동산, 목축과 농노 등을 관리하는 직무를 담당한다. 격사귀는 속칭 '철방라마'(鐵棒喇嘛)라고도 하는데 라마승들의 기율과 질서를 책임지며 승려의 출가와 환속 · 사망 등의 내용을 명부에 기록하고 승려 간의 분규를 조절한다. 옹사달[147]은 라마승들의 경송을 담당하는 수장이다. 매일 반복되는 경송은 옹사달의 주관 하에 이루어진다. 티베트불교의 특징 중의 하나는 불경의 '집단 염송'이다. 라마승 개인들의 염송도 중요하지만 티베트에서는 집단 염송을 중요시한다. 이는 구전을 통한 경전의 전승을 중요시하는 티베트 특유의 불교문화에 기인한다. 사원에서 집단 염송을 전통으로 하는 이유는 크게 세 가지이다. 첫째는 이생에서 좋은 목소리를 배양하여 다음 생에도 인간으로 좋은 목소리를 가지고 태어나기 위함이다. 두 번째는 불교 경전을 쉽게 외우기 위해서이다. 세 번째는 고대로부터 내려오는 전통이기 때문

---

145 전체적인 명칭은 '噶廈朗杰'(bkav-shag lhan-rgyas)이다. 대신들의 의사결정기구이다.

146 최성흠, 「티베트 정교합일의 권력구조 분석」, 『중국학연구』 제28집, 2004, 126쪽. 임기는 哲邦사원은 6년이고 色拉사원과 甘丹사원은 7년이다.

147 '翁則'라고도 한다.

이다. 이를 주관하고 리드하는 자가 옹사달이다. 개인의 수양과 불교 학식이 축적된 활불에게 자격이 주어진다.[148]

찰창의 상급 단계에서 전 사원을 관리하는 최고위원회를 '라길'(喇吉)이라고 한다. 라길은 각 찰창의 방장으로 구성되며 대경당의 일반 사무를 관리한다. 라길의 최고 수장을 '법대'(法臺)라고 하고 '라길'의 활불 중에서 연령이 가장 많은 사람이 담당한다. 찰창 아래의 하위 조직은 '강촌'(康村)이다. 강촌은 지역 단위의 조직이며 모든 승려는 출신지에 따라 강촌에 편입된다. 강촌은 '길근'(吉根: 지역의 유지 혹은 촌장)에 의해서 모든 것이 결정된다. 그런데 기본적으로 길근 역시 작은 활불이 담당한다. 이러한 기본 구조를 설비한 사원들은 티베트에서 대형 사원에 속한다. 이들은 모두 스스로의 자생 능력을 구비하고 있을 뿐만 아니라 대외적으로도 막강한 영향력을 미치고 있다. 그러나 역시 중요한 것은 이 모든 체계의 중심에는 활불이 존재하며 활불의 진두지휘 아래 사원은 생동적으로 움직인다는 것이다. 활불은 일반적으로 '런보체'(仁波切)라는 칭호를 들으며 사원의 건립과 재정 확보 그리고 켄보(堪布)와 치바(赤巴: 라마승의 閉關 수행을 지도하는 스승)의 안배를 직접 주도한다. 황교에서는 치바(赤巴)라고 호칭하지만 백교에서는 죽분(竹奔)이라고 한다. 또한 활불을 근거리에서 시중드는 자를 하기(夏企)라고 칭한다.

티베트에서 부와 명예의 상징은 역시 '토지'와 '농노'를 얼마나 소유하고 있는가에서 확인된다. 사원의 종교 조직 또한 토지와 농노를 기본적으로 가지고 있다. 이와 관련하여 사원 내에 설립된 '랍양'(拉讓, bla brang)이라는 조직은 매우 특수하다. '라마의 가업'이라고 풀이되는 랍양은 사원의 재산만을 전문적으로 관리하는 조직이다. 이 조직을 관리하는 수장은

148 德勒格의 책, 1997, 225쪽.

대대로 세습되는 원칙이 있다. 일반적으로 젊은 활불이 담당한다. 랍양은 규모가 큰 사원의 일부분으로서 독립적인 단위로 존재한다. 쉽게 설명하자면 사원의 '재정 창고'인 것이다. 초기 랍양의 관리는 1명의 라마와 2~3명의 승려 도우미로 출발했고 그들은 일반 민중들의 시주로 건립된 숙사에서 따로 생활했다. 랍양의 규모와 재정의 상태는 수장의 능력과 사원에 소속된 활불들의 종교적 활동에 따라 결정된다. 그들의 종교 활동과 대외 홍보는 신도들의 시주와 보시를 자연스럽게 유도한다. 랍양의 재정과 규모가 확대될수록 소속된 사원의 승려들의 삶은 윤택해진다. 그들은 자기들만의 수양 근거지(암자)를 사원 안의 곳곳에 건립할 수 있으며 주택도 마련할 수 있다. 랍양을 관리하던 라마와 수장인 활불이 승하하면 다음 라마에게 그 지위의 세습이 이루어진다. 사원의 총괄적인 재정을 담당하는 랍양 외에 사원 내의 종교적 지도자들 역시 개인적인 재정 창고를 둘 수 있다. 대표적으로 섭정(攝政)활불을 들 수 있다. 그러나 섭정 역시 대대로 세습되는 랍양이 존재한다. 따라서 담당자는 재정이 안정되고 규모가 확대되는 일을 추구한다. 섭정은 달라이 라마를 가장 근거리에서 보좌하는 특수한 활불이다. 따라서 신분을 이용하여 자신의 재정 창고를 불리는 일은 어렵지 않았다. 예컨대 1940년에 섭정을 담당하고 있었던 달찰(達扎)활불의 초창기 명성은 보잘것없었다. 따라서 그가 보유하고 있던 랍양의 규모도 매우 작은 편이었다. 그러나 1950년에 달라이 라마가 성년이 되어 친정(親政)의 권한을 넘겨줄 때 그의 명성과 랍양은 상상을 초월할 정도로 확대되어 있었다. 이는 티베트 사회에서 영향력을 행사하고 있는 집단들, 예컨대 귀족 · 섭정 · 상승라마(활불)들의 공통적 특징 중의 하나였다. 또한 이렇게 확보된 재정 자원은 세습을 통하여 유지되고 계승되었다.

티베트에서 사원의 활불이 되는 방법은 두 가지이다. 첫째는 출가를 하여 정상적인 절차를 밟아서 시험을 치르고 활불의 단계에까지 가는 방법이다. 둘째는 세속귀족이 적지 않은 경제적 보시를 지불하고 활불이 되는 경우이다. 세속귀족이 활불이 되려는 가장 큰 이유는 사원 내에서 독점적인 권위와 지위를 확보하여 세금에서 면제받으려는 목적이 있기 때문이다. 티베트 사원의 특징은 일개 승려라도 사원 내에서 공부하려면 의식주는 물론 스승에게 일정량의 경제적 보시를 해야 한다. 그러나 사원 밖의 일반 티베트인들은 매년 막대한 양의 세금을 내야 한다. 따라서 사원 내에서 직위를 획득한다는 것은 명예를 획득할 수 있고 노동력과 세금 면제라는 특혜를 향유할 수 있는 기회가 주어지는 것이다. 그러나 일반 세속귀족이 사원의 활불이 되려면 복잡한 절차가 필요하다. 우선 그들은 지방정부에 신청을 해야 한다. 그 다음으로 해당 사원의 각 조직과 담당 부서에 기부헌금을 내야 한다. 심지어 사원 내의 승려와 라마승들에게 막대한 경제적 보시를 일일이 해야 한다. 특히나 기존의 활불들에게는 적지 않은 보시를 해야 한다. 그리고 날짜를 배정받아서 의식을 거행하고 상응하는 지위를 얻는 것이다. 대형 사원에 비해 조그마한 사원은 찰창의 활불에게 직접 신청하면 된다. 역시 사원의 규모에 상응하는 경제적 보시를 통해 종교적 지위를 부여받는다. 이는 전통적인 방법인 학습과 시험을 통해서 라마가 되고 활불이 되는 방법과는 전혀 다른 성격이다. 이러한 전통은 사원이 종교적 지위를 통하여 사원의 재정을 확보하는 방법 중의 하나이다. 막대한 경제적 보시를 하고서라도 사원 내의 직위를 획득하려 했던 세속인들을 감안할 때, 사원의 종교적 직위들이 얼마나 특수하고 명예로운지를 알 수 있는 대목이다.

[도표 11] 티베트불교 사원의 조직구조

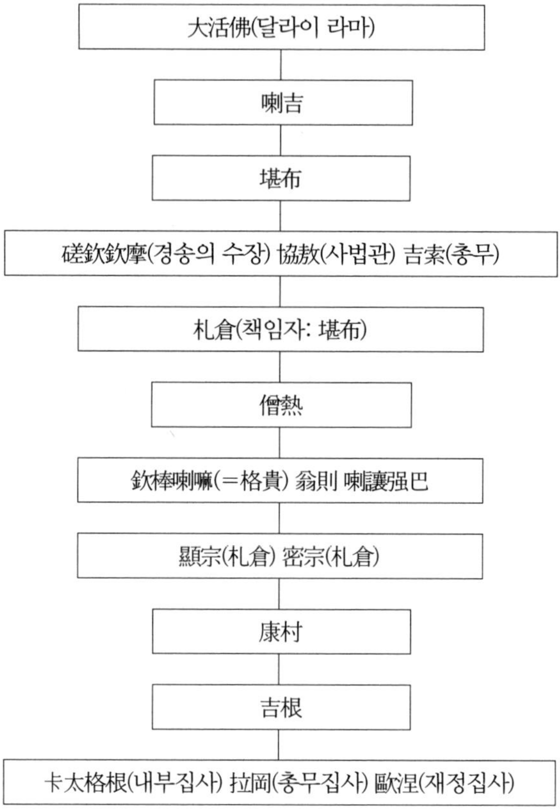

3) 사원의 재산

오늘날 활불은 크게 두 부류이다. 하나는 인도와 네팔 등에 거주하는 유명한 활불들과 라싸와 청해, 사천 등지에서 수양만 하는 활불들이다. 이 중 전자의 활불들은 사원의 자산 증식에 결정적 역할을 하고 있다(古日壩사원의 활불 圖丹圖武와의 인터뷰 중).

티베트 사회에서 불교 사원은 종교의 구심체이기도 하지만 현실적으로는 권력 집단의 한 부분이기도 하다. 사원 내부의 고위층 라마와 활불들

西寧의 塔爾寺

은 일반 세속신자들에게 존경의 대상이기도 하지만 티베트 사회에 막강한 영향력을 행사하는 존재들이기 때문이다. 따라서 이들에게 활동의 근거지인 사원의 유지와 관리는 매우 중요하다. 사원의 유지는 견실한 재정의 축적으로부터 가능하다. 사원에서 재정을 확보하는 방법은 여러 가지가 존재한다. 예를 들어 신도들의 시주와 공양, 중원의 황제로부터의 하사받은 토지와 녹봉, 그리고 사원 자체의 토지 임대, 목축업, 고리대금 등이다. 그런데 무엇보다 중요한 것은 사원의 재산 형성을 총괄적으로 기획하고 주관하는 자가 필요한데 사원에서 이를 담당할 수 있는 자는 역시 활불(仁波切)이다. 사원 내에서 활불은 여러 등급으로 나뉘어져 있다. 활불의 최고 수장인 달라이 라마로부터 갓 불학의 박사학위(格西)를 취득한 초급 활불에 이르기까지 활불은 그 등급과 역할을 달리한다.

활불이 없다면 불교 사원의 건립은 불가능하다. 왜냐하면 사원의 건립은 막대한 경비를 필요로 하기 때문이다.[149] 따라서 활불은 자신이 보유한 재산 외에도 종교적 권위와 능력을 발휘하여 사원 건립에 필요한 재정을 보시 받는다. 보시의 방법은 대규모 법회, 길흉화복의 점, 상장(喪葬) 의식의 주관, 탁발 등을 통해서 이루어진다. 따라서 세속귀족에서 농노에 이르기까지 활불의 영향력은 구석구석을 점령한다. 이것이 가능한 이유는 티베트 사회가 전형적인 불교사회였으며 활불을 영적인 대상으로 우상시하기 때문이었다.

고대를 넘어 근대에 들어와서도 티베트 불교 사원의 증가는 멈출 줄 모른다. 이는 중원의 청조가 불교를 존중하고 종교를 통하여 티베트 사회를 장악하려는 의도와 그 맥을 같이 하였기에 가능했다. 티베트 활불과 청조 황제와의 정치적 · 종교적 상생관계는 사원의 건축 비용 지원이라는 형태를 통해서 확인할 수 있다.

강희(康熙) 30년(1691)에 건립된 휘종사(匯宗寺), 강희(康熙) 52년(1713) 몽고에 건립된 박선사(博善寺)가 대표적인 사례이다. 용정황제와 건륭황제는 10만 냥을 출자하여 선인사(善仁寺)와 경녕사(慶寧寺)의 건립을 주도하기도 하였다. 용정 7년(1729)에는 7대 달라이 라마가 주도하여 건립한 혜원사(惠遠寺) 역시 황제의 원조가 없이는 불가능한 작업이었다. 세속영주와 왕공의 출자로 이루어진 거대 사원도 있다. 바로 청해 성의 대표적 황교 사원 라부렁(拉卜楞)사원이다.[150] 이 사원은 중국 경내의 감남장족자치

149 예를 들어 청대 광서(光緖)년간에 몽고 喀爾喀 지역의 哲布尊丹巴활불은 자신 소유의 가축이 15만 두(斗)가량 되었다. 德勒格, 『內蒙古喇嘛教史』, 內蒙古人民出版社, 1997, 275쪽.

150 '甘南藏族自治州'는 전국 10개의 장족(藏族) 자치주 중의 하나로 청장고원(青藏高原) 동북 변경에 위치하며 남쪽은 사천 아패주(阿壩州), 서남쪽은 청해 황남주(黃南州) · 과락주(果洛州), 동쪽과 북부는 롱남시(隴南市) · 정서시(定西市) · 임하주(臨夏州)와 이웃하고 있

주(甘南藏族自治州) 하하현(夏河縣)에 위치한 티베트 황교 6대 사원 중의 하나이다([도표 12], [도표 13] 참조).

라부렁(拉卜楞)사원은 몽고의 왕공인 찰한단율(察罕丹律)이 출자하여 건립한 것이다. 이러한 거대한 사원들의 특징은 웅장하고 화려하다. 또한 사원 내에는 수천 점의 불상과 벽화가 자리하고 있다. 어떤 사원들은 법당의 지붕이 전부 황금으로 도색되어 있기도 하다. 일반적으로 대형 사원은 대략 10여 년의 건축 기간을 갖는다. 그렇다면 이 기간 동안 필요한 자금은 얼마나 들며 어떻게 조성되는가? 사원의 대소에 따라 달라지기도

[도표 12] 감남장족자치주(甘南藏族自治州) 행정구획(行政區劃)

행정구(行政區)	면적(㎢)	인구(만 명)	지방정부 소재지	街道	鎭	鄕(개)
합작시(合作市)	2,670	8.1		4		7
임담현(臨潭縣)	1,557	15	城關鎭	3	16(3)	
탁니현(卓尼縣)	5,694	10	柳林鎭	3	14(1)	
주곡현(舟曲縣)	3,010	13	城關鎭	2	20	
질부현(迭部縣)	5,108	6	電尕鎭	1	11	
마곡현(瑪曲縣)	10,190	4	尼瑪鎭	1	7	
록곡현(碌曲縣)	5,298	3	瑪艾鎭	2	5	
하하현(夏河縣)	6,674	8	拉卜楞鎭	3	11	

* 출처: 1) www.xzqh.org 2) www.gn.gansu.gov.cn

다. 이 자치주는 1953년에 성립되었으며 행정구획은 1개 현급 市와 7개 縣으로 이루어져 있다. 주부(州府)는 합작시(合作市)로 해발 2,960m에 있다. 면적은 4.5만km_2이며 경내에는 티베트족(藏族)·한족·회족·토족(土族)·몽고족 등 24개 민족이 거주하여 인구는 68.01만 명으로, 이 중 티베트족(藏族)이 36.7만 명으로 전체의 40%를 차지하며 농업과 목축업 인구가 55만 명으로 전체의 80.9%를 차지하고 있다. 이현국, 『중국국가행정지리』, 인포차이나, 2009 참조. www.gn.gansu.gov.cn 참조.

[도표 13] 감남주(甘南州) 민족 구성

민족	인구	비중
장족(藏族)	329,278	51.44%
한족(漢族)	267,260	41.75%
회족(回族)	41,163	6.43%
토족(土族)	939	0.15%
동향족(東鄕族)	258	0.04%
만족(滿族)	257	0.04%
살랍족(撒拉族)	222	0.03%
몽고족(蒙古族)	215	0.03%
기타	51	40.09%

하지만 이 기간에 활불의 역할은 매우 중요시된다. 사원 건축 자금의 확보를 위해 활불은 대규모의 종교법회를 통해서 건축 비용을 모금하기도 하지만 세속귀족이나 영주로부터 보시를 받아 사원을 건립하기도 한다. 대표적으로 5대 달라이 라마를 꼽을 수 있다. 그는 몽골과 귀족의 도움을 받아 대량의 금과 은을 확보하여 티베트의 라싸를 비롯해 주요 지역에 황교 사원 13좌를 건립하였다.[151] 정교합일의 특징을 가지고 있는 구(舊)티베트 사회에서[152] 사원은 스스로의 생산 동력을 가지고 있었다. 즉 사원은 토지 · 목장 · 가축 · 삼림 그리고 농노를 세습적으로 보유하고 있다. 사원은 주로 토지를 세를 놓거나 목축업 · 고리대금을 통해서 이윤을 창출하였다. 그리고 일반 신도들에게 호법신(護法神) 등의 부적의 판매를 통해서

151 티베트 역사에서는 이를 두고 '十三林'이라고 명한다.

152 1951년 이전, 중국이 티베트를 침입하기 이전까지를 구(舊)티베트 사회라고 하고, 1959년에 달라이 라마가 인도로 망명한 이후부터 티베트는 '민족 해방'을 이루었다고 해서 1959년 이후를 신(新)티베트 사회라고 한다.

재정을 확보하였다.

통계에 따르면, 1951년 이전 티베트 사회에서 존재했던 대형 불교 사원은 대략 2,700에서 3,000좌 정도로 집계된다. 그 사원들이 점유한 경작지는 185만 극(克: 畝)[153]에 해당되며 이는 티베트 전체 면적의 39%에 해당되는 방대한 면적이다. 또한 점유한 농노는 10만 명을 헤아린다. 티베트 최대의 황교사원 철방(哲蚌)사원은 자체적으로 185家의 장원을 소유하고 있었으며 300여 개의 목장, 2만 명 정도의 농노를 점유하고 있었다.[154] 티베트 간즈(甘孜) 지역의 7대 사원(大金 · 甘孜 · 理塘 · 靈雀 · 籌靈 · 惠園 · 日庫)은 2만 1천 극(畝)의 광활한 토지를 점유하고 있다. 청해 지방의 저명한 황교 사원 '타얼사'(塔爾寺)역시 무려 10만 극(畝)의 토지를 자체적으로 소유하고 있었다. 이러한 현상은 몽고 지역에서도 비슷하다. 청조는 불교 사원에 많은 혜택을 베풀어주었다. 대표적인 것이 세금의 면제이다. 그리고 특권이다. 예를 들어 내몽고자치구의 수도 호화호특(呼和浩特)의 불교 사원은 소유한 토지를 일반인에게 임대할 수 있는 특권을 허락해주었다. 이는 사원의 적지 않은 경제 수입이 되었다. 사원은 확보하고 있던 토지 위에 집을 짓거나 건축물을 지어서 일반인에게 임대할 수도 있었다. 이러한 임대 사업은 적지 않은 수입을 얻을 수 있었다. 사원은 상업 활동과 운수업도 부수적으로 운영하였다. 특히나 몽고 쪽에서는 낙타를 이용하여 물건을 실어주고 초원 위의 각종 물품을 한인과의 교역 시장에 전달해주는 역할을 하기도 하였다. 라싸에 거주하는 주요 사원은 지방에 근거지를 둔 사원에 비해 수입이 많았다. 예를 들어 라싸의 3대 황교 사원은 전국적으

153 티베트 지역의 토지 면적 단위. 1克은 곡식 종자 1克을 뿌릴 수 있는 넓이로, 약 '1무(畝)' 혹은 1/6에이커(acre)에 해당한다.

154 蔡志純, 『活佛轉世』, 華文出版社, 2000, 120~125쪽.

로 추앙받는 신앙의 성지였다. 따라서 내륙의 티베트권(몽고 · 청해 · 운남 · 사천)에 거주하고 있는 사원의 라마승과 활불들은 시기와 조건이 허락하면 라싸의 황교 사원에 와서 불경을 공부하고 사원의 시스템에 대해서 공부하길 원했다. 그런데 라싸의 사원들은 이러한 조건을 제공해주는 대신 재정적 공양을 받았다. 대표적으로 라부릉(拉卜楞)사원의 활불이었던 가목양(嘉木樣)이 그러했다. 그는 라싸의 철방사(哲邦寺)에 가서 불경을 공부하고 사원의 운영과 규정에 관한 탐방에 관한 대가로 많은 돈을 보시해야만 했다. 이는 지방 사원의 활불이 정치 · 종교의 중심지인 라싸에 와서 단기간에 걸쳐 '사원 유학'을 하는 셈이다. 그만큼 라싸의 저명 사원은 체계적인 조직 관리와 재정을 확보하였기 때문이다. 사원 재산의 지배권과 분배권은 고승 활불이 장악하고 있다. 그러나 일부 사원의 활불은 개인 재산의 축적과 남용의 과오를 저지르기도 하였다. 특히 청조시기에 그러했다. 왜냐하면 활불은 황제의 명으로 종종 북경에 초빙되었는데 이때 적지 않은 금과 은을 가져와서 로비 자금으로 쓰는 경우가 많았기 때문이다. 활불은 사원 내에서 보유하고 있는 재산이 없으면 전세(轉世)의 조건을 상실할 수도 있다(이는 황교의 경우에만 해당된다). 활불의 전세 작업은 반드시 일정 정도의 물질적 기초가 있어야만 가능하기 때문이다. 특히나 활불이 승하하고 영탑(靈塔)을 건립하려면 적지 않은 자금이 필요했다. 티베트 사회에서 영탑의 건립은 종교적으로나 경제적으로 지위와 신분이 있는 자의 몫이다. 따라서 활불은 생전에 사원의 재산 증식도 중요하지만 사실상 개인의 재산 축적도 무시할 수 없었다. 큰 사원의 경우는 활불의 수가 적지 않다. 그래서 활불의 사적인 경비는 사원에 의존할 수 없었다. 필요한 경비는 개인적인 사유재산을 활용해야만 했다. 따라서 앞서 서술한 바, 활불은 개인적 자금 운영을 위해서 조직을 만들었다. 이를 '라양'(喇讓)이라고 하는데 활불의 개인 재산을 축적하고 관리하는 조직이다. 예를 들어 철방사(哲邦寺)의 공덕임(功德林)활불의 라양은 장원을 50여家, 토지 면적이 1500극, 3개의 목장과 그에 속한 8,000여 마리의 소와 양 그리고 대량의 고리대금을 관리하고 운영하였다. 당시 대형 사원 활불의 개인 재산이 어느 정도인지를 가늠할 수 있는 대목이다. 철방사(哲邦寺)는 황교의 대표적 사원인 관계로 출가한 승려와 라마승 및 활불이 매우 많았다. 따라서 이 사원이 흥성할 시절에는 대략 130여 명의 활불이 존재했다고 한다. 그래서인지 철방사는 티베트 전국구에서 가장 방대한 토지 소유주의 사원이었다. 기록에 의하면 무려 185家의 영지와 2만 5천 명의 농노, 300개의 거대한 목장과 1만 6천 명의 목동을 소유하고 있었다. 사원의 재산은 대부분 상위 계급의 활불과 라마승에게 귀속되어 있었다.[155] 이러한 상황을 감지한 청의 황제(乾隆)는 「장내선후장정」 29조에서 다음과 같은 내용을 발표하여 활불의 재산 축적을 방지하려 하였다.

캔보(堪布)는 각 사찰의 수뇌이므로, 응당 학문이 깊고 넓으며 품행과 덕이 양호한 자를 골라서 임명해야 하는데, 근래 큰 사찰의 활불은 많은 장원을 갖고, 또 군중의 신앙을 향유하여 바치는 공물이 매우 많을 뿐만 아니라 상행위로 이익을 꾀하고 재화를 탐하니, 그 직책에 매우 적절하지 않다. 앞으로는 각 대사찰의 캔보 활불의 인선은 달라이 라마와 주장대신(駐藏大臣) 및 제중 호톡투(呼和浩特) 등이 협상하여 결정하고, 이상 3인의 인장이 찍힌 증서를 발급한다. 그러나 작은 사찰의 캔보 활불의 인선은 원래의 사례에 따라 달라이 라마가 결정한다.[156]

이와는 별개로 활불의 수장인 달라이 라마의 경우, 개인의 소유 재산은

---

155 德勒格의 책, 1997, 259쪽.
156 김한규의 책, 2003, 138쪽 재인용.

지위와 신분에 비례한다. 14대 달라이 라마는 1959년에 인도로 망명하기 이전에 27개의 장원과 30개의 목장을 소유하고 있었다. 이러한 활불의 사적 재산은 그들이 전통적으로 진행하고 있는 활불전세의 물질적 조건을 보증할 수 있으며 각종 종교 활동의 경비 그리고 사원 관리의 자금으로 활용된다.

활불의 종교의식 주관은 가장 많은 수입을 보증한다. 기록에 따르면 1926년에 8대 판첸 라마가 내몽고에 법회 활동을 위해 행보했을 때, 당시의 왕공인 '조주목심'(烏珠穆沁)은 종교법회의 대가로 판첸 라마에게 만 필의 말을 공양하였다.[157] 이를 보면 알 수 있듯이 티베트에서는 종교적 지위가 높은 활불일수록 얻는 수입도 많다. 활불의 지위와 신분에 따라 수입은 비례하는 것이다. 티베트에서 활불의 개인적 종교 활동으로 인한 수입은 기본적으로 활불의 사유재산으로 귀납된다.

정리하자면, 티베트의 불교 사원은 자체적으로 보유한 토지를 임대하거나 고리대금, 목축업 등의 운영으로 적지 않은 재산을 축적할 수 있었다. 이렇게 확보한 재정 덕분으로 사원은 세습되고 확대되고 운영된 것이다.

4. 섭정(攝政)

'섭정'(攝政)이란 군주 국가에서 국왕이 어려서 즉위하거나 병 또는 그 밖의 사정이 생겼을 때 국왕을 대리해서 국가의 통치권을 맡아 나라를 다스리는 일 또는 그 사람을 의미한다. 티베트에서도 이와 비슷한 섭정이

157 蔡志純, 『活佛轉世』, 華文出版社, 2000, 123쪽.

존재했다. 그의 존재는 달라이 라마의 출현과 더불어 부각되었다. 티베트에서 섭정의 자격은 황교 출신의 고승 활불로 제한되어진다. 그의 역할은 어린 전세영동이 일정 기간의 교육 기간을 거쳐 달라이 라마로 친정(親政)하기 전까지 모든 사안을 직간접으로 보조하고 관리하는 것이다.

티베트에서 달라이 라마는 관세음보살의 화신(化身)이다. 이는 영적인 전세(轉世)의 과정을 거쳐 인간 세상에 다시 재림했다는 것을 의미한다. 그런데 관건은 티베트의 전세 인물, 특히나 달라이 라마의 전세영동에 대한 투명성과 합법성의 문제가 끊임없이 제기되고 있다는 점이다. 따라서 이 부분에 관하여 티베트에서는 오래전부터 전통적으로 내려오는 방법, 즉 환생의 절차와 인준 과정을 매우 중요시하게 여기고 있다. 실지로 티베트에서는 환생의 과정을 매우 신뢰하며 존중한다. 그런데 여기서 주목해야 하는 것은 환생의 전 과정을 주관하고 이끌어가는 인물이 있다는 것이다. 바로 섭정(攝政)활불이다.

1757년(乾隆 22), 7대 달라이 라마가 사망하자, 한 명의 활불(=第穆)이 노문한(諾門汗: '법왕'이란 뜻)이란 칭호를 사용하며 티베트 정무를 총괄하게 되었는데, 이로써 달라이 라마가 친정(親政)하기 전까지 그 역할을 대신하는 섭정(攝政)[158]제도가 티베트에서 처음으로 시행되었다. 섭정은 전세영동의 탐사대로부터 보고받은 조사 과정을 바탕으로 중요한 종교 수장과 정부 관원들과의 심의를 거쳐 최종 인준 보고서를 주관하는 중요한 역할을 담당한다. 즉 전대의 영동 여부를 결정하는 최종 심사자인 것이다. 섭정은 준비된 최종 보고를 황교 내의 최고 의결기관인 '민중대회'(民衆大會)에 보고한다. 이는 달라이 라마의 체계가 황교로부터 시작됐고 기타 여타 종파보다도 황교의 세력과 권위가 우월하기 때문에 이 기구에서

---

158 '섭정'을 티베트어로 '甲擦'라고 하는데 '代理佛王'이란 뜻이다.

최종 인준 심사를 주관하는 것이다. 섭정 또한 대부분 황교 출신의 활불이다. 다른 종파의 활불이 섭정이 될 수는 없다. 이는 결국 15세기 황교가 티베트불교의 지존으로 등극한 이후 줄곧 최고의 종파로 군림할 수 있었던 보이지 않은 힘이 되었다.

어린 영동이 전대의 활불로 인정되면 섭정의 보호 아래 장기간 교육에 들어간다. 대부분 불교 공부이다. 일반적으로 어린 영동이 점지되는 과정에서 성년이 되어 달라이 라마라는 화신의 영역으로 입성하기까지의 모든 과정은 외부인들에게는 매우 신성하고 신비스럽게 보인다. 하지만 이러한 과정의 내부를 들여다보면 의외의 현실적인 요소들이 작용하고 있음을 알게 된다. 요컨대 어린 영동을 점지해서 달라이 라마라는 '살아 있는 신(神)'을 형상화하는 과정이 매우 초자연적인 것처럼 보이지만 실제로는 매우 정치적이라는 것이다. 물론 달라이 라마 개인은 오랫동안 불경을 공부하고 수양하는 종교적 성자임에는 틀림없다. 하지만 그가 정말 전대의 달라이 라마로부터 전세한 환생자인지의 진위 여부는 여전히 불투명하다. 왜냐하면 환생과 전세의 모든 과정과 인준이 황교 내의 일부 소수자들에 의해서 진행되고 결정되기 때문이다. 특히나 이 모든 과정의 지휘권을 가지고 있는 섭정은 주목할 만한 인물이다.

티베트 내부에서 환생에서 영동의 점지, 인준 과정 그리고 달라이 라마로 커가는 과정에서 관여되는 중요한 집단은 세 부류이다. 첫 번째는 세속귀족이고 두 번째는 섭정활불 그리고 마지막으로 황교 사원의 고위 라마승이다. 이들은 기본적으로 긴밀한 상생의 관계에 있지만 때로는 정치적 · 종교적 이해득실의 관계로 이합집산을 하기도 한다. 이는 티베트 역사의 생리이기도 하다. 외관으로 보기에는 종교적 공동체이지만 내부적으로는 치열한 종교적 전쟁을 벌여왔기 때문이다. 티베트가 공동의 역사의 기억과 경험을 간직하는 '역사 공동체'임에는 부인할 수 없지만 공통된 '종교 공동체'라는 부분에는 의문을 갖는다.

티베트의 활불전세는 인준 과정에서 비록 합법적인 계승의 문제를 티베트인들의 절대 신앙으로 해결하고 있지만 통치의 연속성 문제에는 결함을 보이고 있다. 이는 역대 달라이 라마의 생애와 정치 인생을 살펴보면 알 수 있다. 티베트는 황교가 전성기를 이룬 이후 달라이 라마 시스템으로 사회 체제를 유지해오고 있다. 즉 달라이 라마는 종교적으로 살아있는 관세음보살의 화신이며 정치적으로는 티베트 최고의 수장이다. 하지만 정말 달라이 라마가 교권(教權)과 신권(神權)을 모두 장악하며 티베트 사회를 이끌어오고 있는 것일까?

살펴보면 어린 영동(훗날 달라이 라마)으로 점지되는 아이들의 시기는 모두 유아기의 시기이다. 대략 3~6세 사이가 된다. 따라서 어린 영동이 성장하고 티베트 정교의 실질적인 수장으로 옹립되는 시기까지는 기나긴 과도기의 시간이 소요된다. 티베트의 제도상으로는 최소 18세가 되어야만 성년으로 인정되며 비로소 옹립될 수 있는 자격이 주어진다. 이때는 무엇보다도 어린 영동을 근거리에서 보좌하는 섭정의 역할이 두드러지며 중요시된다. 다시 말해서 어린 영동이 티베트의 지도자로 군림할 수 있는 18세가 되기 전까지 대략 10년 이상의 공백기는 섭정의 막후 활동이 거의 절대적이라는 것이다. 어린 영동의 명의로 섭정이 모든 권한을 쥐고 있는 것이다. 물론 어린 영동이 훗날 달라이 라마로 옹립이 되더라도 섭정의 그늘에서 벗어나기는 힘들다. 티베트의 역사를 추적하면 단 두 명의 달라이 라마만이 섭정의 그늘에서 벗어나 독자적인 영역을 구축한 것으로 보인다. 바로 5대 달라이 라마(阿旺洛桑嘉措, 1617~1682)와 13대 달라이 라마(土登嘉措, 1876~1933)이다.

[도표 14]는 역사적으로 달라이 라마와 섭정의 통치 상관표이다. 그런데 도표를 살펴보면, 달라이 라마의 시기를 거의 섭정이 통치하고 있음을

[도표 14] 역대 달라이 라마와 섭정(攝政)의 통치 상관표

달라이 라마	통치 시기	섭정	통치 시기
7대 格桑嘉措(1708~1757) (bsKal-bzang-rgya-mtsho)	1751~1757	第穆(de mo) 活佛一世	1757~1777
8대 强白嘉措(1758~1804) (vJam-dpal-rgya-mtsho)	1781~1840[159] (tshe smongling)	策墨林活佛一世	1777~1786
9대 隆朵嘉措(1806~1815) (Lung-rtogs-rgya-mtsho)		功德林活佛一世 (kun Dde gling)	1789~1810
10대 楚臣嘉措(1816~1837) (Tshul-khrims-rgya-mtsho)		第穆活佛二世	1811~1819
11대 凱珠嘉措(1838~1856) (mKhas-grub-rgya-mtsho)		策墨林活佛二世 熱振活佛一世(radreng) 噶扎[160](귀족)	1819~1844 1845~1862 1862~1864
12대 赤烈嘉措(1856~1875) (vPhrin-las-rgya-mtsho)	1873~1875[161]	德珠活佛(sdedrug) 功德林活佛二世	1862~1864 1875~1886
13대 土登嘉措(1895~1933) (Thub-bstan-rgya-mtsho)	1895~1933	第穆活佛三世 熱振活佛二世 達扎活佛(stag brag)	1886~1895 1934~1941 1941~1950

알 수 있다. 1751년부터 1950년까지 평균 13년에 한 번씩 통치자가 바뀌었는데 그 기간에 섭정이 통치한 기간은 전체의 77%의 점유율을 보인다.

159 역대 달라이 라마 중에 8대 달라이 라마는 매우 자유분방한 편에 속한다. 그는 성년이 되어 활불이 되어서도 기존의 달라이 라마와는 다르게 자신을 담당했던 섭정에게 기존의 권한을 유보시켜주었다. 따라서 섭정은 어린 영동이 8대 달라이 라마로 승격된 후에도 여전히 실질적인 막강한 권한을 행사했다. 馮 智, 『八世達賴喇嘛傳』, 中國藏學出版社, 2006, 12~26쪽.

160 '噶扎'는 티베트정부(噶廈) 내의 대신(噶倫) 중의 하나이다.

161 12대 달라이 라마의 親政과 영향력 감소에 관하여 역사적 사료는 일치하지 않는다. 예컨대 『大淸穆宗皇帝實錄』 349권에 따르면 1873년 3월 4일 이후로 12대 달라이 라마의 친정의 역사는 존재하지 않는다고 기록돼 있는 반면 『淸史稿』 열전 312 藩部 8(中華書局, 1977년판 14553쪽 10번째 줄)에 의하면 당시 티베트의 政教 사무를 친히 관여했으며 그 권한을 위임받은 것으로 기록되어 있다.

만약 13대 달라이 라마의 통치 기간인 1895~1933년 기간마저 제외한다면 섭정의 통치 기간은 무려 94%에 다다른다. 이는 달라이 라마는 그저 합법성을 획득한 전세영동의 상징적 활불에 지나지 않으며 섭정이 대부분의 통치를 하고 있음을 시사한다. 즉 섭정을 수장으로 하는 황교의 라마승 집단이 실세였다는 것이다.

[도표 14]에서 확인되어지듯이, 1757년부터 1895년까지 티베트 정교의 실질적인 최고 지도자는 섭정이었다. 심지어 8대 달라이 라마는 성년이 되어 정치와 종교의 권한을 정식으로 전이(轉移)되었음에도 불구하고 여전히 섭정에게 모든 종교 사무의 권한을 위임하여 기존의 영향을 유지하도록 배려하였다. 왜 그랬을까? 그것은 자신의 생명과도 연관이 있었기 때문이었다. 주지하다시피 섭정의 역할과 직무는 어린 영동이 성년이 될 때까지 불경 공부에서부터 활불인성의 완성에 이르기까지 모든 일정을 관리하고 책임지는 보모의 역할을 담당하는 것이다. 그런데 어린 영동이 성년이 되어 달라이 라마로 추존되어도 할 수 있는 역할은 그리 많지 않다. 불경 공부만을 천착해온 종교자로서 그가 할 수 있는 일은 한계가 있었던 것이다. 이는 달라이 라마를 추존하고 실질적인 영향력을 행사할 수 있는 인적 자원이 섭정보다 부족했기 때문이다. 따라서 모든 사항을 섭정에게 의뢰하고 협조를 받아야만 했다. 그런데 더 큰 문제는 섭정이 본인의 의무와 시기가 다하면 달라이 라마의 보좌를 그만두고 사원으로 귀의해야 하는데 그렇게 하는 섭정은 거의 없었다는 것이다. 대부분이 그동안 축적해온 종교적 · 정치적 인프라를 이용해서 계속적으로 권한을 유지하려 한다는 것이다. 그것이 그 섭정이 속한 종파의 흥망과도 관계가 있는 것이므로 섭정과 해당 종파는 필사적으로 달라이 라마의 근거리에서 보좌하려 했다. 그런데 만약 달라이 라마가 이러한 상황을 불응하거나 독자적인 노선을 구축하려 한다면 어떻게 될까? 역대 달라이 라마의 평

균 수명에서 그 해답은 간접적으로 찾을 수 있다. 성인이 되어 전세영동에서 달라이 라마로 전이될 때의 시기는 매우 중요하다. 만약 담당 섭정과의 관계가 돈독하다면 그는 온전히 달라이 라마로 옹립되고 활불로서의 삶을 유지할 수 있다. 그러나 반대의 경우라면 독살당하거나 유배를 가게 되는 경우가 발생할 수 있다. 이는 5대나 13대 달라이 라마처럼 강력한 정치적 카리스마를 확립하지 않고서는 피할 수 없는 길이었다. 6대나 8대 달라이 라마처럼 인성적으로 감성적인 활불은 본인만의 종교적·정치적 색채를 구축하기 힘들었다. 그만큼 섭정의 지위와 권력은 막강했고 그를 따르는 세력은 방대했다. 이런 티베트의 궁정 생리를 감안할 때 8대 달라이 라마는 나름 현명하게 자신의 보위를 유지하려 한 것으로 이해된다. 섭정에게 모든 권한을 물려주고 자신은 상징적인 존재로 남아 뒤로 물러난 것이다. 덕분에 그는 역대 달라이 라마 중에서 비교적 장수의 삶을 살았다. 그는 47세에 승하했다.

섭정은 누구나 할 수 있는 것이 아니다. 티베트 귀족가문 출생의 활불로부터 배출된다. 일단 섭정으로 추존되면 대량의 토지와 농노를 부여받는다. 이는 티베트의 전통이다. 그러나 달라이 라마가 과도기를 거쳐 성년이 되는 것처럼 섭정 역시 교육과 공부의 시간을 거쳐야 섭정의 역할을 맡을 수 있다. 그리고 섭정은 하나의 혈통에서 세습되지 않는다. 이는 한 명의 활불이 계속 세습되어 지속적으로 섭정의 권한을 독점하는 것을 방지하기 위함이다. 따라서 섭정의 200년 역사를 추적해보면([도표 15] 참조) 서로 다른 6개의 혈통(가문)이 번갈아가며 섭정을 역임했음을 알 수 있다.

활불의 전세제도에서 섭정의 출현은 매우 필연적인 부산물이었다. 달라이 라마와 섭정의 관계는 '종교적 상징'과 '실질적인 권력자'의 관계로 이해할 수 있다. 9대 달라이 라마가 10세에, 10대, 11대, 12대 달라이 라마가 각각 21세, 18세, 20세에 요절했다. 이들의 죽음이 정치적 암살과

[도표 15] 1750년 이후의 섭정(攝政)과 생존 연표

이름	영문 표기	연도
第穆活佛阿旺强白德勒嘉措	De-mo sprul-sku Ngag-dbang-vjam-dpal-bde-legs-rgya-mtsho	1757~1777
薩瑪提巴哈失阿旺楚臣	Samati Paksi Ngag-dbang-tshul-khrims	1777~1781
達嚓活佛意希落桑丹班袞波	rTa-tshag-sku Ye-shes-blo-bzang-pavi-mgon-po1789~1790	
策林阿旺楚臣	Tshe-gling Ngag-dbang-tshul-khrims	1790~1791
達嚓活佛意希落桑丹班袞波 (제2차역임)	rTa-tshag sprul-sku Ye-shes-blo-bzang(-bstan-pavi-mgon-po)	1791~1810
第穆活佛洛桑土登吉美嘉措	De-mo sprul-sku Blo-bzang-thub-bstan-vjigs-med-rgya-mtsho	1811~1819
策林活佛阿旺强白楚臣	mTsho-smon-gling sprul-sku Ngag-dbang-vjam-dpal-tshul-dhrims	1819~1844
七世班禪	Pan-chen-bsTan-pavi-nyi-ma	1844~1845
熱振活佛阿旺意希楚臣堅贊	Rwa-sgreng sprul-sku Ngag-dbang-ye-shes-tshul-khrims-rgyal-mtshan	1845~1855
沙達汪曲結布	bShad-sgra dBang-phyug-rgyal-po	1862~1864
雍增洛桑欽若旺秋	yongs-vdzin Blo-bzang-mkhyen-rab-dbang-phyug	1864~1872
達擦活佛阿旺班丹却吉堅贊	rTa-tshag sprul-sku Ngag-dbang-dpal-ldan-chos-kyi-rgyal-mtshan	1875~1886
第穆活佛阿旺阿桑亦來若結	De-mosprul-sku Ngag-dbang-blo-bzang-vphrin-lasrab-rgyas	1886~1895
亦仁波且洛桑堅贊	Khri Rin-po-che Blo-bzang-rgyal-mtshan	1904~1909
亦仁波且阿旺桑丹班堅贊	Khri Rin-po-che Ngag-dbang-Blo-bzang-bstan-pavi-rgyal-mtshan	1910~1912
熱振活佛土登强白意希	Rwa-sgreng sprul-sku Thubs-bstan-vjam-dpal-ye-shes	1934~1941
達扎活佛阿旺松若珠脫丹貝堅贊	sTag-brag sprul-sku Ngag-dbang-gsung-rab-grub-thob-bstan-pavi-rgyal-mtshan	1941~1950

전세영동이 활불이 되기까지는 최소 20년의 세월이 소요된다

사원 안의 역대 활불 사진

무관하지 않다는 견해는 오래전부터 대두되어왔다. 대략 1세기 반에 걸치는 1750년에서 1895년 사이에 달라이 라마가 실제로 교권과 신권을 행사할 수 있었던 기간은 단지 10년 미만에 불과하다는 역사적 사실은 당시 달라이 라마의 지위와 통치권이 매우 불안했음을 시사해준다. 외부와의 소통을 담당하고 대외적인 사무를 총괄했던 섭정의 권력은 사실상 어린 영동의 모든 것을 움켜쥐고 있었으며 향후 신격화된 달라이 라마의 형성과 완성에 이르기까지 미치고 있었다. 따라서 활불제도가 탄생한 이래로 티베트의 섭정은 보이지 않는 실질적 권력자였던 것이다. 섭정은 개인적 집권 연장을 통해 속해 있는 종파(황교)의 번영을 도모했다. 이는 티베트사가 종교사인 이유와 맥을 같이한다. 티베트는 역사 이래로 불교 종파간에 종교적 마찰이 끊이질 않은 특수 사회였다. 수많은 불교 종파가 난립하는 가운데 신도들과 민중들의 신뢰를 받는 방법은 지명한 활불의 존재와 연속성을 확보하는 것이었다. 따라서 각 종파마다 중심 사원은 활불의 전세를 체계화하고 제도화시켰다. 그중에서 황교는 달라이 라마와 판첸 라마라는 대중적 활불을 창출해냈으며 이로 인하여 티베트 사회의 중심에서 지속적으로 존재할 수 있게 되었다. 그리고 섭정은 그 중심에서 모든 것을 기획하고 총괄하는 실질적인 권력자가 되었다.

제3장

활불의 지위와 한계

1. 활불의 공부

구(舊)티베트 사회에서 티베트의 일반 가정에서 남자들이 사원에 출가하는 것은 집안의 영광이자 개인의 이상이었다. 대부분 아주 어린 시기(5세에서 10세 정도)에 출가한다. 그리고 집안 형편에 따라 대·소형 사원으로 들어간다. 티베트 사원 교육의 특징은 출가자의 신분과 재정상태 그리고 나이에 따라 출가하는 사원이 결정된다. 만약 신분이 미천하거나 가정의 재정상태가 어려우면 필요에 따라서는 보증인을 세워야 비로소 사원에 출가할 수 있었다. 따라서 귀족집안의 출가승과 일반 가정의 출가승은 입문하는 사원과 스승이 다르게 출발할 수밖에 없었다. 집안의 가정 형편이 좋은 출가승들은 좋은 스승님을 모시고 온종일 공부에 매진할 수 있는 반면 어려운 형편의 출가승들은 사원의 허드렛일을 하며 공부를 해야 했기 때문이다.

일단 출가하면 어린 출가승들은 그 다음 목표가 라마승으로 승격하는 것이다. 불교 사원에 출가해서 라마승이 되기까지는 적지 않은 시간을 들여 공부를 해야 한다. 빨간 적삼을 둘렀다고 모두다 라마승인 것은 아니다. 일단 출가하여 좋은 스승님을 모시고 10년 이상 불교 전반에 관한 공부와 명상을 정진하여 일정한 관문을 통과해야만 비로소 라마승이 될 수 있다. 따라서 티베트에서의 라마승이란 최소 일반 티베트인들의 스승이 될 만한 자격을 갖추고 있음을 의미한다. 그러하기에 '라마'(lama)라는 단어는 '스승'(guru)을 의미하는 것이다.

티베트불교 사원에 출가하여 라마승이 되고 나면 그 다음 목표는 활불이다. 활불은 종류도 다양하지만 크게는 소(小)활불과 대(大)활불로 나뉜다. 그런데 큰 활불이든 작은 활불이든 이들 또한 공통의 목표가 있다. 바로 티베트의 전통적인 불학시험을 통과하여 '격서'(格西)학위를 취득하는 것이다. 이 최종 목표는 활불의 수장인 달라이 라마나 판첸 라마의 경우도 마찬가지이다. 그래서 그들은(달라이 라마와 판첸 라마) 자신들의 특수한 지위를 활용하여 오랜 기간 동안 최고의 스승들과 같이 공부한다. 소위 전세가 인정된 어린 활불이 공부하는 환경은 일반 라마승들과는 비교가 되질 않는다. 우선 최고의 스승들을 전국에서 섭외하고 분야별로 일대일 지도를 받는다. 달라이 라마나 판첸 라마의 스승들은 대부분 불교학 박사 학위, 즉 '格西'를 취득한 고승들이다. 따라서 그들과의 공부는 경지를 달리하는 차원 높은 것이었다. 이러한 특혜는 전세를 인준 받은 어린 영동에게나 가능한 것이었다. 왜냐하면 그들은 미래의 대(大)활불이기 때문이다. 이들의 교육 방식은 티베트 전통적인 방식에 의거한다. 전통적인 방식에 따라 어린아이가 전대의 활불로 인정되면 그 아이는 티베트 사원의 원칙과 규율에 따라 새로운 생활을 해야 한다. 특히나 달라이 라마나 판첸 라마 같은 경우는 특정한 환경 속에서 매일 규칙적인 학습과 생활에 임해야 한다. 어린 영동은 사원에서 기거하는 동안 개인적 궁에 머물게 된다. 이 궁에는 기본적으로 서로 다른 업무를 주관하는 몇 개의 단위로 구성되어 있다. 예를 들어 어린 영동의 음식과 침실을 전문으로 담당하는 부문, 종교 활동과 기타 일상 사무를 전문적으로 담당하는 부문 등이다.

어린 영동이 전문적인 교육을 위해 포탈라 궁에 들어오면 본격적으로 영동의 교학을 담당할 선생님을 선발한다. 지도 선생님은 한 명만이 아니고 분야에 따라 여러 명이 될 수도 있다. 이때 담당할 선생님을 전문적으로 '옹증'(雍増)이라고 일컫는다. '옹증'들은 모두 티베트 경전에 능숙하고 명상에 고승인 활불이나 켄보들로 구성된다. 이들은 소위 어린 영동의 불학 교육을 전문적으로 담당하는 교학 집단인 것이다.

전통적으로 어린 전세영동의 일상생활은 매우 엄격하게 규제되고 관리된다. 밖으로 나갈 때는 반드시 시종을 대동해야 하며 시종은 영동을 근거리에서 보좌한다. 영동이 앉거나 일어나거나 할 때 시종은 옆에서 반드시 도와주어야 한다. 영동의 개인 선생님은 항상 같이 다니지만 영동과 장난하거나 같이 놀 수 없다. 또한 영동은 임의대로 아무나 만나지 않으며 남의 음식 또한 먹을 수 없다. 심지어 가족의 방문 혹은 면담 또한 쉽게 이루어지지 않는다. 하지만 너무 어린 영동은 장난감을 가지고 개인 놀이시간을 가질 수 있으며 보좌하는 시종이 놀아주기도 한다. 전세영동의 하루 생활은 다음과 같이 진행된다. 매일 새벽, 시종은 영동의 위생을 위해서 침실과 실내를 청소한다. 그리고 영동을 7시경 깨워서 세안을 도와준다. 간단한 세수가 끝나면 가삼을 입고 경서에다 머리를 조아리며 배불(拜佛)을 진행한다. 곧이어 담당 선생님의 지도 아래 염경(念經)에 들어가고 끝나면 바로 경문을 암송한다. 경문 암송은 두 시간가량 지속되며 암송이 끝나면 아침 차(早茶)를 마신다. 아침 차 이후에는 본격적인 공부가 시작된다. 티베트 어문의 쓰기와 담당 스승님의 지도 아래 이루어지는 티베트 서법이 그것이다. 글쓰기는 칠판을 이용하며 한 글자 한 글자 정성을 기울여야 한다. 처음 몇 년간은 칠판을 이용하나 시간이 지나면 종이를 사용할 수 있다. 공부할 때에는 자세가 중요시된다. 영동은 가부좌를 틀거나 무릎을 지면에 대고 성실하게 공부에 임해야 한다. 절대 산만한 자세와 동작은 금물이다. 만약 규정에 어긋나면 지도 선생님에게 바로 엄격한 지적을 받는다. 오전 수업은 대체로 글쓰기와 담당 선생의 검사와 수정으로 이루어진다. 오후 수업은 본격적인 경문(經文) 수업이다. 이 수업은 사원 내에서 이루어지는 경론 경합에도 참가할 수 있다. 저녁을 먹은 후에는 불교에 관한 경전을 자습해야 한다. 이러한 하루의 일정을 마감해야만 비로소 정규 수업을 마친 것이다. 이러한 정규 과정 이외에도 영동은 스승에게 명상과 참선의 방법을 배워야만 한다. 특히나 '폐문참선'(閉門靜修)의 과정은 중요하다. 이 수업은 특별 수업에 속한다. 즉 동굴이나 암자에 들어가 담당 고승과 함께 여러 날을 같이 참선하는 수업이다. 이 수업은 이론적인 경전 수업에 비해 정신의 수양에 도움을 준다. 활불이 되기 위한 필수 과정에 속한다.[1]

티베트불교의 서로 다른 종파는 서로 다른 교학 과정과 순서가 있다. 따라서 영동은 반드시 본 종파가 설계해놓은 교학 과정과 내용의 순서에 따라야 한다. 예를 들어, 황교는 반드시 5개의 경론을 순서대로 학습하고

1 티베트에서 일반 라마승들 또한 최종 목표는 활불이 되는 것이다. 이는 전세된 활불과는 성격이 다른 존재이다. 활불이 되기 위해서는 거쳐야 하는 수행 과정과 원칙이 존재한다. 우선 출가해서 라마승이 되어야 한다. 그리고 기본적인 수행과 불교 경서를 통달하여 마지막 관문인 불교학 시험을 통과해야 사원에서 인정받는 활불의 길로 들어서게 되는 것이다. 라마승들의 최종 관문인 '格西'는 티베트불교의 기본 경전인 『量釋論』, 『現觀莊嚴論』, 『入中論』, 『戒律本論』, 『俱舍論』 등을 통과해야 한다. 시험에 통과되어도 학위는 성적에 따라 4등급으로 분류된다. 다음과 같다. ① 拉然巴 ② 磋然巴 ③ 阿林金巴 ④ 多然巴 등이다. 이상의 4등급 중 1등과 2등은 라싸의 3대 사원에서 학위가 수여되며 그곳에서 거주할 수 있는 자격이 주어진다. 3등과 4등은 라싸 이외의 지역, 예컨대 청해나 감숙 지역의 대형 사원으로 파견된다. 그곳에서 거주하며 어린 라마승들의 스승으로 살게 되는 경우가 대부분이다. 周煒, 『活佛轉世与神秘西藏』, 台煒: 先智, 2001, 457~458쪽.

통과해야 한다. 다음과 같다. ① 인명(因明): 학습 5년, ② 반야(般若): 학습 4년, ③ 중론(中論): 학습 2년, ④ 구사(俱舍): 학습 4년, ⑤ 율학(律學): 학습 5년 등이다. 이러한 과정을 모두 학습하고 통달하는 데 걸리는 시간은 대략 20년의 시간을 필요로 한다. 모든 학습은 '경론대회'(辯經)라는 구술시험을 통하여 다음 단계로 올라갈 수 있다. 상술의 5단계를 모두 통과하면 '격서'(格西)라는 학위 증서를 받는다. 格西는 '지식이 풍부한 밝은 스승'의 뜻을 가지고 있으며 이는 티베트불교학 박사를 의미한다.[2]

전대의 활불로 인준된 어린 영동 주변에는 평균 8명의 불학 박사들이 항상 붙어서 학습을 지도한다. 전문적이고 체계적인 수업을 받은 어린 영동은 때때로 황교의 3대 사원(哲邦寺 · 色拉寺 · 甘丹寺)을 돌면서 다른 라마승들과 '경론토론시합'에 참여한다. 이 토론은 통속적인 구두로 진행되는 변론이지만 내용은 심도 깊은 불교 경전 전반에 관한 치열한 토론이다. 경론시합은 티베트불교 사원 내에서 진행되는 전통적인 학습 방식이다. 매일 진행되는 라마승들의 경론 훈련은 보통 12시에 시작되며 오후 5시가 돼서야 끝난다. 일반적으로 저학년의 라마승들이 먼저 변론대회장(辯經院)에 입장한다. 그리고 박수를 치며 소리를 지르는 것으로 사전 준비를 한다. 잠시 후에 고학년 라마승들이 입장한다. 경론을 훈련할 라마승들이 모두 입장하면 간단한 의식을 주관하고 질서를 잡아주는 두 명의 고승 라마가 들어선다. 이들이 들어서면 모든 라마승들이 일어서서 박수와 고함으로 존경을 표시한다. 경론 시합이 절정에 오를 때쯤이면 주관하는 사원의 주지, 즉 활불이 격려차 참관한다. 열정적이며 치열한 이러한 경론시합은 해가 질 때까지 계속되는 것이다.

티베트의 가장 위대한 활불 중의 하나로 인정되는 13대 달라이 라마(土

2 陳慶英 等, 『歷輩達賴喇嘛生平形象歷史』, 中國藏學出版社, 2006, 537~549쪽.

登嘉措, 1876~1933)의 '격서' 학위 취득 과정을 살펴보면 공부 과정이 얼마나 지난(至難)한 일인지 알 수 있다. 13대 달라이 라마는 전대 달라이 라마의 영동으로 인정된 후, 6세부터 포탈라 궁에서 전문적인 불교 공부를 하기 시작했다. 그를 전문으로 담당하게 된 교학 고승들은 역대 최고 활불의 경지에 올랐던 5대 달라이 라마와 같이 만들기 위해서 세심하게 보살폈다.

그를 개인적으로 총괄하는 섭정은 어린 영동의 체계적인 학습을 담당할 고승 라마를 찾아주었다. 따라서 다른 종파의 활불 수업과 마찬가지로 기본적인 티베트어의 습득과 불경 읽기, 고전의 암송, 서법의 순으로 어린 활불은 문수보살의 화신으로 성장해간다. 특별한 수업으로는 밀교에 능숙한 고승으로부터 요가와 참선 수업을 일대일로 전승받는 것이다. 한 번 참선 수업에 들어가면 두 달에서 세 달 동안 이루어지는데 이때는 지도하는 고승 이외에는 어느 누구와도 만나는 것이 불가하다. 이론적 수업과 더불어 본 종파만이 전승하는 밀교의 요가 방법을 비밀스럽게 배우는 것이다. 티베트에서 이러한 일대일 수업은 매우 중요하며 최고의 활불, 즉 달라이 라마가 되기 위한 필수적인 과정에 속한다. 이외에도 영동은 산술과 역법, 천문을 배운다. 이 학습 역시 전문 라마승인 '기교켄보'(基巧堪布)가 주관한다. 어린 영동은 전통적인 티베트 경전의 학습에도 집중한다. 예를 들어 티베트 경전의 집대성인 108권의 『간주얼』(甘珠爾)과 225권의 『단주얼』(丹珠爾)을 들 수 있다. 일반적으로 이 경전을 합하여 『본교대장경』(苯教大藏經)이라고 한다. 이러한 체계적이고 전문적인 불학 수업을 진행한 13대 달라이 라마는 11세에 이르러 황교의 공식 수업 과정인 『인명학』(因明學)을 수료했고 15세에 이르러서는 불학 전반에 관한 지식이 경지에 올랐다. 그는 이때 벌써 수준 있는 경전인 『현관장엄론』(現觀莊嚴論), 『중론』(中論), 『석량론』(釋量論), 『율경근본율』(律經根本律) 등을 모두 탐독하고 스승들과 토론을 주도할 정도였다. 그는 특히나 선대 5대 달라이 라마의 저서에 흥미를 가졌다. 예를 들어, 『현관장엄선혜사식』(現觀莊嚴善慧思飾), 『중론대승선』(中論大乘船), 『구사론석운보고』(俱舍論釋運寶庫) 등이다. 18세가 되던 해 그는 가장 높은 경지인 『보제도차제광론』(普提道次第廣論) 학습을 마치고 드디어 밀종(密宗)에 입문한다. 13대의 달라이 라마의 밀종 수업은 라상용다(羅桑龍多) · 단증적렬(丹增赤列) · 백상포단(白桑布丹) 등 당대 최고의 고승(활불) 등이 담당했다. 이때 밀종의 주요 교본은 『보제도차제교첩경』(普提道次第教捷徑)과 『인명학』(因明學) 변론법이었다. 티베트에서 달라이 라마와 같은 특수 인물은 현종(顯宗)은 물론 밀종(密宗)도 통달해야 한다. 따라서 먼저 현종을 학습하고 밀종으로 전환하는 것이다. 13대 달라이 라마도 예외는 아니었다. 그는 23세가 되어 드디어 정식으로 불학(格西)시험에 응시한다. 그는 포탈라 궁을 나와서 라싸의 3대 사원을 돌며 저명한 활불들과 불교 학식에 대하여 토론하고 시험에 응하였다. 이때 주로 『오부대론』(五部大論)에 관하여 질문과 답을 주고받았다. 기록에 의하면, 이때 13대 달라이 라마는 어떤 난해한 질문과 물음에도 거침없이 답변을 해낸 것으로 전한다.[3]

1898년 4월, 13대 달라이 라마의 2차 시험이 라싸의 황교 사원인 색랍(色拉)사원에서 이루어졌다. 이때도 사원의 고승들과 불학에 관한 설전을 벌인 끝에 승리를 얻어냈다. 색랍사원에서 인정을 받은 13대 달라이 라마는 포탈라 궁에서 잠시 휴식을 취한 뒤 또 다른 황교의 사원 감단(甘丹)사원을 방문했다. 그리고 여기서 다시 한 번 사원의 고승들과 불학에 관한 일문일답의 토론을 벌였다. 물론 여기서도 13대 달라이 라마는 모든 변론 과정을 무난히 통과하며 불학에 관한 박식한 수양을 인정받는다. 이러한

3 周煒, 『活佛轉世与神秘西藏』, 台湾: 先智, 2001, 473~475쪽.

경로를 거치면서 13대 달라이 라마는 명실 공히 황교의 3대 사원에서 불학에 관한 학식을 공개적으로 인정받기에 이른다. 그 이듬해 그의 스승인 보각(普覺)활불은 전대 5대와 7대 달라이 라마의 예를 들며 마지막 시험을 권고한다. 즉 황교의 조주사원인 조캉(大昭)사원에서 거행되는 신년법회에 참석해서 변론대회에 참석하라는 것이었다. 1899년 1월 13일, 13대 달라이 라마는 조캉사원에 참석하여 신년법회의 각종 의식을 진행한다. 그리고 자신의 스승인 보각활불이 주관하는 '랍양파격서'(拉讓巴格西)구술경론대회에 참석했다. 주요 논쟁의 이론은 『현관장엄론』(現觀莊嚴論), 『중론』(中論), 『율경』(律經), 『구사론』(俱舍論) 등에서 출제되었으며 상대자들은 모두 불학의 고승들이었다. 그러나 이번에도 13대 달라이 라마는 순조롭게 통과하였다. 오히려 우수한 성적(1등)으로 학위를 취득했으며, 당시 이를 두고 '장원'(壯元)이라고 하였다.[4] 이는 13대 달라이 라마가 대내외적으로 종교적 권위를 획득하고 티베트 활불의 수장으로 입문하는 순간이라고 볼 수 있다.

활불이 되기 전 어린 영동은 불교 경전의 공부와 함께 티베트 정교(政教) 사무에 관한 기본적인 지식도 습득해야 한다. 사실상 이 방면의 학습은 매우 중요하다. 왜냐하면 향후 티베트의 현실적인 지도자가 되기 때문이다. 여기에 관하여는 섭정(攝政)활불이 근거리에서 보좌하고 가르친다. 그리고 영동이 무사히 모든 불교 학습을 끝마치고 18세가 되면 섭정은 자신이 그동안 주관하고 있던 정교(政教)의 사무를 인계한다. 이로부터 영동은 진정한 활불(달라이 라마)로 승격하는 것이며 티베트의 통치자가 되는 것이다. 하지만 달라이 라마를 포함한 모든 활불들 또한 결국 죽음을 맞이하게 된다. 활불의 죽음은 티베트 사회에서 매우 특별한 의미를 가진

4 諾布旺丹 著, 『藏傳佛教活佛轉世』, 大千出版社, 2002, 229~230쪽.

다. 바로 또 다른 '환생'을 의미하기 때문이다. 고명한 활불일수록 환생의 법칙은 어김없이 이루어진다. 따라서 저명한 활불은 환생의 계보가 생기는 것이다.

달라이 라마와 판첸 라마를 비롯하여 일반적인 활불에 이르기까지 그들의 승하(圓寂)는 티베트에서 관심을 받는다. 왜냐하면 그들이 다시 환생하리라 믿기 때문이며 장례 방식이 매우 특별하기 때문이다. 티베트의 사회구조 속에서 활불의 장례 방식은 크게 두 가지이다. 한 가지는 화장(火葬)이고, 또 다른 한 가지는 탑장(塔葬)이다. 어떤 사원에서 어떤 활불이 화장을 하고 탑장을 하는지에 대한 정확한 기준은 없다. 일반적으로 활불이 승하(圓寂)한 사원의 재정 능력과 활불의 지명도에 따라 장례 방식은 결정된다. 예를 들어, 종카파(宗喀巴) · 달라이 라마(達賴喇嘛) · 반선액이덕니(班禪額爾德尼) · 장기약필다걸(章嘉若必多杰)[5] · 가목양(嘉木様) 등의 걸출한 활불들은 모두 '탑장'으로 진행했지만 이외의 대다수 활불들은 '화장'의 방법이 선택되었다. 티베트에서 화장과 탑장의 장례 방식은 일반 평민들에게는 허용되지 않은 방식이다.

2. 활불의 장례

티베트에서 이루어지는 장례의 방식은 토장(土葬) · 화장(火葬) · 수장(水葬) · 천장(天葬)[6] · 탑장(塔葬) 등을 들 수 있다.[7] 이 중 활불은 화장(火葬)과

5 모든 활불이 탑장을 원한 것은 아니다. 예를 들어 章嘉활불이 여기에 속한다. 그는 1786년 승하(圓寂) 전에 제자들을 통하여 화장을 하되 자신의 유골을 작은 銅에 담아 오대산(五臺山)에 묻어주기를 희망하였다.

탑장(塔葬)의 장례 방식이 선택된다.

1) 화장(火葬)

티베트의 화장은 '화공'(火供, sbying-reg) 혹은 '비다'(毗茶)라고도 한다. 티베트의 화장은 인도의 제사의식에서 유래됐지만 티베트에서 불교와 원시종교인 본교(苯教)의 영향을 받아 시간이 지남이 따라 체계화되었다. 티베트 사회에서는 화장을 매우 고급스런 장례의식으로 인정하고 있으며 화장의 대상자는 일반인이 아닌 권위와 지위를 가진 자들이었다. 즉, 귀족가문의 구성원이나 고승 라마 그리고 활불 등이다. 티베트인들이 무엇

---

6 티베트인들은 장례의식에 있어서 육신보다 영혼을 더욱 중요시한다. 그래서 시체의 영혼을 좋은 곳으로 이동시키는 전통의식에 상대적으로 집중한다. 티베트의 천장(天葬)이라는 장례의식에는 인간의 육신은 최대한 잘게 부수어 천국의 사자인 독수리에게 공양하는 의식이 고대로부터 전해 내려온다. 그들에게 독수리는 매우 신성한 상징물이다. 일명 '공행모'(空行母)의 화신으로 숭상 받는다. 티베트의 독수리(天鷹)가 어느 정도 대우를 받고 있는지는 티베트 민간에서 내려오는 구전(口傳) 이야기를 들어보면 가늠할 수 있다. 다음과 같다. "미국의 한 인류학자가 티베트의 독수리에 관한 이야기를 듣고 매우 신기해하였다. 그는 티베트인들의 전통과 풍속에 관하여 관심이 많았다. 결국 그는 티베트의 독수리를 자세히 관찰하고 싶어서 해발고도 5,000m의 독수리 집단 서식지로 답사를 떠났다. 그 지역은 오래전부터 '조장'(鳥葬)을 해오고 있는 지역이었다. 인류학자는 어떻게 독수리를 잡을까 하고 고민하였다. 생각 끝에 그는 독수리가 주로 서식한다는 장소에서 홀로 누워버렸다. 죽은 척하였던 것이다. 그러나 아무리 기다려도 독수리는 오지 않았다. 인류학자는 묘안을 생각하였다. 결국 자신의 몸에 상처를 내고 피를 흘렸다. 피를 흥건히 흘리면서 다시 죽은 척 누워 있었다. 물론 양손에는 갈고리와 두툼한 밧줄이 숨겨져 있었다. 한 마리의 독수리가 창공에 떠올랐다. 빙글빙글 하늘을 몇 바퀴 돌고 있노라니 순식간에 독수리 떼들이 하늘을 뒤덮었다. 인류학자는 숨을 쉴 수가 없었다. 가만히 독수리가 자기에게 다가오길 기다릴 뿐이었다. 한참을 그렇게 기다렸더니 마침내 한 마리의 독수리가 성큼성큼 그에게 다가왔다. 그는 그 찰나를 놓치지 않고 그 독수리를 잡아버렸다. 밧줄로 다리를 묶어 동굴에 가두고 놓고 여러 날을 관찰하며 기록하였다. 그 소식이 마을에 퍼졌다. 마을 사람들은 통곡을 하며 인류학자가 숨어 있는 동굴을 찾았다. 그리고 돌로 그 인류학자를 내리쳐 죽였다."

7 티베트의 장례 방식에 관한 학술적 연구 성과로는 심혁주의 「티베트 천장(天葬)문화 고찰」, 『중국학연구회』, 2006 참조.

보다 중요시하는 것은 활불이나 고승 라마들의 화장 후에 출현하는 신비한 '사리'(舍利子)에 있다. 이를 티베트에서는 '인새'(仁賽)라고 일컫는데 '영생의 보물'이라는 의미이다. 한평생 육식을 금하고 불교 수양에 정진해온 티베트의 고승들은 대부분 화장을 하고 나면 그들의 유골 속에서 사리가 발견된다. 그러나 어떤 활불들은 화장 후에도 유골만 남길 뿐 사리는 존재하지 않는다. 이럴 경우는 진흙과 그의 유골을 반죽하고 불교 경전을 찢어서 함께 조그마한 불탑 속에 간직한다. 이를 티베트에서는 '찰찰'(擦擦)이라고 부른다.[8]

티베트의 화장의식은 나름대로 전통적인 준비 작업이 존재한다. 우선 시체를 반듯하게 눕힌 뒤 망자의 친척 중에 최고 어른 두세 명이 시체를 깨끗이 닦는다. 그리고 몸을 원형으로 묶고 하얀색 천으로 감싼다. 어떤 지역에서는 몸을 닦을 때 머리털과 수염을 같이 제거하기도 한다. 일반적으로 흰색 천이 사용되나 지역에 따라 붉은색과 파랑색이 사용되기도 한다. 시체의 머리에는 '卍'이라는 특수 부호를 그린다. 그리고 왼쪽 가슴에는 여섯 개의 별을, 그리고 아홉 마리의 물고기 문양과 소머리 · 양머리 등의 문양을 간단하게 그려 넣는다. 기본적인 세팅 작업이 끝나면 전문 라마승을 초빙하여 환생을 위한 주술의식을 부탁한다.[9]

본격적으로 화장의식이 진행되기 전 망자의 가족들은 신단의 배고픈 사자(死者)를 위해 간단한 음식을 준비한다. 일반적으로 출장(出葬) 전, 시체는 집에서 사흘간 보존한다. 사흘의 기간 중 친지의 부녀자들을 제외하고 대다수의 마을 주민과 친척들은 매일 밤 번갈아가며 시체를 지켜야 한다. 방문객들은 각자의 형편에 따라 음식과 돈을 준비해온다. 화장을 위

8 諾布旺丹 著, 『藏傳佛敎活佛轉世』, 大千出版社, 2001, 190~191쪽.

9 심혁주, 『티베트 천장(天葬): 하늘로 가는 길』, 책세상, 2008, 28~29쪽 재인용.

한 준비 작업 중 금기사항이 있다. 사흘째 되는 날, 새벽 다섯 시경에 아침을 간단하게 먹고 납관(納棺)을 시행한다. 이때 화장을 진행하는 관재(棺材)는 두꺼워서는 안 되며 간단하게 조립된 것이어야 한다. 또한 관목(棺木) 위에는 금속의 못이나 색깔 칠을 해서도 안 된다. 관 바닥에는 간단한 담요를 깔고 시체를 안치한 후 그 위에 아무것도 덮지 않는다. 단지 시체의 머리와 양쪽 다리 밑에는 측백나무 가지를 깔아놓는다. 관을 덮고 관 위에다 역시 측백나무 가지를 깐다. 다음날 날이 밝으면 네 명으로 구성된 망자의 친구들이 관을 메고 화장터로 향한다. 가족과 친지 중에 부녀자들은 문 입구까지만 배웅할 수 있으며 화장터 진입은 절대 금지한다. 또한 화장의식을 진행하는 첫째 날은 매우 중요하다. 이날 밤은 촌락의 지인 중에서 반드시 한 사람이라도 망자의 집에 와서 조용히 애도하며 술과 차를 마셔야 한다. 절대 떠들어서는 안 되며 얼굴 표정도 엄숙해야 한다.[10]

2) 탑장(塔葬)

티베트인들의 장례 방식이 다양한 이유는 평지와 격절된 자연환경과 불교사상의 영향을 받아서이다. 불교에서는 인간의 육신은 수(水)·토(土)·화(火)·풍(風)의 자연요소로 조합되었다고 설명하고 있다. 따라서 인간은 사후에 다시 자연의 일부로 돌아간다는 인식이다. 그러므로 토장은 흙으로 돌아가고, 수장은 물로 돌아가고, 천장은 바람의 요소로 귀화하는 것이다.

전통적으로 티베트의 고승 라마와 활불은 탑장의 장례 방식이 적용된다. 티베트의 탑장은 그들의 원시종교인 본교의 영향을 받아 발전한 것이

---

10 馮智, 『雪域喪葬面面觀』, 青海人民出版社, 1998, 60~62쪽.

다. 티베트의 본교 지침서인 『색이미』(色爾米)의 기록에 따르면 고대 본교의 고승들은 승하하면 화장의 방식을 취하였다. 그런데 화장을 치르고 나서 남은 유골 가루를 처리하는 과정에서 진흙과 경전 등을 함께 합장하는 방식이 이루어졌는데 그것이 소불탑(小佛塔)의 형식으로 제조되었다.[11] 이 조그마한 불탑은 사원의 모퉁이에 창이 없는 선방에 모셔졌고 티베트인들은 이를 보고 참배하였다. 이러한 조그마한 소불탑의 형식은 오늘날에도 티베트의 사원에서 여전히 볼 수 있다. 탑장의 출발은 여기로부터 시작한다.

티베트불교에서는 고승 활불의 탑장을 '새이동'(賽爾棟)이라고 일컫는다. 금으로 전신을 휘감았다는 뜻을 지니고 있다. 일반적으로 탑장의 종류는 다섯 가지로 나뉜다. 즉 금 · 은 · 동 · 나무 · 진흙 등으로 이루어진다. 이 중 달라이 라마와 판첸 라마의 탑장은 금으로 제조된다. 이는 활불의 세계에서는 매우 영광스러운 장법이다.

탑장의 방식이 티베트 지역에 최초로 출현한 시기는 9~11세기 사이로 전해진다. 탑장을 달리 표현하자면 두 번의 장례의식인 '이차장'(二次葬)이라고도 할 수 있다. 속칭 '라마탑'(喇嘛塔)이라고도 불린다.[12] 탑장의 특징은 완벽한 보존과 영구성에 있다. 따라서 저명한 활불들의 탑장 처리 방식은 매우 독특하고 복잡하다. 일반적으로 달라이 라마와 판첸 라마와 같은 탑장은 매우 특수한 방부제와 의복을 사용하여 보존한다.

탑장은 화장의 연장선상이다. 말 그대로 먼저 화장을 하고 나서 나머지 부분을 또다시 처리하는 장법이다. 우선 화장을 하고 난 후에 깔끔하게 처리가 안 된 시체의 뼈를 다시 태운다. 이때 화장 중에 고귀한 사리가 발

---

11 陳華文, 『喪葬史』, 上海文藝出版社, 2007, 157~190쪽.

12 憑智의 책, 2002, 183쪽.

견되면 그 영험의 종류에 따라 '금영탑'(金靈塔)이나 은으로 제조한 '은영탑'(銀靈塔)을 제작한다. 이때 사리나 뼛가루는 탑 속에 보관하는 것이 관례이다. 탑장의 장례 절차는 다음과 같다. 먼저 시신을 소금물로 깨끗이 씻은 다음 티베트 고원의 건조한 기후로 말린다. 그리고 아주 귀한 향료를 몸에 칠한 다음 영탑 안에 모신다. 또 화장한 후에 남은 뼈를 탑 안에 같이 모신다. 이를 '영탑장'(靈塔葬)이라고 한다. 이때는 시신을 고대 이집트에서 미라를 만들던 과정과 비슷하게 소금 상자 안에 안치해둔다. 이 기간은 소금이 시신의 모든 습기를 잘 처리한 뒤 백단향과 향료와 약품을 찧어서 섞어 넣은 시멘트와 같은 진흙으로 덮어씌운다. 이것이 시신에 달라붙고 굳어져, 눈이나 뺨이나 위(胃)처럼 움푹 들어가거나 줄어들었던 신체의 모든 부분이 원래의 크기로 다시 채워져서 이집트의 것과 매우 닮은 미라가 만들어지는 것이다. 그리하여 마침내 완전히 마르게 되면 황금 물감으로 몸 전체를 칠해 티베트의 저명한 사원(황교 사원)에 하나의 불상처럼 소중히 모셔둔다.

티베트의 탑장은 진기한 건축양식이기도 하다. 탑장은 화려한 외관과 방부 처리한 활불의 육신을 보존하는 내관으로 구조된다. 외부적으로 관찰되는 탑장은 네 개의 구성 요건으로 건립된다. 요컨대 ① 탑좌(塔座), ② 탑병(塔瓶), ③ 탑찰(塔刹), ④ 탑정(塔頂) 등이다. 이는 불교에서 인식하고 있는 우리 세계의 구성요소인 '토 · 수 · 화 · 풍'의 요소를 대응시킨 것이다. 따라서 탑장의 탑좌는 흙(土), 탑병은 물(水), 탑찰은 불(火), 탑정은 바람(風)에 해당된다. 이러한 요소는 상호 통일되며 순환하는 기능을 가진다. 따라서 탑장의 건축은 일반 장법과는 다르게 세심한 마음과 과학적 측량이 요구된다. 내관은 활불의 미라와 함께 진귀한 보물과 많은 경전이 들어간다. 5대 달라이 라마의 경우를 예를 들자면, 그의 탑장에는 다음과 같은 불교 경전이 들어갔다. 패엽경전인 『시륜주소』(時輪注疏) 일부, 연화생(蓮花生)이 즐겨 읽던 『십만송약경』(十萬頌若經), 손으로 필사한 『오부잠언』(五部箴言), 대장경인 『간주얼』(甘株爾), 종카파(宗喀巴)대사의 경전 38권, 그리고 1대, 2대, 3대, 5대 달라이 라마의 경전 등이다.[13]

티베트인들에게 탑장은 매우 고귀하고 존엄한 장례 방법으로 인식된다. 일부 활불로 추앙받는 선택받은 라마승에게만 가능한 방식이다. 지금도 티베트의 심장인 라싸의 포탈라 궁에 들어가 보면 역대 달라이 라마의 진귀한 영탑 모습을 눈앞에서 알현할 수 있다. 그 영탑은 수많은 금은보화와 알 수 없는 희귀한 장식물로 화려하게 채색되어 있다. 위대한 라마의 주검에 금으로 도금을 하는 것은 황금은 색이 변하는 법이 없을 뿐 아니라 항상 순수하기 때문에 티베트에서는 거룩한 색으로 간주되기 때문이다. 따라서 이 황금색은 달라이 라마의 공식 색깔이기도 하다.

역대 달라이 라마의 미라가 안치되어 보존되고 있는 포탈라 궁은 크게 백궁(白宮)과 홍궁(紅宮)으로 구분되는데 그 중에서 홍궁은 활불들의 영탑이 모셔진 신성한 장소이다. 이곳에는 제5대와 제7대부터 제13대까지의 달라이 라마 영탑이 안치되어 있다. 영탑들의 모양과 생김새는 비슷하지만 크기와 장식된 보석의 가치는 각각 다르다. 생전의 법력과 업적에 따라 그 규모는 달라진다. 여덟 개의 영탑 중 제5대 달라이 라마의 것이 가장 크고 화려하다. 높이가 20여 미터에 들어간 황금만도 11만 냥이라고 한다. 탑에 장식된 이름 모를 보석만도 1만 8천 개에 이른다. 이보다 좀 높이는 낮지만 제13대 달라이 라마의 영탑도 보는 이를 압도하기에 충분한 크기이다. 1933년에 시작되어 1936년에 완성된 이 영탑은 높이가 14미터에 약 2만 냥의 황금이 소요되었다고 한다. 20만 개 이상의 진주로 장식되어 '진주탑'(珍珠塔)이라는 별칭도 있다.[14]

---

13 尕藏才但, 『天葬: 藏族的喪葬文化』, 甘肅民族出版社, 2000, 88쪽.

표면적으로 보면 화장과 탑장은 비슷한 과정과 형식을 취하고 있다. 그러나 티베트인들은 탑장을 더욱더 경외하고 신성시한다. 활불 중에서도 아무나 할 수 있는 장법이 아니기 때문이다. 오직 달라이 라마와 판첸 라마와 같은 '대활불'(大活佛)만이 가능하다.

3. 활불의 지위와 한계

티베트에서 활불은 윤회의 업보에서 벗어난 깨달음의 존재들이다. 하지만 그들은 깨달음을 얻었지만 일반 민중들을 위해서 다시 인간세계에 재림한 존재들이다. 이는 티베트불교가 타 종교와 차별성을 갖는 점이기도 하다. 활불은 전세(轉世)의 형식으로 인간 세상에 환생한다. 그렇기 때문에 티베트 신자들은 활불을 추앙하고 존경한다. 그런데 자세히 들여다보면 활불의 세계에도 등급이 엄연히 존재한다. 거주하고 있는 사원과 종교적 수양 정도 그리고 사회적 지명도에 따라서 활불은 등급이 나뉘게 된다. 최고의 활불(달라이 라마)에서 일반 활불까지 그 등급의 차이가 엄연히 존재하는 것이다.

1) 활불의 등급

티베트 활불의 대중적 출현은 중원의 원조(元朝)시대에 해당된다. 당시 원조황실의 종교적 자문을 맡고 있었던 티베트의 활불 빠스파(八思巴)는 황실로부터 문수보살의 화신으로 인정받아 '서천불자'(西天佛子) 칭호를 받았다. 빠스파의 열반 이후에 그 법통은 티베트 종파 중에 화교(薩迦派)가

---

14 심혁주, 『티베트 천장(天葬): 하늘로 가는 길』, 책세상, 2008, 34쪽 재인용.

이어받지만 활불의 전세는 이루어지지 않았다. 앞서 살펴보았듯이 활불의 전세는 백교(噶擧派)의 갈마발희(噶瑪拔希)에서 시작되었다. 그러나 백교가 가지는 정치적 지위와 사회적 영향력은 높지 않아서 활불의 전세는 대중적으로 파급효과가 별로 없었다. 그러던 중 티베트 최고의 파급력을 가지는 황교(格魯派)에서 활불의 전세제도가 유입되자 티베트 사회는 술렁였다. 그리고 활불의 권위와 지위는 본격적으로 탄력을 받기 시작했다. 그리고 활불은 점진적으로 신격화되었으며 정교의 확실한 지도자가 되었다. 이에 호응하듯 사원마다 활불의 숫자는 늘어갔다. 그러나 사원의 활불들은 그 지위와 임무가 모두 달랐다. 활불마다 그 지위와 신분의 역할이 있기 때문이었다. 티베트불교의 관점에서 보자면 활불은 모두 중생을 위하여 환생한 부처이지만 현실적으로는 행사할 수 있는 임무의 구별이 확연히 존재했다. 전반적인 활불의 지위와 권위를 등급에 따라 분류하자면 다음과 같다.

티베트의 모든 활불들 중에서 가장 높은 권위와 지위를 인정받는 자는 역시 황교의 수장인 달라이 라마와 판첸 라마이다. 황교의 전세활불은 3대 달라이 라마, 즉 소남갸쵸(索南嘉措, 1543~1588) 시기에 이르러서야 이루어졌다. 소남갸쵸가 달라이 라마로 인준되고 나서 가장 먼저 착수한 작업은 황교의 전파와 홍보였다. 그는 몽고에까지 본 종파를 소개하고 확장시켰다. 여기에는 몽골 알탄 칸(1507~1582)의 협조가 있었기에 가능했다.

17세기에 이르러 5대 달라이 라마, 아왕로상갸쵸(阿旺洛桑嘉措) 역시 고시한(固始汗, Güshi Khan, 1582~1655)[15]의 적극적인 지원과 협조 아래서 황

15 천산(天山) 북록(北麓)에서 유목 생활을 하던 몽고(蒙古) 위랍특(衛拉特, Oirat) 4대 부족의 하나인 화석특(和碩特, Khoshut)의 수령(首領)이다. 1645년에 준갈이(準噶爾)의 배척을 받고 천산(天山) 남록(南麓)으로 옮겨와 세력을 확보하였으며 이후 청해(青海) 북부의 객이객몽고(喀爾喀蒙古) 부락과의 충돌을 평화롭게 해결하여 格魯派의 활불 동과이호도극도(東科

교를 티베트 사회의 절대적인 위치에 올려놓았다. 심지어 1652년(順治 9년)에는 중원의 북경에 초청되어 황제의 극진한 대우를 받기도 하였다. 그리고 1653년 청조황제는 정식으로 달라이 라마를 인정하고 금인(金印)을 하사하였으며 티베트의 실질적인 주인으로 인정하였다. 이는 달라이 라마가 티베트의 최고 활불로 인정받고 등극하는 결정적 계기가 되었다.[16]

티베트 제2의 도시 시카체(日喀則)의 황교 사원 '자스룬부'(扎什倫布, bkra-shis lhun-po)사원의 주인은 역대로 판첸 라마가 담당하고 있다. 따라서 전통적으로 판첸 라마는 시카체 지역의 토지와 농노를 부여받아 생활하였다. 판첸 라마는 종교적으로 달라이 라마와 동등하게 대우받은 최고의 활불 등급에 속한다. 달라이 라마에 이은 티베트불교의 2인자이다. 통상 달라이 라마에 의해 지명된다. 만약 달라이 라마가 사망하거나 유고될 경우 현존하는 판첸 라마가 달라이 라마로 즉위하고 그는 새로운 판첸 라마를 지명하게 된다.

1447년 제1대 달라이 라마로 추존된 근돈주파(根敦主巴, 1391~1474)는 티베트 귀족들의 원조를 얻어 12년에 걸쳐 '자스룬부'사원을 건립하였다. 그리고 1600년 제4대 판첸 라마 라상각길견찬(羅桑卻吉堅贊, 1567~1662)이 이 사원의 주지를 맡고 있었을 때 대규모 확장 공사가 이루어졌다. 4대 판첸 라마는 황교의 활불들 중에서 위대한 활불 중의 하나로 손꼽힌다. 특히나 그는 4대 달라이 라마가 승하하고 5대 달라이 라마가 정식으로 정권을 승계하기까지 실질적인 황교의 수장을 담당하면서 황교의 지도자 공백기를 훌륭히 완수한 것으로 평가받는다. 그는 자신이 주지로

爾呼圖克圖)라는 칭호를 받았으며 스스로 고시한(固始汗)으로 일컬었다. 이현구, 『중국시사문화사전(2008~2009)』, 인포차이나, 2008.

16 陳慶英 等 遍著, 『歷輩達賴喇嘛生平形象歷史』, 中國藏學出版社, 2006, 53~58쪽.

재직하던 시절 황교의 지위와 권위를 공고히 하기 위해 많은 대외적 활동을 추진하였다. 몽고와의 관계도 돈독해서 1645년 몽고의 알탄 칸은 그에게 '반선박극다'(班禪博克多)라는 칭호를 수여하기도 하였다. 강희 52년(1713) 청조는 5대 판첸 라마 라상익희(羅桑益喜, 1663~1737)를 '반선액이덕니'(班禪額爾德尼)라는 호칭으로 책봉하는데 이는 상당한 의미를 가진다. 즉 이전까지의 판첸 라마와는 전혀 다른 지위와 권위를 인정받는 것이다. 이것은 티베트불교 속의 황교라는 종파의 입장에서는 두 명의 최고 활불을 보유하게 된 셈이다. 저명한 활불의 보유는 해당 사원의 부흥으로 이어지는 티베트 사회의 특색으로 볼 때, 황교는 다른 종파들에 비해 매우 유리한 고지를 점령한 것이다. 사실상 오늘날까지도 황교가 다른 종파에 비해서 우월한 위치를 점유하고 있는 이유는 상징적인 두 명의 활불 체계를 유지하고 있기 때문이다.

달라이 라마와 판첸 라마 다음으로 권위와 지위를 확보하고 있는 활불은 몽고지역의 저부준단빠(哲布遵丹巴呼圖克圖[17])와 장가(章嘉呼圖克圖) 활불을 들 수 있다. 저부준단빠(哲布遵丹巴)는 객이객(喀爾喀) 몽고 지역의 불교 수장이자 활불이다. 17세기 초, '객이객' 몽고 지역의 칸 아파대(阿巴岱)의 요청으로 티베트의 4대 달라이 라마(雲丹嘉措)는 줴낭파이(覺囊派)의 고승 다라나(多羅那)를 객이객(喀爾喀) 지역으로 파견하여 전교를 진행한다. 다라나는 이 지역에서 20년간 티베트불교를 전도하여 몽고의 칸과 귀족 그

17 '呼圖克圖'는 몽고어로 '지혜', '존귀한 사람', '복과 장수'의 뜻을 가지고 있다. 이는 청조가 티베트불교에서 전세하는 자에게 수여하는 최고의 칭호이다. 「大靑會典」에서는 다음과 같이 규정하고 있다. "라마 중에 최고의 수행과 언행을 겸비한 자를 '呼圖克圖'라고 한다." 따라서 라마 중에서 이러한 조건을 갖춘 자에게는 청조가 그러한 봉호를 내려주었다. 일반적으로 달라이 라마, 판첸 라마, 哲布遵丹巴 등에게 부여되었다. 이 봉호를 부여받으면 政敎의 양권을 장악하게 된다. 즉 종교적으로는 교주가 되며 행정적으로는 수장이 되는 것이다. 風波臣 箸, 『藏傳佛敎的活佛轉世』, 叔香出版社, 1992.

리고 민중들로부터 신임을 얻었고, 결국 '哲布遵丹巴'(존귀한 성현의 의미)란 칭호를 얻었다. 다라나는 1634년에 몽고에서 승하했다. 그가 승하한 다음 해에 객이객의 칸, 공포다이길(貢布多爾吉)은 아들을 낳았는데 이름을 찰나파사이(扎那巴斯爾)라고 했다. 따라서 각 부락의 칸과 귀족들은 그를 다라나의 전세영동으로 인정하고 그를 제1대 '哲布遵丹巴'라고 불렀다.[18] 이로써 몽고 지역에서도 저명한 활불 계보가 시작된 것이다([도표 16] 참조).

제1대 저부준단빠(哲布遵丹巴) 활불로 추존된 라포상왕포찰륵상(羅布桑旺布扎勒桑)은 1649년 티베트에서 밀경(密經)을 공부했으며 훗날 르커저(日喀則) 지역으로 가서 4대 판첸 라마를 만났다. 그리고 계(戒)를 받았다. 그리

[도표 16] 역대 '저부준단빠'(哲布遵丹巴) 활불의 계보 일람표

계보	이름	출생지	생년	졸년	향년
1대	羅布桑旺布扎勒桑	喀爾喀	1635	1723	88
2대	羅布桑丹必若麥	喀爾喀	1724	1757	34
3대	業喜丹巴尼瑪	西藏	1758	1773	16
4대	羅布桑圖不丹 旺楚克	西藏	1774	1813	40
5대	羅布桑蘇爾合木 吉格米德	西藏	1815	1842	28
6대	羅布桑巴拉丹扎拉桑	西藏	1842	1848	7
7대	阿格旺却吉旺楚克	西藏	1850	1868	18
8대	阿格旺羅布桑 却吉尼瑪	西藏	1870	1924	54

* 출처: 德勒格 編著, 『內蒙古喇嘛教史』, 內蒙古人民出版社, 1998, 297쪽.

18 德勒格 編著, 『內蒙古喇嘛教史』, 內蒙古人民出版社, 1998, 295~296쪽.

고 나서 2년 후 라싸로 다시 가서 5대 달라이 라마를 만났다. 당시 5대 달라이 라마는 그에게 '저부준단빠'(哲布遵丹巴, 呼圖克圖)라는 존호를 하사하였다.[19] 1651년 1대 저부준단빠가 고향인 객이객(喀爾喀)로 돌아가려 할 때 5대 달라이 라마는 그에게 개종을 요구했다. 즉 그가 속해 있던 줴낭파이(覺囊派)에서 황교(格魯派)로 개종하라는 것이었는데 만약 승인하지 않으면 그의 활불의 직위를 해지하겠다고 강력히 권고했다. 당시 달라이 라마가 수장으로 있는 황교는 몽고에서도 위력을 떨치고 있던 시기여서 라포상왕포찰륵상(羅布桑旺布扎勒桑)은 받아들일 수밖에 없었다. 결국 그는 황교로 개종했고 이때부터 몽고의 객이객(喀爾喀) 지역에서도 황교가 그 위세를 떨치게 되었다. 그리고 그 중심에 저부준단빠 활불이 있었다. 티베트의 수장인 달라이 라마의 지원과 지지 속에서 저부준단빠 활불 또한 몽고에서 그 존재감을 점점으로 끌어올릴 수 있었던 것이나. 몽고인들은 저부준단빠 1세를 존경하여 '온도이갈근'(溫都爾葛跟, 높고 밝은 자)과 '박극다갈근'(博克多葛根, 성스럽고 밝은 자)라고 존칭하기도 하였다. 1691년(강희 30년), 청 정부는 공식적으로 그를 '호도극도대라마'(呼圖克圖大喇嘛)라고 책봉하였고 그를 몽골 지역에서 최고의 활불로 인정하였다.

'장가'(章嘉, 呼圖克圖) 또한 몽고 지역의 최고 활불에 속한다. 1701년(강희 40년), 청조의 강희 황제는 청해 성의 소재의 좌녕사(佐寧寺)에 제1대 장가 활불로 '아격왕라포상각단'(阿格旺羅布桑卻丹)을 주지로 임명한다. 그리고 내몽고 지역의 불교 활동과 종교 활동 업무를 총괄하는 임무를 맡긴다. 1706년(강희 45년), 청 강희제는 정식으로 '호도극도'(呼圖克圖)라는 존호를 수여하고 '관정보선광자대국사'(灌頂普善廣慈大國師)로 책봉한다. 이로부터 '장가'(章嘉, 呼圖克圖) 또한 몽고 라마들 중에서 최고의 활불로 인

19 洛桑譯培, 『蒙藏民族關係史略』, 天津古籍出版社, 1990, 103쪽.

[도표 17] 역대 '장가'(章嘉, 呼圖克圖) 활불 계보 일람표

계보	이름	출생지	생년	졸년	향년
1대	阿格旺羅布桑卻丹	青海	1642	1715	73
2대	羅賴華多爾吉	甘肅	1717	1786	69
3대	業喜丹必扎拉桑	甘肅	1787	1846	59
4대	業喜丹必尼瑪	甘肅	1849	1875	26
5대	羅布桑丹森扎拉桑	青海	1878	1888	10
6대	業喜道爾吉	青海	1891	1958	67

* 출처: 德勒格 編著, 『內蒙古喇嘛教史』, 內蒙古人民出版社, 1998, 298쪽.

정받는다.

달라이 라마를 보좌하는 '섭정'(攝政)활불 또한 그 지위와 권위가 대단하다. 티베트에서는 섭정활불을 '걸조'(杰曹)라고 부른다. '걸왕고조'(杰旺古曹)의 줄임말이다. 의미는 '달라이 라마의 대리인'이라는 뜻이다. 의미하는 바와 같이 섭정 활불은 달라이 라마의 유년 시절과 승하 이후의 공백기를 담당한다. 달라이 라마가 친정(親政)하기 전까지 모든 정교의 활동을 주관하고 관리하는 것이다. 티베트에서 영향력으로 볼 때 달라이 라마와 판첸 라마 버금가는 활불 등급으로 분류될 수 있다. 섭정 활불 다음으로는 저명한 사원의 주지 활불들을 들 수 있다. 예컨대 청해 '타얼사'(塔爾寺)와 감숙의 '라부렁'(拉卜楞寺)사원의 활불이 될 것이다. 특히나 '라부렁'사원의 '가목양'(嘉木樣) 활불의 명성은 대단하다. 가목양협파(嘉木樣協巴) 활불은 '라부렁'사원의 초대 주지이다. 강희 59년(1720), 청조는 가목양 활불에게 '부법신사반지달액이덕니낙문한'(扶法禪師班智達額爾德尼諾門汗)이라는 존호를 하사했으며 그는 1대 활불로 추존되었으나 1721년에 원적했다. 이로부터 이 사원에는 '가목양' 활불전세가 시작되었다.[20]

저명한 사원에 외부의 활불이 입주하는 방법은 대략 세 가지이다. 첫째

는 티베트 권역의 저명한 활불이 유입되는 것이다. 두 번째는 본 사원에서 원래부터 거주하고 수양하던 활불이 스승의 계를 이어받아 거주하는 경우이다. 세 번째는 주위의 중소형 사원에서 수양하던 활불이 이 사원으로 전입하여 오는 경우이다. 예를 들자면, 라부렁(拉卜楞)사원의 부속 사원에서 공부하다 본 사원으로 오는 경우이다. 실지로 감숙성에 산재하고 있는 불교 사원은 거의 대부분 '라부렁'사원 계열의 부속 사원이다. 따라서 '라부렁'사원에는 활불이 많다. 문헌에 의하면 활불의 계통도 매우 다양하다. 우선 가장 큰 활불 계열인 가목양(嘉木樣) · 새적(賽赤) · 감포(堪布) 등을 들 수 있다. 사원 내에서 수백 년의 활불 역사와 계통을 형성해온 것이다. 이 중에서 '가목양' 활불은 이 사원의 가장 상징적인 존재이다. 대략 65개 정도의 활불 계통 중에서 가장 오래된 역사와 권위를 보유하고 있는 활불로 분류된다([도표 18] 참조). 집계에 따르면 1959년 전까지 이 사원에는 대략 500명의 대소 활불이 수양했던 것으로 파악된다. 이러한 숫자는 티베트 전역의 사원 중에서도 가장 많은 활불을 보유한 사원에 속한다.[21]

그 다음 활불의 등급으로는 일반 사원 내의 '켄보'(堪布) 활불을 들 수 있다. '켄보' 활불의 지위는 대형 사원의 주지 활불보다는 아래에 속한다. 티베트의 불교 사원들은 사원 내에 저마다 찰창(扎倉)이라는 종교 조직(학원)이 존재한다. 찰창은 사원 내에서 확실한 독립성과 자주성을 가진다. 종교 방면으로는 단독의 경당(經堂)과 불전(佛典)을 가지고 있고, 경제적으로는 스스로의 토지와 목축 그리고 수행 방을 자체적으로 보유하고 있다. 일반적으로 대형 사원은 몇 개의 찰창으로 이루어져 있기도 하다.

20 甘肅省民族研究所, 甘肅省藏學研究所 編, 『拉卜楞寺与黃氏家族』, 甘肅民族出版社, 1995, 36쪽.

21 扎扎 著, 『拉卜楞寺活佛世系』, 甘肅民族出版社, 2000, 2쪽.

[도표 18] 역대 라부렁스(拉卜楞寺) '가목양'(嘉木樣) 활불 전세 일람표

대	법명	민족	원적	생년	재위
1	根欽嘉木樣雅巴 · 俄仰宗哲	藏族	甘肅	1648. 1 .8~1721. 2. 5	1709. 9. 1~1721. 2. 5
2	貢曲乎普美仰吾	藏族	青海	1728. 3. 8~1791. 10. 28	1743. 7. 13~1791. 10. 28
3	羅藏圖丹普美嘉措	土族	青海	1792. 8. 10~1855. 9. 6	1798. 1. 11~1855. 9. 6
4	噶藏圖丹旺秀	藏族	四川	1856. 1. 25~1916. 2. 22	1860. 2. 1~1916. 2. 22
5	羅藏嘉英益西貝堅贊	藏族	四川	1916. 3. 12~1947. 2. 23	1920. 9. 22~1947. 2. 23
6	羅桑久美圖丹却吉尼瑪	藏族	青海	1948. 4. 1~현재	1952. 2. 11~현재

* 출처: 扎扎 著, 『拉卜楞寺活佛世系』, 甘肅民族出版社, 2000, 432쪽.

이렇듯 사원 내의 하나의 독립된 종교적 기구를 담당하는 기관이 찰창인데 이 조직의 수장이 일반적으로 '켄보' 활불인 것이다. 켄보는 사원 내 라마승의 교학(敎學)을 담당하기도 한다. 이 활불의 특징은 중앙정부의 승인을 받을 필요가 없다는 것이다. 단지 속해 있는 사원의 활불의 동의만 있으면 가능하다. 사원이 발전하고 대형화 될수록 '켄보' 활불의 권위와 능력도 증대된다.

'켄보' 활불 다음으로는 티베트불교 시험을 통과하고 '격서'(格西) 학위를 취득한 활불들이 있다. 일반적으로 시험을 통과한 라마승을 '연강파'(然江巴)라고 일컫는데 역시 활불의 계열에 포함된다. 이러한 일반 활불은 티베트 전역에 무수히 많다. 이들은 사원에 거주하며 사원에서 제공하는 거주지와 음식을 제공받는다. 또한 이들은 세월이 흘러 연령과 경륜이 깊어지면 사원의 '켄보' 역활을 겸임하게 되는 경우가 대부분인데 이럴 경우에 일정 정도 신분을 부여받는다. 하지만 이들은 활불의 세계에서는 비교적 낮은 등급에 속한다.

요약하면, 티베트 사회는 불교 사원이 중심이 되는 사회구조이다. 그리고 사원 안에는 티베트 민중들이 신뢰하고 추앙하는 활불들이 존재했다.

그런데 활불들은 나름의 등급과 지위 신분이 다르게 존재했다. 그러나 티베트라는 독특한 사회구조 속에서 일단 활불이라는 직위를 취득하게 되면 대단한 종교적 · 사회적 성공을 의미한다. 신분에 따른 지위와 부와 명성을 모두 획득할 수 있기 때문이다. 그런데 중요한 사실은 이 활불들의 대다수가 귀족가문의 자제들이란 점이다.[22] 티베트에서 사원에 출가하여 공부하고 활불이 되려면 적지 않은 재정적 지원과 시간을 필요로 했다. 따라서 가난한 일반 가정에서 사원에 진출하여 활불이 되기란 쉽지 않다. 물론 전통적으로 전세영동을 신뢰하는 달라이 라마나 판첸 라마의 경우에는 가끔 지방 농민이나 유목민의 집안에서 출현하기도 했다. 그러나 이는 매우 극소수의 경우이다. 티베트는 귀족과 사원의 라마승 그리고 저명한 활불들에 의해서 유지되고 발전되는 사회체제이다. 따라서 티베트에서 귀족의 자제로 출생한다는 것은 활불로 등극할 수 있는 지름길이기도 했다.

2) 활불과 티베트 사회

구(舊)티베트 사회에서 교육은 사원이 담당했다. 따라서 일반 티베트 가정에서는 아들을 사원에 출가시켜 지식인(라마승)을 배출하는 것이 가문의 영광이었다. 활불은 사원의 출가승들과 일반인들에게 있어서 존중받는 숭고한 존재이다. 그런 의미에서 티베트는 '활불의 왕국'이라고 보아도 무방하다. 주지하다시피 티베트 전역에서 활동하고 있는 활불의 최종 수장은 달라이 라마와 판첸 라마이다. 양자의 관계에서 달라이 라마는 정교의 영향력과 대외적인 인지도에서 앞선다. 그러나 티베트인들이 바라보

22 티베트 활불과 貴族과의 상관관계에 관하여는 심혁주 논문 「티베트 활불제도의 권력구조 분석: 貴族집단을 중심으로」, 인천대학교 중국학연구소, 『중국학논집』 제4집, 2009 참조.

는 이 존재들의 종교적 경외감은 별반 차이가 없다. 현실적으로 활불의 지위는 종교적인 것에만 국한되지 않는다. 그는 정치 · 경제 · 문화 심지어 예술의 방면에 이르기까지 전방위로 그 영향력과 능력을 발휘한다. 이러한 활불의 권위와 지위는 인근 몽고와 네팔 · 인도 등지에서도 똑같이 존중받는다.

티베트 대다수의 활불은 귀족가문 출신이다. 그들은 좋은 환경 속에서 태어나 집안의 경제적 지원을 받으며 사원에서 공부할 수 있었다. 따라서 그들은 공부에만 몰입할 수 있었고 좋은 스승을 모실 수 있었기에 그들은 활불이 되기까지의 과정은 비교적 순탄했다고 볼 수 있다. 따라서 그들이 사원에 출가하여 라마승이 되고 활불이 되었지만 그들의 정치적 지위와 영향력은 속세의 귀족가문들과 대등했다. 상대적으로 가난한 집안(일반 농민이나 유목민)의 아들이 출가하여 활불이 되는 경우는 매우 드물었다. 활불이 되더라도 많은 시간이 소요됐다. 이는 공부에만 매진하기에는 귀족 자제에 비해 물질적 토대가 약했기 때문이었다. 티베트 사원에 출가한 자는 철저히 개인의 능력에 따라서 활불이 된다. 일단 활불이 되면 모든 세금과 부역에서 면제된다. 이는 전통시대 티베트 사회의 고질적 병폐로 부각되기도 하였다. 특권이 부여되는 라마승이나 활불이 되기 위해서 티베트 가정의 남자들이 대부분 사원에 몰리다 보니 티베트 사회의 노동력이 현저히 부족한 현상이 발생한 것이다. 그러다 보니 일반 민중에게 과도하게 세금이 부과되기도 하였다. 외관적으로 보면 활불은 사원에 소속된 종교적 지도자이지만 실제로는 속세의 일반 세속귀족과 다를 바 없는 지위와 특권을 누리고 있었다. 지역마다 차이가 있지만 특정 지역, 예를 들어 라싸의 경우는 티베트 정치 · 경제 · 문화의 중심지이다. 이런 지역에서의 활불은 더욱더 존엄한 존재로 인정받는다. 그들은 신권과 교권을 양손에 쥐고 정치적 · 종교적 · 경제적 특권을 향유하였다. 특이한 것은 그들이 신권과 교권을 잘 운용할수록 티베트 사회는 안정되었다. 중원의 청조는 이러한 티베트 사회의 생리를 간파하고 활불을 중용하였다. 즉 활불을 활용하여 티베트를 통치하고 관리하였던 것이다. 청조의 홍타이지에서 건륭제에 이르는 청조 황제들은 모두 티베트의 저명한 활불들과 우호관계를 맺으려 노력하였다. 특히나 1652년(順治 9년)에 제5대 달라이 라마를 북경에 초청하고 특별히 대우한 것은 그만큼 티베트 활불의 중요성을 인지한 대목이라고 할 수 있다.

활불은 대외적인 종교 활동 이외에도 티베트인들의 희로애락(喜怒哀樂)을 같이한다. 대표적인 활불의 활동으로 '초도'(超度)를 들 수 있다. '초도'란 죽은 망자를 위해서 진행하는 일련의 종교의식이다. 티베트인들은 활불이 직접 왕림하여 죽은 자를 위해 경을 읽어주거나 의식을 진행해주는 것을 대단한 영광으로 여긴다. 또한 활불은 언제든 마을 주민들이 원하면 왕진하여 병든 자를 위하여 경을 읽어주거나 치료를 해주기도 한다. 전문적인 의사 활불도 존재한다. 바로 '암치'라고 불리는 활불들이다. 고대 티베트에는 병원이 없었다. 그래서 사람이 다치거나 병들면 사원의 활불이나 라마승이 출장 가서 고쳐주기도 하였다. 인간의 질병을 고쳐주는 것도 수행의 한 방편이라고 생각한 것이다. 따라서 활불은 의술 방면에 많은 경험과 지식을 공부해야 했다. 전통시대 티베트의 대형 사원에는 '만파찰창'(曼巴扎倉)이라고 불리는 의술 학교(학원)가 설립되어 있었다. 이곳은 전문적으로 티베트 의술을 교습하는 곳이다. 활불은 불경 이외에도 이곳에서 체계적으로 의술을 공부한다. 티베트에서 가장 유명한 암치는 우타(宇妥)－원단공포(元丹貢布)인데 그는 유명한 티베트 의술서인 『사부의전』(四部醫典)[23]의 저자이기도 하다. 그는 의서를 저술하고 후학에게 티베트 의술을 전승했다. 이 의서는 너무도 유명하여 몽고에서도 몽고어로 번역하여 전파되기도 하였다.

활불은 종교적으로 숭고한 대상이기도 하지만 일반 티베트인들의 삶에서 볼 때 매우 필요한 현실적 인간 존재이기도 했다. 활불은 선생이자 의사이고 종교적으로 의지할 수 있는 멘토였다. 또한 활불은 티베트 사회의 문화와 예술을 창출하고 지식을 전승하는 리더 역할을 하였다. 그리고 방대한 저술 작업 또한 주관하였다. 이는 티베트의 지적 유산을 보존하고 계승하는 중요한 작업이다. 예를 들어 티베트 대장경(大藏經)을 들 수 있다. 현재의 티베트 대장경은 '간주얼'(甘殊爾, Bkaḥ - ḥgyur)와 '단주얼'(丹殊爾, Bstan- ḥgyur)로 양분되어 있다. 전자를 '불설부'(佛說部), 후자를 '논소부'(論疏部)라고 한다. 경장 · 율장 · 논장의 삼장과 비교하면 경장은 甘殊爾에 포함되고 논장은 丹殊爾에 포함된다. 티베트 대장경은 율장을 분리하여 율장의 근본 문헌은 甘殊爾에, 이의 주석은 丹殊爾에 포함시키고 있다. 여기에 포함된 문헌들의 배열은 판본에 따라 다르나 델게(sdedge)판을 기준으로 하면 甘殊爾는 100함 1,108부, 丹殊爾는 213함 3,461부로 구성되어 있다.[24] 이는 티베트 불교문화의 절정이며 보고(寶庫)이다.

---

23 사부의전(四部醫典)의 작자, 우타(宇妥) · 원단공포(元丹貢布)는 서기 708년에 전장(前藏) 堆龍吉那 지방의 한 의학(醫學) 가문에서 태어났다. 그는 세 살 때 이미 장문(藏文)을 배우기 시작했고, 다섯 살 때 아버지를 따라 행의(行醫)에 나섰다. 열 살 때는 당시의 명의들과 학술 토론대회에서 그의 실력을 과시하여 장왕(藏王) 츠송덕찬(赤松德贊)의 눈에 들기도 하였다. 우타(宇妥)는 의학 지식을 습득하기 위하여 세 차례나 인도와 네팔을 다녀왔다. 네팔에서는 당시 네팔의 명의 달랍석랍합(達拉釋拉哈)을 스승으로 모시고 인도(印度) 의학을 체계적으로 학습하였다. 그는 인도 의학과 네팔 의학의 정수를 공부한 뒤 티베트 의학의 튼튼한 기초를 세웠다. 10년 동안 각고한 노력 끝에 45세 때 『사부의전』(四部醫典)을 집필하였다. 이는 티베트 의학사상 가장 훌륭한 의학 성전(聖典)으로 인정되고 있다. 그는 『사부의전』(四部醫典)에 인체 생리와 인체 해부와 병인과 병리와 진단과 치료 방면의 모든 문제들을 상세히 묘사해놓았다. 그는 또 의사는 도덕수양(道德修養)을 반드시 구비해야 됨은 물론 병자를 자기 부모형제처럼 여기고 치료에 임해야 된다고 역설했다. 그는 후세인들로부터 '의성'(醫聖) 혹은 '약왕'(藥王)이라는 존칭을 받았다.

24 索南才讓, 『西藏密教史』, 中國社會科學出版社, 1999.

사원 교육과 문화의 창달 그리고 일반 티베트인들과의 종교적 접촉, 이 모든 것들은 활불의 영역 안에서 이루어진다. 따라서 티베트인 사회와 인(人)들은 활불이 존재하지 않으면 살 수가 없었다. 그들의 삶에 막대한 영향력을 끼치는 고마운 존재이기 때문이다. 오늘날 티베트에 존재하는 모든 지적 · 문화적 유산은 활불로부터 기획되고 추진되어 완성된 것이라고 볼 수 있다. 불교 사원이 그러하고 사원 속에 내재된 예술품이 그러하다. 그렇기 때문에 활불은 티베트 사회에 매우 필요한 존재인 것이다.

3) 활불의 한계

고대 티베트 사회에는 계급제도가 존재했다. 그리고 이러한 계급제도는 티베트 사회의 역사 흐름 속에서 성립된 것으로 15세기말 달라이 라마 제도의 성립을 경계로 하여 그 이전과 그 이후의 계급 신분의 양상이 변화를 보인다. 즉 달라이 라마 제도가 성립되기 이전에는 위정자나 귀족들이 티베트 사회의 상층부를 차지하고 중급 · 하급의 호족 및 라마가 중간층에 위치하고 있었다. 그런데 달라이 라마 제도가 완성된 이후에는 라마와 활불들이 티베트 사회의 최상위를 차지하고 호족계급은 중간층으로 전락하는 한편 티베트 사회의 통치권도 활불에게 양도되었다. 상층 계급의 변화에도 불구하고 하층부에는 변함없이 농민 · 상인 · 유목민 등의 일반 서민계층이 존재하고 있었다. 이들은 활불로부터 전쟁의 파괴와 재앙, 정신적 고통으로부터 자신들을 보호해주기를 희망했다. 그들에게 활불은 정신적인 지도자일 뿐만 아니라 천재지변까지도 물리칠 수 있는 힘을 가진 자로 생각되었다. 따라서 하층부의 티베트인들은 자신들이 처한 위치와 신분에 별다른 저항감이 없었다. 이처럼 활불은 티베트 사회의 피라미드 구조선상의 정점에서 때로는 권력 집단에 이용당하면서도 그 모습을 역사의 표면에 드러냈다.

티베트 사회에서 활불은 표피적으로 정교(政教)의 운영권을 쥐고 있는 인물임에 틀림없다. 앞서 살펴보았듯이 활불의 세계는 여러 등급이 존재하며 최고의 수장 자리에 달라이 라마가 존재한다. 티베트인들의 우상이자 지도자인 그는 모든 면에서 영향력을 발휘할 수 있다. 그러나 역사를 자세히 통찰해보면 그에게도 한계는 있었다. 왜냐하면 그를 둘러싼 권력 집단들이 첨예하게 대립하는 구조가 형성돼 있었기 때문이었다. 여기서 말하는 권력 집단이란 황교 외의 사원의 라마승 집단과 세속귀족 집단 그리고 섭정활불을 추종하는 세력 등을 말한다. 이들은 서로 견제하며 서로 상생하는 관계였다.

앞서 살펴보았듯이 티베트 사회에서 신의 영역인 달라이 라마의 지위에 오르기까지는 많은 시간을 필요로 한다. 엄격한 종교적 성찰과 개인의 판단 능력이 지도자 수준에 이르려면 보통 20년의 정진과 공부의 시간을 필요로 하기 때문이다. 따라서 활불이 양손에 정치와 종교의 권력을 가지려면 유년기의 각종 위험의 변수시기를 넘기고 일반 민중들의 대중적 지지와 자신이 속해 있는 종파의 건재함을 기본 전제로 한다. 이 오랜 기간 동안에 인간인 어린 전세영동을 신의 경지인 활불로 만드는 작업은 전적으로 섭정(攝政) 활불과 그의 주변 인물에 달려 있다. 섭정은 일반적으로 상황에 따라 교체되기도 하나 중요한 것은 어떤 섭정이든 간에 권력은 그의 손에 있다는 것이다. 어린 영동의 모든 일정을 담당하고 외부 세계와의 소통 역시 섭정에 의해 통제되기 때문에 어린 영동은 섭정의 손아귀에서 벗어날 수 없었다. 7대 달라이 라마의 상황은 적절한 예가 될 것이다. 그가 전대 6대 달라이 라마의 전세영동으로 확인되어 라싸의 포탈라 궁으로 모셔졌을 때 그는 글자도 모르는 일반 어린아이에 불과했다. 따라서 당시 그를 둘러싼 권력투쟁과 음모는 귀족세력과 섭정 그리고 사원의 고위 라마승들 사이에서 치열하게 전개되었다. 이들은 서로의 이해득실을 사이에 두고 상황에 따라 타협과 마찰 및 협조 체제를 맺었다. 따라서 그러한 중심에 있는 어린 영동이 사실상 주관적으로 행사할 수 있는 영향력은 한계가 있었다. 역대 달라이 라마 중에서 8대에서 12대까지는 정치와 종교 면에서 가장 영향력이 없던 시기로 간주된다. 이는 이 시기의 달라이 라마가 어린 나이에 요절한 것과도 무관하지 않다.[25] 이러한 티베트의 특수한 상황 속에서 5대와 13대 달라이 라마는 자신만의 권위와 집정 능력을 발휘했다. 이는 달라이 라마의 정치사에서 매우 이례적인 사례에 속한다.

『티베트불교사』에서는 티베트불교에 활불 사상이 존재하는 이유로써 다음의 몇 가지 상황을 서술하고 있다.[26] 첫째, 티베트에 불교가 들어오기 이전부터 그 땅에 토착하고 있던 본교(苯教)의 영향이 컸음을 지적하고 있다. 둘째로, 티베트인의 민족성 중에 종교적인 영위(靈威)를 인정하는 경향이 있다는 점이다. 즉 티베트인의 장례법이나 고파(古派)에의 세습법 등의 의식을 볼 때, 티베트인의 사상 중에는 영적인 존재를 강하게 긍정하려는 경향이 있으며 이러한 민족성이 활불의 존재를 낳는 결과가 되었다는 것이다. 셋째로, 현실적인 이유로 14세기 말 종카파(宗客巴)에 의한 종

25 5대 달라이 라마 이후 티베트에서는 하나의 전통이 형성되었다. 바로 어린 영동을 점지하여 일정 기간 종교적 수행을 교육하여 18세가 되면 그에게 티베트를 친정(親政)할 수 있는 권위를 부여하는 것이다. 그러나 티베트의 역사에서 친정할 수 있었던 달라이 라마는 그리 많지 않았다. 8대 달라이 라마(强白嘉措, 1758~1804)가 친정을 감행한 시기는 그가 21세였을 때였다. 그러나 그가 집정한 시기는 고작 15년 정도에 지나지 않았다. 11세 달라이 라마(凱珠嘉措, 1838~1855)는 18세인 집정의 당해 연도에 사망했고 12대 달라이 라마(赤烈嘉措, 1856~1875)는 친정 후 2년 뒤에 역시 포탈라 궁에서 의문의 시체로 발견됐다. 심지어 6대 달라이 라마(倉央嘉措, 1683~1706)는 조기에 폐위되었고 9대(隆朵嘉措, 1805~1815)와 10대(楚臣嘉措, 1816~1837) 달라이 라마 또한 어린 나이에 요절했다. 英德, L, 馬利克 著, 『西藏的歷代達賴喇嘛』, 中國藏學出版社, 1991 참조.

26 야마구치 즈이호 · 야자키 쇼켄, 이호근 · 안영길 옮김, 『티베트불교사』, 민족사, 1990, 193~194쪽.

교개혁 이후 승려의 육식 등이 금지되었다. 따라서 고승 라마의 경우에는 그때까지 세습에 의해 승적(僧籍)을 계승하던 것이 후계자의 선정으로 고심하게 되었는데 이 때문에 활불 사상이 곧잘 이용되었다고 한다.

이러한 설명은 티베트 활불제도의 당위성과 합리성을 적절하게 부각시키고 있다. 그러나 좀 더 자세히 들여다보면 티베트불교는 역사 속에서 각 시대의 지배자나 권력자들에 의해서 형성되어왔다. 즉 티베트불교를 담당하고 유통시킨 권력 집단, 예컨대 세속귀족과 사원의 고위 라마승 그리고 섭정 등에 의해서 티베트 사회는 유지되고 견인되어왔다. 이는 그들이 자신의 신분과 권력을 유지하는 수단으로 불교와 활불을 창조하고 활용했음을 의미하는 것으로 이해할 수도 있다.

구(舊)티베트 시대 권력 실세들에게 티베트불교와 지도자(달라이 라마)는 그들의 기득권을 보다 공건히 하고 확대하기 위하여 이용해야 할 수단이요 도구였다. 특히나 라마승과 활불은 티베트인과 사회를 '종교 공동체'로 응집하여 단순하게 통치하는 데 있어서 매우 중요한 역할을 하였다.

티베트의 활불(活佛), 특히나 달라이 라마는 티베트 정교의 정점에서 군림하기 때문에 일반 티베트인들에게 미치는 대중성과 영향력은 막강하다. 그러나 이러한 달라이 라마에게도 말 못할 속사정이 있었다. 대략적으로 고대와 근대로 나누어볼 때 고대에는 섭정이라는 그림자 비서가 달라이 라마 곁에 존재했는데, 이는 말 그대로 달라이 라마의 뒤에서 모든 것을 주관하는 집사이자 총괄자이다. 근대에 들어서는 중원의 중앙정부가 달라이 라마의 영향력에 견제와 제동을 거는 역할을 담당했다. 이는 달라이 라마와 판첸 라마라는 활불의 두 거두가 중원의 허락을 받아 공식적으로 인정됐기 때문이었다. 원조(元朝) 이래로 티베트와 중국은 특수한 역사적 · 정치적 · 문화적 동맹관계를 형성해왔다. 즉 중원은 티베트의 특수한 사회 환경(종교 · 민족)을 인정하여 종교적 수장으로 하여금 티베트를 관리하고 장악하는 방법을 활용했다. 티베트의 종교적 수장(활불) 또한 중원의 경제적 · 군사적 지원을 힘에 업고 자신의 종파를 지키고 확장하려 했다. 이는 양자가 평화적 · 안정적 발전을 도모하는 데 암묵적으로 합의했기 때문에 가능했다. 하지만 티베트의 종교적 수장은 자신의 종교적 · 정치적 입지를 공고히 지원받는 대신에 중원의 정책과 통치 스타일에 적극 협조해야 하는 부담을 갖게 되었다. 이는 결국 자신의 활동과 영역에서 통치력의 한계로 작용할 수밖에 없었다. 외부적인 힘의 한계가 이것이라면 내부적인 한계는 활불이라는 고위직을 겸직하고 있는 섭정의 존재와 역할이었다. 현재까지 14명 달라이 라마의 환생의 역사 속에서 과연 몇 명이나 제대로 친정을 행사할 수 있었는가? 그리고 왜 그들은 친정을 할 수 없었을까? 학계에서 여전히 많은 의구심을 갖는 부분이다. 여기에 관하여 부정 할 수 없는 공식(共識)은 기본적으로 타인에 의한 선세영동(轉世靈童)의 점지로부터 활불로 확인이 되는 시기는 대부분 어린 나이였고 소활불의 수습 기간을 거치고 난 후에도 대부분 20세를 넘지 못하는 나이였다는 것이다. 따라서 섭정이라는 막후 실력자가 활불의 모든 행정과 활동을 안배하였으며 귀족세력과의 결탁으로 활불은 꼭두각시에 지나지 않았다는 것이다. 어린 영동이 모든 학습 기간을 거쳐 무사히 티베트의 수장이 되어도 한평생 공부한 것은 정치가 아니라 불교철학이었기 때문에 권력의 중심에서 의사를 주도하고 결정할 만한 실질적인 장악력은 그리 높지 않았다. 이러한 현실적 약점은 달라이 라마가 티베트 사회에서 종교적인 상징적 인물에 불과할 수밖에 없는 한계를 가진다. 대표적 활불인 역대 13명의 달라이 라마의 생애를 살펴보면 그들이 정치적으로 이용당하고 섭정과 귀족의 손아귀에서 벗어나지 못했음을 알 수 있다. 살펴보면 현재의 14대를 제외한 13명의 달라이 라마의 평균 수명은 40세를 넘지 못한다. 심지어 11대 활불 켄드룹갸쵸(凱朱嘉措, 1838~1855)는 17세에, 9대 활불 룽톡갸초(隆朵嘉措, 1805~1815)는 10세의 어린 나이로 숨졌다. 이는 정치적 · 종교적으로 미숙한 상태인 활불을 둘러싼 종파 간의 반목이 정치적인 비화로 확대된 사건의 결과로 비추어진다. 그러나 모든 달라이 라마가 이러한 비극적 결과를 맞이한 것은 아니다. 역대 달라이 라마 중에서 5대와 13대는 매우 강력한 주권을 가지고 티베트를 대내외적으로 부흥시킨 지도자로 인정받는다. 5대 달라이 라마가 처음부터 끝까지 정교(政教)의 영역에서 카리스마를 발휘했던 것에 비해서 13대 달라이 라마는 위험한 고비를 몇 차례 넘긴 끝에 결국 친정(親政)할 수 있게 되었다. 13대 달라이 라마인 토등가조(土登嘉措)가 정교를 손아귀에 넣고 집정을 막 시작할 무렵 그는 자주 병에 걸렸다. 따라서 주위에서는 전문 주술사를 불러서 점도 쳐보고 약 처방도 받아보았으나 그의 병은 끊이질 않았다. 결국 달라이 라마를 근거리에서 보좌하던 섭정과 몇몇 고위 라마승은 회의를 거친 끝에 당시 역점과 천문학의 전문가인 '내궁'(乃窮)활불에게 굿을 하게 하여 그 원인을 찾아내게 하였다. 강림 신의 굿을 진행한 내궁활불은 뜻밖의 대답을 해주었다. 다름 아니라 13대 달라이 라마 몸에 악한 귀신이 씌었다는 것이었다. 그러나 모두들 그 사악한 기운이 어디로부터 오는 줄은 아무도 몰랐다. 더욱더 난감은 것은 그러한 사악한 독수가 어떻게 포탈라 궁에서 가능한가의 의문이었다. 날이 갈수록 모두들 긴장감과 당혹감에 빠지지 않을 수가 없었다. 왜냐하면 이대로 가면 달라이 라마는 병이 들어 죽을 것이 명확하였기 때문이었다. 결국 모두의 걱정과 담당 주술사의 노력으로 결국 13대 달라이 라마가 생병이 자주 드는 원인을 찾아내었다. 바로 달라이 라마가 신고 있는 장화 때문이었다. 장화 속에서 사악한 부적을 찾아낸 것이다. 누군가가 몰래 장화 속에 사악한 부적을 숨겨놓은 것이었다. 사연은 이러했다. 13대 달라이 라마가 포탈라 궁의 주인으로 집권하고 얼마 지나지 않아 대신 중의 한 명이 한 쌍의 가죽 장화를 선물했다. 그런데 이 장화를 신고 난 후부터 달라이 라마는 음식을 먹을 수 없었으며 잠을 청할 수 없었고 수시로 몸이 이상함을 느꼈다. 그래서 내궁활불을 불러서 점을 치게 했더니 장화에 이상한 기운이 감돈다고 설명해주었다. 이에 장화를 자세히 수색해보니 흑색의 종이가 발견됐다. 자세히 살펴보니 이는 티베트에서 가장 혐오스러워하는 주문과 도형이 그려 있는 부적이었던 것이다.[27] 이는 과거에 권력실세(섭정과 귀족)가 달라이 라마를 괴롭히고 주살하는 방법 중의 하나였다. 역사 속에서는 이러한 음모를 꾸미고 독살을 주도한 인물로 당시 섭정(弟積呼圖克圖)의 동생 낙포차인(洛布次仁)이 주도한 것으로 지목하고 있다. 사건의 전말이 밝혀지자 티베트의 대신회의는 중대한 결정을 내렸다. 낙포차인과 그의 형 섭정을 체포하여 사형시키려 하였다. 그러나 달라이 라마는 사형만은 반대하였다. 다만 오지의 사원(乃古林寺)에서 평생 비밀수행(閉門修行)하는 형벌을 원하였다. 그리고 제적(弟積) 섭정의 경제자산인 장원을 모두 몰수했으며 이후로는 제적활불의 전세(轉世)를 금지하였다. 그러나 낙포차인과 그의 처는 사형을 면치 못하였다.

『13대 달라이 라마 전기』[28]에 따르면 달라이 라마가 친정하고 정권을 장악하기 시작하면서부터 그동안 그의 섭정이었던 제적활불(弟積呼圖克圖)은 자연스럽게 해직되었다. 그러나 달라이 라마가 친정하기 전까지 제적활불은 중원의 청 정부로부터 많은 신뢰와 권위를 부여받고 있었다. 무소불위의 권력을 독점하고 향유하다가 하루아침에 해직을 당하게 되었으니 그와 그의 친인척 집단은 달라이 라마의 친정이 반가울 리 없었다. 그래서 그의 동생이 달라이 라마 주살의 특명을 맡게 된 것이다. 달라이 라마

27 周煒,『活佛轉世與神秘西藏』, 先智出版社 2001, 485쪽.

28 普布覺活佛洛桑楚臣强巴嘉措 著,『十三世達賴喇嘛傳』, 中國藏學出版社, 2006.

를 독살하고 그의 친형을 다시 섭정의 자리에 앉히려고 음모를 꾸미다가 결국 덜미가 잡힌 것이다. 이 사건을 계기로 13대 달라이 라마는 신권과 세속의 권력을 수중에 장악할 수 있었다. 명실상부하게 티베트 정교의 수장이 된 것이다. 그는 선대 달라이 라마의 행적을 보면서 많은 것을 깨달았다. 불교 경전과 명상만 수행한다고 티베트의 주인이 되는 것은 아니었다. 그래서 그는 집정하자마자 자신만을 위해서 일해 줄 권력 중심 기구를 편성했다. 그리고 세속귀족들과 섭정 몰래 자신만을 위한 4인의 가신(家臣)을 두었다. 이들은 달라이 라마의 안위를 위해서 그림자처럼 붙어 다녔다. 이는 역대 달라이 라마 중에 13대 달라이 라마가 처음 시도하는 행위였다. 이러한 현상은 당시 달라이 라마가 포탈라 궁의 주인이지만 자신의 생명을 지킨다는 것은 별개의 일임을 보여준다. 궁정의 암투와 모살이 끊이지 않기 때문이다. 초반의 위험을 겪어낸 13대 달라이 라마는 전대의 달라이 라마들과 비교해볼 때 비교적 장수한 삶을 살았다. 그리고 5대 달라이 라마와 함께 티베트의 역사상 가장 위대한 활불로 칭송받는다.[29] 하지만 이들(5대와 13대)을 제외한 역대 대다수의 활불(달라이 라마)의

---

29 사실상 티베트에는 활불의 존재가 수없이 많다. 그 중에서 聖과 俗의 두 가지 권력을 가진 활불은 환생을 필연조건으로 하는 달라이 라마와 판첸 라마뿐이다. 그러나 달라이 라마와 판첸 라마와 같은 환생한 부처가 두 명씩이나 존재한다는 사실은 활불에 대한 집중력과 영향력이 줄어들 수 있는 소지가 있었다. 그래서인지 그들의 관계도 시간이 지남에 따라 경쟁과 적대관계로 돌변하고 말았다. 6대 판첸 라마와 13대 달라이 라마 사이의 적대관계가 대표적 예이다. 여기에는 중원의 정치적 역할도 한몫했다. 1729년에 이미 청나라는 판첸 라마를 달라이 라마의 정치적 경쟁자로 부각시켜 티베트 중서부의 광활한 지역에 대한 통치권을 넘겨주려 하였다. 당시 강력한 카리스마를 소유했던 13대 달라이 라마는 자신의 정치적 · 종교적 힘을 강력하게 주장하며 청 정부와 맞섰다. 그 결과로 판첸 라마는 티베트를 떠나서 중국 내륙에서 망명생활을 해야만 했다. 1912년에 중화민국이 성립되자 제13대 달라이 라마는 티베트와 중국이 별개의 나라임을 공식적으로 표명하기 위해서 중국인을 티베트 밖으로 추방하고, 이듬해에는 티베트 독립을 선언했다. 그 후 40년 동안 티베트는 국제적인 승인을 얻지는 못했지만 사실상 독립국으로 행세했다. 이는 13대 달라이 라마의 공헌이다.

권위와 영향력은 사실상 한계가 있었고 항상 위기가 사방에 도사리고 있었다. 이는 티베트 궁중 생활의 진면목이라고 할 수 있다. 포탈라 궁에서 최고의 종교적 권위를 부여받은 달라이 라마의 현실적인 삶은 항상 모함과 주살의 위험 속에서 진행되고 있었던 것이다. 이는 사실상 티베트가 달라이 라마의 개인적 법력과 상징성으로 유지되기보다는 보이지 않은 실세에 의해서 견인되고 있음을 시사해준다.

티베트에서 달라이 라마의 인정과 계승은 객관적인 테스트로 어린 아이를 전세영동으로 확인하는 작업에서 시작된다. 이후 전세영동은 새로 추대된 섭정에 의하여 종파의 전통을 교육받고 각별한 보살핌을 받는데 그 결과 영동이 성인이 되었을 때에는 대체로 불교 학식이 풍부한 고승이 된다. 이는 어린 영동을 배양해서 살아 있는 부처를 만들어가는 것과 같다. 즉 티베트의 활불, 대표적으로 달라이 라마는 만들어진 신을 찾는 것이 아니라 그들이 숭상하는 신을 만드는 것이라고 볼 수 있다. 따라서 활불(달라이 라마)의 탄생과 전세제도의 확립은 권력 실세들의 필요에 의해 만들어진 존재와 제도라고 볼 수 있다. 상징적 · 종교적 역할만이 허용됐던 달라이 라마, 어쩌면 그에게는 진정한 신성(神性)이 없을지도 모른다. 그러나 신성의 여부가 불투명할지라도 그의 종교적 인성(人性)에 대한 법력과 신뢰는 매우 분명하다. 그가 평생에 걸쳐 정진하는 영적 수련은 우리 일반인과는 전혀 차원이 다른 인성을 배양시켰을 것이다. 따라서 그는 티베트 사회를 안정시키고 영적으로 단결시키는 종교적 힘을 발휘할 수 있는 것이다. 그러나 그에 대한 종교적 신뢰가 정치적 파괴력으로 이어지는가에 대해서는 의문이다. 이는 티베트의 역사 속에서 분열과 통합을 주도해온 세력은 달라이 라마가 아니고 일부 세속귀족과 섭정세력이었기 때문이다.

[도표 19] 역대 달라이 라마 계보

대	이름	영문명	출생지	티베트어	생애	향년
1	根敦主巴	dGe-vdun-grub	后藏	དགེ་འདུན་འགྲུབ་	1391~1474	84
2	根敦嘉措	dGe-vdun-rgya-mtsho	后藏	དགེ་འདུན་རྒྱ་མཚོ་	1475~1542	68
3	素南嘉措	bSod-nams-rgya-mtsho	前藏	བསོད་ནམས་རྒྱ་མཚོ་	1543~1588	46
4	雲丹嘉措	Yon-tan-rgya-mtsho	內蒙古	ཡོན་ཏན་རྒྱ་མཚོ་	1589~1616	28
5	阿旺洛桑嘉措	Ngag-dbang-blo-bzang-rgya-mtsho	前藏	བློ་བཟང་རྒྱ་མཚོ་	1617~1682	66
6	倉央嘉措	Tshangs-dbyangs-rgya-mtsho	前藏	ཚངས་དབྱངས་རྒྱ་མཚོ་	1683~1706	24
7	格桑嘉措	bsKal-bzang-rgya-mtsho	西康	བསྐལ་བཟང་རྒྱ་མཚོ་	1708~1757	50
8	强白嘉措	vJam-dpal-rgya-mtsho	后藏	བམས་སྤེལ་རྒྱ་མཚོ་	1758~1804	47
9	隆朵嘉措	Lung-rtogs-rgya-mtsho	西康	ལུང་རྟོགས་རྒྱ་མཚོ་	1805~1815	10
10	楚臣嘉措	Tshul-khrims-rgya-mtsho	西康	ཚུལ་ཁྲིམས་རྒྱ་མཚོ་	1816~1837	22
11	凱珠嘉措	mKhas-grub-rgya-mtsho	西康	མཁས་གྲུབ་རྒྱ་མཚོ་	1838~1855	18
12	赤烈嘉措	vPhrin-las-rgya-mtsho	后藏	འཕྲིན་ལས་རྒྱ་མཚོ་	1856~1875	20
13	土登嘉措	Thub-bstan-rgya-mtsho	前藏	ཐུབ་བསྟན་རྒྱ་མཚོ་	1876~1933	58
14	丹增嘉措	bsTan-vdzin-rgya-mtsho	青海	བསྟན་འཛིན་རྒྱ་མཚོ་	1935~	현재

[도표 20] 역대 판첸 라마 계보[30]

대	이름	영문명	출생지	티베트어	생애	향년
1	克珠傑 · 格勒巴桑	Khedrup Je	后藏	མཁས་གྲུབ་རྗེ་	1385~1438	54
2	索南卻朗	Sönam Choklang	后藏	བསོད་ནམས་ཕྱོག་ཀྱི་གླང་པོ་	1438~1504	66
3	羅桑丹珠	Ensapa Lobsang Döndrup	后藏	དབེན་ས་པ་བློ་བཟང་དོན་གྲུབ་	1505~1566	62
4	羅桑卻吉堅贊	Lobsang Chökyi Gyalsten	后藏	བློ་བཟང་ཆོས་ཀྱི་རྒྱལ་མཚན་	1570~1662	96
5	羅桑意希	Lobsang Yeshe	后藏	བློ་བཟང་ཡེ་ཤེས་	1663~1737	76
6	羅桑華丹益希	Lobsang Palden Yeshe	后藏	བློ་བཟང་དཔལ་ལྡན་ཡེ་ཤེས་	1738~1780	43
7	敦貝尼瑪	Palden Tenpai Nyima	后藏	དཔལ་ལྡན་བསྟན་པའི་ཉི་མ་	1782~1853	72
8	敦丹汪曲	Tenpai Wangchuk	后藏	བསྟན་པའི་དབང་ཕྱུག་	1855~1882	29
9	卻吉尼瑪	Thubten Chökyi Nyima	前藏	ཐུབ་བསྟན་ཆོས་ཀྱི་ཉི་མ་	1883~1937	55
10	卻吉堅	Lobsang Trinley Lhündrub Chökyi Gyaltsen	青海	བློབཟང་ཕྲིན་ལས་ལྷུན་གྲུབ་	1938~1989	51
11	更登確吉尼瑪[31] 確吉傑布[32]	GedhunChoekyi Nyima Qoigyijabu	*	དགེ་འདུན་ཆོས་ཀྱི་ཉི་མ་ ཆོས་ཀྱི་རྒྱལ་པོ་	1989~1990	*

30 '판첸 라마'라는 지위는 1, 2대 판첸 라마의 사후에 붙여졌다.

31 티베트 망명정부의 수장인 14대 달라이 라마가 인정한 11대 판첸 라마이다.

32 '確吉傑布'(Qoigyijabu)는 중국 정부가 임명한 11대 판첸 라마이다.

제4장

위태로운 '활불전세'제도

‘제도’(制度, institution)라는 어휘에서 말해주듯이 활불제도는 고대 티베트 사회의 특수한 가치체계에 바탕을 둔 이상적인 사회규범이라고 볼 수 있다. 불교는 티베트 사회의 정신적 · 학문적 담론의 주류 사상이었다. 그리고 그 담론을 형성하고 전파함으로써 특권과 신분을 향유하는 집단이 생겨났는데 바로 사원의 라마승과 활불들이다. 그들은 처음에는 종교적 순수성의 목적을 잊지 않고 활불제도를 계승하였다. 그러나 시간이 지남에 따라 그들은 티베트 사회의 주류로서 경제적 · 종교적 · 정치적 지배의 정당성과 지속성을 확보할 필요를 느꼈다. 황교가 그 중심에 존재했다. 그래서 살아 있는 인간신을 창출해냈고 모두가 동감하는 정치 시스템을 만들어낸 것이다.

1. 최후의 활불: 14대 달라이 라마

티베트는 9세기 중엽 토번왕국이 몰락한 이후 1천 년이 넘도록 주권을 확립한 왕국을 세운 적이 없다. 그러나 분열과 통합이 교차되면서도 그들 특유의 지역적 · 문화적 정체성을 유지해왔다. 이를 김한규 교수는 '역사공동체'라는 개념으로 받아들인다.[1] 즉, "특정한 생활공간과 문화, 언어, 혈통의식, 역사적 경험 등을 공유하는 역사공통체로서 티베트는 정체성을 보유하고 있다"는 것이다. 그런데 그 정체성의 중심에는 티베트불교가 존재한다. 티베트불교는 티베트인들의 진리이다. 불교 지식은 티베트의 정치 · 경제 · 사회 · 문화 모든 면에서 사람과 사람과의 관계, 사람과 조직과의 관계, 조직과 조직의 관계에 파고들어 관계의 특성을 생산하였다. 티베트의 승려들은 끊임없이 불교적 진리를 생산하였고, 귀족은 이를 적극적으로 후원함으로써 특권을 향유할 수 있었다. 더 나아가 강력한 군대를 보유한 중원의 몽원(蒙元)과 만청(滿淸)의 황제가 티베트 특정 교단의 시주가 되면서 티베트 전역을 포함한 '정교합일'(政敎合一)의 권력구조가 형성되었다. 따라서 티베트의 종교를 지도할 수 있는 사람이 바로 티베트의 통치자였던 것이다. 이는 객관적으로 활불을 의미하며 오늘날의 달라이 라마를 의미한다.

티베트불교는 종교적 차원에서 그치는 것이 아니라 정치적 문제를 본질적으로 포함하고 있는 특징이 있다. 이유는 인도에서 들어온 불교가 티베트 원시종교인 본교와 융합되어 만들어진 신흥 라마교라는 종교와 세속적 권위가 합쳐진 종교합일의 특이한 종교 형태라는 점이 중요한 특징이기 때문이다. 따라서 티베트에서 '정교합일'(政敎合一)이란 정치적 권력과 종교적 권력이 일체화하고 종교 지도자가 최고 권위를 인정받는다는 것을 의미한다.

티베트 정교합일의 역사를 살펴보면 정교합일의 조건은 다음의 몇 가

1 김한규, 『天下國家: 전통 시대 동아시아 세계 질서』, 소나무, 2005, 632쪽.

지로 요약할 수 있다.[2] 첫째, 교권(教權)의 통일이다. 티베트에는 다양한 종파가 존재하고, 교단이 존재할지라도 그중 하나의 교단이 티베트 대부분의 종교 세력을 장악할 때에만 정교합일이 성립된다. 그렇지 않으면 티베트불교 후홍기(phyi dar)의 초기처럼 불교 교파와 씨족의 정치세력이 결합하여 각자의 사원, 승단 및 경제 기반을 소유하고 경쟁하지만 전국구 티베트의 영수가 될 수 없다. 둘째, 앞의 조건과 상응하여 정치적 통일 역시 정교합일의 중요한 조건이다. 셋째, 정치와 군사력은 종교 세력의 후원자이다. 정교합일 체제에 있어서 종교가 가지고 있는 정치적 · 군사적 역량은 교단 자신으로부터 나오는 것이 아니라 외부의 역량이 제공된 것이다. 교단을 지지하는 정치적 · 군사적 역량은 중원의 왕조가 될 수도 있고 몽고 혹은 티베트 내부의 씨족일 수도 있다. 예를 들어, 중원의 만청(滿清) 시기에는 티베드의 황교(格魯派) 교단과 몽원(蒙元) 시기에는 화교(薩迦派) 교단과의 밀접한 관계를 들 수 있다. 구체적으로 살가사(薩迦寺)의 사주(寺主)였던 팍빠(八思巴)는 뻰첸(本欽)을 통해 티베트 13만 호(戶)를 통치하였고, 14세기에 파주카규파(帕竹噶舉派)는 데시(第悉)를 통해 티베트 13종(宗)을 통치하였다. 또한 17세기 이후의 황교의 수장 달라이 라마는 몽고와 만청의 지원을 받아 카론(噶倫) 혹은 섭정(攝政)이나 카사(噶廈) 정부를 통해 위(衛)를, 판첸 라마는 켄보회의청(堪布會議廳)이라는 조직을 통해 짱(藏)을 각각 통치하였다.[3] 이러한 정교합일의 전통은 활불전세(活佛轉世)제도에 의해 오랜 기간 지속될 수 있었다. 원래 화교(薩迦派)까지만 해도 혈통에 의해 사법(師法)이 전승되었지만, 14세기 중엽, 백교의 가마가쥐파(噶瑪噶舉派)에 이르러서 스승의 전생에 의한 활불의 계승이 비롯되었다. 이 교파

2 최성흠, 「티베트 정교합일의 권력구조」, 『중국학연구』 28집, 2004, 123~124쪽.

3 김한규의 책, 2005, 216쪽.

에서는 자기들의 최고 스승이 보살의 화신이라고 믿었고, 이 화신이 죽은 뒤에는 다시 다른 육체를 빌려 전생한다고 믿었다. 따라서 스승이 죽은 뒤에 신탁이나 해몽, 언동의 의미, 소유물에 대한 기억 등을 헤아려 신생아 가운데서 스승의 화신을 찾아내어, 고도의 교육을 통해 전형적인 티베트의 새로운 스승으로 등장시켰다. 바로 전세된 활불이다. 훗날 종카파의 불교 개혁으로 인해 승려의 결혼이 금지되자, 그가 세운 황교에서는 백교의 성공적인 전례를 본받아 활불제도를 도입함으로써, 법통의 안정적 계승 체제를 확보할 수 있었다. 결론적으로, 정교합일 체제는 단기간 내에 이루어진 것이 아니고, 오랜 세월을 거치며 티베트의 특수한 역사적 상황과 결합되어 확립된 것이다. 그런데 이러한 티베트의 정교합일 체제는 오늘날 존속되고 있는가? 당연히 14대 달라이 라마가 존재하고 있으므로 여전히 유효하다고 할 수 있겠다. 그는 현재 공인된 티베트 정교합일의 수장이며 활불전세의 전통으로 확인된 활불이기 때문이다. 그러나 1959년에 인도로 망명한 이후 14대 달라이 라마는 종종 자신이 최후의 달라이 라마가 될 것이라고 암시하고 있다. 이는 자신이 최후의 전세활불이며 자신의 승하 이후 티베트의 전통적 방식인 전세활불 제도가 사라질 수도 있다는 것을 의미하기도 한다.

1959년에 14대 달라이 라마는 인도로 망명했다. 그리고 인도 다람살라에 정치적 실체인 티베트 망명정부(The Government of Tibet in Exile)[4]를 설

4 1959년에 14대 달라이 라마가 인도에서 수립한 티베트 망명정부(The Government of Tibet in Exile)이다. 공식 이름은 달라이 라마의 중앙 티베트 행정부(The Central Tibetan Administration of His Holiness the Dalai Lama: CTA)이다. 1959년에 달라이 라마는 망명 후 당시 인도 수상이던 네루(Pandit Nmehru)와 협상 끝에 1960년에 인도 북서부 히마찰 프라데시(Himachal Pradesh)주 다람살라에 망명정부를 수립했다. 망명정부에는 행정부 · 사법부 · 입법부가 갖추어져 있으며 달라이 라마가 수장이다. 행정부는 종교 · 문화 · 내무 · 재정 · 교육 · 방위 · 보건 · 정보 · 국제관계 등을 담당하는 여러 부서로 구성되어 있으며, 사법

립하여 오늘날에 이르고 있다. 비록 달라이 라마는 국외에 존재하지만 티베트인들은 여전히 그를 숭상하며 활불로 경외한다. 14대 달라이 라마는 인도에 망명하면서 티베트의 현재와 미래에 관하여 심도 있는 고민을 해오고 있다. 요컨대 티베트의 전통적 정교합일 제도와 민주화의 문제이다. 즉 그동안 계승되어오던 정교합일 제도와 활불전세의 연속성 문제를 자신의 시대에서 마감하고 새로운 정치체제를 구상하는 것이다. 사실상 이러한 단초는 오래전부터 감지되어왔다. 달라이 라마는 1962년에 '티베트헌법의 초안'(西藏民主憲法)을 만들고 민주주의 원리에 따라 티베트 망명정부를 재조직하여 전통적 사원제도를 개혁하였다. 달라이 라마는 여기에서 그치지 않고 망명정부의 행정부를 민주화할 필요성을 강조하였고 티베트가 독립을 쟁취하면 정치적인 권한을 내놓을 것이라고 선언하기도 하였다.

1991년에 인도에서 달라이 라마는 망명정부 내에서 본격적으로 정치적 민주화를 시도하였다. 즉 망명정부 내에 새로운 의회를 구성하고 '미래헌법'(未來憲法), '망명정부의 법규'(流亡藏人法規)와 같은 법규를 만들어서 서방의 민주적 정치 시스템을 모방하였다.[5] 이는 달라이 라마가 종교적 부분은 여전히 자신이 주관하지만 정치적 역할은 자신이 관여하지 않겠다는 의도를 내포하고 있다. 이에 망명정부 내에서는 두 가지 의견이

부인 티베트 최고사법위원회가 있다. 입법부인 티베트 국민대표의회는 지역과 종파를 대표하는 46명의 의원들로 구성되어 있다. 망명정부는 2만 3천여 명이 다니는 83개의 학교를 운영하고 있으며 인도에 117개의 사원을 설립했다. 또한 망명정부는 뉴욕 · 런던 · 모스크바 등 세계 11개 주요 도시에 대표 사무소를 설치하고 있다. 특이한 것은 대만(台灣)의 타이베이(台北)에 대표부가 설치된 것이다. 타이베이 대표부는 1997년에 중국 정부의 강력한 반대에도 불구하고 대만 정부의 승인에 의해 설치된 것으로서 한때 양안(兩岸) 관계를 냉각시키는 요인으로 작용했다. 김용찬, 「티베트 망명정부의 수립」, 『민족연구』 3호, 2007, 131~132쪽.

5 林照眞, 『最後的達賴喇嘛』, 時報出版社, 2000, 89~117쪽.

제시되었다. 첫째는 전통적으로 내려오던 활불의 전세를 '세습'으로 인식하는 일련의 젊은 티베트인들의 반응으로 그들은 활불전세를 폐지하고 능력 있고 정치력 있는 사람을 티베트의 지도자로 선출해야 한다는 반응이다. 즉 종교와 정치를 분리하자는 것이다. 이는 그동안 달라이 라마가 보여준 정치 행보(비폭력주의)에 대한 불신의 증폭으로 작용한 결과이다. 달라이 라마는 망명 이후 꾸준히 중국 정부와 티베트 문제를 가지고 접촉과 협상을 해왔다. 그러나 티베트의 독립은커녕 지속과 유지조차 힘든 상황으로 내몰리고 있는 현실의 책임을 현 달라이 라마의 능력 부족으로 인식하고 있는 것이다. 이에 일부 젊은 티베트 청년들은 일찍부터 달라이 라마의 노선에 불만감을 표시하며 새로운 대안을 찾고 있던 터였다. 두 번째는 여전히 달라이 라마의 신권을 지지하는 세력들의 반응이다. 대부분 달라이 라마의 최측근이나 친인척들이다. 이들은 종교적으로나 정치적으로 현 달라이 라마의 대안을 찾을 수 없다는 견해이다. 여전히 600만 티베트인들의 지도자는 현 달라이 라마이며 그가 통치해야만 티베트가 하나로 응집될 수 있다고 주장한다. 티베트는 역시 전통적인 방식, 즉 전세활불의 시스템으로 유지해야만 '종교적 공동체'로 응집할 수 있다는 것이다. 만약 민주 방식이 통과되어 추진된다 해도 서방의 민주 방식과는 다른 차원의 시스템이어야만 하며 종교적이나 정치적인 면에서 여전히 달라이 라마가 수장이 되어야 한다는 것이다.

그렇다면 달라이 라마가 정교의 수장에서 내려오면 누가 대신할 것인가? 전세의 방식으로 활불을 선정하는 것이 아니고 투표의 방식으로 지도자를 뽑는다면 티베트의 미래는 온전한가? 새로운 대안을 추진하고 있음에도 불구하고 이러한 문제는 현 달라이 라마를 깊은 시름에 빠지게 한다. 만약 달라이 라마가 죽지 않고 영생불사 한다면 이 문제는 크지 않다. 그러나 고령의 달라이 라마는 머지않아 승하할 것이다. 현 14대 달라이 라마의 승하는 전세(轉世)의 방식을 통하여 15대 달라이 라마의 연속성을 유지할 것인지, 아니면 활불의 전세를 폐지하고 다른 방식의 지도자를 선출할 것인지에 대한 문제로 이어진다. 이는 매우 중요한 사안이다. 이와 관련하여 달라이 라마는 일찍부터 자신이 최후의 달라이 라마가 될 것이라고 선언했다. 사실상 여기에는 여러 가지 함의가 내재돼있다. 우선 이는 티베트인들이 아니라 중국 정부를 향하여 목소리를 내고 있다고 보아야 할 것이다. 그는 인도로 망명한 이래 반세기에 걸쳐서 중국 정부와 협상의 수장에 위치하고 있다. 그러나 오늘날까지도 티베트를 위한 아무런 가시적 성과가 나타나고 있지 않다. 이에 달라이 라마는 중국 정부를 향해 자신이 살아 있을 때 원만하게 협상할 수 있다고 주장한다. 현실적으로도 달라이 라마가 어느 날 승하하면 그때부터 누가 티베트를 위하여 중국 정부와 맞설 수 있는가? 현 14대 달라이 라마와 같은 상징성과 무게감을 담보할 수 있는 대안을 찾아낼 수 있는가? 냉정하게 보자면, 14대 달라이 라마의 승하 후에 그를 대신할 만한 상징적인 인물을 찾는다는 것은 현실적으로 매우 어렵다. 보통 지도자의 교체가 이루어지려면 어린 영동을 찾고 교육을 시키고 성인식을 거쳐 티베트의 대표적 수장으로 만드는데 평균 20년 이상의 시간을 필요로 한다. 이는 현실적으로 매우 장기적인 시간이다. 따라서 현재로서는 대안이 없다는 것이 매우 분명한 현실로 받아들여지고 있다. 또한 14대 달라이 라마의 승하 후에 일련의 급진적인 티베트 청년들이 과격한 방법으로 움직일 것이며 이 또한 건설적이고 유효한 성과를 거두기 어렵다. 따라서 비폭력을 주장하는 자신과 중국 정부가 살아생전에 원만하게 협상하는 것이 상생의 방법이라고 은연중에 중국 정부를 향하여 말하고 있는 것이다. 또 하나는 중국 정부의 의도를 사전에 차단하겠다는 예방책이다. 즉 중국 정부가 내세우는 새로운 15대 달라이 라마의 여지를 사전에 없애버려 가짜 활불로부터 티베트인들을 구원하려는 것이다. 11세 판첸 라마의 경우를 보아 중국 정부가 충분히 감행할 수 있는 시나리오이기 때문이다. 현 14대 달라이 라마가 이렇듯 티베트의 전통을 폐쇄하면서까지 새로운 방안 찾기에 골몰하고 있는 이유는 다름 아닌 중국 정부의 강력한 대(對)티베트 정책 때문이다. 반세기에 걸쳐 티베트의 미래를 위해 국내외적으로 강행군을 하고 있지만 나이만 들어갈 뿐 중국 정부와는 어떤 유효한 성과를 거두지 못하고 있는 현 달라이 라마는 적지 않은 정치적 부담과 내부 세력과의 충돌 등으로 지쳐가고 있다. 자신의 생전에 티베트 문제를 해결하고 고향으로 돌아가 승하하기를 바라고 있지만 현실은 정반대의 상황으로 흘러가고 있다. 이에 14대 달라이 라마는 자신이 최후의 활불이 될 수도 있다는 시나리오까지 내놓고 있는 것이다.

2. 14대 달라이 라마의 현실적 능력과 한계

티베트 근현대사의 산 증인인 14대 달라이 라마는 600만 티베트인들이 의지하는 종교적 수장이자 현실적 대안이다. 그는 비록 몸은 이국에 있어도 그의 영향력은 여전히 절대적이다. 중국 경내의 티베트인들이나 인도 · 네팔 등지에 흩어져 있는 티베트인들이나 한마음으로 티베트의 미래를 그에게 담보하고 있다. 특히나 중국 경내에 존재하는 티베트 권역의 티베트인들은 반세기에 걸쳐 진행되고 있는 달라이 라마와 중국 정부와의 접촉과 협상에 기대를 표시한다. 그러나 현실은 그들의 기대와는 전혀 다르게 진행되어오고 있다. 달라이 라마는 1989년에 노벨평화상 획득 이후, 국내외적으로 무게감을 갖는 유명인사로 등극했음에도 불구하고 티베트의 미래는 여전히 불투명하다. 특히나 몇 차례의 중요한 승부수를 던지는 행보를 구사함에도 불구하고 여전히 티베트는 중국 안에서 요지부동이다. 이는 현실적으로 달라이 라마의 능력이 한계를 가지기 때문이다. 과연 티베트의 마지막 희망인 달라이 라마는 지난 50여 년의 세월 동안 어떠한 행보를 추구했으며 어떠한 한계를 겪고 있는가? 또한 14대 이후의 티베트는 어떤 존재 형태로 계승될 것인가? 이는 현시점에서 매우 중요한 문제이다. 따라서 지난 세월 달라이 라마의 행적을 추적하고 현재 그가 직면하고 있는 문제를 규명하는 작업은 티베트의 미래를 전망하는데 있어서 매우 필요하다. 이는 사실상 티베트 활불제도의 연속성 문제와도 깊은 관련을 맺고 있다.

1978년에 중국의 개혁개방이 추진됨에 따라 중국 정부와 14대 달라이 라마 간에 처음으로 '티베트 문제'를 전제로 한 접촉과 만남이 시작되었다. 여기에는 두 가지의 국내외 환경이 숙성되있기에 가능했다. 먼저 중국 방면에서는 1978년에 등소평(鄧小平)의 정치 복권이 이루어지면서 개혁개방이 추진되었다. 등소평은 현실적이고 실사구시적인 정책과 노선을 추구하면서 중국의 현대화 정책, 평화통일 조국, 반(反)패권주의를 청사진으로 제시했다. 이 중 평화통일 조국의 핵심 내용은 바로 홍콩 · 대만 · 마카오 지역의 순조로운 해결이었다. 그리고 '티베트 문제'였다. 등소평은 달라이 라마와의 담판을 희망했다. 티베트의 실질적인 지도자인 그를 통해 티베트 문제, 즉 분리주의 움직임을 완전 해소하고 민족 통합과 체제 안정을 공고히 하려 하였다. 이에 반해 달라이 라마 측은 1972년에 중 · 미 관계가 개선됨에 따라 망명정부의 독립 추구와 독립 활동은 동력을 잃게 되었다. 그동안 미국의 원조와 도움으로 망명정부는 국제사회에서 티베트 문제의 목소리를 낼 수 있었다. 당시 달라이 라마의 친형인 가락돈주(嘉樂敦株)는 미국 중앙정보국의 원조와 도움이 끊기자 다른 서방 국가에 도움을 청했으나 별반 호응이 없자 그동안 추진하던 티베트 독립의 구호와 이상이 현실적 한계에 봉착했음을 절감했다. 바로 이때 중국 정부의 협상 제의가 들어온 것이다. 달라이 라마 측은 현실적인 환경과 조건이 피할 수 없음을 인정하고 협상에 응했다. 이때부터 시작된 양자(달라이 라마와 중국 정부)의 담판은 시기적으로 3단계의 과정을 갖는다. 즉 제1단계 시기인 1978~1985년, 2단계의 시기인 1986~1992년, 3단계의 시기인 1993~2008년이다. 이 3단계의 과정은 시기별로 양자의 관점과 태도를 극명하게 보여준다. 1959년에 달라이 라마가 인도로 망명하여 티베트망명정부를 수립한 지 20년 만에 처음으로 양자는 서로를 향하여 목소리를 내기 시작한 것이다.[6]

1) 제1단계(1978~1985)

1978년 12월 28일, 등소평은 미국 기자와의 인터뷰에서 처음으로 달라이 라마에게 접촉과 대화의 신호를 보낸다.

> 달라이 라마는 언제든 조국으로 돌아올 수 있다. 그러나 중국공민(中國公民)의 신분으로 돌아와야 한다. 우리는 단지 하나만을 요구할 뿐이다. 바로 애국이다.[7]

이것은 1959년 이후, 중국 정부의 지도자로서 처음으로 달라이 라마를 향해서 대화의 신호탄을 보냈다는 점에서 의미를 가진다. 이 신호탄을 계기로 양측은 1979년 3월 12일에 정식으로 1차 협상을 가졌다. 당시 달라

6 이 부분에 관하여는 심혁주, 「티베트 독립운동의 현 단계와 역사적 배경」, 『내일을 여는 역사』, 2010, 39집, 196~212쪽에 있는 내용을 재인용하였음.

7 사실상 등소평이 미국 기자와의 인터뷰에서 밝힌 내용은 12월 3일 달라이 라마의 개인특사 嘉樂敦株와의 비밀 회담 내용의 요지이다. 그러나 12월 28일 미국 기자와의 인터뷰로 인하여 이 비밀회담은 세상에 알려졌다.

이 라마가 파견한 대표단에게 등소평은 다음과 같이 요구하였다.

> 근본적인 문제는 하나이다. 바로 '티베트는 중국의 일부분이다.' 티베트의 지도자인 달라이 라마가 공개적으로 이 부분만을 인정한다면 우리는 그와 무엇이든 협상할 수 있다.[8]

중국의 이러한 원칙은 사실상 오늘날까지도 변함이 없다. 1979년 8월부터 1980년 9월까지 중국 정부는 달라이 라마가 선후로 파견한 참관단과 친척 방문단을 온전히 받아들였다. 파견된 참관단과 협상 대표단은 북경과 티베트자치구를 방문하고 티베트 친인척을 만날 수 있었으며 중국의 주요 도시를 견문하게 되었다. 그리고 1981년 7월에 달라이 라마의 개인특사 가락돈주(嘉樂敦株: 달라이 라마의 둘째 형)가 다시 북경에 파견되었다. 이때 중국 정부는 총서기 호요방(胡耀邦)을 담판의 적임자로 내보냈다. 당시 호요방은 「달라이 라마를 대우하는 5조 방침」(達賴喇嘛五條方針)[9]에서 달라이 라마의 귀국을 언제든 환영하며, 귀국 후 정기적으로 티베트 시찰은 가능하나 기본적으로 북경에 거주할 것을 요구하였으며 달라이 라마에게 1959년 망명 전 특권을 똑같이 부여할 것이며, 당시와 마찬가지로 '전인대'(全人代)부위원장이나 '정협'(中華人民政治協商會議)부주석을 맡을 수 있다고 밝혔다. 당시 호요방의 요구 사항은 달라이 라마의 귀국을 우선 촉구하는 내용을 핵심으로 하고 있다. 그러나 이에 대해 달라이 라마는 600만 티베트민족의 미래는 자신의 거처와는 무관하다는 입장을 표명한다.

---

8 華子, 「復評達賴喇嘛與中央政府的談判問題」, 『中國西藏』 第1期, 2002, 2쪽.

9 http://www.xizang-zhiye.org/b5/hhd/zhonggong.html 참조.

1982년 4월, 달라이 라마는 3인의 특사단을 중국 측에 보낸다. 이때 특사단의 핵심 요구 사항은 대만(臺灣)의 경우와 같이 티베트를 대우해달라는 것이었다. 즉 '일국양제'(一國兩制)의 시스템으로 티베트를 인정해줄 것을 요구한 것이다.[10] 그러나 이에 대해 중국 정부는 대만과 티베트는 서로 다른 역사적 · 정치적 실체임을 강조하며 거부했다.[11] 이때부터 망명정부의 특사단 외교는 국내외적으로 이름을 알리기 시작한다. 이는 간접적으로 티베트 망명정부의 홍보 역할을 하기도 하였다.

1984년 10월, 달라이 라마는 다시 3인[12]으로 구성된 특사단을 북경으로 파견해 티베트의 통일 문제에 대하여 입장과 의지를 표명한다. 즉 티베트 문제에 관하여 양자는 지속적인 관심과 사랑을 가지고 협상을 유지해야 하며 중국 측이 허락한다면 1985년에 달라이 라마가 직접 중국을 방문하여 티베트의 사정을 탐방하고 협상을 하겠다는 것이다.[13] 중국 정부는 이 요구를 받아들여 1985년의 지도자급 만남을 적극 추진하였지만 결국 달라이 라마는 당해 연도에 중국을 방문하지 않았다. 당시 달라이 라마가 중국을 방문하지 않은 이유는 다음과 같다. 첫째, 망명정부 내의 일군의 강경파들의 반대 때문이었다. 그들은 달라이 라마가 중국을 방문하면 북경에 감금될 것이라고 예측하고 필사적으로 달라이 라마의 중국행을 반대했다. 둘째, 당시 중국 내부의 사정이 불안정하여 달라이 라마가 중국에 들어가서 협상한다 해도 실질적이고 유효한 티베트의 미래를

10 達瓦才仁, 「中藏談判的癥結何在?」, 『開放雜誌』 12월호, 1998, 41쪽.

11 중국의 대(對)대만 정책의 핵심은 일국양제(一國兩制)의 시스템과 9조 항목 조안(台灣九條政策)에 있다. 이를 티베트에 적용하여 같은 대우와 정책을 실시할 수 없다는 것이 중국 정부의 입장이다. 「中藏和談觸礁之經過」, 『西藏通訊』, 總 第21期, 1999, 21~30쪽.

12 당시 망명정부의 특사단은 '圖登朗結', '彭措扎西', '洛卓堅贊' 등이었다.

13 達瓦才仁, 1998, 44쪽.

보장받기는 어렵다는 관측이 주류를 이루었기 때문이었다. 특히나 사전에 조율된 어떤 보장도 없이 망명정부의 수장이 협상의 테이블에 바로 임한다는 것은 그 무게감이나 상징성이 반감되어 가시적인 담판의 내용을 도출하기 힘들 것이라는 내부 의견이 제출되었던 것이다. 이러한 내부의 의견을 수렴한 달라이 라마는 결국 중국 방문을 유보하였다. 그러나 이러한 달라이 라마의 독자적인 행보는 중국 정부의 심기를 매우 불쾌하게 만들었다. 그리고 달라이 라마를 더 이상 신뢰하지 않게 되었다. 사실상 이 이후로 중국 정부는 긍정적인 접촉과 협상의 움직임을 보이지 않게 된다. 망명정부와 달라이 라마를 신뢰할 수 없다고 판단하고 티베트 문제에 관한 어떤 접촉과 협상도 무기한 보이콧하게 된 것이다. 이러한 상황은 망명정부와 달라이 라마를 초조하게 만들었으며 협상의 주도권을 빼앗기는 결과를 초래하게 되었다.

2) 제2단계(1986~1992)

앞서 살펴보았듯이, 중국 정부와 달라이 라마의 망명정부가 정식으로 접촉한 시기는 1978~1979년이다. 이때 중국은 홍콩의 신화사(新華社) 사장과 달라이 라마의 둘째형(嘉樂敦株)과의 개인적 만남을 사전에 추진하여 정식 접촉의 수순을 밟았다. 그로부터 1979~1993년까지, 티베트 망명정부는 네 차례의 관찰단(fact-finding delegation)과 두 차례의 정식 대표단을 중국에 파견했다.[14] 대표단의 구성원으로는 달라이 라마의 가족과 망명정부의 해외 대표 그리고 티베트 귀족(貴族) 등이 포함돼 있다.[15] 당시 참여한 관찰 방문단 인사와 협상 인사의 명단은 다음과 같다.

---

14 華子, 2002, 6~10쪽.

15 참여한 관찰 방문단 인사와 담판 인사의 자세한 명단은 [도표 21], [도표 22]를 참조할 것.

[도표 21] 망명정부의 중국 관찰 방문단 명단

연도	날짜	방문단 인사
1979년	8월 2일	達拉彭錯扎西(망명정부 의원), 洛桑桑丹(달라이 라마의 형), 扎西多杰(망명정부 비서), 洛桑達杰(망명정부 의원)
1980년	5월 1일	哲通丹增南杰(주미 티베트 책임자), 才讓多杰(스위스 티베트 책임자), 彭錯旺杰(영국 티베트 책임자), 拜瑪嘉布(일본 티베트 책임자), 洛桑金巴(티베트청년회 회장). 이 방문단은 방문 기간 중에 티베트인들과의 접촉을 통하여 혼란을 조성한다는 이유로 조기에 귀환 조치(8월 1일)됐다.
1980년	10월	杰增拜瑪(달라이라마의 친동생), 熱丹西早倉(망명정부 학교 교사), 確格拉工(활불), 旺堆(망명정부 교사), 央毛才讓(티베트 귀족)
1985년	7월	貢林賽堅參(망명정부 의원), 仁青才讓(티베트 귀족), 安多格桑(티베트청년회 대표), 桑派(티베트 귀족). 이 방문단은 티베트 동부의 캄(康) 지역과 암도(安多) 지역을 시찰했다.

* 출처: http://www.xizang-zhiye.org/b5/ex/lw/index.html

[도표 22] 중국과 티베트(中 · 藏) 담판의 대표 인사 명단

연도	날짜	방문단 인사
1982년	4월	杰欽圖丹南杰(망명정부 의원), 達拉扎西彭措(티베트 귀족), 嘉日洛智堅贊(망명정부 외교부 비서관)
1984년	10월 19일	久欽圖丹南杰(망명정부 의원), 達拉扎西彭措(티베트 귀족), 嘉日洛智堅贊(망명정부 외교부 비서관)
2002년	9월 9일 ~24일	嘉日洛智堅贊(망명정부 외교부 비서관), 洛桑堅贊(유럽 티베트 대표), 達波索南諾布(국제 티베트목소리조직위원회 주임), 布穹茲仁(망명정부 외교담당비서장)

* 출처: (1) http://www.xizang-zhiye.org/b5/ex/lw/index.html

(2) http://www.xizang-zhiye.org/b5/xzxinwen/0209/index.html

[도표 22]에서 확인할 수 있듯이 1984년 이후 양자의 공식적인 접촉과 협상이 성사된 것은 2002년이 되어서야 가능했다. 그 이유는 중국 정부가 티베트 망명정부의 공식적인 대표단을 단호히 거부했기 때문이었다. 그 이유는 1985년 달라이 라마의 일방적인 중국 방문 취소가 원인이었음을 앞서 서술한 바 있다. 이로 인해 양자는 건설적 · 긍정적 대화의 방향감을 상실하게 된다. 이러한 상황에도 불구하고 달라이 라마는 1987년 '사실조사단'이란 파견 팀을 구성하여 다시 한 번 중국의 문을 두드렸으나 중국 정부는 거절한다. 이러한 결과의 배경에는 사실상 중국 정부의 내재된 의도가 있었다. 요컨대 매번 달라이 라마의 특사단과 관찰단 만이 내왕하고 대화를 해봐야 별반 진전이 없음을 간파하고 달라이 라마와의 직접 협상을 위한 전략이었던 것이다. 중국 정부는 비공식적 채널을 통하여 달라이 라마에게 요구했나. 장소와 시간은 어디든 상관없으니 달라이 라마와의 직접 대화를 원한다는 것이다. 이유는 그동안(1단계의 시기) 왕래와 협상이 몇 차례 이루어졌음에도 불구하고 정작 달라이 라마 본인은 전혀 성의를 보이지 않고 있다는 중국 수뇌부의 판단이 주류를 형성했기 때문이었다. 이에 대해 망명정부의 반응은 대단히 급진적이었다. 특히나 티베트 청년회(TYC)[16]의 반응은 강렬했다. 이들은 중국 정부와의 대화와 협상을 근본적으로 반대하는 입장을 견지하는 망명정부 내 반공(反共) 신흥세력군(群)이었다. 이러한 상황을 관망하던 달라이 라마는 1987년 돌연 국제적 행보를 감행한다. 티베트 문제의 새로운 돌파구를 찾기 위한 고육지책이었다. 소위 '티베트 문제의 국제화' 전략은 여기에서부터 시작된다.

---

16 티베트 청년당(TYC: Tibetan Youth Congress)은 1970년대 초기 설립 시기부터 달라이 라마의 비폭력 독립투쟁의 방식과는 다른 노선으로 갈등을 겪어온 것으로 알려져 있다.

1987년 9월 21일에 미국 의회의 '티베트 인권 문제 수정안'(제1777호 의안) 통과에 발맞춰 미국 의회에서 행한 연설에서 달라이 라마는 중국 군대가 철수하고 티베트의 안전을 보장하는 전제 하에 티베트의 정치적 · 문화적 자율성을 보장해준다면 티베트는 그 대가로 중국의 주권을 인정할 수도 있다는 취지의 발언, 즉 "티베트 5개 평화 계획"(五點和平計劃)을 발표하였다.[17] 주요 내용은 다음과 같다.

① 티베트의 국민 모두를 평화지역(Ahimsa)으로 이주시킬 것;
② 티베트 국민의 존재를 위협하는 중국의 이주 정책을 포기할 것;
③ 티베트 국민의 근본적인 인권과 민주주의적인 자유를 존중할 것;
④ 티베트의 자연환경을 복구시키고 보호하며, 핵무기를 생산하고 핵폐기물을 처리하는 데 티베트를 이용하지 말 것;
⑤ 티베트의 장래는 물론 티베트의 국민과 중국 국민 사이의 관계에 관해 성실한 협상을 시작할 것.

이러한 발언의 내용은 1988년 6월 15일 유럽회의에서 행한 「스트라스부르 성명」(斯特拉斯堡建議)에서 더욱 구체화된다.[18] 「스트라스부르 성명」은 1981년 호요방(胡耀邦) 총서기의 「달라이 라마를 대우하는 5조 방침」[19]에 대한 화답과 등소평의 티베트 독립을 포기라는 전제조건을 수락하는

17 「西藏和平五點方案」, http://www.xizang-zhiye.org/b5/hhd/heping.html 참조.

18 「在歐州議會的演說詞」, 1988년 6월 15일, http://www.xizang-zhiye.org/b5/hhd/yanshuo.html 참조.

19 胡耀邦은 '5조 방침'에서 달라이 라마의 귀국을 언제든 환영하며, 귀국 후 정기적으로 티베트 시찰은 가능하나 기본적으로 북경에 거주할 것을 요구하였으며 달라이 라마에게 1959년 망명 전 특권을 똑같이 부여할 것이며, 당시와 마찬가지로 전인대(全人大) 부위원장이나 정협(政協) 부주석을 맡을 수 있다고 밝혔다.

형식으로 취해진 것으로, 달라이 라마는 티베트를 홍콩과 대만과 같은 '일국양제(一國兩制)의 정치적 연합'으로 해결해줄 것을 다시 한 번 촉구하였다. 서방 언론들은 이것을 달라이 라마의 새로운 '중도노선'(中間道路) 정책이라고 이해하였다. 이렇게 달라이 라마가 국외에서 티베트 문제를 이슈화시키려 노력하는 와중에서 1989년 3월, 티베트 라싸에서 대규모 폭동이 발생한다. 중국 정부는 이 사태를 망명정부에서 비밀리에 파견한 인사들이 주동하고 계획하였다고 공포하였다. 달라이 라마는 국제 사회에서 공개적으로 '비폭력'을 주장하지만 비밀리에 동란을 책동한다는 것이었다. 여기에 6·4 천안문 사태는 중국을 국내외적으로 압박하기에 좋은 환경을 제공했다. 이때 달라이 라마는 '인권'과 '민주주의'를 구호로 삼아 서방 세계에 본격적으로 티베트 알리기에 주력한다. 당시 달라이 라마와 측근들의 생각은 이러했다. "지금 중국 내부의 사정은 불안정하며 지도부 또한 대화를 하기에 적절하지 않다. 따라서 협상보다는 국제적으로 티베트의 문제를 이슈화시키고 중국의 내부 사정을 관망하는 것이 우선이다." 이러한 판단 하에 달라이 라마는 파격적인 국제적 행보와 언행을 감행한다. 이에 힘입어 달라이 라마는 1989년에 노벨평화상을 획득한다. 그의 이름이 국제적으로 급부상하는 순간이었다. 달라이 라마는 일약 국제적 명사가 되었으며 그의 언행은 무게감을 얻게 되었다. 이에 유리한 환경을 조성한 달라이 라마는 중국을 향해 강력한 협상을 제안한다. 만약 1년 안에 건설적인 담판의 테이블이 형성되지 않으면 1988년에 제안한 「스트라스부르 성명」을 취소하고 새로운 입장을 내놓겠다는 것이었다. 이 시기에 달라이 라마의 존재감은 최고조에 이른다. 이에 반해 중국 정부는 천안문 사건과 라싸 폭동을 해결하기에 정신이 없었다. 중국은 접촉을 중단했으며 이 틈을 기회로 달라이 라마는 본격적으로 미국을 중심으로 하는 서방 세계의 관념과 구호에 호응하며 편입한다. 바로 '인권'과

'민주주의'였다. 이는 국제 사회에서 중국에게 위기와 긴장감을 불어넣기에 충분한 힘을 발휘하였다. 이러한 상황에 대한 대응으로 1991년 5월 19일 중국의 이붕(李鵬) 총리는 다음과 같은 성명을 발표한다.

> 우리의 근본 원칙은 단 하나이다. 즉 티베트는 중국에서 분리할 수 없는 일부분이라는 것이다. 이 문제에 있어서는 어떤 양보의 여지도 없다. 중국 중앙정부는 일관되게 달라이 라마와의 접촉을 희망한다. 그러나 이러한 접촉은 달라이 라마가 조국 분열의 활동을 포기해야만 가능하다. 달라이 라마는 티베트 독립의 입장을 바꾸어야 한다. 티베트 독립의 문제가 아니라면 우리는 기타 어떤 문제라도 협상할 수 있다.[20]

이는 달라이 라마의 '티베트 문제의 국제화'가 어느 정도 성공을 거두고 개인적인 인지도도 상승하고 있는 시기를 감안할 때, 중국 정부의 일관되고도 단호한 성명은 중국 지도부의 티베트에 대한 집착과 의지를 다시 한 번 확인할 수 있는 대목이다.

3) 제3단계(1993~2008)

중국 이붕 총리의 강경한 대(對)티베트 정책의 일관성을 확인한 달라이 라마는 1992년과 1993년 연속적으로 북경에 화해의 특사단을 파견한다. 이때 특사단의 요구 사항은 티베트의 '진정한 자치'(眞正自治)였다. 이전까지는 전혀 없던 협상의 내용이었다. 그러나 협상은 티베트 구역 경계선의 인식의 차이에서 결렬됐다. 예컨대 달라이 라마가 원하는 진정한 자치의 범위는 중국 서부 3구(청해 · 사천 · 감숙)를 아우르는 대장구(大藏區)의 개

---

20 「大公報」, 1991년 5월 20일.

념이고 중국 정부는 티베트자치구(西藏自治區)만을 인정하자는 것이었다.[21] 협상은 아무런 성과 없이 끝났다. 따라서 달라이 라마는 또다시 국제 사회에서 티베트의 상황과 미래를 홍보하는 데 주력할 수밖에 없었다. 동시에 미국과의 긴밀한 유대관계 속에서 미국으로 하여금 중국을 압박하게 하는 외교와 전략을 구사하였다. 그 행보로써 1993년부터 1995년까지 3년 동안 달라이 라마는 미국을 계속 방문한다. 그 와중에 1994년에는 클린턴(William Jefferson Clinton) 미국 대통령과의 면담을 성공시키고 티베트 문제의 국제화를 촉진시키는 데 성공한다.[22] 이를 지켜보던 중국 정부는 4월 29일, 중공통전부(中共統戰部) 대변인을 통해 다음과 같은 메시지를 보낸다.

> 쌍방은 이제까지의 다양한 접촉에도 불구하고 원만한 합의의 결과를 도출하지 못하고 있다. 그러한 원인은 쌍방의 근원적인 문제인 '티베트는 중국의 일부분이다'라는 전제조건에 달라이 라마 측이 공감(共識)하지 않는 원인에 기인한다. 이러한 근본 문제의 공감은 쌍방의 담판과 협상의 기초이자 성공적인 결과를 보증할 것이다.[23]

이는 달라이 라마의 국제적 행보와 언행을 자제하고 중국 정부와 일대일로 협상하자는 의미가 담겨져 있다. 그러나 1997년 달라이 라마는 돌연 대만을 방문한다. 아시아에서 대만의 방문은 일본과는 다른 의미를 함의한다. 양안(兩岸)의 한 축이 대만이고 중국이 대만의 독립을 민감하게

---

21 楊開煌, 『達賴喇嘛「西藏問題」國際化之策略分析』, 台北: 蒙藏委員會專提研究叢書, 1999, 20~38쪽.

22 達瓦才仁, 1998, 46쪽.

23 『大公報』, 1994년 4월 29일.

경계하고 있는 시점에서 달라이 라마의 대만 방문은 외교적 · 전략적으로 의미 있는 선택이었다. 달라이 라마가 대만을 방문하는 공식적인 목적은 '종교의 여행'(宗教之旅)이었다. 즉 종교의식과 법문을 통한 티베트불교 알리기가 주요 일정이었으나 이를 그대로 믿는 사람은 거의 없었다. 종교적 탐방을 위장한 티베트 알리기 홍보라는 내재된 의도를 중국 정부는 간파하고 있었다. 당시 달라이 라마는 대만 정권의 수뇌부인 이등휘(李登輝) 총통과 국민당 주석인 연전(連戰)과의 만남을 성사시키며 국제 여론의 주목을 받았다. 이를 두고 중국 정부는 티베트 독립세력(藏獨)과 대만 독립세력(台獨)과의 만남이라며 극도의 긴장감과 불쾌감을 표시했다. 그래서 당해 연도 11월에 중국 주석 강택민(江澤民)은 미국의 하버드대학교에서의 연설에서 티베트 문제에 관하여 불변의 관점을 다시 한 번 주장한다. 첫째, 달라이 라마는 '티베트 독립'을 포기하라. 티베트는 중국의 일부임을 공개적으로 알린다. 둘째, 중화인민공화국은 중국의 유일한 합법 정부이다. 이를 인정하라. 셋째, 대만 또한 중국의 일개 성(省)에 불과하다. 이 또한 인정해야 한다. 이 세 가지 원칙을 달라이 라마가 인정하고 받아들인다면 협상의 문은 언제든 열려 있다.[24] 이때부터 중국 정부는 티베트 망명정부와의 담판 전제조건 중에 '대만은 중국의 일개 성(省)'임을 인정하라고 추가적으로 요구한다. 티베트 망명정부의 입장에서 보자면 까다로운 담판 전제조건이 하나 더 늘어난 셈이었다. 이러한 요구는 티베트 망명정부의 입장에서 보면 협상의 중요한 장애와 걸림돌이었다. 어떤 전제조건도 없어야 비로소 담판의 양성적 결과를 기대할 수 있다는 것이 망명정부의 입장이었다.[25] 이후로 양자의 협상의 간극은 더욱더 벌어진다.

---

24 張直榮, 『國際關係與西藏問題』, 北京: 世界知識出版社, 1994.

25 「達賴喇嘛的聲明」, 1993. 9. 4. http://www.xizang-zhiye.org/b5/hhdi/shengming.html

1994년부터 2001년까지 사실상 양측의 관계는 정식적인 협상의 만남은 이루어지지 않았다. 다만 비공식적인 비밀 만남은 여전히 창구를 열어두고 이루어지고 있었다. 그런 의미에서 2002년은 양자의 관계에서 오랜만에 해빙의 무드가 감지되는 해였다. 물론 그간 비공식적인 접촉이 있긴 했으나 중국 정부가 인정하지 않은 티베트 망명정부의 일방적인 방문과 면담 수준에서의 접촉이었음을 감안할 때 2002년의 정식 접촉은 매우 의미 있는 만남으로 해석될 수 있다. 2002년 7월 망명정부의 가락돈주(嘉樂敦株)는 전격적으로 중국 경내의 티베트 지역을 방문하고 인도의 다람살라로 돌아와서 달라이 라마와 향후 일정을 조율한다. 그리고 9월 9일~24일까지 달라이 라마의 개인특사 자격으로 4인이 북경을 방문하게 된다.[26] 이는 정확히 9년 만에 이루어진 양자 간의 정식 접촉이라고 볼 수 있다. 이때의 만남은 양측이 오랫동안 접촉이 없다가 비밀리에 진행하여 성사되었기에 양안의 여론과 세계의 호사가들의 주목을 받기에 충분했다. 모두들 이때의 방문과 비밀리에 진행된 협상에 기대감을 표시하며 촉각을 곤두세웠다. 그러나 이에 대한 중국 정부의 반응은 의외로 냉담하고 확대해석을 일축했다. 즉 이때의 방문은 달라이 라마의 '개인특사'(私人代表) 자격으로 오는 것이지 담판을 위해서 파견된 정식 일행이 아니라는 것이었다.[27] 오랜 기간의 침묵을 깨고 이 시기에 양자가 전격적으로 접촉과 회동에 동의한 배경에는 나름대로 숨은 의도가 내재하고 있었다. 먼저 중국

26 2002년 9월 9일에 중국은 달라이 라마가 파견한 대표단을 받아들였다. 대표단은 駐미국 대표인 嘉日洛智堅參, 유럽 대표인 洛桑堅參 그리고 두 명의 조교와 티베트 망명정부의 국제관계와 홍보를 담당하는 비서실장 索南達迫 등이다. 그들은 먼저 북경을 방문한 후 티베트인들이 거주하는 四川, 拉薩, 林芝, 日喀則, 上海 등지를 방문했다. 전체 일정은 16일(2002. 9. 9~9. 24) 동안 이루어졌다. 「西藏政教領袖達賴喇嘛私人辦公室聲明」 2002년 9월 9일 참조.

27 楊開煌, 『達賴特使訪問大陸之研析』, 台北: 蒙藏現況研究, 2002.

측 입장에서 오랫동안 중단되었던 대화를 재개한 이유는 다음과 같다. 우선 중국의 대(對)티베트 정책의 탄력성과 전략의 자신감이다. 그간 티베트 문제로 중국이 곤경에 빠졌던 경우는 국제 사회에서 반화(反華) 정서, 분리의 움직임에 이은 독립(藏獨)의 기세, 미국의 간섭 등이었는데 2000년대에 들어와 중국의 현실적 부상은 이 모든 요소들을 완화시켜주고 있었기 때문이었다. 반대로 티베트 망명정부의 입장에서 본다면 달라이 라마의 연령, 국제 사회의 변화, 미국의 반테러리스트 정책, 미국 · 중국 관계의 변화 등을 고려하지 않을 수 없었다. 이러한 요소들은 티베트 망명정부의 반(反)중국 동력을 상실하게 하는 요소들이며 600만 티베트인들의 의지와 감성을 자극하는 것이었다. 따라서 달라이 라마는 현 시점에서 강자(중국)와 약자(망명정부)의 세력 판도를 명확하게 인지하고 티베트의 미래를 신중히 고려하지 않을 수 없었다. 이렇듯 양자의 이해득실의 관계가 맞아떨어져서 이 협상이 이루어진 것이다. 중국으로서는 손해 볼 것이 전혀 없는 만남이었고 달라이 라마로서는 어떻게든 돌파구를 찾아 국면의 양상을 능동적으로 만들어야 하는 위기의 상황에서 비롯된 전략이었다. 이러한 접촉에 관하여 외부 세계의 반응은 뜨거웠다. 대표적으로 미국은 이때 양자의 접촉과 교류에 많은 의미를 부여하며 특별히 티베트의 문화와 종교의 진정한 자유를 획득하기 바란다고 기대를 표시했다. 그러나 결과는 칼자루를 쥐고 있는 중국 정부의 의도대로 아무런 성과 없이 끝나고 말았다. 심지어 외부의 언론 매체와 관심을 의식한 듯 오히려 냉담한 반응과 견해를 노골적으로 드러냈다. 예컨대 달라이 라마의 대표단이 중국을 방문하는 기간 동안, 중국 외교부 대변인 공천(孔泉)은 공개적으로 이번 티베트 망명정부의 인사들은 '개인 신분'으로 방문한 것이며 중국의 티베트에 대한 정책과 입장에는 변화가 없음을 재차 강조했다.[28] 공개한 내용은 다음과 같다.

> 달라이 라마는 반드시 '티베트 독립'의 주장을 포기해야 해야 하며 활동을 중지해야 한다. 그리고 공개적으로 티베트는 중국의 일부분임을 인정해야 한다. 또한 대만은 중국의 일개 성임과 중화인민공화국은 유일한 합법정부임을 인정해야 한다. 이러한 기초 아래서 우리는 건설적인 협상을 할 수 있다.[29]

그렇다면 오랫동안의 냉담과 적막을 깨고 이 접촉에 응한 중국 정부의 내막은 무엇일까? 대외적으로는 대(對)티베트 정책의 자신감에서 표출된 것이지만 내부적으로는 다음의 네 가지의 상황을 들 수 있다. 첫째, 주석 강택민이 10월말 미국을 방문하여 부시와 강택민의 정상회담(布將會議)에 앞서 여론 호소와 분위기 조성용인 것이다. 즉 강택민의 미국 방문 기간 동안 티베트 문제로 인한 소요를 사전에 차단하기 위한 포석인 것이다. 둘째, 2001년 '제4차 티베트공작회의'(第四次西藏工作座會談) 중에 결정된 대(對)티베트 정책의 탄력성과 유연성을 적용하기 위함이다. 이는 국제 사회에서 중국의 이미지를 개선하기 위한 노력의 일환으로 받아들여진다. 그간 중국의 대(對)티베트 강경 진압과 보수적 이미지는 국제 사회에서 종종 이슈화되었다. 이에 중국은 21세기의 책임 있는 대국과 조화로운 사회를 화두로 부상하고 있는 시점에서 경내의 민족 문제를 좀 더 민주적이고 개방적으로 해결하는 모습을 보여주려고 결정하였다. 여기에 티베트를 그 주요 대상으로 적용한 것이다. 셋째, 그간 대(對)티베트 정책의 긍정적 효과에서 오는 자신감이다. 그동안 중국 정부가 중장기에 걸쳐 진행한 티베트에 대한 민족적 · 종교적 · 문화적 · 역사적 프로젝트(동화 혹은 병합 정

---

28 『聯合報』, 台湾, 民國 91年 9月 11日, 第13版.
29 張直榮의 책, 1994, 173~190쪽.

책)는 지도부가 원하는 방향으로 효과를 보이고 있는 것이 작금의 현실이다. 이에 중국 지도부는 자신감을 갖게 되었다. 넷째, 외부 세계의 압력과 간섭에 정면 대응하기 위함이다. 가장 큰 대상은 미국이다. 역사적으로 1940년대부터 티베트 문제에 개입해온 미국은 티베트 카드로 중국을 압박하거나 긴장시켜 외교 관계에서 우위를 점하려 했다. 전통적으로 중미 관계에 있어서 갈등과 마찰이 생기는 부분 중의 하나가 티베트 문제이다. 이는 중국 정부가 매우 민감하게 여기는 핵심 부분 중의 하나이다. 따라서 중국 정부는 티베트 문제는 내정의 문제일 뿐이라고 강조하면서 일관되게 외부의 간섭을 경계해왔다. 이러한 상황 하에서 중국 정부는 의도적으로 공개적인 접촉과 만남의 모양새를 보여줌으로써 외부의 간섭 없이 티베트 문제를 해결할 수 있다는 의지를 보여주고 싶은 것이다. 결국 중국 정부는 달라이 라마와 티베트 문제에 관하여 접촉과 협상은 진행하되 국제 사회와 여론의 수위를 지켜보면서(觀其行) 시간을 끌겠다는 장기적인 전략을 펴고 있는 것이다. 이때의 접촉이 진행되는 동안 중국은 국제 사회의 반응을 특별히 예의주시했다. 혹시나 이때의 접촉과 만남을 서방의 여론이 '양국'(兩國)의 만남으로 정의하거나 새로운 담판의 결과물을 기대하는 것처럼 비쳐지는 모양새를 원하지 않았기 때문이다. 왜냐하면 이때의 만남이 성사되기 전, 티베트 망명정부는 이때의 접촉의 성격을 '양국'의 만남으로 규정하고 각국 간의 대표적인 외교관원들끼리의 담판 형식으로 진행된다고 대외적으로 선전했기 때문이다. 이는 중국 정부의 의도와는 전혀 다른 협상의 성격이라고 볼 수 있다.

결론적으로 2002년의 접촉과 만남은 양측의 목적과 이해득실의 상관관계가 맞아 떨어져 극적으로 성사되긴 했으나 역시 대외적으로 공표할 만한 성과물은 없다고 봐야 할 것이다. 좀 더 파고들자면, 티베트 망명정부보다 오히려 중국 정부가 득을 봤다고 보아야 할 것이다. 이는 이때의 접촉으로 말미암아 강택민의 미국과 멕시코 방문길의 부담이 훨씬 적어졌으며 시위도 감소했음을 주지할 때 중국 정부의 의도와 목표는 달성했다고 볼 수 있다. 따라서 외부의 시각에서 임의적으로 추측하고 기대했던 어떤 역사적인 사건은 중국의 대(對)티베트 정책의 내심을 전혀 모르고 섣불리 단정 지은 예단에 불과한 것이었으며 티베트 망명정부와 달라이 라마는 다시 한 번 좌절과 높은 벽을 실감하는 것으로 회동을 마무리해야 했다.

2008년 3월 14일, 티베트 라싸에서 폭동이 발생했다. 400여 명의 불교사원 라마승들의 반(反)중국 유세로 촉발된 시위는 라싸 시내를 넘어, 순식간에 사천 · 감숙 · 청해 등의 주변 티베트인 거주지로까지 번졌으며, 수도인 북경의 티베트 학생들도 촛불시위와 연좌농성으로 합세하였다. 그러나 이것도 잠시, 폭동과 시위는 10여 일 이상 외부와의 접촉이 철저히 차단된 채, 당일 바로 투입된 인민해방군에 의해 신속히 진압되었다. 2008년의 베이징 올림픽을 앞두고 일어난 3·14 시위는 그 어느 때보다 강경한 중국 정부의 진압과 과거와는 판이하게 다른 국제 사회의 방관자적 모습에 실패로 돌아갔으나 중국의 대(對)티베트 정책이 여전히 문제가 잠복하고 있음을 알려주는 사건이 되었다. 경위야 어찌됐든 시위가 진압되자 티베트 망명정부는 2008년 6월 4일, 티베트 독립을 추구하지 않고 베이징 올림픽을 지지하겠다는, 삼동활불(三東仁波切) 명의의 공식 확약서를 중국 지도부에 전달했다.[30] 티베트 망명정부는 이 서한에서 달라이 라마는 중국의 올림픽 개최를 지지하고, 티베트 독립을 추구하지 않으며, 폭력적 수단의 사용에 반대한다는 약속을 지지한다고 밝혔다. 그러한 이유는 티베트 망명정부 측이 달라이 라마의 차기 협상에 유리한 환경이 조

30 『明報』, 홍콩, 2008년 6월 6일.

성되길 기대했기 때문이다. 티베트 망명정부가 중국에 전달한 5쪽 분량의 서한에는 삼동활불의 친필 사인과 관인이 포함돼 있었으며 사실상 달라이 라마의 의중을 반영한 것으로 볼 수 있다. 이 확약서는 중국의 국가주석 등 중국 지도부에 전달됐다. 이는 특히 3·14 라싸 시위사태 이후 중국이 달라이 라마 측에게 올림픽 파괴 및 폭력 선동, 중국 분열 활동을 중단할 것을 요구한 것에 대해 정면으로 회답한 것으로 볼 수 있다. 이에 호응하듯 중국 외교부는 진강(秦剛) 대변인을 통하여 올림픽이 무사히 끝나면 티베트 망명정부와 다시 협상의 테이블에 앉을 것이며 달라이 라마 측이 차기 협상의 조건을 주동적으로 제시할 수 있을 것이라고 응수했다. 실제로 3·14 티베트 사태 이후 중국 정부와 티베트 망명정부 사이에는 화해의 분위기와 더불어 비밀리에 몇 차례의 접촉이 이루어졌다. 사태가 발생한 당시 중국 지도부가 올림픽이 무사히 끝나면 긍정적인 협상을 제시하겠다고 약속을 했기 때문이다. 그리고 달라이 라마 측의 개인 대표가 중국 북경과 심천 등지에서 중국 공산당 통일선전부 관리들과 차기 협상의 시기와 안건을 놓고 협의를 벌였다. 양측 대화에는 중국 측에서 티베트 문제를 총괄하는 당통일전선공작부의 두청림(杜青林) 부장이 참석했다. 두청림 부장은 "중국이 소수민족에 의한 지역 자치제도를 견지할 것이다"라고 강조했고 "어떤 상황에서도 티베트의 독립과 반독립, 형태를 바꾼 독립을 인정하지 않겠다"고 피력했다. 이에 티베트 망명정부 내 일련의 인사들은 대표자 회의를 통하여 중국과의 담판에서 아무런 결실을 내지 못한 항의의 표시로 중국 당국이 성의 있는 협상 의지를 보일 때까지 대화를 중단할 것을 달라이 라마에게 권고하였다. 결국 중국과 티베트(中·藏) 간의 대화는 2008년 11월 6일 이후로 완전 결렬됐다. 달라이 라마 특사와 중국 공산당 간부가 이날까지 회담했으나 현행 티베트의 통치제도를 변경하는 문제를 놓고 팽팽히 대립하면서 합의를 도출하는 데 실패했던 것이다. 달라이 라마 측이 통치제도를 개선할 것을 요구한 데 대해 중국 측은 결코 바꾸지 않겠다며 거부 입장을 분명히 해 상호 입장 차이를 좁히지 못했던 것이다. 티베트 문제는 베이징 올림픽을 앞두고 발생한 라싸 폭동으로 인해 또다시 국제적인 관심을 모으는 데 성공했지만 진전을 이루고 원만한 합의점에 양자가 동의하는 것에는 실패했다. 따라서 티베트 망명정부 내부에선 달라이 라마의 평화적 대화 노선을 비판하고 강경하게 대응해야 한다는 급진적인 노선이 대두하게 되었다. 이러한 결과는 달라이 라마의 '티베트 구하기'의 현실적 능력과 한계를 보여주는 대목이다.

4) 중국과 티베트(中 · 藏) 담판 중의 미국의 역할

사실상 중국과 달라이 라마와의 협상의 배후에는 미국이 존재해왔다. 미국은 1940년대 처음으로 티베트와 접촉한 이래로 1950년대부터 본격적으로 티베트의 후원자 역할을 해오고 있다. 이는 종종 중국 정부와의 외교 마찰로 이어지기도 하지만 미국의 입장에서 티베트는 버릴 수 없는 외교 카드로 활용되고 있다. 그 이유는 무엇일까? 티베트와의 관계에서 미국은 시기적으로 어떤 방법과 지원으로 개입했으며 영향력을 발휘하고 있는 것일까? 미국의 개입과 지원은 티베트의 미래에 도움이 되는 것일까? 이에 본문에서는 시기적으로 미국과 티베트의 역사적 관계를 추적하고 이를 통해 미국의 역할과 영향력이 얼마나 유효한지를 가늠하고자 한다. 이는 달라이 라마가 향후 중국 정부를 상대로 협상과 내용을 전개하는 데 있어 매우 중요한 자산이기 때문이다.

① 미국과 티베트 관계의 형성 배경

1940년대 미국이 티베트와 처음으로 접촉할 당시에는 어떠한 경제적 · 정치적 이해득실을 고려한 것이 아니었다. 1950년대에 들어와서야 미국은 중국과의 관계나 반공(反共)의 정치 이데올로기에 의해서 티베트와의 관계가 실질적으로 발전하기 시작하였다. 일본 세력의 팽창과 제2차 세계대전은 미국이 처음으로 티베트와 관계를 맺어주는 계기가 되었다. 1940년대 아시아에서 일본은 팽창주의적 전략과 군국주의의 구호를 앞세워 중국 동부 지역을 점령하고(1931~1932) 그 세력을 중국의 전 영토로 확장, 진행 중이었다. 일본이 단순한 해권(海權) 국가에서 패권(霸權) 국가로 전환하려는 순간이었다. 그러나 제2차 세계대전(1939~1945)이 발발한 후 사정은 달라졌다. 일본이 제2차 세계대전에 본격적으로 참전했기 때문이었다. 제2차 세계대전은 일본 · 독일 · 이탈리아를 주축으로 하는 진영과 그 반대편의 연합국(영국 · 미국 · 소련 · 중국)의 전쟁 양상이었는데 이때 일본은 주축국(독일 · 이탈리아)과 동맹을 맺었다. 이는 서방의 많은 국가에게 적지 않은 영향과 인상을 심어주었다. 이때부터 미국은 아시아에서 일본의 동향과 발전을 주시하기 시작했다. 그리고 1941년에 '진주만전쟁'(Pearl Harbor Attack)이 발생했다. 이때 비로소 미국은 일본의 군국주의 야심을 감지하게 되었고 이때부터 아시아의 모든 정책과 전략을 수정하게 된다. 일본의 중국 점령이 확장될 무렵 미국의 '전략사령부'(The War Department)와 국무원은 미국의 공군을 중국에 주재시켜 일본에 대항해야 한다고 인식을 같이했다. 그런데 당시 일본은 중국의 중요한 육로를 통제하여 물자 보급을 차단하고 있었다. 그래서 중국은 연합국에 급하게 원조와 협조를 요청할 수밖에 없었다. 이에 미국은 먼저 소련에 의견을 타진했으나 소련의 협조를 받지 못했다. 그래서 미국은 스스로 중국의 보급로를 확보하기 위해서 중요한 루트를 찾아야만 했는데 그때 발견된 지역이 중국 서남부에 위치한 티베트이다. 따라서 이 시점부터는 일반인이 아닌 미국 정부가 처음으로 티베트와 접촉하게 되었다.

현실적으로도 당시 미국의 입장에서는 전쟁에 필요한 의약품과 식량의 물질적 부분을 인도로부터 히말라야를 넘어 중국에게 보급할 노선이 급하게 필요했다. 따라서 티베트가 중요한 거점 지역으로 부상하게 된 것이다. 이 계획을 위해서 미국은 당시 두 명의 군관을 파견하여 중국과 접촉했다. 이때 파견된 미국 군관은 톨스토이(Llia Tolstoy) 상위와 돌란(Brooke Dolan) 소위였다.[31] 당시 이 두 군관은 미국의 루즈벨트(Franklin D. Roosevelt) 대통령이 달라이 라마에게 보내는 서신과 예물을 지참하여 파견된 미국의 첫 번째 외교관이 되었다. 이 두 군관은 티베트의 수장 달라이 라마를 만나 미국 대통령의 친서를 전달했다. 일본의 제2차 세계대전 참전은 결과적으로 미국과 티베트 관계의 시작을 촉진하는 계기가 되었다. 그리고 미국과 티베트(美 · 藏) 관계의 시작은 미국과 중국(美 · 中)의 관계로 자연스럽게 심화되었다. 미국은 중국 속의 티베트를 수시하기 시작했다. 티베트의 위치, 지리 환경, 변경적 지위, 전략적 자산 등에 관심을 가지기 시작했다. 이러한 태도는 1942년 미국 국무원의 외교 관계 문건에서 감지할 수 있다. 당시 미국은 영국 외교부에 보낸 전문(電文)에서 티베트의 '독립'(獨立)과 '자치'(自治)라는 용어를 사용하였다. 이 당시에는 티베트가 아직 중국의 영토로 편입되기 이전이었다. 그러나 1951년 중국이 티베트의 영토와 주권을 접수한 후 중화민국의 헌법으로 "티베트는 중국 영토의 일부분이다"라고 공개적으로 표명한 이후 미국은 중국의 입장과 태도에 영향을 받지 않을 수 없었다. 특히나 당시 중국 행정원정치사무국 주임 장엔렌(蔣延畝)이 티베트는 중국 정치체제 내의 자치 구역이라는 강력한 발표와 주장에 미국은 역시 동감의 입장을 표명할 수밖에 없

---

31 Foreign Relations of the United States(1924), vol. 2, the Far East: China, Washington, D.C: GPO, 1972, pp. 592~593.

었다. 따라서 티베트의 지위라는 측면에서 미국은 중국 주권 하의 자치(自治)라는 티베트의 현실을 인정한 것이다. 이러한 상황은 1942년 티베트 정부의 무선방송 기재의 요구를 거절한 데서도 알 수 있다. 미국이 그러한 이유는 중국과의 관계를 중요시하게 여겼기 때문이다. 1943년 5월 15일 미국 정부가 영국 주재 워싱턴 대사관에 보낸 한편의 비망록 속에는 미국이 중국 정부의 티베트 주권의 성명과 주장에 전혀 이견이 없음을 보이고 있다. 확실한 건 제2차 세계대전 시기에 미국은 중국 정부의 입장과 태도에 동조하는 경향을 보였다는 점이다. 그러나 제2차 세계대전 이후 상황은 바뀌었다. 미국을 중심으로 하는 연합국 국가들은 일본의 패망으로 중국에서의 일본의 세력 확산을 걱정하지 않아도 되었다. 그리고 전후 아시아에서 정치 환경의 변화는 미국의 티베트 입장을 전환하는 계기를 만들어주었다.

1946년 1월, 티베트의 '무역대표방문단'(貿易代表團)은 주(駐)인도대사관 미국 공사 조지 머렐(George R. Merrell)을 방문하고 티베트 섭정(攝政)과 티베트 정부(噶廈)의 서신을 미국의 대통령 트루만(Harry S. Truman)에게 전달했다. 이 서신의 내용 중에 달라이 라마는 "두 개의 정부가 더욱더 우호를 맺기 원한다"라는 내용을, 섭정(攝政)은 "양국(國) 간의 우의를 미국 대통령이 신경 써주길 바란다"라는 내용을 담았다.[32] 이는 전체적으로 미국과 티베트의 관계가 앞으로 더욱 긴밀하기를 희망하는 것이었다. 그리고 1947년에 티베트는 4인으로 구성된 무역대표단을 미국에 파견한다. 이 대표단의 방문 목적은 대외적으로는 티베트와 미국의 무역 증진을 위한 것이었다. 이 대표단의 수장은 티베트인 샤커바(夏克巴)였다. 1947년 6

---

32 Foreign Relations of the United States(1947), vol. 2, the Far East: China, Washington, D.C: GPO, 1972, pp. 592~593.

월 14일에 미국 주(駐)인도대사관에 도착한 일행은 티베트와 미국, 영국과의 수출입 무역에 관한 가능성을 타진하였다. 표면적으로 방미의 목적은 무역을 통한 상업 증진과 개선이었다. 1948년 8월 6일에 샤커바는 미국의 국무장관 조지 마샬(George Marshall)을 만났고 그에게 방문의 실질적인 목적은 무역보다는 미국과 티베트의 관계 개진에 있다고 설명했다.[33] 당시 대표단의 수장인 샤커바는 훗날 그의 저서 『티베트 정치사』(*Tibet, a Political History*)에서 무역대표단의 미국 방문의 실질적 목적은 티베트의 독립 지위를 증명하고 인정받으려 실행한 것이라고 고백했다.[34] 이 점은 방문단이 중국의 여권을 사용하지 않고 티베트의 지방정부에서 발급한 여행 문건만을 가지고 미국을 방문한 것만 보아도 알 수 있는 대목이다. 사실상 미국과 티베트가 서로 무역할 수 있는 상품은 한계를 가지고 있었다. 티베트의 무역대표단은 상업적 이유보다는 정치적 동기가 작용하여 미국을 방문한 것이다. 사실, 이러한 의도와 행위의 목적을 미국도 알고 있었다. 따라서 미국 공사 조지 머렐(George R. Merrell)은 1947년 1월 13일, 미국 국무원에 티베트로 대표단을 파견할 것을 건의한다. 이러한 건의의 배경에는 일본의 참전 패배, 중국 국공(國共) 내전 발생, 공산당 세력의 득세로 이어지는 일련의 과정 속에서 아시아에서 공산주의 정치 이데올로기의 확산을 막기 위한 포석에서 이루어진 기획이었다. 이러한 관점과 판단은 미국 전략사령부 주임 하워드 도노반(Howard Donovan)도 같은 생각이었으며 따라서 그는 미국 국무원에 티베트를 주목하고 전략적으로 우호 관계를 맺어 소련의 영향권에 있는 인접 국가를

33 Foreign Relations of the United States(1948), vol. 7, the Far East: China, Washington, D.C: GPO, 1973, p. 775.

34 Tsepon W. D. Shakabpa, *Tibet, A Political History*, New York: Potala Publications, 1984, p. 295.

주시해야 한다고 제기하기도 했다. 그러나 미국 정부는 여전히 중국 정부의 티베트 주권을 존중하는 분위기였다. 이러한 상황은 다음의 사례에서 확인할 수 있다. 티베트의 무역대표단은 티베트 지방정부에서 발급한 문건으로 중국의 비자를 대신하려 하였으나 주(駐)뉴델리 미국대사관은 티베트 자체의 문건에 동의하지 않았다. 이는 미국이 중국 정부를 의식하고 있음을 보여준다. 그러나 한편으로 미국 정부는 내부적으로 또 다른 시나리오를 준비하고 있었다. 즉 중국 대륙에서 공산당의 장악으로 공산주의가 확산되는 시기에는 티베트를 독립국으로 인정하고 중국의 공산화를 견제 혹은 대립의 카드로 활용한다는 것이었다.[35] 사실상 이러한 시나리오는 미국 정부 내에서 찬반 논란의 쟁점을 일으켰으나 대체로 중국 국공내전의 발전 양상과 결과를 보고 결정한다는 데 의견의 합일을 보았다. 즉 공산당이 득세하고 국민당(中華民國)이 실패할 경우 미국은 티베트의 주권과 지위에 관하여 새로운 입장을 표명한다는 것이었다. 그리고 공산당이 득세하고 중화민국이 여전히 정치적 실체로서 중국 안에 존재한다면, 미국의 티베트 정책은 중화민국의 정책에 따라 결정한다는 것이다. 결론적으로 비록 티베트 무역대표단의 미국 방문은 상업적으로는 별다른 소득이 없었음에도 불구하고 미국과 티베트 관계에서 새로운 발전 관계의 초석을 이루었다는 점에서 의미를 찾을 수 있다.

1950년 6월 25일, 한국전쟁이 발생했다. 그리고 중국 대륙에서는 공산당의 승리로 '중화인민국공화국'(中華人民共和國)이 탄생했다. 같은 해 10월, 중공군은 공산당의 깃발을 앞세우고 티베트에 진입했다. 이에 미국은 아시아에서 공산주의의 세력 확장을 견제하기 위해서 티베트 카드 활용

35 Foreign Relations of the United States(1949), vol. 9, the Far East: China, Washington, D.C: GPO, 1975, p. 1065.

을 결정한다. 즉 티베트(西藏)로 공산당 세력을 견제(以藏制共)한다는 전략을 새로이 구상하게 된 것이다. 그 첫 번째 작전의 하나로, 미국은 비밀리에 달라이 라마에게 1951년 5월 23일 북경에서 티베트와 중화인민공화국 간에 이루어진 '17개 조항의 평화협의'(17條協議)[36]를 공개적으로 반박하고 해지하라고 요구한다.[37] 그러나 달라이 라마는 반박하지 못하고 중국의 압력에 시달리다가 1959년의 라싸 폭동 발생 후 인도로 망명한다. 이때 미국은 달라이 라마 개인과 티베트 난민의 정착을 적극적으로 원조하였다. 또한 1960년대부터 70년대에 미국은 티베트인 유격부대를 양성하고 본격적으로 티베트에서 저항 세력을 양성한다. 이 시기에 미국은 오로지 공산주의가 아시아에서, 특히 중국에서 심화·확대되는 것을 저지하고 견제하는 것을 목적으로 하고 있었다.

1970년대 초반, 미국의 종교단체와 민간단체의 요청에도 불구하고 달라이 라마는 미국 국무원의 반대로 미국 방문은 성사되지 않았다. 그러다가 1979년에 처음으로 공식적인 미국 방문이 성사되었다.[38] 당시 미국이 발급한 비자는 관광비자(B-1)의 성격이었다. 1979년 9월 3일, 달라이 라마는 미국을 처음으로 방문하게 된다. 49일 동안의 여정으로 방문길에 오른 달라이 라마는 미국의 주요 대학과 뉴욕·휴스턴·시애틀·시카고 등을 방문하여 종교 강연을 진행하였다. 이때 미국 정부는 달라이 라마의

---

36 「中央人民政府和西藏地方政府關于和平解放西藏辦法的協議」, 『人民日報』, 1951. 5. 28.

37 Foreign Relations of the United States(1951), vol. 7, the Far East: China, Washington, D.C: GPO, 1982, pp. 1612~1613.

38 1981년 7월에 달라이 라마의 2차 미국 방문이 이루어졌다. 방미의 주요 목적은 위스콘신(Wisconsin)주에서 주관한 '칼라차크라 금강종교법회'(Kalachakra Initiation)에 참석하여 강연을 하는 것이었다. 더불어 달라이 라마는 8월 3일~7일 동안 컬럼비아대학에서 주관한 미국불교연구회의 하계 세미나에 참석하여 '박애와 재난'이라는 주제로 강연도 하였다. 『西藏評論』, 1981, pp. 8~10.

신분을 종교적 수장으로 제한하여 정치적 민감성을 극소화하였다. 9월 4일, 달라이 라마의 공개적 기자회견에서는 특히나 이 점을 강조하게끔 요구하였다. 따라서 달라이 라마는 공개적 기자회견이나 강연 장소에서는 정치적 발언을 자제하며 종교적 여행임을 강조하였다.[39] 미국 정부 또한 최대한 달라이 라마의 신분을 고려하여 접대하였다. 예를 들어 당시 국회의원 로즈(Charlie Rose)는 '외국관원보호법'(Foreign Official Protection Act)에 의하여 달라이 라마의 보안과 대우를 처우해야 한다고 국무원에 요구하였으나 거절당하였다. 또한 달라이 라마의 미국 나사(NASA) 방문의 희망 또한 거절하였고 당시의 대통령 지미 카터(Jimmy Carter) 역시 접견을 회피하였다. 이는 모두 미국이 중국과의 외교 관계 개선에 따른 고려였다. 이로써 달라이 라마의 역사적인 미국 방문은 정치적인 색채보다는 종교적인 여행과 활동으로 한정지어졌다. 이는 미국이 중국의 외교적 압력을 고려하여 전개한 실리적인 외교 활동과 정치라고 볼 수 있다. 티베트 카드를 버리지는 않되 전면적으로 부각하여 중국과의 관계를 껄끄럽게도 하지 않은 적절한 수위를 구사하고 있는 것이다. 반면 달라이 라마 또한 나름대로 수확은 있었다. 비록 미국 정부의 제한된 환대를 받았으나 민간단체의 호응과 시민단체들의 반응은 폭발적이었다. 이는 달라이 라마가 살아 있는 부처, 활불이라는 개인적 신비감에서 오는 매력 때문이었다. 따라서 이 여파로 인해 유럽에서도 달라이 라마의 인지도는 급상승했으며 초빙이 줄을 이었다. 이러한 분위기는 달라이 라마로서는 티베트 문제를 국제사회에서 이슈화시키고 홍보하기에 더 없는 호재로 이어졌다. 이

39 그러나 9월 11일 조지타운대학에서 학생들과 기자들이 참석한 강연에서 달라이 라마는 기회가 주어진다면 티베트로 돌아가 민주정부를 구성하고 싶다는 정치적 발언을 하기도 하였다. 『紐約時報』, 1979. 9. 12.

는 달라이 라마의 크나큰 수확이었다. 이로써 미국과 티베트는 달라이 라마라는 상징적 존재를 통하여 긴밀한 유대관계가 시작된 것이다.

② 미국과 달라이 라마의 접촉과 원조

1950년에 인민해방군은 티베트에 성공적으로 진입했다. 이에 1951년, 미국은 인도와의 비밀 협상 끝에 라싸에 미국 공군기를 보내서 달라이 라마를 탈출시키려고 계획하였다. 그러나 1950년에 달라이 라마가 티베트의 남부 변경 지역인 야동(亞東) 지역으로 탈출하는 바람에 이 계획은 무산됐다.[40] 달라이 라마는 그곳에서 8개월가량 머물다가 다시 라싸로 돌아온다.[41] 미국의 첫 번째 계획은 원점으로 돌아갔으나 미국은 티베트와 달라이 라마의 프로젝트를 멈추지 않았다. 1951년의 비밀문서는 미국의 의중을 파악할 수 있는 중요한 내용이다. 즉 달리이 리미가 1951년 5월 23일에 중국과 협상 타결한 '17개 평화협의' 사항[42]을 공개적으로 부정하고 미국과 연합국에 조정과 구원을 요청한다면 미국은 달라이 라마를 태국이나 인도 · 파키스탄 심지어 미국으로의 망명을 적극적으로 도와주겠다

40 John F. Avedon, *In Exile from the Land of Snows*, London: Michael Joseph Ltd, 1984, p. 36.

41 George N. Patterson, *Tibet in Revolt*, London: quoted in Grunfeld, op. cit, 1960, p. 106.

42 1951년 5월 23일에 체결된, 소위 「티베트의 평화해방 방법에 관한 중앙 인민정부와 티베트 지방정부의 합의」의 기본 내용과 정신은 1950년 5월에 중공 서남국에서 마련한 10조 정책이 거의 그대로 관철된 것으로, 이는 이 협약이 중국 측의 의지대로 일방적으로 진행되었음을 의미한다. 담판 과정에서 티베트 대표는 인민해방군의 티베트 진군 문제, 민족구역자치와 사회개혁 문제, 판첸 라마의 지위와 직권 문제 등 3개 항에 대하여 이의를 제기하였지만, 결과적으로 이의는 전혀 받아들여지지 않았다. 따라서 이 협약의 체결은 중국 측에서 보면 오랜 숙원을 푼 것으로, 이는 체결 직후 중국 당국의 각종 성명을 통해 여과 없이 표현되었다. 김한규의 책, 2003, 48~49쪽.

는 것이었다. 또한 반공의 의지와 성명을 공개적으로 발표한다면 미국은 인도를 통하여 티베트에 경량식 무기를 제공할 것이며 달라이 라마와 그 가족에게 경제적 지원을 아끼지 않겠다는 파격적 제안을 한 것이다.[43] 그리고 이 모든 것이 성사되면 달라이 라마의 형 투덩눠부(圖登諾布)를 미국으로 초청하여 모든 티베트 관련 사무를 맡기겠다는 계획이었다. 그러나 이때 달라이 라마는 신변의 안전을 신중히 고려하여 미국의 계획대로 응해주질 않았다. 이때 투덩눠부는 미국에 가서 네 가지 중요한 사항을 협의하고 승낙 받는다. 첫째, 미국은 달라이 라마와 그의 가족이 어떤 나라로 망명하든지 찬성하고 도와준다. 둘째, 미국은 연합국에 '티베트 문제'를 정식으로 제기한다. 셋째, 달라이 라마가 공개적으로 반공(反共)을 선언하면 미국은 군사적 지원을 이행한다. 넷째, 미국은 군사적인 지원 외에도 다른 원조도 적극 고려한다. 이 모든 사항의 승낙 조건은 달라이 라마가 '17개 평화협의'에 대한 공개적인 부정과 무효화였다. 이러한 요구에 달라이 라마는 매우 신중하고 조심스러웠다. 따라서 미국의 요구(17개 협의 무효화 선언)에 암묵적으로 동의하면서도 실질적인 행동은 보류하고 있었다. 그리고 미국보다 먼저 중국과의 접촉을 시도했다. 1951년 7월, 달라이 라마는 북경을 향해 떠난다. 중국 정부의 티베트 접수에 수긍하면서 일단 신임을 얻으라는 티베트 내부의 의견에 동의한 것이다. 그러던 중 1956년에 파키스탄 왕자의 종교법회 초청을 받는다. 그러나 중국 정부의 거절로 무산된다.[44] 그러나 그해 11월에는 인도를 방문할 수 있는 허가를 얻어 달라이 라마는 네루 수상을 만날 수 있게 된다. 이때 달라이 라

43 B. N. Mullik, *My Years with Nehru, the Chinese Betrayal*, Bombay: Allied Publishers Private Ltd, 1971, pp. 80~81.

44 John F. Avedon의 책, 1984, p. 38.

마는 인도의 정치적 보호를 기대했으나 네루 수상은 불허했다.[45] 달라이 라마가 인도에 머무르는 동안 중국의 조언라이(周恩來) 총리가 유럽 순방을 마치고 돌아오는 길에 인도에 들렀다. 물론 달라이 라마를 만나보고 상황을 감지하기 위해서이다. 당시 조언라이 총리는 달라이 라마에게 "라싸로 돌아갈 것이냐?"고 물었고 달라이 라마는 "당연히 귀국할 것이다"라고 대답했다.[46] 결국 달라이 라마는 인도에서 어떤 동의와 확답을 얻지 못한 채 1957년 4월 1일에 라싸로 다시 돌아왔다. 이러한 와중에 미국 정보국은 1951년에 달라이 라마의 두 번째 형 짜러뚠주(嘉樂頓株)와의 접촉을 통해서 미국은 처음으로 티베트인 유격대를 발족시키고 체계적으로 훈련시킨다. 이 계획의 근본 목적은 대(對)중국에 대한 티베트 저항 세력을 조직적으로 훈련시켜 중국 내 분리주의 강경 저항 집단을 형성하고자 함에 있었다. 이러한 미국의 본격적인 군사적 원조는 달라이 라마로 하여금 다시금 미국의 역할에 대하여 신중하게 고려하게 하였으며 의존감을 증폭시켰다. 처음엔 적극적이지 않던 달라이 라마의 미국에 대한 언행은 1959년 3월, 라싸에서 발생한 대규모 티베트인 폭동사건을 계기로 미국에 대한 전면 의존으로 전환된다. 결국 달라이 라마는 미국 정보국의 협조와 원조 속에 무사히 티베트를 탈출하여 인도로 망명한다.[47] 인도로 망명한 달라이 라마는 미국과의 협조를 전면 부인했지만 페터슨(Patterson)의 주장에 의하면, 달라이 라마의 인도 망명 프로젝트는 철저한 미국의 사전 계획이었다는 것이다.[48]

---

45 George N. Patterson의 책, 1960, p. 116.

46 John F. Avedon의 책, 1984, pp. 46~47.

47 Chris Mullin, *The CIA: Tibetan Conspiracy*, Far Eastern Economic Review, v. 89, no. 36, 1975, p. 33.

48 L. Fletvher Prouty, *The Secret Team, the CIA and its Allies in Control of the United States and Work*, Englewood Cliffs, N, J, Prentice-Hall, Inc, 1973, pp. 351~353.

1950~1960년대 미국 중앙정보국의 요원이었던 프루티(L. Fletvher Prouty) 역시 만약 미국의 도움이 없었다면 달라이 라마의 인도 망명은 불가능했을 것[49]이라고 주장한다. 여기에 중앙정보국 비밀 프로젝트에 가담했던 팀장 비셀(Richard Bissel) 또한 프루티의 의견에 동의하며 심지어 미국이 훈련시킨 티베트인 유격대가 없었다면 이 프로젝트는 근본적으로 불가능했다는 의견을 제시하기도 했다.[50]

요약하면, 미국은 1950년대에 들어와서야 분명한 목적을 가지고 중국과 티베트에 접촉을 시작했다. 특히나 달라이 라마에게 중국과 협상한 '17개 평화합의안'을 공개적으로 부정하고 반공을 선언한다면 본격적인 경제적 · 군사적 원조를 지원하겠다고 약속했다. 그리고 1959년에 라싸 폭동사건이 발생함에 따라 그동안 준비해둔 달라이 라마의 인도 망명 프로젝트를 신속히 진행시키고 티베트 원조를 본격적으로 시작하였다. 이 모든 미국의 의도와 포괄적 행위의 목표는 아시아에서 중국의 공산화 진입을 저해하기 위해서 시작된 것이다. 그 방법과 수단의 조치로써 티베트 카드를 이용하기 시작한 것이다.

③ 미국 중앙정보국의 티베트 분리주의 움직임에 대한 원조

미국 중앙정보국은 달라이 라마의 친형이자 실질적인 실무 담당자인 짜러뚠주(嘉樂頓珠)와 1951년부터 비밀리에 접촉을 해왔다. 그리고 달라이 라마의 또 다른 형제인 투덩눠부(圖登諾布)도 1953년부터 접촉을 시작하였다. 이는 달라이 라마가 자신의 종교적 상징성 때문에 본인 자신이

---

49 L. Fletvher Prouty의 책, 1973, p. 351.

50 David Wise, *The Politics of Lying: Government Deception, Secrecy and Power*, New York: Vintage Books, 1973, p. 252.

움직이는 것보다도 친혈족을 내세워 접촉과 계획을 세우는 것이 실리적이라는 판단이 미국의 움직임과 맞아떨어졌기에 가능했다. 접촉은 일찍부터 했지만 미국은 1955~1956년에 이르러서야 구체적으로 티베트에 대한 계획을 실행에 착수했다. 즉 티베트 라싸 폭동을 배후에서 기획한 것이다. 티베트인 왕뚜(旺杜)는 당시 라싸 폭동을 주도한 인물에 속하는데 그는 이미 1956년에 티베트를 떠나서 미국의 원조로 유격 훈련을 받았다고 주장했다. 그는 체계적인 훈련을 받은 후 티베트 서부 서강(西康) 지역에 다시 투입됐다. 그리고 거기서부터 조직적으로 반(反)중국 폭동과 게릴라전을 주도하였다. 결국 1959년의 라싸 폭동을 주도한 그는 1966년에 네팔로 도주한다. 당시 미국 중앙정보국은 라싸 폭동을 사전에 지원하기 위해 1958년에 비행기를 이용하여 일단의 무기를 티베트에 공급했다.[51] 이러한 증언과 정황이 사실이라면 미국은 이미 1950년대 초부터 달라이 라마의 친형제들에게 접근했으며 그들을 통하여 중국 안의 티베트를 군사적으로 원조했음을 알 수 있다. 티베트에 대한 미국 중앙정보국의 유격대 훈련과 군사적인 원조는 1974년까지 계속되었다. 그러나 이때까지도 달라이 라마는 미국과의 관계와 접촉을 전면 부인했다.[52] 1959년에 라싸 폭동이 발생한 후 한 달이 지난 다음 미국은 티베트인의 유격 훈련을 미국 본토에서 진행할 것을 결정한다. 미국은 그간 중국 서부의 험악한 산간지대에서 유격 훈련을 한 경험을 바탕으로 이와 비슷한 자연환경을 가진 미국의 콜로라도 주(州)에 캠프(Camp Hale)를 마련한다. 기록에 따르면 1959~1962년까지 약 176명가량의 티베트인들이 이 지역에서 전문적으

51 *Tibetan Review*, v. 9 no. 8, 1974, pp. 9~10.

52 "Diplomacy and the Dalai Lama", *Far Eastern Economic Review*, v. 83, no. 11, 1974, p. 32.

로 유격 훈련을 받은 것으로 집계된다.[53] 그러나 비밀스럽게 진행된 이 프로젝트는 1961년 12월에 유격대원을 실은 버스가 공항에서 대형 접촉사고가 나는 바람에 세상에 알려졌다.[54] 따라서 1962년에 미국 콜로라도의 유격 훈련 캠프는 폐쇄되었으며 훈련도 종료되었다.

사실상 이러한 미국의 막후 지원과 원조 속에서 티베트의 게릴라전은 활기를 띠었고 중국 정부는 당황해 했다. 그러던 중 미국은 월남 개입으로 티베트 내부의 게릴라전에 이전보다 많은 힘을 쏟지 못하게 되었다. 1970년대에 들어와 미국은 티베트의 군사 원조와 방대한 훈련 비용에 어려움을 느낀다. 이는 티베트의 저항 동력이 점진적으로 힘을 잃어가는 원인을 제공했다. 이러한 와중에 1971년 7월, 전격적으로 미국과 중국의 관계가 개선된다. 즉 1971년 7월에 닉슨(Nixon, Richard Milhous) 대통령은 국가안전이사회의 키신저(Kissinger, Henry Alfred)를 비밀리에 중국에 파견하여 주은래 국가총리와 사전 회담을 진행시켰던 것이다. 그리고 1972년에 닉슨 대통령은 중국을 방문하여 마오쩌둥(毛澤東)과 회담을 진행하여 쌍방은 상해에서 '중미연합공보'(中美聯合公報)에 서명하였다.[55] 이로써 1979년에 중국과 미국은 정식으로 외교 관계를 수립하였고, 미국은 '하나의 중국'(One China)과 '대만은 중국의 일개 성'(台灣是中國的一個省)임을 인정하

53 미국 말고도 티베트인들의 유격훈련 전진기지가 형성됐던 곳은 또 있다. 바로 네팔이다. 미국과의 유격훈련이 한창일 무렵 티베트인들은 스스로 '국가자원방위대'(National Volunteer Defense Army)를 조직하여 티베트 남쪽과 국경을 마주한 '무스탕'(Mustang)이라는 오지에 훈련 기지를 설정하고 유격훈련을 진행한 바 있다. 1959년에 달라이 라마가 인도로 망명하자 1961년부터 티베트 캄파(康巴, Khampa)인 6,000여 명이 주축이 되어 이 지역을 근거지로 게릴라 활동을 하였다. 1974년에 이들은 대부분 네팔 정부군에 의해 항복하거나 자살하였다.

54 Jack Anderson, "A Toll of Dirty Tricks", *The Washington Post*, April 24, 1977, p. C7.

55 劉蓮第 編著, 『中美關係的軌迹』, 時事出版社, 2001.

였다. 이는 불편했던 20여 년의 중미 관계 속에서 이룬 획기적인 외교 성과였다. 이에 미국은 내부적으로 대(對)티베트 전략을 부득이하게 수정할 수밖에 없었다. 그동안 비밀리에 진행되었던 티베트인 유격 활동과 군사적 지원을 중단하고 국제사회 속에서 새로운 전략을 구사하게 되는 전환점을 맞이하게 된 것이다.

④ 학계와 민간조직

티베트 문제에 관한 한 미국 대통령들과 학계의 관심과 지원 또한 끊이지 않는다. 반세기에 걸쳐 이어져온 중국과 티베트의 담판 힘겨루기에서 미국 대통령의 언행은 중미 관계에 적지 않은 영향을 끼칠 정도로 자극적이다. 미국 정부는 중국 정부가 제시하는 '티베트는 중국의 일부분이다'라는 명제를 기본적으로 인정한다. 그러나 티베트의 종교와 문화에 관하여는 중국의 지도부가 '진정한 자치'를 확보해주어야 한다고 피력하고 있다. 이에 관하여 미국의 클린턴 대통령(1992~2000)은 매우 파격적인 행보와 언행으로 중국을 자극시킨 대표적 인물로 평가된다.

1998년 6월말에서 7월 초 미국 대통령 클린턴이 9일간의 일정으로 중국을 공식 방문했다. 중국의 주석 강택민(江澤民)을 만나기 위해서였다. 이 세기의 만남은 6월 27일의 공동 기자회견에서 팽팽한 긴장감을 보여준다. 바로 두 수뇌부 간의 직접적인 변론 대결이 기자회견장에서 지상파방송(中國中央電視)을 통해서 처음으로 방송되었기 때문이었다. 클린턴은 당시의 국가주석 장쩌민에게 대놓고 티베트 문제를 꺼냈다. 클린턴은 이렇게 말했다. "달라이 라마는 신성(holy)하고 성실(honest)한 친구다. 나는 그와 여러 번 만났고 대화를 나누었다. 나는 그를 신임한다. 만약 주석인 당신도 달라이 라마를 만나게 되면 좋은 친구가 될 것이다."[56] 이때 당시 클린턴 행정부의 외교 정책은 국제사회 속에서 티베트 카드로 중국의 인권과 민주화를 건드려 중국을 견제(以藏制華)하자는 입장이었다. 이 외에도 미국은 동북아시아에서 부상하는 중국을 견제하기 위하여 티베트 카드 이외에도 무역 정책, 대만 군무기 수출 등으로 중국을 불쾌하게 만들고 있었다. 특히나 대만은 정치적으로 매우 민감한 지역으로서 중국 정부가 티베트 이상으로 신경을 쓰고 있는 지역이었다.[57] 주지하다시피 중국은 대만을 '일국양제'(一國兩制)의 시스템으로 중국 영토 안에 합법적으로 편입시키려 노력하고 있던 중이었다. 클린턴의 직접적인 언행에 중국의 국가주석 장쩌민의 반응 또한 직설적이고 단호했다. 그는 다음과 같이 응수했다. "티베트는 중국의 영토임을 달라이 라마가 인정하고, 대만 또한 중국의 한 성(省) 중의 하나임을 공개적으로 발표할 때 우리는 언제든 대화할 수 있다. 대화의 창구는 언제든 열려 있다."[58] 위의 대담은 중미 간에 처음으로 양국의 수장이 공개적인 자리에서 티베트 문제를 거론했다는 점에서 의미가 있다. 양측 수뇌부의 회동은 비록 상대방의 입장을 거슬리지 않는 수준에서 대화는 조절되었으나 티베트 문제가 역시 양자 간의 민감한 화제임을 확인할 수 있는 자리였다.

미국 학술계의 입장 또한 주목할 만하다.[59] 학술계는 일방적인 동정과 지지를 보내는 미국 민간단체나 종교단체와는 달리 신중한 입장을 표명하고 있다. 대표적인 티베트 학자로는 골드스타인(M. Goldstain), 그륀펠트

56 直雲邊吉, 『達賴喇嘛: 分裂者的流亡生涯』, 北京: 海南出版社, 2000. 심혁주, 「티베트 지위에 관한 중국 정부와 달라이 라마의 태도 분석과 전망(1950~2002): '티베트 독립운동'을 중심으로」, 『한국아시아학회』, 아시아연구, 제6권 1호, 2003 참조.

57 중미 관계 속에서 대만 문제에 관한 심도 있는 연구는 신상진의 「대만문제와 중 · 미관계」, 『中蘇연구』 통권 109호, 2006 참조.

58 『大公報』, 「要聞專題: 達賴喇嘛要談實際-藏獨」, 1996. 6. 30.

59 林恩顯, 「世界各國對藏學研究概況」, 『西藏研究論文集』, 西藏研究委員會 第4集, 1993, 187쪽.

(Tam Grunfeld), 보겔(Ezra Vogel), 스프링(Eliloit Spering), 스미스(Fuel Smith) 등을 들 수 있다. 이들은 중국 정부가 일관되게 주장하는 '티베트는 중국의 일부이다'라는 명제를 인정하고 받아들이는 입장이다. 하지만 한편으로는 티베트 문명의 특수성과 독창성을 제기하면서 소위 '문명의 대화'(文明對話)를 촉구한다. 특히나 한족 · 장족(藏族) 학자 사이의 조건 없는 학술 교류와 의견 교환이 우선적으로 이루어져야 한다고 주장한다. 이는 미국 하버드대학교 교수인 헌팅턴(Huntington)의 『문명의 충돌』(*The Clash of Civilizations*)을 모방한 것이다. 미국의 학자들은 대체적으로 달라이 라마의 사후를 주목하고 있다. 현재는 달라이 라마라는 티베트 운명공동체의 수장이 존재하기 때문에 그나마 충돌과 폭동이 덜하다는 것이다. 그러나 달라이 라마가 승하하면 잔존 세력, 특히나 '티베트청년회'(藏靑會)의 후폭풍을 무시할 수 없다는 것이다. 그들의 주도하에 한족과 티베트민족 간에 충돌 가능성이 매우 높다는 것이다. 따라서 달라이 라마가 생존해 있을 때 모든 양성적 · 건설적인 대화와 교류가 이루어져야 한다는 것이다. 그리고 그 선봉에 학계가 우선적으로 교두보의 역할을 해야 한다는 것이다.

2002년에 미국 하버드대학교에서 '티베트 문제에 관한 국제학술토론회'를 두 차례나 개최됐다.[60] 그리고 중국의 학자들과 인도 망명정부의 관

60 미국 하버드대학 '費正淸硏究中心'의 주임 博高義 교수에 의해 추진되었다. 그는 원래 일본 연구에 저명한 학자였지만 1990년대 후반에 들어서 그 관심 영역을 중국과 한학(漢學)으로 전환하였다. 당시 그의 학생 중에 중국 학생과 망명정부의 티베트 학생이 있었는데 그들과의 수업을 통해서 티베트와 중국과의 관계에 더욱 관심을 가지게 되었다. 그러던 차에 2002년에 '費正淸硏究中心'과 '러시아 연구소' 그리고 '아시아연구소' 주최로 전후 두 차례에 걸쳐서 '티베트 문제 국제토론회'(西藏問題國際會議)를 추진하였다. 博高義 교수는 하버드대학의 다른 교수를 설득하여 중국과 망명정부의 학술 교류를 적극 추진하였다. 그는 학술 교류를 통하여 충돌과 모순의 민족 문제를 해결할 수 있다고 믿었으며 이러한 교류의 결과로 2002년 9월에 달라이 라마의 특사가 북경을 방문하여 오랫동안 끊겼던 대화와 협상의 돌파구를 찾기도 했다.

계자들을 함께 모아 한족 · 장족(漢 · 藏)의 학술적 대화를 주도하였다. 성대하게 개최되었으나 양측의 치열한 의견 대립과 이념의 차이로 원만한 결의로는 도달하지 못했다. 미국의 모든 학자가 티베트를 동정하고 달라이 라마를 지지하는 것은 아니다. 대표적으로 그륀펠트(Grunfeld)는 1990년대에 달라이 라마가 소위 미국의 '총아'(寵兒)로 거듭나고 국제적 유명인사로 거듭나고 있을 때 「달라이 라마의 곤경」이라는 글을 발표하여 티베트의 현실을 직시하고 미래를 전망했다. 그는 인도 망명정부 내의 내부 불화와 달라이 라마의 고령을 제기하며 티베트의 곤경을 설명했다. 또한 달라이 라마와 미국과의 관계는 국제사회의 역동적 관계에 따라 언제든지 변할 수 있다고 예견했다. 또한 미국 레이건 정부의 인권 외교와 반공 정책은 달라이 라마라는 티베트 카드를 유효하게 활용할 수 있으나 영원할 수는 없다고 날카롭게 경고했다. 이는 사실상 오늘날 티베트의 현실과 맞아떨어지고 있다. 미국의 인류학자인 골드스타인(M. Goldstain)은 티베트 문제의 해결에 있어서 현실적인 관점을 제시한다. 그는 티베트 문제의 관건은 '독립'이 아니라 중국 속의 티베트민족이 '진정한 자치(自治)'를 성취하는 것이 중요하다고 주장한다. 이를 그는 티베트의 진정한 '민족자치' 혹은 '종족 자치'(Ethnic Soluthion)라고 인식하고 있다. 그 핵심 내용은 21세기 현대화 속의 티베트 전통문화를 보호하는 것이며 그 후손들이 올바로 계승하는 것이다. 그의 이러한 견해와 관점은 미국 학술계에서 주목을 받고 있을 뿐만 아니라 중국 학계에서도 긍정적으로 받아들이고 있다.[61]

61 대표적으로 중국 북경대학의 티베트 학자 張直榮 교수는 2003년에 대만 '蒙藏委員會'에서 주최한 심포지엄 『21世紀 西藏議題學術硏討會』, 「漢藏談判中的美國因素: 過程, 焦點與前景」에서 미국 학자 골드스타인(M. Goldstain) 교수의 관점을 제시했다. 張直榮 교수가 골드스타인 교수의 관점을 받아들인 이유는 그가 反共의 의식 형태를 학술적으로 활용하지 않

정리하자면 미국 학계의 주요 관점과 입장은 미국인들의 정서와 종교적 가치관을 반영하고 있다. 그들은 한족 · 장족 학자 간의 학술적 대화와 중미 양국 정부 간의 정치적 고리 역할을 담당하고자 한다. 그들은 정치적인 담판보다는 건설적인 학자 간의 교류가 우선적으로 이루어진다면 티베트의 문제는 원만히 실마리를 찾을 수 있다고 공감한다. 티베트 문제가 정치적으로 경색되었을 때 학자들 간의 대화와 교류가 의외로 돌파구를 마련할 수 있다고 생각하는 것이다.

⑤ 미국의 역할과 영향력

20세기를 넘어 21세기에도 미국의 티베트에 관한 관심과 역할은 지속되어왔다. 미국의 티베트 문제에 관한 관심과 역할의 주요 기관은 세 가지 방면에서 측정할 수 있다. 첫째가 미국 정부, 두 번째가 미국 의회, 세 번째가 수장인 대통령이다. 이 중에서 미국 의회는 미국의 정치문화를 대변하는 대표적 기관이다. 미국 의회는 티베트 문제에 있어서 '종교의 자유'를 주장하며 반공(反共)의 의식 형태를 표출한다. 따라서 이 기관은 기본적으로 중국 정부의 티베트 문제 해법 방식과 입장에 대해서 동의하지 않는다. 1987년에 미국 하원은 만장일치로 '대외관계인가법안'(Foreign Relations Authorisation Act)의 수정안을 통과시켰다. 이 법안의 주요 안건은 중국의 티베트 인권 침해의 상황이었다. 이에 호응하듯 같은 해 9월에 달라이 라마는 미국 의회 인권위원회 앞에서 증언했으며, 처음으로 티베트에 관한 '5개 항목 평화 계획'(Five Point Peace Plan)을 공개적으로 발표하였다. 이는 1987년 12월 22일, '티베트 법안' 최종안에 수용되어 대통령(레이건)의 최종 서명을 받았다.[62] 미국 상원과 하원 양원 의회에서 통과

는다는 개인적 판단이 작용했음을 논문에서 밝히고 있다. 84쪽 참조.

된 이 안건은 의회 의장인 톰 랜토스(Thomas Peter Lantos)가 이끄는 미국 의회 대표단이 티베트에 들어가 그곳의 인권 상황을 조사한다는 계획을 세우고 중국에 승인을 요청했으나 중국 당국은 거절했다. 이 법안에서 미국은 중국의 재(在)티베트 인권 침해를 강력하게 비난했다. 거절을 당한 미국 의회는 1987년 12월 18일자로 작성된 서한에서 중국 공산당 총서기 자오즈양(趙紫陽)에게 티베트를 서구 언론인에게 개방하라고 요구한다. 그리고 대통령 레이건의 비준을 얻은 '국무부 세출승인법안'(State Department Appropriation Bill)으로 다시 한 번 중국 내의 티베트 인권 침해를 비난하고 더불어 모든 정치적 티베트 수감자를 석방하라고 촉구한다. 이 법안의 의미는 티베트 내 인권에 대한 관심이 미국 대통령에게까지 중요한 사항으로 인식되고 있으며 티베트인 난민에게 장학금과 경제 원조를 허락했다는 점에서 파격적 성격을 띤다. 또한 이 결의안은 레이건 대통령과 달라이 라마와의 회동을 요청하고 있다. 이러한 상황은 미국이 비록 크게는 티베트를 중국에서 분리된 국가로 인식하고 있지는 않지만 국제 정세에 따라 티베트의 독립 혹은 분리주의 움직임을 지지할 수도 있다는 가능성을 중국에게 가져다주었다. 따라서 중국은 당시 외교부 부부장 주치쩐(朱啓禎)이 미국 대사에게 강력한 항의서를 보냈고 미국의 '중국 내정에 대한 전반적 간섭'을 비난했다.[63] 그러나 '티베트 법안'과 거의 유사

---

62 다수의 저명한 미국 정치인들이 "티베트 법안"을 고안하고 그것을 위원회 단계를 통과시키는 데 중요한 역할을 담당했다. 그 가운데에서도 하원의원 찰리 로즈(Charlie Rose), 상원의원 클래어본 펠(Clairbome Pell), 하원의원 프랭크 맥클로스키(Frank McCloskey)가 중심 인사이다. 뉴욕주 주지사인 마리오 쿠오모(Mario M. Cuomo) 또한 티베트 민족에게 동정적 입장을 견지하는 것으로 알려졌다. 그는 뉴욕시장인 에드워드 코크(Edward Koch)가 그랬던 것처럼 몇 차례의 집회에서 자신의 입장을 연설했다.

63 廖淑馨, 「西藏與美國的關係」, 『西藏研究論文集』 제4집, 西藏研究委員會, 1993, pp. 272~275.

한 법안이 1987년 10월 29일에 '외무 관련 의회 위원회'(House Committee on Foreign Affairs)에서 또다시 발표되어 중국의 입장을 난처하게 만들었다.

1988년 5월 10일에 시작된 미국 청문회에서 랜토스(Lantos)는 레이건 행정부가 중국 지도자를 향해 티베트 인권 문제를 제기하라는 희망을 요청했다. 미국의 이러한 일련의 반(反)중국 정서는 세계 전역의 많은 인권 단체에 호응을 얻었다. 예컨대 국제법률가협회 호주 지부장인 존 도우드(John Dowd) 하원 의원이 대표적이다. 그는 미국 의회의 대(對)티베트 입장과 달라이 라마의 '5개 항목 평화계획'을 공개적으로 지지했고, 중국을 향해 티베트에서의 인권 침해를 중지하라고 촉구했다. 그리고 무엇보다도, 국제법률가협회, 국제사면회의, 다른 여러 인권단체들과 국제적십자사가 티베드에 조사 팀을 보내는 것을 허용하라고 촉구했다.[64]

중국의 티베트 내 인권 침해를 비난하고 티베트 내의 티베트인과 망명 중인 티베트인을 지원하자는 또 다른 법안이 1988년 5월 11일에 미국 하원 의원들에 의해서 하원에 제출되었다. 제출된 여러 제안 가운데 주목할 만한 사안은 티베트인 정착 프로그램을 위한 미국의 원조 제공 부분이다. 따라서 티베트 난민의 경제 상황을 우선 평가하기 위하여 1988년 11월에 시행된 미국 의회 보좌관 8인의 다람살라 및 남부 인도의 정착지 방문으로 이 가능성은 강화되었다. 여기에 힘을 더해준 것이 던둡(k. Dhondup)의 보고서이다.[65] 이 보고서에서는 남 시킴(Sikkim) 지역에 거주하는 티베트인들의 역경과 어려움을 사실적으로 서술했다.

---

64 폴인그램 저, 홍성녕 역, 『티베트, 말하지 못한 진실』, 알마, 2008, 224쪽.

65 K. Dhondup, "In Search of the Poorest Tibetans: A Personal Joumey", *Tibetan Review*, 1985년 7월호, pp. 16~21.

중국 주재 미국 대사인 윈스톤(Winston)은 1988년 8월, 티베트 일부 지역을 방문하여 언론인의 자유로운 티베트 입출국 권리를 허용해달라는 요청과 함께 미국 관리의 라싸 지역 감옥 방문을 허가해달라는 요청도 내놓았다. 또한 같은 시기 미국 의회 인권 코커스의 의장인 랜토스는 중국이 비자 발급을 요청하는 모든 의회 임원에게 지체 없이 비자를 승인하기 전까지 중국 관리의 미국 비자 발급을 즉시 중단하도록 요청하는 결의안을 미국 하원에 내놓았다. 이 요청은 티베트 방문을 희망하는 인권 코커스 임원에 대한 비자 발급 거절에 의해 촉발된 것이다.

1988년 12월 22일에 미국 하원 의원 22명이 중국의 이붕(李鵬) 총리에게 서신을 보냈다. 요지는 12월 10일에 라싸에서 발생한 비무장 시위자를 향한 중국 공안의 공격 사건에 관하여 우려를 표명한다는 것이었다. 또한 그 사건을 둘러싼 정황에 관한 정부 차원의 해명뿐 아니라 발포 책임자에 대한 중국 정부의 처벌 계획 등 세부 내용을 요구했다. 아울러 외국인 언론인과 인권 감시자가 티베트에 입국하여 현 상황에 관하여 독자적인 관찰을 수행할 수 있도록 허용해달라는 요청도 제출되었다.[66] 그런데 당시 미국의 이러한 입장과 견해에 모두가 동조한 것은 아니었다. 1988년, 당시 부통령이었던 조지 부시는 다른 입장을 보이고 있다. 그가 쓴 한 통의 서신을 통해서 그의 입장을 확인할 수 있다. 그는 1988년 9월 9일자로 밀러(T. Miller)에게 현 행정부는 달라이 라마의 '5개 평화협의안'의 모든 요소를 동의할 수 없고 지지할 수 없다고 밝히고 있다.[67] 당시 미

66 *Tibetan Review*, 1989년 2월호, pp. 7~8. 서명자에는 외무위원회 의장인 파셀(Dante Fascell), 위원회의 원로 공화당원 브룸필드(William Broomfield), 인권과 국제협의 대응을 위한 소위원회(Sub Committee of the Human Right and International Organisations)의 회장 패트론(Gus patron), 그리고 HRIO의 원로 공화당원 솔로몬(Gerald Solomon) 등이 포함되어 있다.

국의 지도자였던 조지 부시는 중국의 태도와 입장을 무시할 수 없었던 것이다.

티베트의 인권 문제가 미국에 의해서 한참 부각되고 있을 무렵인 1989년 3월에 티베트의 라싸에서 폭동이 발생했다. 그리고 티베트가 여전히 삼엄한 계엄령 하에 있는 가운데, 10월에 달라이 라마는 평화와 비폭력 투쟁에 헌신한 공로를 인정받아 노벨평화상을 받게 된다.[68] 달라이 라마의 노벨평화상 수상은 티베트 인권 의제가 다시금 국제사회의 전면에 등장하게 되는 계기가 되었다. 이와 같은 상황에서, 1990년 2월에 UN 인권위 제46차 회의에서 미국과 캐나다, 스웨덴, 호주 등 각국 정부가 티베트의 인권 문제를 제기하였으며, 인종 차별과 자결권, 그리고 계엄령에 대한 각종 NGO 보고서들이 UN에서 출간되게 되었다. 이로부터 미국은 달라이 라마의 개인적인 종교적 상징성과 연계하여 티베트 인권 문제에 더욱더 무게를 더하기 시작하였다. 이는 명확하게 중국을 겨냥한 외교적 전략이었다. 이에 호응하듯 1991년에 달라이 라마는 미국을 또다시 방문하였으며, 10월에 UN 인권위에서는 '티베트 인권 상황에 대한 결의안'이 통과된다. 또한 11월에는 호주의 대(對)중국 인권대표단이 티베트를 방문한 후 '티베트는 확실히 계엄령으로 통제되고 있으며, 종교적 자유와 정치적 권리 및 각종 집회와 표현의 자유도 심각하게 결여되어 있다'는 요지의 보고서를 발표하였다. 이어서 1992년에 UN 사무총장의 티베트 인권 상황에 대한 보고가 진행되었고, 당해 연도 11월에 프랑스의 스트라스

---

67 *Tibetan Review*, 1988년 10월호.

68 달라이 라마는 노벨평화상 수락 연설에서 티베트 고원을 비무장화시킴으로써 티베트를 아힘사(ahimsa: 비폭력) 지대로 만들어 티베트인들의 기본적 생존권을 보장해주어야 한다고 역설하였다. 달라이 라마의 노벨평화상 수락 연설과 관련해서는 다음을 참조. http://dalailama.com/page.58.htm

부르의 민족상설재판소(Permanent Tribunal of People: PTP)는 티베트인들의 중화인민공화국 제소 내용을 청취한 결과 중국이 1950년 이래 티베트인들의 자결권과 기본적 인권을 계속적으로 침해한 사실을 인정하였으며, 이에 유럽의회는 PTP의 평결을 지지하는 결의안을 만장일치로 통과시킨다.

1993년에 달라이 라마는 다시 한 번 미국을 방문하게 된다. 그 해 북경이 2000년 하계 올림픽 개최를 신청하자 세계 곳곳에서 항의가 빗발쳤으며, 결국 인권 문제로 발목이 잡힌 북경은 시드니와의 경쟁에서 탈락하게 된다. 1994년에 달라이라마는 다시 미국을 방문하고 클린턴 대통령은 티베트가 피점령 국가임을 선언하고 미국 의회의 결의 내용이 담겨 있는 '1994~1995년 대외관계 수권법'에 서명한다.[69] 이와 같이 1989년의 6·4 천안문 사건 직후부터 1994~1995년에 이르는 동안 달라이 라마는 거의 매년 미국을 방문하였다. 그러나 1995년 이후 달라이 라마의 미국 방문은 거의 이루어지지 않는다. 그 이유는 1994년에 클린턴 행정부가 중국의 '최혜국 대우'(most-favoured-nation treatment) 연장을 공표하면서 중국의 인권 문제와의 연계 정책 포기를 선언하였기 때문이다. 이때부터 미국은 그간의 지원자 역할에서 방관자의 입장으로 돌아서기 시작했다. 예컨대 1997년의 라싸 시위와 유혈 진압에 대해 클린턴 행정부는 티베트 특별조정관 크레이그(Gregory Craig)를 임명하는 것 외에 별다른 조처도, 논의도 더 이상 진전시키지 않았다. 하지만 서방 세계에서 여전히 티베트 문제에 깊이 관여하고 있는 국가는 미국이다. 최근까지도 미국은 티베트 문제에 관한 한 유럽과 영국보다 더 큰 비중을 책임지고 있는 것이 주지

69 1959년부터 2001년까지 티베트 관련 각종 국제사회 결의안은 http://www.tibet.com/Resolution/index.html을 참조.

의 사실이다.

미국의 대통령 중 지미 카터(Jimmy Carter)는 중국 정부와 긴밀한 외교 관계를 맺은 인사로 분류된다. 그는 2001년 9월에 중국과 티베트의 공식적인 중재자로 추천되어 외교 전도사로 행보를 보이기도 했다. 그는 퇴임 후 중국 정부로부터 '달라이 라마를 설득해 달라'는 요청을 받고 이에 응했다. 중국이 카터에게 요청한 이유는 카터가 재임 당시인 1979년에 미중 관계를 정상화시킨 이후 줄곧 친(親)중국 노선을 걸어왔기 때문이다. 카터의 임무는 티베트 전역을 둘러보고, 중국 정부에 원만한 해결책 내지 중재안을 제시하는 것이었다. 그는 인권 문제의 전도사임을 자처하며 자신이 운영하는 카터센터(Carter Center) 연구원들과 함께 임무를 수행하였다.[70]

2007년 10월 17일, 달라이 라마에 대한 '미국 의회 골드메달 수여식'이 조지 부시 대통령이 워싱턴 의사당에 직접 참석한 가운데 수천 명 지지자들의 열렬한 축하 속에서 열렸다. 노벨평화상 수상자이기도 한 달라이 라마는 "이번 수상의 영예는 제가 소중하게 생각하는 동정심과 인간에 대한 이해, 친절 등의 가치에 대한 지지를 보여준 것"이라면서 "이 상은 비폭력과 우리 티베트인들이 추구해온 정당한 대의인 자유와 권리에 대한 지지를 표현하는 것이라고 생각 한다"고 수상 소감을 밝혔다.[71] 이러한 미국의 행보와 관련하여 중국 정부의 반감은 상당했다. 우선 중국 정부는 클라크란트 주중 미국 대사를 소환해 내정 간섭이라고 강력 반발하고 류젠차오(劉建超) 외교부 대변인을 통하여 미국 대통령이 달라이 라마를 만나는 것은 국제 질서를 위배하는 행위라고 언급하면서 중미 관계에

70 '카터센터' http://www.cartercenter.org 참조.

71 http://www.dalailamaworld.com

심각한 손상을 초래할 것이라고 경고했다. 이에 상응하는 외교적 조치로는 독일 베를린에서 열릴 예정이던 이란 핵 문제 논의를 위한 6개국 회담에 중국은 불출석 의사를 공개적으로 표명했다. 이 회담에 중국이 불출석하겠다고 한 것은 미국 의회가 달라이 라마에게 메달을 수여하는 데 대한 불만의 표시로 받아들여진다. 또한 중국의 의회 의장인 우방궈(吳邦國) 중국 전인대 상무위원장의 방미 또한 취소됐다. 우 위원장의 미국 방문 취소는 달라이 라마 메달 수여식 행사를 주도한 낸시 펠로시 미국 하원 의장에 대한 강력한 항의의 뜻이 담겨 있는 것으로 해석할 수 있다. 이에 반해 힐러리 클린턴(Clinton) 미국 국무장관은 2009년 2월, 아시아 4개국 순방 국가 중의 하나인 중국을 방문하여 오바마 대통령 행정부의 새로운 중국 정책을 밝혔다. 내용인즉 인권과 대만 문제, 티베트 문제가 다른 보다 넓은 문제의 해결을 방해하는 것을 원치 않는다는 것이다. 힐러리 클린턴은 미국이 지금까지 중국 정책의 지렛대로 사용해오던 수단들, 즉 인권 · 대만 · 티베트 문제에 대한 소극 대응 대신, 미국이 선택할 의제로 전세계적인 금융 위기의 해결, 안전 보장, 기후 변화에 대한 대응책 마련 등을 들었다. 클린턴 장관이 중국에 도착하면서 선언적으로 밝힌 중국 정책은 오바마 대통령의 새 중국 정책을 대변한 것으로 분석된다. 특히나 중국이 가장 민감해하는 티베트와 인권 문제를 큰 틀 안에서 건들이지 않겠다는 조심스러운 발언은 중국 정부의 호응을 얻어내기에 충분했다. 그러나 미국의 이런 식의 화해 무드용 외교는 그리 신뢰할 만한 수준은 아니다. 언제나 그렇듯이 미국은 자국의 이해득실에 맞추어 태도를 돌변할 수 있기 때문이다.

2009년 7월, 워싱턴에서 '미 · 중 전략과 경제 대화'(and strategic and economy dialogue)가 열렸다. 이 대화의 의미는 미중 사이의 경제 마찰, 무역 역조, 인민폐 절상 등에서 벗어나 거의 모든 의제를 망라하는 등 진정한 의미에서 최초의 '전략 대화'라고 볼 수 있다. 전략 영역에서는 미중 간의 양자 관계, 지역과 국제 문제, 글로벌 이슈에 대한 협력을 다짐했다. 북핵 · 이란 · 아프가니스탄 · 파키스탄 문제 해결을 위해 협력하기로 했으나, 핵심은 기후 변화와 이산화탄소 배출 규제 등에 대한 협력이었다. 경제 영역에서는 미중 간 경제 발전, 금융 위기 극복, 지속 가능한 발전, 강력한 금융 시스템 구축, 무역과 투자의 개방과 보호무역주의 극복 등에 합의했다.[72] 이러한 미중의 관계는 그동안 절대적 강자로 군림하고 있던 미국이 부상하고 있는 현실적 강자인 중국의 존재감을 인정하는 것으로 받아들여진다. 국제사회에서 중요한 전략 파트너로 인정한 것이다. 미국과의 이러한 전방위 대화와 합의에도 불구하고 중국은 내심 미국을 견제하고 신뢰하고 있지 않는 듯하다. 이를 방증하듯 2009년 10월에 중국의 베이징에서 열린 '상하이 협력기구'의 제8차 총리 회담에서 중국은 러시아와의 외교 관계 설정에도 총력을 기울였다. 상하이 협력기구는 1996년 4월, 중국과 러시아 그리고 중앙아시아의 카자흐스탄, 키르기스스탄과 타지키스탄이 국경 지역의 안정을 위한 '군사 부문 신뢰에 관한 협정'을 체결한 '상하이 5개국' 회의를 모태로 한다. 이는 그동안 반목하던 중국과 소련 관계가 1989년 5월에 정상화되고 1991년 12월에 소련연방이 해체되면서 지역 협력의 필요성이 증대되었기 때문이다. 이어 2001년 6월에 우즈베키스탄이 가입하면서 상하이 협력기구로 개편되었다. 상하이 협력기구는 최근 가장 활발한 다자 협력 안보 대화라고 할 수 있다. 주지하다시피 중국은 양극 시대의 종식과 더불어 '다극화 시대'의 도래를 강력히 천명하고 있다. 이러한 의미에서 중앙아시아 지역은 중국에게 있어 정치적 · 경제적 · 지리적으로 매우 중요한 지역이다. 특히 양극 질서의

72 이희옥, 「미중 전략과 경제대화 독해법」, 『서남포럼』, 심층분석 아시아, 2009 참조.

종식은 경제력의 상승으로 인한 국력 증강을 피부로 느끼고 있던 중국에게 러시아와의 새로운 관계 정립과 오랜 역사를 지닌 변방 문제의 해결에 절호의 기회를 제공하였다. 특히 서부 지역에 광대한 소수민족 지구를 가지고 있는 중국의 입장에서 국제적인 테러리즘의 대두와 극단적인 종교주의 그리고 분열주의는 중국의 안전을 위협하는 새로운 요소로 부각되었다. 전통적인 안보 위협이 이제는 국제적 연계를 가진 다양한 안전 위협의 실체로 바뀌는 현대적 안보 위협으로 전이되자 국가를 초월한 국제협력은 필수적인 사항이 되었던 것이다. 상하이 협력기구 결성 이후에 발생한 '9·11 테러'는 중국의 이러한 우려를 뒷받침하기에 충분했다. 무엇보다 중요한 것은 미국에 대항하기 위한 나름 공동 전선의 구축에 있어 러시아와의 협력이 매우 긴요하다는 점이다. 중국은 자연스럽게 이 회의를 통해 러시아와의 다양한 협력을 추구할 수 있게 되었다. 적어도 두 번은 공식적으로 정상 및 정상급 회담이 이루어지기 때문이다. 이번 총리급 회담에서도 러시아 총리 자격으로 북경을 방문한 러시아의 푸틴 총리는 후진타오(胡錦濤) 중국 국가주석과의 회담에서 35억 달러 규모의 경협과 중국 가스 에너지 공급 등을 약속하는 등 긴밀한 협력 관계를 확인하였다. 후진타오도 러시아와의 국제 공조 등 향후 협력의 강화를 천명하였다. 이러한 의미에서 상하이 협력기구는 중국 외교가 적극적이고 주동적으로 국제사회의 지도국으로 진입하는 단초를 제공하고 있으며 중국의 국방 안전에 관한 부담도 경감시켜주고 있다. 또한 경제적 우위를 바탕으로 한 지원을 통해 변방 문제를 해결하면서 소수민족 문제에 대한 외세 개입 차단 효과와 서부 지역 개발을 통한 민족 문제 해결에도 효과를 보고자 하는 목적이 있는 것이다.[73]

정리하자면, 1950년대 중국 속의 티베트의 지정학적 위치와 지위에 관심을 보였던 미국은 1959년에 달라이 라마의 인도 망명을 배후에서 지원하면서 본격적으로 티베트 문제에 개입하게 되었다. 그 일환으로 1970년대에 들어와서는 티베트인들을 주축으로 하는 유격대를 기획하고 지원하기도 한다. 이는 중국 경내에서 중국 정부를 향하여 활발한 게릴라전을 전개할 수 있는 저항 세력으로 발전하였고 사실상 오늘날 국제사회에서 벌어지고 있는 티베트 시위의 단초를 제공했다. 1980년대에 들어와 미국은 '인권 외교'라는 새로운 전략으로 티베트 카드를 활용하기 시작한다. 여기에는 미국 대통령과 의원들의 적지 않은 작용과 영향력이 발휘되었다. 그러나 1990년대 이후로 계속되는 중국의 경제적 · 군사적 · 정치적 성장은 국제사회에서 '중국위협론'이라는 새로운 화두를 제시할 정도로 중국의 부상은 인정할 수밖에 없는 현실이 되었다.[74] 이에 미국은 탄력적인 외교 전략으로 전환하였다. 즉 '인권과 종교의 자유'라는 티베트 카드로 달라이 라마라는 상징적 존재를 통하여 국제사회에서 여론을 조성하고 망명정부의 존재를 직간접적으로 홍보하기 시작한 것이다. 그러나 20세기에서 21세기에 걸쳐 중국의 부상과 존재감은 더욱더 명확해지면서 미국은 티베트 카드의 유효성을 점진적으로 상실하게 된다. 그 반증의 예는 2009년 10월 5일, 달라이 라마의 워싱턴 방문에서 확인된다. 일주일 여정의 미국 방문에서 달라이 라마와 오바마 대통령과의 회담은 예정되어 있지 않았다. 이는 과거 워싱턴을 방문하면 어떠한 경로를 통해서든 미국 대통령과의 회담을 성공시키고 국제 여론에 호소하였던 것과 비교하면 매우 파격적인 미국 측의 대우였다. 물론 오바마 행정부 측은 달라이 라마를 경시하는 것이 아니라고 해명하였다. 그러나 이번 조치는 오바

73 강준영, 「상하이협력기구, 중국 외교의 새로운 역량」, 『中國探究』 60, 2009.

74 국제사회에서, 특히 미국에서 '중국위협론'이 강노 높게 제기되자 2003년 말부터 중국의 후진타오 지도부는 국제사회에서 '중국위협론'을 불식시키기 위해 '화평굴기론' 또는 '화평발전론'을 새로운 외교전략 담론으로 제시하였다.

마 대통령이 주요 무역 상대국이자 미국의 최대 국채 보유국인 중국과의 관계 강화를 지향하고 있으며 중국이 세계 각국에 달라이 라마와의 만남 등을 자제할 것을 요구한 것에 대한 반응이었다. 미국 국무부 측은 오바마 대통령이 '상호 간에 협의 가능한 시기'에 달라이 라마와 회담을 할 것이라고 밝혔다. 그러나 오바마는 11월 중국 방문 이전에 달라이 라마를 만나는 것은 곤란하다는 입장을 밝혔고, 대신 국무부의 티베트 담당 조정관인 마리아 오테로(Maria Otero) 국무차관이 면담하도록 했다. 그러나 다음해인 2010년 2월 19일에 오바마 대통령은 백악관에서 달라이 라마와 전격적으로 회동을 갖는다.[75] 불과 3개월 만에 태도를 바꾼 것이다. 달라이 라마는 면담 후 기자회견을 하면서 오바마 대통령과 인류 가치 증진, 종교적 화합, 티베트 관심사 등에 대해 대화를 나눴고 오바마 대통령이 호의적으로 대화에 임했다고 표시했다. 백악관 대변인 또한 면담 직후 발표된 성명서를 통해 "오바마 대통령은 티베트의 독특한 문화와 종교, 언어의 정체성 보전과 중국 안에 있는 티베트인들의 인권 보호에 대한 자신의 강력한 지지를 밝혔다"며 "달라이 라마의 중도적 접근법과 비폭력, 중국 정부를 상대로 한 대화 노력 등을 높게 평가했다"고 전했다. 달라이 라마와 오바마 대통령의 면담은 비공개로 1시간 넘게 이뤄졌으며 백악관의 대통령 집무실이 아닌 접견실에서 진행되었다. 이러한 만남의 장소와 성격은 미국 대통령들이 종종 진행하는 방식으로 중국을 의식한 개인적인 차원의 만남임을 우회적으로 표현한 것이다. 사실 이날 오바마 대통령은 달라이 라마를 매우 조심스럽게 만났다. 대통령 집무실이 아닌 백악관 접견실에서, 그것도 비공개 면담 형식을 취했던 것이다. 접견실은 비정치적 일반인을 만날 때 주로 쓰는 곳이어서 이번 오바마와 달라이 라마 면담이

75 第十四達賴喇嘛官方國際華文網站(http://www.dalailamaworld.com) 참조.

2010년 2월 18일(달라이 라마와 오바마 대통령과의 만남)

사적인 모임이라는 이미지를 풍긴 셈이다. 이전에도 달라이 라마와 미국 대통령의 만남은 대부분 비공식직으로 이뤄졌다. 달라이 라마는 오바마 대통령과의 회동 직후 힐러리 클린턴 국무장관과도 면담했다. 이에 중국 측은 "양국 관계를 심각하게 훼손했다"며 강력히 반발했다. 중국 외교부는 오바마와 달라이 라마의 면담 직후에 바로 마자오쉬(馬朝旭) 대변인 명의로 비난 성명을 낸 데 이어 강도를 한 단계 높인 추가 성명까지 발표했다. 마 대변인은 성명에서 "오바마 대통령과 힐러리 클린턴 국무장관이 같은 날 의도적으로 달라이 라마를 면담한 것은 중국 내정을 심각하게 간섭하고 중국인의 민족 감정을 크게 상하게 했을 뿐 아니라 미중 관계를 심각하게 훼손했다"고 지적했다. 그는 "미국이 달라이 라마의 방미와 지도자 면담을 주선한 것은 국제사회의 기본 원칙과 미중 양국 간 3대 공동성명 정신을 위반한 것"이라며 "미국은 티베트가 중국의 일부이며 티베트 독립을 지지하지 않겠다고 한 약속을 어겼다"고 강하게 반발했다.[76] 이

76 人民網(www.people.com), 2010. 2. 20.

러한 미국의 행보는 국제사회의 변동과 동북아시아에서 중국의 위치를 점검하고 확인해가며 매순간 탄력성을 가지고 운영된다. 즉 티베트 카드는 중국의 대외적인 상황 변동에 따라 강도와 역할이 조절되고 있는 것이다. 2010년의 오바마와 달라이 라마의 비공식적 만남은 확대 해석할 필요는 없을 것으로 보인다. 오히려 미국은 향후 중국을 티베트 문제로 견제하고 압박하는 역할을 자제하고 중국과 상생을 도모할 것으로 보여진다. 이는 달라이 라마의 입장에서 보면 티베트의 건설적 미래를 도모하고 중국과의 협상에 있어서 미국의 지원과 역할 감소로 이어질 것이다.

⑥ **소결**

1959년, 14대 달라이 라마가 인도로 망명한 이후 중국 정부와 망명정부 간의 접촉과 협상의 시간은 이미 반세기에 이르고 있다. 그러나 오늘날까지도 양측은 갈등과 충돌의 순환만이 반복될 뿐, 티베트 민족을 위한 원만한 해법에는 도달하지 못하고 있다. 그러한 근본적인 이유는 중국이 정치적 · 경제적 · 외교적으로 국제사회에서 영향력을 미칠 수 있는 국가로 부상함과 동시에 미국의 탄력적인 외교적 태도 변화에 기인한다. 따라서 현실적으로 협상의 주도권을 쥐고 있는 중국 정부에 비해 달라이 라마는 여러 가지 한계를 인정할 수밖에 없었다. 따라서 달라이 라마는 20세기 들어와 전략을 수정했다. 티베트 문제의 국제화를 공론화하기 시작한 것이다. 이는 국제사회에서 미국의 지지와 협조가 필요했다. 달라이 라마는 망명정부의 티베트인들을 미국에 유학 보내기 시작했으며, 불교의 전교(傳敎), 심지어 이민까지도 진행하는 친(親)미국 프로젝트를 전개하였다. 이는 그동안 미국의 민간단체와 의회 및 저명한 정치인과 연예인이 보여준 티베트에 대한 관심과 동정을 이용하여 미국에 종교적 · 정치적 뿌리를 내리기 위한 새로운 전략이었다. 티베트불교가 미국 전역에서 좋은 호응을 얻는 측면도 물론 간과할 수는 없을 것이다. 이러한 친(親)미국 성향은 14대 달라이 라마 승하 이후 나머지 잔존 세력들이 보다 안전한 환경 속에서 티베트 운동을 전개하기 위한 수단이며 궁극적으로는 티베트 문화와 종교의 생명력을 유지할 수 있는 고육지책으로 받아들여진다. 달라이 라마는 2000년대 들어와 협상의 마지노선을 '고도의 자치'(高度自治)와 '진정한 자치'(眞正自治)로 변경하였다. 하지만 이 또한 중국 정부는 외면하고 있다. 굳이 협상과 타협을 하지 않더라도 티베트 문제는 자연히 해결되리라는 자신감이 있기 때문이다. 이러한 현실적 상황에도 불구하고 티베트 문제에서 미국의 역할은 여전히 제한적으로 유효하다. 그동안 티베트 문제는 대만 문제와 함께 중미 관계에 있어서 지속적으로 그리고 중요하게 영향을 미쳐왔다. 대만 문제가 1950년대 이래 지속적으로 중미 관계에 영향을 미치고 있는 민감한 이슈와 마찬가지로 티베드 문제 또한 지속적인 폭발력을 가지고 있는 것이다.

그동안 미국이 중국을 압박했던 주요 항목은 주로 인권과 종교의 민주화인데 티베트 문제에 있어서 이 사안은 매우 유효하고 특별한 의미를 가진다. 1989년에 소련을 비롯한 동구 사회주의가 해체되고 중국에서 6·4 천안문 사태가 발생하자 미국 국회는 보란 듯이 중국을 향하여 중요한 정책들을 통과시켰다. 예를 들어 '국제 광고법', '국제종교 자유법', '티베트 정책법' 등이다. 전자는 아시아에 자유로운 방송매체를 건립한다는 취지에서 추진되었고 후자는 모두 중국 내의 티베트인들의 인권과 종교의 자유를 위해서 추진된 정책 법안들이다. 이 중 티베트 정책법안은 2001년에 통과되어 미중 관계의 불편한 변수로 작용하기도 하였다. 이러한 미국의 태도와 방법에 대하여 중국은 내정간섭이라고 주장하면서 외부 세력의 간섭을 절대 반대해왔다. 중국은 최근 2008년 북경 올림픽을 무사히 마쳤기 때문에 더 이상 티베트 문제로 미국의 내정간섭에 큰 기대를 하지 않고 있다. 물론 중국 측의 입장에서 본다면 티베트 문제의 가장 큰 변수인 올림픽이라는 시기를 무사히 넘겼기 때문에 당분간 달라이 라마와의 충돌과 접촉은 이루어지지 않을 것이다. 그러나 티베트 문제는 여전히 중국의 내정과 외교에 있어서 부담스러운 변수임에는 틀림없다. 이러한 현실을 명확하게 알고 있는 미국에게 티베트는 여전히 전략적 자산으로 유효하다고 볼 수 있다. 미국은 티베트의 독립과 폭력적인 분리주의 경향은 반대한다는 입장을 견지하면서도, 티베트 문제는 종종 중국 견제의 수단으로 활용해왔다. 요컨대, 티베트 문제는 중국 내정 문제인 동시에 국제 문제라는 이중적 잣대를 적용시킨 것이다.

21세기에 들어와 중국의 현실적 부상은 화려하다. 2009년 7월, 미국 워싱턴 DC에서 처음 열린 미중 전략 및 경제 대화(SED)는 G2 시대의 개막을 알리는 신호탄이라고 할 수 있다. 이처럼 중국이 건국 60년 만에 국제사회의 강자로 부상한 것은 놀라운 사실이며 이를 인정해야 하는 현실이 되었다. 그러나 중국이 미국과 함께 국제사회의 투톱으로 인정받으려면 해결해야 할 국내외적 문제는 여전히 산재하다. 대표적으로 본문에서 중점적으로 논의된 티베트 문제에 관한 달라이 라마와의 평화적인 해결일 것이다. 주지하듯이 1990년 중반까지는 소위 중국 분열론이 설득력을 얻었지만 결국 중국은 분열되지 않았다. 국가 통합이 더욱더 공고히 이루어졌으며 체계적인 민족 정책을 통한 국내의 안정 또한 일정 수준에 올라가 있는 상태이다. 현재 티베트로 대표되는 경내 소수민족의 독립은 불가능한 상태이다. 외부 세력, 예컨대 미국의 배후 지원이 과거와 같지 못한 점도 있지만 중국에서 분리된 자체로 생존한다는 것이 불가능하다는 것을 알고 있기 때문이다. 어쩌면 이제는 외부 세력의 언론플레이로 인한 이목과 지원이 없다면 중국의 티베트 문제는 부각되지 않을 수도 있다. 미중 관계는 1979년 국교 정상화 이래 한때 최악의 상황으로 고조되었으나 9·11 테러 발생 이후에는 '건설적 협력 관계'를 지향하고 있다. 현실적으로 중국은 대내 경제 건설과 티베트 문제의 안정화를 위해 미국의 협조가 필요하고, 미국 또한 이라크전쟁 등 반테러 전쟁 수행과 이란의 핵 개발 저지를 위해 유엔안보리 상임이사국인 중국의 협조를 바라고 있는 실정이다. 심지어 양국은 2005년부터 정기적으로 전략대회를 개최하고 있으며, 미국은 중국을 '이익상관자'(stakeholder)로 규정하고 있다.[77] 이러함에도 불구하고 미국과 중국은 여전히 기존 강대국과 새롭게 부상하는 신흥 강대국이라는 역학적 관계 때문에 여러 가지 측면에서 견제와 갈등을 피할 수는 없을 것이다. 견제와 갈등의 변수에 티베트 문제는 제한적이나마 앞으로도 유효하게 존재할 것이다. 특히나 인권 문제는 중미 양국의 주요 이슈 중에서 최근 몇 년간 지속적으로 감소되는 경향을 보이고 있으나 전통적인 미국 민주당의 대외정책의 특징으로 볼 때 티베트의 인권 문제가 국제사회에서 주요 문제로 다시 등장할 가능성은 여전히 높다고 할 수 있다. 따라서 미국은 티베트 문제가 개입된 중국과의 관계에 있어서는 티베트의 건설적인 미래와는 상관없이 여전히 지원자 · 방관자 · 조정자의 역할을 탄력적으로 전개하고 운영할 것이다.

5) 달라이 라마의 곤경

그간 중국과 달라이 라마의 협상 속에서 제한적이나마 서방 국가들, 특히나 미국의 원조와 역할은 티베트에 적지 않은 기대감과 힘을 실어주었다. 그럼에도 불구하고 양자(중국 정부와 달라이 라마)는 현실적이고도 유효한 결과를 도출하지 못한 채 오늘날에 이르고 있다. 그리고 이러한 현실적 상황은 오늘날 현 14대 달라이 라마의 곤경(困境)으로 이어지고 있다.

77 신상진, 「대만문제와 중 · 미관계」, 『中蘇연구』 통권 109호, 2006, 40쪽.

중국은 티베트 문제에 관한 한 일관된 입장과 정책을 고수하고 있다. 크게는 경내 '소수민족 문제' 작게는 '민족종교 문제'의 범주로 인식하고 있으며 경제적 지원과 민족 간의 평등을 지향하며 민족 통합의 길을 추구하고 있다. 따라서 달라이 라마가 국제사회에서 전개하고 있는 티베트 문제의 이슈화를 매우 달갑지 않게 여기고 있다. 티베트의 문제와 미래는 오직 중국 안에서 해결해야 하는 경내 소수민족의 문제이지 국제적으로 간섭받을 사안이 아니라는 것이다. 따라서 중국 정부는 달라이 라마와의 협상에서 한 치의 양보도 보이지 않고 있다. 특히나 1987년과 1988년에 달라이 라마의 특별한 제안, 즉 '5개 평화 계획'과 '스트라스부르 성명'에 대해서도 단호한 대응을 보이고 있다. 어떤 경우라도 티베트의 '독립' 혹은 '반독립'은 불가하다는 의지를 표명하고 있는 것이다.[78] 중국 정부가 달라이 라마와의 협상에서 방식과 내용에 있어서 명확하게 원하는 것은 하나이다. 바로 달라이 라마와의 직접적인 협상을 원하는 것이다. 그동안 망명정부의 이름으로 파견된 '특사단' 혹은 달라이 라마의 '개인 특사'와의 접촉은 더 이상 의미가 없다는 것이다.

반면, 달라이 라마는 1959년에 인도로 도피하자마자 네루 수상의 지원하에 다람살라에 망명정부를 수립하고, 국제적 활동을 위해 인도 뉴델리와 뉴욕 · 제네바 · 모스크바 · 도쿄 · 런던 등에 대표 사무소를 열어 비공식 대표단을 파견하였다. 각 지역의 대표 사무소는 티베트 망명정부의 외교적 채널로 국제 인권단체들이나 중국의 소수민족 독립단체 등과 연계하여 티베트 문제를 널리 알리고 국제사회에 지지를 호소하였다.[79] 그러나 1960년대 말부터 1970년대 대부분의 시기에 UN 및 각국을 돌며 티베

78 華子, 「評中央政府與達賴喇?的談判」, 『中國西藏』 第一期, 1998, 36쪽.

79 달라이 라마의 국제적 활동에 대해서는 다음을 참조 http://dalailama.com.

트 독립 논의를 확산시키고자 했던 달라이 라마의 노력은 국제사회의 냉혹한 현실 정치에 큰 좌절을 겪게 된다. 또한 망명정부 역시 조직과 규모는 말할 것도 없고 국가 간 체제의 국제 관계 속에서 비공식적 단체로서 활동하는 데 많은 제약이 따랐다. 따라서 1990년대에 들어와 달라이 라마의 티베트 독립 추구에 대한 포기 발언은 바로 이와 같은 상황에서 현실을 타개하기 위한 고육지책이었다고 할 수 있다. 달라이 라마는 1997년의 미국 의회 연설에서 "티베트의 독립은 필요 없다. 이제 우리들이 원하는 것은 티베트인들이 진정한 자치를 누림으로써 자신의 문명과 독특한 문화, 종교, 언어, 생활방식을 보존하고 계승해나가는 것이다. [……] 이를 위해 티베트인들이 사는 지역에 대해 고도의 자치를 허용해줄 것을 요구"하는 요지의 '고도의 자치안'(高度的自治)을 발표하였다.[80] 또한 1998년에는 이를 좀 더 보안한 '티베트민족 지배 방안'을 티베트 문제를 해결할 수 있는 현실적인 방안으로 제기하고 티베트 독립에 대해서는 더 이상 주장하지 않겠다고 선언하였다.[81] 이는 일차적으로 국제 정세가 티베트에

80 http://www.tibet.or.kr/frame.html

81 '고도의 자치안'은 1987년의 '평화 5개 조항'과 함께 현재까지 티베트 망명정부의 기본 입장이라고 할 수 있는데, 그 핵심 내용은 ① 티베트의 평화지대 구축 및 인민해방군의 완전한 철수 보장 ② 티베트 권역의 한족 이주 정책 중단 ③ 티베트인들의 인권과 자유에 대한 요구 존중 ④ 티베트의 생태적 환경 보호 등의 내용으로 티베트인의 기본적 생존권과 종교적 자유와 자치를 보장하면 중국의 주권을 인정할 수도 있다는 메시지를 담고 있다. 그러나 이와 같은 티베트 망명정부의 입장 선회에도 불구하고 티베트 문제와 관련된 협상은 거의 진전이 없는 상황이다. 이에는 인권의 본질과 범위를 둘러싸고 망명정부와 중국 정부 간에 일정한 입장 차이가 존재하기 때문인데, 중국의 통합적 · 집단적 인권관을 비추어볼 때 망명정부의 개인주의적이고 자유주의적인 인권관은 받아들이기 어렵기 때문이다. 이에 중국 정부는 1988년에 달라이 라마와의 회담을 추진하면서 세 가지 단서 조항, 즉 ① 독립을 회담의 주제로 삼지 않는다. ② 티베트 망명정부의 방문은 회담 대표단의 성격이 아니다. ③ 외국인(제3자)의 참여를 불허한다는 세 가지 불허 조건(3不規定)을 제시함으로써 결국 달라이 라마와의 협상은 이루어지지 못하게 되었다.

유리하게 돌아가지 않는 상황에서 독립을 계속 주장할 경우, 국내의 많은 티베트인들의 기본적 생존마저 담보되기 어렵다는 절박함에서 기인한 것이라고 볼 수 있다.

중국 정부와 달라이 라마의 접촉과 협상을 크게 두 시기로 나누어볼 때 전반기에 해당하는 1982~1993년까지의 접촉과 협상은 실패했다. 그 주된 이유는 1981년에 중국 중앙인민위원장인 엽검영(葉劍英)이 발표한 '대만 통합 9조 방침'(台灣的回歸九條方針 이하 '葉九條')에 기인한다.[82] 망명정부는 이를 근거로 티베트도 대만에 상응하는 법적 · 정책적 보호법을 요구한 것이다. 그러나 중국 정부는 단호히 거절했다. 티베트와 대만은 전혀 다른 역사적 · 정치적 실체라는 이유에서였다. 1987년과 1988년에 달라이 라마가 국제사회에서 공개적으로 요구한 티베트 요구안은 중국과 협상과 담판의 간극을 더욱더 벌어지게 하는 내용이라고 할 수 있다. 주지하디시피 망명정부는 중국 서부권(청해 · 사천 · 운남 · 감숙)을 아우르는 지역을 '대서장'(大西藏)이라고 일컫고 이 지역의 고도의 자치를 원하였다. 자치를 보장해주면 주권과 외교, 국방의 모든 권한을 중국에게 위임한다는 것이었다.[83] 그러나 이 또한 중국 정부는 거절했다. 그러한 이유는 망명정부가 원하는 협상의 조건은 달라이 라마 개인의 요구사항일 뿐 중국

---

82 葉劍英, 「進一步闡明關於台灣回歸祖國實現和平統一的方針政策」(1981년 9월 30일). '葉九條'의 제3조항에는 중국이 대만을 원만하게 흡수한 후 대만은 특별행정구로 지정하여 고도의 자치권을 부여하고 향후 중국은 대만을 간섭하지 않는다는 내용을 삽입하고 있다. 이는 대만을 중국의 일부 성(省)으로 편입하여 홍콩과 다를 바 없이 관리하겠다는 중국 정부의 고도의 책략이다. 그러나 오늘날까지 대만은 중국에 정식으로 편입되지 않고 있다.

83 1987년에 티베트 망명정부는 중국에 보내는 서신(西藏流亡政府覆閻復明函)에서 중국은 경내 티베트와의 연방(聯邦)제의 가능성을 신중히 할 것을 요청했다. 이는 대만과 관련하여 '葉九條'의 원칙을 응용한 것인데 이에 대해 중국 측의 葉劍英은 티베트는 1959년에 이미 해방(解放)되었기 때문에 대만과 같은 조건을 요구할 수 없다고 단호한 의사를 표명했다.

경내의 티베트 문제를 해결하는 데 전혀 도움이 되지 않는다는 주장이다. 망명정부가 원하는 대만식의 '일국양제'와 '고도의 자치' 개념은 담판의 장애 조건이라는 것이다.[84] 이것으로 양자의 주장과 입장 차이는 매우 크며 따라서 협상의 진전이 올 수 없었던 것이다.

양자의 상호 불신 또한 담판과 원만한 협상의 장애물로 작용하고 있다. 기본적으로 양자는 수차례의 접촉과 크고 작은 협상을 벌였음에도 불구하고 공통된 인식(共識)을 도출하지 못했으며 상대방의 약점을 잡기에 주력하고 있는 실정이다. 예를 들어 1989년의 라싸 폭동과 달라이 라마의 노벨평화상 획득과 1995년의 티베트 제2의 실력자 판첸 라마의 정치적 납치 사건은 양측의 불신과 공격의 수위를 증가시키는 결정적 역할을 하였다. 1989년의 라싸 폭동에 맞서 중국 정부는 강력한 계엄령으로 진압했고 이 과정에서 적지 않은 희생을 보아야 했다. 그리고 1995년 5월 14일에 달라이 라마는 인도 망명정부에서 10대 판첸 라마(格登卻吉尼瑪)의 전세영동을 먼저 공식적으로 발표했다. 이는 티베트만의 전통적인 정치 지도자 선출 방식인, 활불(活佛)의 전세영동 계승 방식인데 이로 인해 티베트인들은 다시 한 번 하나로 응집하고 '종교적 공동체'임을 자각하게 된다. 그러나 이러한 달라이 라마의 행동은 중국 정부의 심기를 매우 불쾌하게 만들었다. 따라서 중국 정부는 공개적으로 10대 판첸 라마의 지위와 신분을 부정하고 새로운 판첸 라마를 옹립하게 된다. 이 과정에서 10세의 어린 판첸 라마는 비공개적으로 사라지게 된다. 이를 두고 망명정부 측은 사라진 10대 판첸 라마를 중국 정부가 납치하고 감금했다고 주장하면서 불신을 제기했다. 이 사건은 양측이 접촉과 협상을 한 이래로 가장 많은 마음의 상처와 불신의 장벽을 높이는 계기가 되었다. 이로부터 양측은 담

84 達瓦才仁의 책, 1998, 42~44쪽.

판은 뒤로 한 채 서로 다른 노선을 추구하게 된다. 중국은 국가 정책과 학술의 접목이라는 측면에서 1998년과 2002년에 국가 지정 국책 티베트 연구센터인 '중국장학연구중심'(中國藏學硏究中心)에서 발간하는 『중국서장』(中國西藏)이라는 간행물을 통해 달라이 라마의 정치적 행보와 그 언행을 분석하고 있다. 그 중심 내용은, 달라이 라마는 협상을 통해서 티베트의 독립을 포기하지 않고 있으며 그 노선과 책략을 수시로 조정하고 있다는 것이다. 풀이하자면, 달라이 라마는 국면이 불리하면 접촉과 협상을 요구해오고 유리하면 협상을 중단하고 국제적으로 호소한다는 것이다.

> 달라이 라마는 상반된 두 가지의 조건을 제시하고 있다. 즉 '고도의 자치'와 '티베트 독립'이다. 그런데 달라이 라마는 상황이 불리하면 전자를 요구하지만 상황이 호전되면 후자를 내세운다. 이는 매우 모순된 태도이다. 만약 우리가 전자를 허락하고 달라이 라마의 지위를 인정해주면 그는 그 다음 스텝으로 티베트의 독립을 원할 것이다. 바로 형식적으로 자치를 취하고 실질적으로 독립을 원하는(形自治, 實獨立) 전략인 것이다.[85]

담판과 협상에 있어서 양자의 차이점은 용어의 사용에서도 극명하게 드러난다. 예컨대 양자의 관계를 설정할 때 달라이 라마 측은 중국과 티베트(中·藏)이라는 용어를, 중국 정부는 한족과 장족(漢·藏)이라는 용어를 사용한다. 전자는 중국과 티베트는 대등한 관계 혹은 티베트는 주권을 가진 민족이라는 함의가 내재해 있고 후자는 한족과 장족이라는 중국 내의 민족이라는 점을 강조하고 있는 것이다. 이러한 양측의 불신과 정치적·학술적 공격이 협상의 장애와 마찰로 작용하고 있음을 이해할 때 우

85 華子의 책, 1998, 4쪽.

리는 비로소 지금까지 협상의 결실을 이해할 수 있다. 중요한 것은 이러한 오늘날의 현실이 티베트의 미래에 그대로 영향을 미칠 수 있다는 점이다. 따라서 주도권을 쥐고 있는 중국 정부에 비해 망명정부의 달라이 라마의 입지가 더욱 곤경에 처해 있다고 볼 수 있다. 달라이 라마로 대표되는 망명정부와 중국 정부의 '티베트 미래'에 관한 담판은 2008년의 회동이 최근까지의 마지막 접촉이 되어버렸다. 중국 정부와 달라이 라마는 1993년까지 여러 차례 협상을 통하여 양자의 입장과 관점을 명확히 인식하였다. 특히나 2002년에는 무려 여섯 차례나 협상을 벌였지만 '최저선'에 대한 합의를 이르지 못해 실패로 끝났다.[86]

2008년의 3·14 사건 발생 이후에도 중국 정부와 달라이 라마 사이에도 직간접적인 협상이 전개되었으나, 중국의 티베트에 대한 '진정한 자치'에 대한 양보는 여진히 찾아볼 수가 없다. 21세기에 들어와 티베트 문제를 둘러싼 국제적 환경은 더 이상 티베트에 유리하게 돌아가고 있지 않다. 주지의 사실이듯, 우선 중국이 강력한 경제 성장과 이로 인한 자신감을 배경으로 국제무대에서 활약하고 있다. 인권 문제에 있어서도 천안문 사건을 계기로 더 이상 수세적이지 않으며, 오히려 문화상대주의적인 중국적 인권관은 아시아 등 비(非)서구권 국가들 사이에서 공감대를 형성하면서, 티베트 인권 의제가 국제사회에서 티베트 독립과 자결을 위해 수행했던 의제 선점 기능들이 상당 부분 퇴색되어가고 있다. 인도와 중국의 관계 개선 및 이에 따른 티베트 정책의 변화도 티베트 문제 해결에는 불리한 국제적 환경 변화이다. 1962년의 국경 분쟁으로 외교 관계를 단절

---

86 Lodi Gyaltsen, *Seeking Unity Through Equality: The Current Status of Discussions Between His Holiness the Dalai and the Government of the People's Republic of China*, Washington D.C. Brooking Institution, 2006.

했던 양국은 21세기에 들어와 관계 개선에 나서기 시작해 2003년 인도 총리의 중국 방문 때 티베트가 중국 영토의 일부분임을 공식적으로 인정했으며, 2006년에는 티베트 라싸에서 양국 국경을 잇는 '나투라 고갯길'을 재개통하기로 동의하기에 이른다.[87] 2008년 베이징 올림픽 성화 봉송 때, 인도 내 티베트인들로부터 안전한 성화 봉송 길을 지켜냈던 인도 정부의 태도는 인도의 중국과 티베트에 대한 태도 변화를 극명하게 보여준다고 하겠다. 또한 2001년 9·11 테러 이후의 미중 관계 발전 또한 티베트 문제 해결의 험난한 앞길을 예견하고 있다. 1990년대에 들어와 구소련이 해체된 뒤 중국 변경 지역 내의 '월경민족'(cross-boarder ethnicity)은 망명정부의 훌륭한 국제적 연대의 대상이었다.[88] 그러나 9·11 테러 이후 미국의 테러와의 전쟁은 변경 지역에 대한 중국의 우려와 전략적 이익이 맞아떨어지면서 소수민족 문제에 대해서 중국과 미국은 국제적 공조를 하게 되었고, 결과적으로 중국 내 소수민족으로서의 티베트 문제 또한 양국 관계의 논의의 초점에서 멀어지게 되었다. 달라이 라마는 2000년대에 들어

---

87 明報, 香港(2006. 7. 5). 2006년 7월에 티베트와 인도 동북부 시킴 지역을 잇는 '나투라' 고갯길이 재개통되었다. 1962년에 양국 전쟁으로 도로가 폐쇄된 지 44년?만의 일이다. 해발 4,545m 높이에 위치한 나투라 고개는 고대 실크로드 대동맥의 하나로 1960년대 이전까지는 양국 간 농업 무역이 활발했다. 나투라는 라싸에서 4,60km 콜카타에서 5,50km 떨어져 있다. 1962년에 중국과 인도가 국경 전쟁을 벌인 뒤 고갯길이 폐쇄되고 주변이 군사지역으로 변해 일반인의 통행이 금지됐다가 이번에 완전히 풀린 것이다. 개통식은 2006년 7월 6일에 고갯길로 이어지는 티베트 亞東에서 열렸다. 중국에선 蒼巴普諾 티베트자치구 주석과 상무부 · 외교부 간부들이 참석했으며 인도에서도 고위 관리들이 자리를 함께했다. 溫家寶 중국 총리는 "중국과 인도는 국경을 맞댄 데다 최근 나란히 경제 발전을 이루고 있어 서로 협력하면 엄청난 시너지 효과를 얻을 수 있을 것"이라며 "따라서 이번 국경도로 재개통은 양국 동반 발전을 위한 획기적인 계기가 될 것"이라고 말했다. 두 나라는 2004년에 나투라 고갯길을 재개통하는 양해각서에 서명하고 지금까지 수차례에 걸쳐 실무 협의를 벌여왔다.

88 대표적으로 1985년 7월 14일에 성립된 '동투르키스탄, 내몽고 연합위원회'(Allied Committee of Eastern Trukistan, Tibet and Inner Mongolia)를 들 수 있다.

와 최후의 마지노선을 '고도의 자치'와 '진정한 자치'로 변경하였다. 하지만 이 또한 중국 정부는 무시하고 있다. 달라이 라마의 현실적 곤경은 여기서 끝나지 않는다. 문제는 머지않아 자신이 승하(圓寂)하리라는 자연의 이치이다. 비록 그가 역대 달라이 라마 중에서 가장 장수의 삶을 영위하고 있는 것은 사실이지만 그도 머지않아 승하할 것이다. 그렇다면 누가 티베트의 미래를 위해서 중국 정부와 협상할 것인가? 국내외적으로 그의 종교적 · 정치적 상징성과 존재감은 여전히 위력을 발휘하고 있다. 그럼에도 불구하고 중국 정부와의 원만한 해결점을 도출하지 못하고 있는 시점에서 그의 승하는 곧 티베트와 망명정부의 절대적 위기로 다가올 것이다. 따라서 달라이 라마는 승하 전에 최후의 시나리오를 제시할 것이다. 그리고 중국과 마지막 협상을 시도할 것이다. 예를 들자면 자신의 승하 후에 자신이 지목한 후계자를 중국 정부가 인정하는 것이다. 그리고 티베트의 '진정한 자치'를 요구하는 것이다. 이를 중국이 받아들인다면 달라이 라마는 임종을 타국이 아닌 고향에서 맞이할 수도 있다. 이러한 상황은 중국 정부로서도 매우 의미 있는 마무리가 될 것이다. 그러나 아무런 결과도 없이 현존 14대 달라이 라마가 승하한다면 이후 티베트의 진정한 자치는 이루어지기 힘들며 티베트 문제는 결국 역사 속으로 사라질 것이다. 그러한 이유는 티베트 현대사의 산 증인이며 절대적 존재감을 유지했던 그의 상징성을 세습하고 유지할 만한 대안 인물이 없기 때문이다.

3. 후(後) 달라이 라마의 시대

현 티베트의 지도자 14대 달라이 라마가 승하하면 티베트의 미래는 어떻게 되는가? 이에 관하여 학계(藏學界)에서는 조심스럽게 세 개의 시나리오를 제시하고 있다. 첫 번째는 티베트의 전통대로 새로운 15대 달라이 라마의 전세(轉世)와 환생이다. 이는 티베트의 전통적 방법에 따라 달라이 라마 제도를 이어간다는 것을 의미한다. 단지 장소와 대상은 14대 달라이 라마의 유훈에 달려 있다. 두 번째는 이에 대응하여 중국 정부가 내세우는 15대 달라이 라마의 출현이다. 10대 판첸 라마의 경우와 마찬가지로 중국 정부는 달라이 라마가 지정하는 것과는 별개로 자신들이 주장하는 새로운 활불을 지정할 가능성이 매우 높다. 이럴 경우 두 명의 15대 달라이 라마가 존재하게 된다. 이는 티베트인들의 입장에서 보면 매우 난감한 상황이 된다. 세 번째는 아예 새로운 활불이 존재하지 않는 것이다. 즉 달라이 라마의 전세제도를 폐지하는 것이다. 이는 현 달라이 라마가 두 번째 시나리오(중국의 대안)를 예상하고 사전에 차단하는 성격을 가진다.

또 하나, 이러한 시나리오와 별도로 매우 현실적인 대안도 조심스럽게 타진되고 있다. 바로 백교의 17대 수장인 우겐 틴레 도르제(Ogyen Trinley Dorje)가 후(後) 달라이 라마 시대의 새로운 주인공이 될 것이라는 현실론이다. 이는 2009년 8월에 달라이 라마가 인도 북부 다람살라에서 가진 기자회견에서 "17대 카르마파가 내 뒤를 이어 중요한 역할을 하게 될 것"이라고 언급한 데서 무게감을 가진다.[89] 이는 자신의 정치적 은퇴를 시사하며 공개적으로 밝힌 내용이라 세간의 주목을 받았다. 이는 앞서 언급한 두 번째 중국의 시나리오를 염두에 둔 포석이라고도 볼 수 있다.

제17대 카르마파[90]는 현재 23세로서 달라이 라마와 판첸 라마에 이은 티베트불교 서열 3위에 위치하고 있다.[91] 티베트에서는 전통적으로 황교

---

89 『第14世達賴喇嘛官方國際華文網站』 참조.

90 티베트어로 '빠'는 '人'을 뜻하며, '파'는 '宗派'를 의미한다.

91 카르마파(噶瑪噶舉派, Karma-pa)는 백교(噶舉派)에서 분파해나간, 이른바 흑모파(黑帽派)

의 수장인 달라이 라마를 관세음보살의 화신으로 여기고 있으며, 서열 2위 판첸 라마를 아미타불의 화신으로 믿고 있으며 그 다음이 티베트의 주요 종파인 백교의 계승자인 카르마파이다. 15~16세기경 백교를 크게 중흥시킨 초대 도송흡파(都松欽巴)는 황교에 의해 밀려나기 전까지 350여 년간 티베트불교를 이끈 최고의 활불이었다. 주지하다시피 티베트불교에는 전승, 수행 그리고 철학을 대표하는 네 종파가 고대로부터 내려오고 있다. 이들 간의 차이점은 공부와 수행 중 어디에 비중을 더 두느냐 하는 데 있다. 백교의 주요 분파인 카르마파는 명상 수행과 안거(安居) 수행을 강조한다. 카르마파는 백교 중에서도 흑모(黑帽)로 유명하다[92](제1장 [도표 2] 참조). 고대 티베트불교 신자들은 흑모를 보기만 해도 해탈에 이른다고 믿었다. 달라이 라마와 마찬가지로 카르마파도 자비로운 관세음보살의 화현으로 칭송받는다. 카르마파 역시 이 세상의 중생들을 윤회로부터 구하여 열반에 들도록 돕기 위해서 환생했다고 믿는 것이다. 이 종파의 수장이 현재 우겐 틴레 도르제이다.

1985년에 동부 티베트 지역의 유목민 가정에서 출생한 제17대 우겐 틴레 도르제는 5세 때 출가했다. 그가 세간의 주목을 받은 것은 2000년 1월 5일, 세계의 유력 언론들이 만 14세인 그가 새천년이 시작되기 사흘 전 소수의 수행원과 함께 중국의 통치를 받고 있는 티베트를 탈출해 히말라야를 넘어 다람살라에 무사히 도착했다고 보도하면서부터이다. 티베트를 벗어나기 전 그는 중국 정부에 의해 티베트불교 4대 종파 중 하나인 백교의 최고 지도자로 추대됐으며 달라이 라마 역시 그를 공식적으로 17대 카

의 활약에 의해 널리 알려졌는데, 15세기부터 17세기 초반에 오늘날 티베트의 지배적인 종파가 된 황교(格魯派)를 상대로 티베트의 세속적 권력 쟁취를 위해 주도권 다툼을 벌이기까지 했으며 특히나 부탄에서 지배적인 불교 종파가 되었다.

92 彭英全,『西藏宗教概說』, 西藏人民出版社, 2002, 51~53쪽.

르마파로 인정했다.[93] 우겐 틴레 도르제는 중국 정부의 보이지 않는 압력에 시달려야 했다. 중국 정부는 그에게 인도 다람살라에 티베트 망명정부를 설립한 달라이 라마를 공개적으로 비판할 것을 계속 주문했다. 그러나 중국의 요구를 거부해온 그는 결국 티베트를 빠져나와 달라이 라마의 곁으로 망명했다. 현재 인도의 그가 머물고 있는 사원에는 30여 명의 경찰을 상주시켜 중국의 암살이나 납치 등에 철저히 대비하고 있다. 이는 과거 중국 정부의 활불(10대 판첸 라마) 납치사건을 염두에 둔 조치로 보아진다. 1989년에 10대 판첸 라마가 사망한 후 달라이 라마는 당시 6세의 어린이 確吉尼瑪를 11대 판첸 라마로 지목했다. 그런데 중국 당국은 어린 그를 납치하고 당국이 지정한 새로운 판첸 라마 確吉傑布를 내세웠다.[94]

---

93 다른 티베트의 환생 라마들과 달리 카르마파는 점이나 종교적 예언 혹은 심지 뽑기 같은 방법으로는 확인되지 않는다. 거의 모든 환생 카르마파들은 '유언장의 숨겨진 말씀'을 남기는 전통을 지속했다. 앞으로 일어날 일을 내다보는 카르마파의 지혜를 통해 유언장(예언 유서)에는 다음 카르마파의 가족 이름, 장소, 12간지에 의한 해의 동물 그리고 그와 관련된 여러 징표들을 명확히 밝히고 있다. 이러한 예언 유서는 카르마파(噶瑪噶擧) 종파의 독특한 전통이다. 누구의 자식으로 어떤 환경에서 태어날지에 대해 예언한다. 예언 유서에 의해 카르마파의 제자들이 다음 환생을 찾아내는 것이다. 미셸마틴 지음, 신기식 옮김, 『까르마빠, 나를 생각하세요』, 지영사, 2007, 417쪽.

94 1995년 5월에 행방불명된 11대 판첸 라마 確吉尼瑪(당시 6세)가 여전히 중국 당국의 보호하에 있는 것으로 확인됐다. 영국 외무부는 2000년 10월 26일에 런던을 방문한 중국 대표단이 영국 측에 올해 11세인 確吉尼瑪의 사진을 보여주면서 근황을 알려주었다고 밝혔다. 매년 영국과 두 차례 갖는 인권 문제 협의에 참석차 방영한 중국 측은 確吉尼瑪의 최근 소식에 대해 "학교에 다니고 있으며 모든 권리와 자유를 누리고 있다"고 설명했다. 하지만 중국 대표단은 영국 측이 確吉尼瑪 사진의 복사를 요청하자 거절했다고 한다. 중국 정부가 確吉尼瑪의 사진을 갖고 있는 점에서 그의 존재가 아직 실재하며 중국 당국의 감시 하에 있을 가능성이 높아졌다. 1989년에 10대 판첸 라마가 사망한 후 달라이 라마는 당시 6세의 어린이 確吉尼瑪를 11대 판첸 라마로 인정했다. 그러나 수일 후 確吉尼瑪는 부모와 함께 자취를 감추었다. 대신 중국은 또 다른 소년인 確吉傑布를 판첸 라마 10세의 환생으로 지명해 티베트를 비롯한 세계 전지역 티베트불교 신도들의 반발을 사기도 했다. 이후 달라이 라마 측과 각국 인권단체는 중국 당국이 어린 確吉尼瑪를 정치범으로 감금하고 있다고 비난해왔다. 1998년에 중국 정부는 "確吉尼瑪는 중국의 한 지방성에서 당국의 보호 아래 잘 지내고 있다"며 "그

티베트인들은 중국 당국이 내세운 판첸 라마를 인정하지 않았다. 이러한 역사의 기억 속에서 달라이 라마가 후계로 서열 3위인 우겐 틴레 도르제를 지목한 데는 진정한 판첸 라마의 부재가 영향을 미친 것으로 보인다.

1959년에 달라이 라마는 중국 당국의 통치를 피해 16대 카르마파와 티베트를 탈출해 인도로 망명했다. 그런데 16대는 1981년에 사망했고, 이후 티베트 승려들은 10년 후 16대의 환생을 찾아냈다. 티베트 동쪽의 한 유목민 가정에서 태어난 '우겐 틴레 도르제'라는 남자 아이였다. 그는 16대의 전생을 기억하고 있었고 달라이 라마도 이를 인정해 그를 17대 카르마파로 지명했다. 그러자 중국 정부는 자신들이 내세운 판첸 라마가 인정받지 못하자 오히려 제17대 카르마파를 지지하고 나섰다. 그를 포섭해 달라이 라마의 새로운 대항마로 키우기 위해서였다.

1992년 9월 27일에 카르마파의 종교적 즉위식(Enthronement)이 거행됐다. 하지만 새천년이 시작되던 2000년 1월, 불과 15세에 불과하던 17대 우겐 트린리 도르제는 목숨을 걸고 히말라야 산맥을 넘어 인도로 망명하는 극적 반전을 연출해서 세상을 놀라게 하였다.[95] 이후 달라이 라마는 우겐 트린리 도르제를 보호해주며 전세계에 그의 존재를 알려왔다.

2008년 11월, 인도 다람살라에서 '티베트 망명자 특별대회'가 열렸다.

의 티베트 귀환 문제는 전적으로 달라이 라마의 태도에 달렸다"고 밝혀 사실상 確吉尼瑪가 정치범으로 억류돼 있음을 암시한 바 있다.

95 카르마파 탈출 경로는 이렇다. ① 12월 28일: 밤 10시 30분, 지프차를 타고 라싸의 츄르프를 떠나다. ② 12월 28일~29일: 밤새 달려 日喀則에 도착. ③ 12월 29일: 라체를 통과하여 해질 무렵 창포 강을 건너다. ④ 12월 30일: 국경을 넘다. ⑤ 12월 31일: 묵티나트를 지나서 뉴라를 넘다. ⑥ 1월 1일: 헬기장 근처 관광객 여관에서 숙박하다. ⑦ 1월 2일: 헬기를 타고 나가르코트로 이동, 저녁에 택시로 인도 국경으로 이동. ⑧ 1월 3일: 바르간지에 도착. 기차로 럭나우로 이동. 밤을 새워 델리로 이동. ⑨ 1월 4일: 델리에 도착. 다람살라로 출발. ⑩ 1월 5일: 다람살라에 도착. 미쉘마틴 지음, 신기식 옮김, 『까르마빠, 나를 생각하세요』, 지영사, 2007, 154~155쪽.

티베트인 600여 명이 한자리에 모인 회의는 최근 티베트 사회에서 논란이 일고 있는 티베트 망명정부의 대중국 투쟁 방향을 결정짓는 자리였다. 티베트 망명정부가 티베트의 미래를 논의하기 위해 대규모 지도자 회의를 개최한 것은 1988년에 달라이 라마가 '티베트 자치'를 골자로 한 '중도 노선'을 제안한 뒤 20년 만이다. 이 회의에는 달라이 라마와 그의 티베트 노선인 '중도 노선'에 대한 중간 평가의 의미가 들어 있어 긴장감이 돌 수밖에 없었다. 당시 회의에서는 중국 당국이 또다시 후계자를 납치하는 것을 방지하기 위해 일찌감치 후계자를 확정해야 한다는 의견이 나왔다. 이 의견 속에는 제17대 카르마파를 14대 달라이 라마의 후임자로 낙점하는 것에 관한 집중 토론이 있었다.[96] 이는 14대 달라이 라마 승하 이후를 대비한 것이다. 그러나 과연 역사적으로 황교의 활불만이 달라이 라마의 계보를 이어왔던 전통을 깨고 다른 종파, 즉 백교의 수장에게 티베트의 지도자 자리를 맡길 수 있을까? 역사적으로 티베트는 불교 종파간의 대립과 권력 다툼이 매우 강한 특색을 가지고 있다. 따라서 어느 종파의 수장이 티베트 전체의 통치권을 담당하고 있는가는 매우 중요한 문제였다. 이러한 티베트의 역사적 맥락을 주지할 때, 황교의 수장인 달라이 라마가 백교의 수장에게 통치권을 넘긴다는 것은 종파의 권력 이동을 의미하기도 한다. 현 시점에서 이 시나리오의 가능성은 높게 전망된다. 왜냐하면 새로운 달라이 라마의 추인 과정과 옹립은 많은 시간을 필요로 하며 그 과정 중에 위험한 변수가 적지 않게 잠복하고 있기 때문이다. 따라서 이미 모든 과정을 넘기고 대중적 인지도를 확보하고 있는 17대 카르마파를 14대 달라이 라마의 후임자로 준비하는 작업은 티베트의 미래를 위해 의미 있는 전략이 될 수 있다.

---

96 http://www.tibet.cn/index.htm 참조.

[도표 23] 역대 카르마파(Karma-pa) 계보

계보	이름	출생지	생년	졸년	향년
1대	뒤숨 켄파[97]	동부 티베트	1110	1193	83
2대	카르마 팍시[98]	동부 티베트	1204	1283	79
3대	랑중 도르제	중앙 티베트	1284	1339	55
4대	롤빼 도르제	중앙 티베트	1340	1383	43
5대	데신 섹빠	남부 티베트	1384	1415	31
6대	통와 된덴	동부 티베트	1416	1453	37
7대	최닥 갸쵸북	티베트	1454	1506	52
8대	미꽤 도르제	동부 티베트	1507	1554	47
9대	왕축 도르제	동부 티베트	1556	1603	47
10대	최잉 도르제	티베트 북동	1604	1674	70
11대	예세 도르제	동부 티베트	1676	1702	26
12대	장춥 도르제	동부 티베트	1703	1732	29
13대	도뒬 도르제	남부 티베트	1733	1797	64
14대	텍촉 도르제	동부 티베트	1798	1868	70
15대	카캽 도르제	중부 티베트	1871	1922	51
16대	랑중 릭빼 도르제	동부 티베트	1924	1981	57

97 '삼세를 아는 자'라는 뜻이다.

98 '팍시'는 '위대한 스승'을 의미하는 몽고에서 온 말이다. 몽고 황제에 의해 증정된 명예로운 자격 혹은 지위임을 알 수 있다.

티베트불교 신자에게 활불의 존재는 매우 중요하다

4. 활불제도의 붕괴와 티베트

오늘날 티베트의 활불과 활불제도의 현실은 어떠할까. 이것은 티베트의 미래와 매우 깊은 관련을 맺고 있다. 앞서 살펴보았듯이 활불은 티베트 민중들의 구심점이고 그들은 불교 사원을 중심으로 활동한다. 사원은 활불제도의 연속성을 담보해주는 티베트 사회의 중추 역할을 담당하는 장소이다. 따라서 사원과 활불의 영속성은 티베트 문화의 창출과 계승이라는 측면에서 볼 때 매우 중요한 일면을 담당하고 있다. 중국 정부는 티베트의 문화 보전과 함께 종교의 자유를 인정해주고 사원의 유지를 위해 재정 지원 등을 아끼지 않고 있다고 대외적으로 홍보하고 있다. 과연 그러할까? 중국 정부의 주장이 사실이라면 티베트의 미래는 비관적이지 않다. 이에 필자는 그 사실을 확인하기 위하여 여러 차례 티베트 지역을 답사했다. 그리고 사원에 거주하며 활불의 일상과 사원의 내부 현실을 파악할 수 있었다. 이에 본문을 통하여 실증적이고 구체적인 사례를 제시하고자 한다.

1) 첫 번째: 直貢替寺[99]

'즐궁티'(直貢替)사원[100]은 백교(白敎)사원이다. 백교 중에서도 즐궁가쥐(直貢噶擧)의 핵심 사원으로 추앙받는다. 현재(2004년 기준) 이 사원의 최고 활불은 단정니마(丹增尼瑪)이고 켄보는 카메이(卡美)이다. 사원은 티베트 자치구의 라싸에서 동북 방면의 작은 도시 묵죽공가현(墨竹工卡縣)에 위치한다. 정확하게, 티베트 자치구의 중부, 북위 29.6~30.3도, 동경 91.5~92.5도 사이에 위치한다.[101]

살펴보면, 이 지역은 농업과 목축업이 뒤섞여 있는 지대로서, 하천이 흐르는 골짜기 농업 지역과 고원의 목축업 지역이 결합되어 있다. 일반적으로 이런 지역은 기후와 토양 조건이 식물을 심기에 적당하지 않을 뿐 아니라 목축업을 할 만한 넓은 목초지도 부족한 형편이다. 따라서 경제 중심에서 멀리 떨어져 있으며 교통이 불편하고 정보 전달이 순조롭지 못

99 즐궁티(直貢替)사원에 관한 내용은 「티베트 불교사원 종교 활동의 곤경(困境): 직공사원(直貢替寺)의 종교대법회 고찰을 예를 들어」, 『민속학연구』(21호)(2007. 12)에 등재한 내용을 재인용했음.

100 '直貢替寺'는 티베트불교 백교(直貢派噶擧)의 사원이다. '直貢替'는 티베트어의 음역이며 그 의미는 '直貢'이라는 지방 중앙에 위치한 사원이라는 뜻이다. 貢覺嘉錯, 『直貢替寺簡介』, 西藏人民出版社, 2003.

101 1998년도 기준으로 이 현의 전체 인구가 39,012명이고 사원 및 종교 활동 장소가 46곳이며, 전체 승려가 1,053명인 것으로 파악됐다. 國家測繪局地名研究所編, 『西藏地名』, 中國藏學出版社, 1995, 31쪽.

하여 자연스럽게 폐쇄적인 자연 경제 방식을 형성하고 있다. 이러한 원시적인 자연 외관 때문에 그동안 외부 세계에 쉽게 노출되지 않았음에도 불구하고 중국 정부와 학계는 줄곧 이 지역을 주시해왔다. 그 이유는 이 마을의 해발 5,100m 상공에 오래된 불교 사원이 존재하기 때문이다. 바로 '즐궁티'사원이다(사진 참조). 1179년에 건립된 이후 오늘에 이르기까지 전통적 백교의 핵심 사원으로 자리매김하고 있는 이 즐궁티 사원의 존재감은 이 지역의 티베트인들에게 있어서 전통적 종교 활동과 신앙의 중심지로 추앙받고 있다. 저자가 티베트의 수많은 불교 사원 중에서 유독 이 사원을 답사 대상으로 선택한 이유는 다음과 같은 학술적 · 종교적 가치가 있기 때문이었다. 첫째, 현재까지 티베트사의 연구에 있어서, 학계에서는 대다수가 성공자의 역사 혹은 성공한 정권의 입장과 안목으로 역사를 서술하고 있다. 예를 들자면 화교(薩迦寺) 정권이나 황교(格魯派) 정권의 흥기와 성공 등을 들 수 있다. 그에 반해 백교(白教) 정권같이 잠시 세력을 잡았다가 정권 싸움에서 패하여 변경으로 물러난 종파는 거의 학술적으로 연구 성과가 없는 실정이다. 하지만, 티베트의 역사에서 백교가 가지는 의미와 영향력은 실로 무시할 수 없는 불교 종파이다. 특히나 활불과 그 제도의 원형을 제시한 종파가 바로 백교라는 점을 인지할 때 이 종파의 특수성과 상징성은 인정되어야 할 것이다. 비록 불교 종파 싸움에서 밀려 라싸가 아닌 변경으로 물러나 근거지를 근근이 확보하는 상태이나 줄곧 '즐궁티'사원이라는 절대 구심력을 가지는 사원이 존재하고 있고 아직도 많은 신도 수가 잠재한다는 사실이 저자로 하여금 현장 답사의 의미를 부여했다. 둘째, 당대 티베트불교 사원의 고찰을 통해, 현대화의 물결 속에서 이 전통적 사원이 어떻게 응전하며 정체성을 유지하고 있는지를 엿볼 수 있는 좋은 소재라고 판단하였다. 라싸의 유명한 황교 사원인 색랍사(色拉寺)[102]와 철방사(哲蚌寺)[103]는 이미 오래전에 현대화의 체제로 전환했기에 답사의 장소로는 의미가 퇴색된다고 하겠다. 도심에 위치한 거대 사원보다는 비교적 원시적 환경에서 그 명맥을 꾸준히 유지해온 전통적 사원의 관찰이야말로 올바로 그 변화의 궤적을 추적할 수 있다는 판단에서였다. 셋째, 사원과 활불의 현실적인 상황을 객관적으로 확인하는 가장 좋은 방법 중의 하나가 그나마 전통과 역사를 온전히 보존하는 불교 사원에 장기간 거주하는 것이다. 이는 사원 속의 실제적 풍경을 세밀하게 관찰할 수 있는 장점이 있다. 무엇보다도 그들이 중국 정부의 밀도 있는 종교 정책 속에서 현재 맞이하고 있는 곤경(困境)이 무엇인지를 구체적으로 탐색할 수 있다는 기대감이 작용했다.[104] 마지막으로, 이 사원에서 2004년 7월에 12년 만에 한 번씩만 거행된다는 대규모 종교 활동(원숭이 년 포와 종교대법회)이 준비되고 있었기 때문이다. 저자는 이 전통적 종교 활동의 직접 참여 속에서 이 사원과 일반 티베트인들 사이의 교류 성노 그리고 활불의 역할을 관찰할 수 있다고 판단했다.

102 티베트어로 '쎄라곤빠'이다. 라싸시에서 북쪽 방면으로 5km 밖에 위치한다. 사원의 전체 면적은 114,964평방미터를 자랑한다. 宗喀巴 제자 중 한 사람인 降靑曲結(1352~1435)이 티베트 세속 귀족인 朗卡桑布의 원조를 받아 1419년에 건립했다. 이 사원은 고대 티베트 정치 · 역사 · 종교의 핵심 사원으로 인정된다. 1962년에 중국 정부와 티베트 정부로부터 '티베트자치구 문물보호단위'로 지정되었다. 현재 700여 명의 라마승이 이 사원에 거주한다. 楊輝麟, 『西藏佛敎寺院』, 四川人民出版社, 2003, 192~197쪽.

103 티베트어로 '제붕곤빠'이다. 라싸시에서 서쪽 방면으로 10km 거리에 위치한다. 사원의 전체 면적은 25만 평방미터를 보유한다. 格魯派 3대 사원 중 하나다. 宗喀巴의 수제자 扎西貝丹(1379~1449)가 1416년에 창건했다. 이 사원은 1959년 전까지, 토지 5,100묘(苗), 목장이 300개, 소 4,000두, 농노 2,000여 명을 소유했으며 매년 토지 수입이 280만 공근(公斤)에 이르렀다. 전국적으로 格魯派의 분교 사원은 3,305좌(座) 정도에 이르며 그중 라싸 시내에 640좌, 기타 지역에 1,647좌가 존재한다. 해외에도 1,018좌의 格魯派 사원이 분포한다. 1982년에 중국 정부로부터 '전국중점문물 보호중심'(全國重點文物保護中心)으로 지정됐으며 현재 900여 명의 라마승이 사원 안에서 수양에 정진하고 있다. 楊輝麟, 『西藏佛敎寺院』, 四川人民出版社, 2003, 169~174쪽.

104 심혁주, 「티베트 천장(天葬)고찰」, 『중국학연구』, 중국학연구회, 2006, 467~468쪽.

해발 고도(5,100m)에
자리하고 있는
백교의 상징,
즐궁티(直貢替)사원

즐궁티(直貢替)
사원의 경당

사원안의 활불이
거주하는 수행 방

① 사원의 종교 활동

즐궁티(直貢替)사원의 원숭이해 종교대법회(直貢猴年大法會)는 역사적으로 백교의 3대 전통 종교법회 중의 하나로 꼽힌다.[105] 이 사원의 역사적인 전통으로는 12년을 한 주기로 한 차례씩 성대하게 진행되는데, 일명 '즐궁티 사원 원숭이 년 포와(頗瓦) 종교대법회'(直貢替寺猴年頗瓦大法會)라고 불린다. 이 종교법회를 주관하는 목적은, 티베트력(藏曆)으로 원숭이년 원숭이달(猴年猴月) 11일에 태어난 연화생(蓮花生)대사를 기념하기 위해서이다. 저자의 종교법회 참여와 인터뷰의 기록을 정리하자면, 종교법회가 열리는 기간 내내 해당 지역 주민들과 사원의 승려들은 모두 축제의 기분으로 매일 준비된 종교의식과 특별한 강연을 즐긴다. 더구나 이 종교 축제는 너무나도 유명해서 지리적으로 봉쇄된 자연환경에도 불구하고 해외의 기자와 관광객들의 참여로 인산인해를 이루었다. 티베트불교 신자들에게는 12년 만에 한번 찾아오는 종교법회이기에 그 가치와 의미의 소중함이 이루 말할 수 없이 크다고 하겠다. 종교 활동은 장력(藏曆)으로 6월 8일부터 정식으로 개막되는데, 아침 8시에 사원 법왕(法王)의 개막사와 강연으로 시작되며, '관정'(灌頂)과 '포와법'(頗瓦法)[106]이라는 밀교 전통의식이 일반

105 直貢替寺에서는 12년에 한 차례씩 거행하는 전통적인 3대 종교법회가 전하여 내려온다. 바로 '豬年教誡'와 '蛇年教誡' 그리고 '猴年教誡'이다. 저마다 역사적 전설과 활동 의미를 가지고 있다. 이 때문에 본 사원은 유명하다. 直孔 · 貢確嘉措, 『直孔旅遊手册』, 西藏人民出版社, 2004, 22~30쪽.

106 '頗瓦'라는 두 글자는 티베트어의 음역이고 '이동' 혹은 '전이'의 의미를 가지고 있다. 전통적으로 백교의 신도들은 이 '頗瓦' 밀교의식을 매우 중요시하게 여겨왔다. 사람은 죽음이 다가오면, 몸 전체의 기(氣)와 온도가 변화를 일으키는데, 첫 번째 변화의 움직임은 수족(手足)이 차가워지기 시작한다. 그리고 그 기운은 몸의 심장부로 이동한다. 마지막에 심장의 온기가 끊어지면, 온몸은 굳기 시작한다. '頗瓦法'은 이러한 상태를 스스로 감지하여 수양으로 다져진 방법으로 이 기운을 '이동'시킨다는 개념이다. 따라서 頗瓦法 수행이 잘 다

[도표 24] '원숭이년 포와 종교대법회'(直貢替寺猴年頗瓦大法會)

일자	종교의식	내용
藏曆 6월 8일	관정(灌頂)의식	10여 종의 다양한 불교 행사와 '보법보편'(寶法普遍)의 관정(灌頂)의식 거행
藏曆 6월 9일	관정(灌頂)의식	'대자대비관세음보살'(大慈大悲觀世音菩薩)의 관정의식 거행
藏曆 6월 10일	관정(灌頂)의식	'무량수불'(無量壽佛)의 관정의식 거행
藏曆 6월 11일	관정(灌頂)의식	질병 방어의 목적으로 '협의모본존'(協衣母本尊) 관정의식 거행
藏曆 6월 12일	관정(灌頂)의식	'금강본존'(金剛本尊) 관정의식 거행
藏曆 6월 13일	관정(灌頂)의식	질병과 고난을 구해주는 '약사불'(藥師佛)의 관정의식 거행
藏曆 6월 14일	관정(灌頂)의식	백교(直貢噶擧派)의 '대승밀교발심율의'(特法大乘密教發心律儀)를 일반 민중에게 강습
藏曆 6월 15일	관정(灌頂)의식	사원의 대표적 밀교 수행법인 '즐궁대포와법'(直貢大頗瓦法) 거행

인들 앞에서 공개된다. 보통 7일 동안 이루어지는 종교 활동 중 매일 가장 핵심이 되는 전통의식의 내용은 다음과 같다.

현장 인터뷰에 의하자면, 이 종교 축제는 1950년대 이전에는 무려 20

져진 고승(活佛)은 스스로 자기의 영혼을 주재할 수 있으며, 다음 생의 환생도 주관할 수 있다고 믿는다. 이 수행의 완성은 모든 백교 신도들의 이상향이지만 단시간 내에 완성하기란 불가능하다. 일반 티베트 민중들도 수행이 가능하지만 집중하여 장기간 훈련해야 하고 밀교의 특성상 개인 지도 선생이 있어야만 가능한 훈련이다. 따라서 일반적으로는 사원의 활불(活佛)에게 부탁하여 망자의 영혼을 안전한 곳으로 '이송', 즉 다음 생의 '태생'을 돕도록 하는 것이 관례이다. '포와법'의 수양 방법은 매우 다양하며, 각 종파마다 존재하기에 한 번에 일괄적으로 설명하기에는 복잡하다. 심혁주, 「티베트 불교사원 종교 활동의 곤경(困境)」, 『민속학연구』 제21호, 2007, 101쪽 각주 12 재인용.

여 일에 걸쳐서 이루어지는 방대한 지역 주민들과 사원 간의 종교 축제였다고 한다. 그러나 티베트가 1951년에 중국에 접수된 이후 종교 활동 기간이 7일로 줄어들었고 따라서 그 활동 내용과 범위가 많이 축소되었다. 그럼에도 불구하고 저자의 참관 경험에 비추어보자면 3일 동안 참여한 신도들의 숫자와 해외의 순례객들 그리고 기타 관련자들을 합치면 대략 5만 명 이상의 사람들이 이 종교 축제를 참관하고 즐기고 있음을 확인했다. 그만큼 이 사원의 종교 축제는 여전히 생명력을 발휘하고 있었으며 관심을 가지고 있는 이가 적지 않았다.

티베트의 불교 사원은 전통시대, 즉 1950년대 이전만 하더라도 해당 지역의 정치 · 경제 · 문화 · 교육의 중심지였다. 일반 티베트인은 물론 지역 영주와 귀족계급들이 막후에서 시주자 역할을 충분히 해주었으며, 사원의 라마승들은 때만 되면 속세로 내려와 주술사가 되어주기도 하고 마을 축제에 초청되어 불경을 읽어주는 방법으로 수입을 올리기도 했다. 당시 라마승들은 사회적으로 대접을 받았으며 사원은 경제적 부(富)를 축적할 수 있었다. 그런데 당대에 들어와서 상황은 달라졌다. 티베트는 1951년에 중국 인민해방군에 의해 점령당한 뒤 사원과 승려들은 점차 지지 기반을 잃어버리고 생활고에 시달려야 했다. 더구나 10년 동안의 문화대혁명 기간 동안 폭격당한 불교 사원과 알게 모르게 사라진 많은 고승들로 말미암아 사원의 권위는 땅에 추락하는 수모를 겪게 되었다.[107] 물론 1980년대부터 중국 정부의 사원 복구사업과 불교 문화유산 보존의 명목으로 정부 차원의 자금이 지원되는 환경은 조성되었으나[108] 외관적으로 홍보되

107 특히 문혁 시기(1966~1976)에는 티베트의 전통문화와 종교에 대한 심각한 훼손이 이루어지는 등 탄압이 최고조에 이르렀다. 6,259곳에 달했던 불교 사원이 겨우 8곳만 남게 되었으며, 59만 명의 승려 가운데 11만 명이 박해로 숨지고 25만 명은 강제로 환속됐다. 김한규, 『티베트와 중국: 그 역사적 관계에 대한 연구사적 이해』, 혜안, 2000, 408쪽.

는 것에 비해서 사원의 실제 제반 상황은 그리 낙관적이지 못한 것이 현실이다. 소위 '자력갱생'(以寺養寺)이라는 처절한 구호가 나왔으니, 바로 사원 스스로가 먹고사는 자구책을 마련한다는 의미이다. 즐궁티 사원의 종교법회도 이런 의미에서 추진되고 기획된 측면이 있었다. 필자가 이 사원을 방문했을 당시에는 사원 내의 대다수 라마승들은 원숭이 년 종교대법회 활동 준비로 매우 바쁜 시기였다. 집회 장소 물색과 대형 천막의 설치 등은 물론이고, 기념품 사업의 일환으로 사원의 마크가 새긴 시계를 준비하고 있었으며 사원 상징의 부적을 수천 개나 미리 준비하는 등 상당히 분주한 나날들이었다. 어찌 보면 '자력갱생'이라는 현실적 사원 운영에 있어 이 종교법회는 때마침 찾아온 호기였다. 사실상, 이러한 대대적인 종교 활동의 추진과 진행의 결과는 사원의 입장으로서는 여러 가지 의미를 가진다고 할 수 있다. 첫째, 역사와 권위를 자랑하는 전통적인 종교법회로 말미암아 경제 수입은 물론이고 해당 지역에서 이 종파의 생명력을 과시할 수 있는 좋은 기회인 셈이다. 상술했듯이, 이 사원은 백교의 핵심 사원이다. 수백 년의 역사 속에서도 사원 내부에서만 비밀스럽게 전해지는 밀교 수행법과 불교 강연은 외부 세계에 줄곧 금기시 되어왔다. 그래서인지 수많은 티베트 신도들은 이 사원의 권위와 살아 있는 활불(活佛)들을 추앙해왔다. 따라서 12년 만에 딱 한 번만 공개되는 이 종교법회는 백교 신도들에게 자부심을 주는 것은 물론이고 일반 신도들에게도 충분히 흥분과 기대감을 불러일으킨다. 과거의 사례로 비추어보건대 종교 활

108 예를 들어 티베트에 대한 경제지원(援藏) 정책의 일원으로 수직적 명령을 통한 지역 간 횡적 협력의 전형적인 사례로서 1994년에 북경에서 개최된 '제3차 西藏工作會議'에서 내지의 비교적 부유한 성, 시, 그리고 중앙 각 부처를 지정 파견하여 티베트에 대해 '일대일 지원'(面對面)하는 정책을 결정하였다. 이동률, 『소수민족 분리주의 운동 전환기의 중국 사회: 발전과 위기의 정치경제』, 동아시아연구단총서, 오름, 2004, 333쪽.

동 내내 언론과 매체의 집중 조명을 받음으로써 이 종파의 생명력을 자연스럽게 홍보할 수 있는 파급 효과를 기대할 수 있는 것이다. 두 번째, 일반 티베트인들의 입장에서 보자면, 백교의 신도들은 물론이고 다른 종파의 신앙인들과 오랜만에 지역적 한계를 넘어서 정신적으로 단결을 도모할 수 있는 좋은 축제의 장이다. 어찌 보면 티베트민족이 역사적 · 종교적 공동체의 하나임을 향유할 수 있는 시간이다. 아직도 그들의 정신세계를 장악하고 있는 전설적인 활불들, 그리고 무한한 신뢰와 권위를 부여받은 독특한 종교의식은 그들에게 있어서 적극적인 참여를 유도하기에 충분하기 때문이다. 이러한 의미에서 티베트 사원의 종교의식은 일반 티베트인들과 사원을 하나로 연결해주는 강력한 힘이다. 이 힘의 근저는 척박한 자연환경과 그 기반 위에 형성된 독특한 인문 환경으로부터 유래한다. 따라서 티베트의 전통 종교의식은 '원시성'과 '생명력'이 강하다는 특성을 가진다. 비록, 1980년대 이후로 대외 개방과 중국 주도의 개발이라는 명목 아래 현대화가 진행되고는 있지만, 이들에게 있어서 사원의 전통적 종교법회란 해당 지역을 중심축으로 일반 티베트 민중과 불교 사원과의 오래되고도 친밀한 상생의 문화인 것이다.

② 사원의 현실

2004년 7월, 라싸의 민족종교사무국(民族宗教事務局: 이하 민종국)은 '즐궁티' 사원의 전통적 밀교법회의 종교 활동을 전면 불허했다. 정확하게 12년 전, 1992년에 성황리에 진행되었던 과거 경험을 비추어보아 이번 중국 정부의 방침은 대단히 파격적인 결정이었다는 것이 사원 측의 설명이다. 티베트의 모든 지방도시에는 소위 '민족종교사무국'이라는 관할 기관이 존재한다. 이 기관은 지역 티베트인들의 집단적 종교 활동과 불교 사원의 종교 행사, 해당 지역 활불의 행동반경 그리고 개인 라마승의 출가와 환속에 이르기까지를 모두 관장하는 역할을 담당하고 있다. 즉, 이 기관은 중국 정부의 조직적인 대(對)티베트 사원과 종교 활동 감시 체계의 중요한 역할을 담당하고 있는 것이다.[109] 필자가 즐궁티 사원에 거주하였을 때는 종교법회의 시기가 7월말로 임박하였는데 그 허가권을 쥐고 있는 종교사무국에서는 아직도 확답을 주지 않은 채 시간이 지연되고 있는 상황이었다. 당시 즐궁티 사원은 이 종교 행사에 사활을 걸었다 싶을 정도로 많은 시간을 할애하며 준비했으며 한편으로는 한족인 중심 체제인 종교사무국의 간부들과 부단히 접촉을 시도하고 있었다. 저자는 사원 측의 행정 담당 라마승 중의 한 명인 짜시(扎西)[110]와의 인터뷰를 통해 다음과 같은 사실을 확인할 수 있었다. 과거의 상황과는 다르게 종교사무국의 태도가 매우 강경하여 이번 종교 행사의 거행을 근본적으로 불허하고 있다는 것이다. 물론 이것은 북경 중앙정부의 방침 아래 이루어진 상황이다. 그렇다면 과거와는 다르게 왜 종교 행사의 진행을 허가해주지 않는 걸까? 불허를 견지하는 관할 종교사무국에서 밝히는 이유는 의외로 간단했다. 이 역사 깊은 전통 종교 행사를 장기간 진행하면 '사고'(出事)가 날 가능성이 높다는 것이었다. 사람이 많이 모이는 종교 행사는 사건이 발생할 수 있다는 예상 논리와 이로 인한 파장 효과를 우려한 중국 정부는 이 종교 행사를 이번부터 아예 불허할 작정이라는 것이다. 그러나 사실상 중국 정부가 우려하고 있는 것은 과거의 경험으로 보아 이러한 집단적 단체 종

109 중국 정부는 2004년 5월에 국무원(國務院)회의 결과로 종교사무조례(宗教事務條列) 중에 새로운 항목(제27조 3항)을 삽입했다. 바로 티베트불교의 활불전세(活佛轉世)제도에 대한 새로운 규정이었다. 내용은 다음과 같다. 활불의 전승과 인정은, 중국 불교협회의 지도하에서 이루어진다. 또한 사원의 종교 활동과 활불의 종교의식은 해당 시의 인민정부 '종교사무국'의 先보고, 後검토의 형식으로 이루어지며 반드시 '종교사무국'의 허락을 받아야만 진행할 수 있다.

110 본인의 의사에 따라 가명을 사용한다.

교 행사는 티베트인들의 단결력과 응집만을 도모해줄 뿐 중국 정부의 입장에선 전혀 이득 될 것이 없다고 판단했기 때문이다. 결국, 사원 측과 관할 종교사무국의 기나긴 협상 끝에 2004년 7월 25일부터 7월 27일까지 단 3일 동안의 일정으로 간소하게 진행한다는 조건으로 결정이 났다. 티베트민족의 종교 축제 단절보다는 '연속성'이란 점에서는 그나마 다행이었으나 문제가 아주 해결된 것은 아니었다. 다름 아닌, 종교 활동의 기간이 줄어든 만큼 사원 측의 적지 않은 투자 손실이었다. 알고 보니 사원 측은 이 행사의 만전을 기하기 위해서 오래전부터 상당한 투자를 하고 있었다. 가령, 종교의식의 원만한 진행을 위해서 대형의 장소 물색, 예를 들어 '즐궁대초원'(直貢大草原) 위에 건립한 중앙 법당과 그 주위의 대형 천막시설 그리고 최소 7일간 발매할 기념품 제작(시계와 부적) 등의 자체 제작으로 인하여 사원 측은 이미 막대한 경제적 지출을 하고 있었다. 전통적 관례에 따르자면, 이 종교 행사는 원래 최소 7~14일의 일정과 종교의식을 가진다고 한다. 그만큼 방대하고 대대적인 종교 축제인 동시에 지역성을 초월하는 티베트 민중들의 집단 정신여행인 것이다. 그런데 12년 만에 찾아온 2004년도에는 7일은 고사하고 겨우 3일의 허가만을 받아냈다. 이 지역이 중국 정부의 관리와 통제의 범위로 편제된 후 처음 생긴 일이라고 한다.

1980년대부터 중국 정부는 이 조그마한 지방 현(縣)조차 티베트인들의 집단 종교 활동을 감시하고 통제하기 위해서 '민족종교사무국'이라는 간판을 내걸고 한족인 간부를 이 사무국의 임원과 직원으로 고용했다. 따라서 이 현에서 일어나는 모든 종교 활동과 불교 사원의 종교 행사 심지어 라마승 개개인의 출가와 환속의 절차도 이 사무국에 일명 '허락승인'(允許簽名)을 받아야만 하는 실정인 것이다. 이러한 일련의 내부 사정 속에서 저자는 사원의 운영을 책임지고 있는 라마승과의 면담을 통해서 이번 중국 정부의 결정 방침에 따라 우려되는 사원의 파급 효과를 들을 수 있었다. 사원 측이 가장 우려하는 사안은 다음의 두 가지 측면이었다. 첫째, 중국 정부가 단호하게 결행한 종교 활동의 전면적 불가 방침은 사원의 입장에서 볼 때 당장 경제적으로 불이익을 감수해야 하는 것뿐만 아니라 점진적으로 티베트 민중과 불교 사원의 유대감의 결여, 나아가 티베트민족의 정체성 약화로 이어진다는 것이다. 이것은 중국 정부가 의도하고 있는 목표이기도 하다. 둘째, 이 사원의 막대한 경제적 손실과 그로 인한 후유증이 발생한 점이다. 따라서 앞으로 진행되는 사원 경제의 운영에는 적지 않은 차질이 예상된다는 것이다. 사원 측이 이렇게 긴장하는 이유를 현재 이 사원의 경제 수입 경로를 추적해보면 쉽게 이해할 수 있다.

일반적으로 이 사원의 재정 수입 경로는 크게 두 가지의 경로를 가진다. 첫 번째는 사원이 주관하는 종교 행사의 수입이고 두 번째는 개인 라마승들의 수입이다. 사원의 경제 수입 경로는 개인 라마승의 수입 경로보다 비교적 다원적이었다. 구체적으로 다음과 같다.

㉠ 사원 내의 상점(商店)과 초대소(招待所) 경영의 수입

이 사원이 지리적으로 불편한 고원에 위치하는 관계로 일상생활용품의 공급은 매우 중요하다. 항상 기본적인 생활물품들, 예를 들자면 초 · 성냥 · 소금 · 짬바 · 야채 등은 라마승들의 생활에 있어 절대 필수적인 물품들이다. 따라서 사원에서는 '사원관리위원회'(寺廟管理委員會)라는 일종의 행정 중심을 건립했다. 한 달에 한 번씩 이 위원회의 잡사는 사원의 전용 버스를 이용해 도시 라싸의 물품을 직접 사원 내의 상점에 공습한다. 사원 내의 라마승들이 필요에 따라 생활용품을 구입하기도 하고 관광객들이 각종 기념품과 사원 홍보용 책자를 구입한다. 사원 내에는 조그마한 서점도 개관되었는데 일반 순례객들은 여기서 사원을 소개하는 책을 구입할 수 있다. 그러나 대부분 티베트 어문(藏文)으로 만들어진 책자이다. 사원 내의 상점과 서점에서 발생하는 수입은 사원 경제의 적지 않은 몫을 담당한다. 2003년도를 기준으로 1년 동안 상점과 서점 그리고 초대소의 수입은 대략 5만 위안(인민폐) 정도가 된다고 사원 측은 밝히고 있다. 현대식 설비를 구비한 초대소는 관광객이 하룻밤 묵는 숙박료로 20위안 정도를 받는다.

ⓛ 천장(天葬)의 수입

티베트민족의 장례 방법 중, 소위 '천장'(天葬)은 일반 티베트 민중들에게서 매우 보편적이며 인기가 많은 장법이다.[111] 속칭 '조장'(鳥葬) 혹은 '풍장'(風葬)이라고도 불린다. 즐궁티 사원은 티베트 전역을 통틀어 최대의 천장 터 규모와 선동적 천장 의식을 진행하는 것으로 유명하다.[112] 이 사원의 즐궁티 천장 터가 다른 천장 터와 구별되는 점은 크게 세 가지다. 첫째, 오랜 역사와 전설을 유지하고 있다는 점과 규모가 최대라는 점. 둘

111 티베트의 장례의례 중의 하나인 천장(天葬)에 관한 학술적인 논문으로는 심혁주, 「티베트 천장(天葬)문화 고찰」, 『중국학연구』(2006)에서 자세하게 논하고 있다.

112 즐궁(直貢)사원은 고대로부터 지금에 이르기까지 거의 완벽하게 전통적 천장 의례를 그대로 유지하고 있으며 그 주요 현장인 천장 터 또한 완벽하게 원형 그대로 보존하고 있다. 이 천장 터는 일반적으로 '直貢典佳'라고도 불리며 '영생', '영원의 땅'이란 뜻을 가지고 있다. 세계 3대 천장 터 중 2곳은 티베트에 존재하고 나머지 하나는 인도에 존재한다. 티베트의 '直貢替寺'와 '桑揶寺'의 천장 터가 그것이고 인도에는 '斯白' 천장 터가 있다. 천장 터는 티베트인들에게 있어서 생명의 종점이자 기점이다. 생사윤회의 법칙이 평등하게 심판되는 곳이며, 공포와 환희가 병존하고 음산함과 열정이 병존하는 곳으로, 남루한 돌조각이 전부이지만 천국으로 올라가는 유일한 통로이기도 하다. 티베트 전 지역에는 무수히 많은 크고 작은 천장 터들이 존재하며 저마다 신비스러운 전설과 명성을 가지고 있다. 일반적으로 천장의식을 집행하는 장소, 즉 천장 터는 사원에서 그리 멀지 않은 언덕이나 산 정상에 자리한다. 그러한 장소가 대자연의 정기를 올바로 흡수한다고 믿어지기 때문이다. 따라서 저명한 사원의 천장 터는 대부분이 명당이라는 곳에 존재한다. 심혁주, 『티베트 천장, 하늘로 가늘 길』, 책세상, 2008, 113쪽.

째, 시체 처리 방법이 매우 원시적임에도 불구하고 고도에 위치하는 관계로 청결함을 유지한다는 점이다. 항상 바람이 불어 육신의 냄새를 멀리까지 보낼 수 있다는 장점이 있다. 셋째, 이곳의 천장사(天葬師)는 불학을 공부하는 라마승이기도 하다. 따라서 즐궁티 사원의 천장 터는 고대로부터 사람들의 입소문에 힘입어 교통의 불편함에도 불구하고 사천 · 감숙 · 운남 · 청해 등지에서도 시체를 운반해오고 있는 실정이며 심지어 외국 신도의 경우에는 망자의 두발과 유골, 손톱만 보내오는 경우도 있다고 전해진다. 이런 전통과 유명세 때문인지, 중국 정부도 관심을 갖기 시작했다. 중국 정부는 즐궁티 사원 천장 터 주변의 환경과 원시 형태를 보존한다는 명분 아래 1990년대 초부터 외국인 관광객과 사진작가, 심지어 학자들의 출입까지 엄격하게 제한하고 있다. 1995년에는 중앙정부의 적극적인 재정 보조 아래 천장 터 주변에 사고를 방지하기 위해 난간을 설치하여 위험 요소들을 적극 방지하고 있다.

즐궁티 사원의 천장의식이 유명한 이유는 천장의식 하루 전날 이 사원에서 거행하는 '포와'(頗瓦) 밀교의식(영혼과 육신의 분리의식)과 '랍야체'(拉耶替)경당원[113] 앞에서 이루어지는 백교의 주술문 낭독 때문이다. 따라서 이 사원은 매일 시체가 끊이질 않는다. 많을 때는 하루에 4~5구의 시체가 각지에서 도착하기도 한다. 대외적으로 천장의식의 비용은 정해진 바 없으나 일반적으로 인민폐 1,000위안에서 1,500위안 정도에서 이루어지

---

113 이 법당은 고대로부터 신화와 전설이 전하여 내려온다. 어느 날 즐궁 사원의 초대 활불 '顚津尼瑪仁欽貝'(활불)께서 '拉耶替' 법당에서 말씀하셨다. "이 경당을 한번이라도 오는 자들이여, 그 순간부터 그대들은 현생의 악업이 사라지리라. 따라서 시체를 이송하는 가족들이여, 천장 터를 가기 전날 반드시 시체를 이 법당 앞마당에서 하룻밤 방치하시오. 그리고 사원의 주술사로 하여금 '포와' 밀법의식을 받으시오. 그러면 망자의 영혼은 반드시 좋은 곳에서 환생할 것이다." 直孔 · 貢覺嘉措, 『直孔天葬台簡介』, 西藏人民出版社, 2004, 5쪽.

며 기타 잡비, 즉 주술서 낭독할 때 감사헌금의 성격으로 인민폐 5위안에서 10위안 정도를 기도문을 집단으로 암송해주는 라마승들에게 보시한다.[114] 이때의 라마승들은 주술서를 독창하는 고승 라마 1인과 둘러앉아 다 같이 따라하는 20여 명의 젊은 라마승들로 이루어진다. 망자 가족의 경제적 능력에 따라 감사헌금은 그 액수를 달리하며 음식이나 기타 물품으로도 대체된다.

ⓒ 신도와 순례객들의 보시

티베트 신도들의 헌금 방식은 다양하다. 모든 신도들이 금전의 방식으로 영적 풍요로움을 갈망하지는 않는다. 어떤 이는 우유를 헌납하기도 하고 어떤 이는 그들의 주식인 짬빠를 올리기도 한다. 그러나 외국의 순례객들은 대부분 금전으로 헌납한다. 실시로 사원 안의 불진 잎에는 달러와 인민폐가 수북이 쌓여 있는 경우를 볼 수 있다. 특별한 경우도 있다. 저자가 이 사원에서 거주할 때 직접 목도한 경우는, 어떤 외국의 한 신도가 이 사원에 인민폐 1만 위안을 장학금 형식으로 기부한 일이 있었다. 다름 아닌, 사원 내의 형편이 어려운 수행승을 발탁하여 계속 수양에 정진할 수 있게 도움을 주려고 한 것이다. 당시 사원은 20명의 형편이 어려운 어린 출가승을 선발하여 생활 보조금을 전달한 바 있다. 또 다른 경우는, 대만의 거부(巨富)가 이 사원의 활불을 흠모하여 거금을 들여 법당 1채를 통째로 건축하여 선물한 사례도 있었다. 사원과는 별개로 라마 승려들 개개인의 수입 경로도 매우 흥미롭다. 과거 사원의 경제 상황이 좋았을 무렵에

114 필자가 참관한 바, '포와' 밀교의식을 진행할 때 보조 도우미 격인 젊은 라마승들은 대략 20~30명 정도를 이루고 있으며 사원에서 불교 수행을 최소 3년 이상 정진한 수행승을 원칙으로 하고 있었다.

는 사원에서는 모든 승려들에게 식(食)은 가볍게 책임져주었다. 그러나 1980년대 이후로는 1년에 딱 두 번씩만 짬빠를 제공하는 형편이다. 그래서 개개 라마승들은 수양에 필요한 생활비는 자기가 해결해야만 하는 실정이다. 사원만이 자력갱생이 아니고 승려들 또한 자력갱생의 삶을 살아가고 있는 것이다. 승려들의 수입 경로는 전반적으로 다음과 같다.

㉮ 사원 내의 법사(法事) 활동

즐궁티 사원에서는 전통적인 장례의식, 즉 천장의식의 거행 전 '포와'라는 밀교의식을 반드시 진행하는데 이때 일반 라마승들에게도 수입의 기회가 주어진다. 사원 내에서 최소 3~5년의 법력을 쌓은 젊은 라마승들은 밀교의식을 주관하는 고승 라마(주술사)의 주술에 맞추어 보조 도우미로서 각종 잡일을 할 수 있다. 이때 망자의 가족들은 상황을 보아 인민폐 1위안에서 5위안 심지어 10위안에 이르기까지 계속적으로 라마승들에게 보시한다. 종교의식이 길어지면 길어질수록 수입은 증가된다. 빈곤한 사원 생활을 하는 승려의 입장에서 보자면 이는 적지 않은 경제 수입원이 된다. 티베트인들에게 즐궁티 사원의 천장의식은 신뢰도가 매우 높아 거의 매일 시체가 사원으로 운송되고 있으며 밀교의식도 거의 매일 오후에 진행되는 수준이다. 따라서 대부분의 승려들은 이 법사 활동을 적극적으로 참여하려 한다.

㉯ 보시 활동

즐궁티 사원은 매년 승려들에게 2개월의 자유 시간을 허락한다. 이는 형편이 넉넉한 승려들에게는 집으로의 휴식을 의미하기도 하고, 그 외의 승려들에게는 세속의 봉사 활동으로 인한 경제 수입의 시간이다. 여름에는 농목 지역에서 일을 돕기도 하고 불경을 읽어주어 경제적 도움을 받는다. 알려진 바로는, 곡식 풍성을 염원하는 주술의 대가로는 인민폐 약 25위안에서 50위안 정도를 받는다고 한다. 그밖에 재난 지역에서의 주술 대가는 더 높은 수익을 올린다고 알려졌다. 대다수의 일반 민중에게 있어서 라마승의 존재는 물적 · 정신적 풍요로움을 선사하는 불자들이다. 따라서 사원의 승려들은 주어진 2개월의 시간을 적극 활용하여 사원 생활에 필요한 기본적인 식량을 확보한다.

㉰ **가정의 보조**

이미 출가한 라마승의 입장으로 볼 때, 가정의 집안 형편은 수행에 있어서 매우 중요한 역할을 한다. 외부 세계에서 알고 있는 잘못된 오해 중의 하나는, 사원에 출가한 승려는 집안 형편이 어려워서 사원에 진입하여 쉽사리 의식주를 해결할 수 있다고 보는 경향이 있다. 그러나 티베트의 승려는 과거나 지금이나 매우 돈이 있는 집안에서나 사원에 보낼 수 있는 유학의 성격이 농후하다. 만약 돈이 없으면 친척의 신분 보장이나 보증인을 세워야만 사원의 진입이 가능하다. 하지만 경제력이 있는 승려와 없는 승려는 사원 안에서의 지위나 공부 환경이 확연히 차이가 난다. 따라서 집에서 보내주는 식(食)과 용돈은 수행의 삶에 있어서 매우 중요한 영향을 끼친다. 그래서인지 대부분의 승려들은 상상을 초월한 검소한 생활을 기본으로 하고 있다. 집에서 보조받는 승려는 그리 많지가 않기 때문이다.

③ **사원의 곤경**

중국에 존재하는 대다수 소수민족은 그들만의 독특한 신앙 체계를 가지고 살아간다. 특히나 종교가 곧 삶인 티베트민족에게 있어서 중국 정부의 슬로건인 '소수민족 종교, 신앙의 자유정책'은 내륙의 그 어떤 민족보다 소중한 의미를 가진다. 왜냐하면 그들의 종교는 고대로부터 지금에 이르기까지 티베트 사회의 안정과 통합의 핵심 요소로 자리하고 있기 때문이다. 티베트의 불교 사원은 티베트 신자들에게 일상의 구심점이다. 따라서 해당 지역의 불교 사원이 주관하는 종교 활동과 전통의식은 그 지역 사회를 하나로 통합시키는 응집력을 보여 왔다. 따라서 중국 정부는 티베트를 접수한 이후 본격적으로 불교 사원의 장악과 통제에 주력하여왔다. 왜냐하면 티베트의 여러 불안정 요소 중에 불교 사원의 영향력은 가장 먼저 제압해야 할 대상이었기 때문이었다. 실제적으로 중국 정부는 티베트 민중의 종교 활동과 그 의지를 효과적으로 차단하기 위해 불교 사원의 관리와 통제를 치밀하고도 밀도 있게 진행시키고 있다. 구체적인 이해를 돕기 위해 저자가 직접 방문하고 고찰한 즐궁티 사원의 예를 들어보자. 첫째, 중국 중앙정부가 설치한 묵죽공카현의 '민족종교사무국'이라는 관리 사무처는 매우 엄격하게 불교 사원의 승려 수를 관할하고 통제하고 있었다. 조사한 바에 의하면, 과거 즐궁티 사원의 승려 수는 무려 500여 명에 이르는 방대한 숫자였으나 현재에 이르러서는 겨우 185명만이 간신히 유지하는 처지에 이르렀다. 또한 개개 라마승의 출가와 환속의 자유도 엄히 통제를 받는 실정이었다. 우선 일반 티베트인 신도가 이 사원에 출가하려면 이 현(縣)의 '민족종교사무국'에 신청 접수를 하고 철저한 개인 심사를 받아야 한다. 소위 신청인이 '분열주의자' 명단에 이름이 올라 있다면 이는 사원에 출가하기가 불가능하다. 설혹, 개인의 신상 심사를 통과해서 사원의 승려가 된다고 해도 전심으로 수양에 몰두하게 되는 것은 아니다. 예컨대 매년 한 차례씩 정기적으로 북경의 '민족관리사무국'(民族管理事務局)에서 3~5명 정도의 한족 간부가 내려와서 '사회주의 정치 이론'을 강습하고 시험도 치른다는 것이다. 만약 이 시험에 불합격하면 당장 환속을 강요당한다. 따라서 사원에서 라마승들이 부득불 공산당 이론을 공부하는 이유는 환속을 당하지 않기 위해서이다. 둘째, 즐궁티 사원에는 절대적 파워를 지닌 행정 단위가 존재했다. 바로 '즐궁티 사원 관리위원회'(直貢寺院管理委員會)라는 행정조직이다. 사원은 크게 정신적 지주(수양 위주) 승려와 행정적 지주(사원의 행정관리) 승려의 두 계파로 구별된다. 말 그대로 정신적 지주는 사원의 수장으로서, 이 사원의 계보를 승계하는 활불로서 한평생 수양만 정진하는 살아 있는 활불이고, 행정적 지주는 개인의 수양보다는 사원 전체의 운영과 관리를 도맡아 사원의 유지와 발전을 책임지는데, 외관상 이 두 수장의 권위는 동일하게 주어진다. 그러나 사원이 종교 활동을 기획하고 추진하는 기간에는 사원의 행정 일을 도맡아 하는 행정 지주의 역량과 권위가 절대적으로 작용한다. 즐궁티 사원에는 '즐궁티 사원 사원관리위원회'라는 행정조직이 존재하며 7인의 지도자급 라마승으로 구성되어 있다. 이 구성원 중 수장을 제외한 나머지 6인은 해당 관할의 '민종국'에서 일관직으로 선임한다. 이 관리위원회의 성격은 사원의 모든 활동, 즉 사원의 종교 집회, 전통의식, 행정 회의 그리고 외부인의 행정 절차 등을 주관한다. 한마디로 사원의 결정적인 정책과 앞으로의 종교 진행 사업은 모두 여기로부터 기획되고 결정되는 것이다. 그런데 1980년대 전까지만 해도 이 사원에는 이러한 기구가 없었다고 한다. 185명을 대표하는 이 기구의 신설은 2000년 라싸 '민종국'의 주도로 갑자기 생겨났으며 사원의 모든 결정 사항은 이곳에서 7인의 대표들이 회의를 거쳐 결정된다고 하는데 사실은 알고 보면 그들은 중국 정부의 꼭두각시이다. 왜냐하면, 이 사원위원회의 구성인 7인 중 6인은 해당현의 '민종국'에서 임의로 선임한 승려들이므로 그들의 라인으로 간주된다. 또한 이 선임된 행정 간부들은 대부분 친북경파이고 중국 정부와의 관계는 매우 돈독하다는 공통점이 발견된다. 수장 격인 행정방장 역시 중국 정부의 개인 심사를 통해서 발탁된 인물이므로 친북경파임에 의심의 여지가 없다. 실질적으로, 이 사원은 7인의 행정요인으로 사원이 좌지우지 유지되는데 이 행정요원들은 전부 중국 정부가 선임하고 신임하는 인물들로 구성되었다는 것이다. 즉 사원에서 공개적으로 선발된 투명한 행정 인력들이 아닌 것이다. 이는 일반 라마승들의 잠재적 불만을 촉발시키는 요소이기도 하다.

앞서 살펴본바, 이 사원의 전통적인 종교 축제가 3일로 시간이 압축되고 대대적인 행사가 쉽사리 취소된 이유도 사원관리위원회의 동의가 있었기에 가능했다. 심지어 승려의 개인 활동과 사생활까지도 간섭하는 이 사원관리위원회는 사원 내부의 핵심적 권력 집단인 동시에 중국 정부와 공생하는 7인의 협력 집단인 셈이다. 이는 최근 중국 정부가 불교 사원을 장악하고 통제하는 방법 중의 하나이다. 셋째, 이 사원은 외국인의 장기간 거주를 철저히 방어한다. 엄밀하게 보자면, 이 사원이 거부하는 것이 아니고 중국 정부가 엄격히 통제하는 것이다. 물론 순례 차원의 1~2일 정도의 관광객 투숙은 환영하지만 장기간의 사원 거주는 불법으로 간주한다. 저자 또한 이 사원에서 장기간 답사하기 위해 두 차례에 걸쳐 하산과 입산의 과정을 반복해야 했다. 저자가 거주 기간 중 직접 목도한 바, 외국의 한 신도가 이 사원에서 3년간의 수양을 요청한 일이 생겼다. 사원은 종교적 차원에서 대단히 환영하는 입장이었으나 끝내 허가를 내주지 못했다. 사원관리위원회에서는 외국인 신도의 입주를 신중히 검토하였으나 결국 하산을 권유하고 말았다. 이유는 간단했다. 만일 불시에 중국 정부의 사원 점검이나 누군가의 밀고로 인하여 발각된다면 이 사원의 불이익을 감당할 수 없기 때문이었다. 중국 정부의 입장에서 보면 이방인의 장기간 사원 거주는 사실상 불편한 것이다. 사원의 장악과 통제는 비밀리에 치밀하게 진행시키는 것이 효과가 클 것이고 외부 세계에 노출되어서 좋을 것이 없기 때문이다. 잠시 머무는 순례객들에 비해 장기간 거주하는 이방인들은 사원과 중국 정부와의 관계, 라마승들의 종교 활동 자유성 여부, 사원과 민간인들과의 관계 등을 장기간 눈으로 직접 목격할 수 있기 때문이다. 사실상 저자도 사원에 머무르면서 개인적 친분의 라마승으로부터 여러 가지 사원이 주관하는 종교 활동의 어려움을 들을 수 있었다. 일반적으로 사원의 라마승들은 이방인들에게 불필요한 말을 하지 않는다. 중국 정부의 감시의 눈초리가 있기 때문이다. 하지만 장기간 거주하면 서로 간에 친분과 감정이 생겨 어느 정도까지는 인터뷰가 가능하다. 따라서 필요에 따라 인터뷰한 내용을 원고에 옮길 때는 반드시 인터뷰에 응해준 라마승의 허락을 받아야 하며 가명을 사용해야 한다.

상술의 상황을 고려할 때, 오늘날 티베트의 불교 사원은 이미 사원의 기능과 역할이 상당 부분 축소되고 와해되고 있음을 알 수 있다. 사원의 붕괴가 진행되고 있는 것이다. 지방 현의 사원이 이러할진대 도시 급의 대형 사원은 언급할 필요도 없을 것이다. 이러한 현상은 점진적으로 티베트불교 신자들과 사원의 분리를 촉진하게 될 것이며 나아가 티베트 정체성의 퇴색으로 이어질 것이다. 결정적으로 이러한 사원의 위기와 곤경은 결국 사원 내의 중심축인 라마승들과 그들의 수장인 활불의 역할 감소와 권위의 추락으로 이어질 것이다.

2) 두 번째: 古日壩寺[115]

'고일패'(古日壩) 사원은 사천(四川)성 '아패장족강족자치주'(阿壩藏族羌族自治州) '흑수현'(黑水縣)에 위치한 홍교(紅教)사원이다. 2007년과 2008년에 진행된 본 사원의 답사역시 활불을 만나고 실사를 통하여 오늘날 활불제도의 지속성과 유효성을 고찰하였다.

115 본 사원에 관한 내용은 심혁주, 「티베트의 지속과 변화 고찰: 阿壩藏族羌族自治州 '黑水縣'의 문화접변과 정체성을 중심으로」, 『민속학연구』(24호)(2009. 6)의 내용을 재인용했음.

① **'아패장족강족자치주'**(阿壩藏族羌族自治州)

2007년 7월과 2008년 11월 두 차례에 걸쳐 답사한 '티베트 자치주'(阿壩藏族羌族自治州)의 현장 루트는 다음과 같다(답사 루트 지도 참조). 구체적으로 2007년의 답사 루트는 성도(成都) → 도강언(都江堰)[116] → 문천(汶川) → 마얼캉(馬爾康)[117] → 황화구곡만(黃河九曲彎) → 랑목사(郎木寺)[118] → 화호(花

---

116 '都江堰'은 전국시대인 기원전 256년 촉(蜀)의 태수이자 천문지리에 능통했던 이빙(李氷)이 아들 이이랑(李二郎)과 함께 물살이 빠른 민강(岷江)의 물줄기를 바꿔 토사가 흘러드는 것을 막고 수량을 조절하기 위해 축조한 관개수로와 둑을 말한다. 이빙은 그 물을 끌어들여 농토를 만들고자 했으니 도강언은 '치수용 프로젝트'라고 할 수 있다. 도강언 지구는 크게 두 개의 지역으로 구분된다. 하나는 이빙 부자 등 도강언과 관련된 인물과 설화를 그림으로 보여주는 이왕묘(李王廟) 지구이고 다른 하나는 민강 위에 놓인 흔들다리를 건너면 만나게 되는 수리 시설이다. 수리 시설 또한 세 개의 부분으로 나뉜다. 어취(魚嘴)와 비사언(飛沙堰), 보병구(寶瓶口)가 그것이다. 유네스코는 '고대인의 뛰어난 제방 기술을 엿볼 수 있다'는 이유로 이곳을 2000년 세계문화유산으로 지정했다. 박지민 · 이창운, 『중국서남부』, 위캔북스, 2007, 236~237쪽.

117 '馬爾康'은 1956년 4월 21일에 정식으로 건립되었다. 위치는 청장고원의 남쪽이며 사천분지의 북부이다. 북쪽으로 홍원대초원을 접하고 있으며 성도로부터 365km 떨어져 있다. 천장 북로가 지나는 '馬爾康'은 아패자치주의 주도로서 인구 5만 명의 정치 · 경제 · 행정 중심 도시이다. 해발 2,670m의 馬爾康縣 자체는 이미 상당히 한족화되어 있다는 느낌을 받지만 도시에서 외곽으로 조금만 벗어나면 嘉絨 장족의 독특한 문화를 접할 수 있다. 예들 들어 '卓克基土司官寨'와 '西索民居'는 여전히 소수민족의 전통과 역사의 흔적을 느낄 수 있는 종교문화의 흔적이다. '卓克基土司官寨'은 과거 이 지역 지방수령의 가옥이다. 馬爾康縣에서 7km가량 떨어진 곳에 위치하고 있다. 1936년에 화재가 난 후, 한족과 장족의 혼합 형식으로 개축하였다. 산중턱에 위치하고 있어 위엄과 장엄함을 더해준다. '西索民居'은 현에서 가장 가까운 곳에 있는 嘉絨 장족의 민가이다. 오늘날에도 전통적인 민가 형식이 그대로 보전되고 있으며 가옥의 구조는 1층은 창고나 가축의 우리, 2층은 침실, 3층은 불전을 모시는 형태로 구성되어 있어 한족의 가옥과는 전혀 다른 이질감을 주고 있으며 특히나 집안마다 불전을 모시고 있는 경건한 종교적 삶은 티베트민족의 특색을 온전히 유지하고 있다. 馬爾康은 원래 嘉絨 지역 18土司 중에서 ① 卓克, ② 松崗, ③ 黨壩, ④ 梭磨의 4개 土司 지역을 병합하여 건립되었다. 따라서 "四土地區"라고도 불린다. 전체 현의 면적은 6,633평방킬로미터이며 3개의 鎭과 11의 鄕으로 구획되어 있다. 馬爾康에는 장족 · 강족 · 회족 · 한족 등 15개 민족이 공존하고 있으며 총 인구는 5만 명이고 그중에서 장족이 39,176인(점유율 71.91%)이다. 역사적으로 1410년을 기점으로 이 지역에 티베트불교 종파 중의 黃教가 흥성했다. 1414년에는 황교 사원 '大藏寺'가 건립되었다. 대장사는 오늘날 티

湖) → 루얼까이(若爾盖)[119] → 천주사(天朱寺)의 경로였고, 2008년은 성도(成都) → 단바(丹巴)[120] → 마얼캉(馬爾康) → 송판(松潘)[121] → 이현(理縣)[122] → 모현(茂縣) → 흑수현(黑水縣)의 경로였다. 물론 이 두 차례의 지역 답사는 서로 연계성을 가지고 진행하였다. 이 두 경로의 공통점은 다양한 '소수민

베트불교 문화의 박물관으로 손꼽힌다. 이 사원이 흥성할 때는 라마승의 수가 800여 명에 달했고 크고 작은 승방이 90여 개에 달했다. 이 사원은 1967년 문화대혁명의 영향으로 훼손됐다가 1980년대 초에 오늘날의 모습으로 재건되었다. 達爾基 · 朵讓他, 『阿壩聖迹』, 電子科技大學出板社 2007, 5~6쪽.

118 해발 3,350m의 고산지대에 위치한다. 사원의 이름이 지명이 된 곳으로 四川省과 甘肅省의 경계 지역이다. 마을을 관통하는 작은 하천인 白龍河을 기준으로 사천과 감숙 지역으로 나뉜다. 이곳에는 2곳의 사원이 있는데 甘肅省 영역과 四川省 영역에 하나씩 있다. 일명 ① 甘肅省 '郎木寺'와 ② 四川省 '郎木寺'이다. 이 중 감숙성의 '郎木寺'는 내지인보다 외국인들이 많이 찾는다. 그 이유는 이 사원에 '鳥葬'터가 존재하기 때문이다. 사람이 죽으면 육신을 신의 사자라고 숭배하는 독수리에게 보시하는 장법은 여전히 이 지역 티베트인들에게 보편적인 장법으로 통하고 있기 때문이다. 이 사원의 정식 명칭은 '達倉郎木寺'이다. 1748년에 창건되었다가 문혁 때 소실되었다. 1980년에 중국 정부의 사원 복구 원조금을 받아서 재건되었다. 10여 개의 불교 건축물이 티베트 건축예술의 정수를 보여주고 있다. 마을의 중심에는 淸眞寺가 있는 것으로 보아 이 지역 주민들이 장족뿐만 아니라 회족도 공존하고 있음을 알 수 있다. 達倉郎木寺管理委員會, 『達倉郎木寺簡介』, 聚焦西部報社, 2004.

119 인구 6만 명의 작은 현으로 사천에서 감숙성으로 넘나드는 교통의 요지이며 해발 3,470m의 고산지대이다. 끝없이 펼쳐진 '若爾盖大草原'은 이 지역을 대표한다. 서남부 최대 규모의 대초원은 목축을 기반으로 생활하는 장족들의 생활의 터전이다. 이 대초원에서 가장 유명한 곳이 '熱爾大草原'인데 '花湖'로 알려져 있다. 아름다운 대초원과 호수가 유목민족의 삶의 방식을 설명해준다.

120 해발 1,700m의 丹巴는 성도에서 티베트 쪽으로 384km 떨어진 곳에 위치한다. 丹巴에서는 독특한 건축의 '망루'를 발견할 수 있다. 보통 4각형, 5각형, 6각형, 8각형을 이루고 있으며 망루의 높이는 10m에서 최고 35m까지 있다. 이러한 망루의 건축 목적은 몇 가지로 설명될 수 있는데 가장 중요한 목적은 외부 세계의 침입을 경계하기 위한 군사적 목적으로 만들어졌다. 丹巴현에서 북쪽으로 4km 떨어진 곳에 嘉絨장족(티베트민족) 마을이 있다. 이 마을에는 유명한 '甲居藏寨'가 집촌을 이루며 형성돼 있다. 이는 보통 3층이나 4층으로 구성된 장족식의 가정집이다. 1층은 가축을 키우고 2층은 거실과 주방, 3층은 침실, 4층은 經堂이다. 대부분이 장족의 거주임에도 불구하고 이 지역은 목축 대신 농업을 하고 있다. 따라서 농경 위주인 한족의 문화를 많이 흡수했다. 언어 또한 嘉絨 방언을 사용하지만 문자는 없다. 젊은 층과 어린아이들은 대부분 한어만을 사용한다. 達爾基 · 李茂, 『阿壩通覽』, 四川辭書出版社, 1993 참조.

족의 융합지'라는 것이다. 이 지역은 오늘날에도 여전히 원시적인 생태 환경을 보존하고 있었고 대부분이 티베트민족(藏族)의 거주지라는 점, 그리고 그들의 관습 · 신앙 · 습속 · 건축양식 등이 과거의 모습을 여전히 유지하고 있었다. 특히나 저자의 주요 답사 지역인 '흑수현'(黑水縣)은 티베트인들의 전형적인 거주지로서 오늘날에도 티베트 문화의 원형을 온전히 보유하고 있는 지역이라고 할 수 있다.

'아패장족강족자치주'(阿壩藏族羌族自治州: 이하 '아패자치주')의 위치는 중국 사천성 서북부, 청장고원의 동남 방향이다. 그 범위는 동경 100도 30분~104도 27분, 북위 30도 35분~34도 19분 사이이다. 남북으로 414km, 동서 면적이 360km, 총 면적은 83,426평방킬로미터이며 평균 해발 3,000m 이상의 고원지대에 위치한다.[123] 고원지대인 만큼 이 지역은

121 四川의 북쪽 민산산맥 중부에 자리 잡고 있는 '松潘'은 인구 7만 명의 작은 현이다. 松潘현에는 민산산맥의 주봉인 만년설산 雪寶頂(5,588m)이 자리하고 있다. 松潘은 역사적으로 唐蕃古道의 주요 도시 중의 하나이다. 과거 이 지역은 토번과 당이 화친결혼(송찬감보와 문성공주)을 앞두고 전쟁을 벌였던 지역이기도 하다. 당시 법왕의 사신이 청혼을 요청하기 위해 이 지역(송주)을 지나려 하자 송주의 책임자는 사신을 감옥에 가두어버렸다. 이 사건을 계기로 당번 간에는 松潘을 중심으로 일대 격전이 벌어졌다. 1차전은 20만 대군을 이끈 토번이 승리하고 2차전은 대규모 군대를 지원한 당이 지금의 天珠寺 부근에서 대승한다. 서로 간에 군사적인 소모전을 펼친 끝에 결국 당태종은 토번의 화친에 응하게 되고 문성공주를 토번에 보내게 된다. 이로써 唐藩 간의 역사적 · 문화적 교류가 시작되었고 장안에서 라싸까지 변강의 오지를 오게 된 문성공주의 혼인길은 당번고도라는 중요한 문화 교류로가 되었다. 현재 松潘 현의 중심 지역에 한족의 문화와 장족의 문화가 융화되어 있음은 이러한 역사적 사실과 무관하지 않다. 達爾基 · 李茂, 『阿壩通覽』, 四川辭書出版社, 1993 참조.

122 '理縣'은 성도에서 163km 떨어져 있다. 아패자치주에는 여러 소수민족들이 공존하며 살아간다. 이 중 羌族이라는 민족은 이 지역의 주요 민족이다. 理縣, 汶川, 茂縣 등지는 전형적인 강족의 거주지인데 이 중에서 理縣의 '桃坪羌族' 마을은 그들의 전통적인 주거지 건축양식을 여전히 유지하고 있다. 嘉絨 장족들과 마찬가지로 돌을 쌓아 올려 만든 집이다. 놀라운 것은 접착제를 사용하지 않았는데도 이 건축양식이 2,000년 이상을 견디고 있다는 것이다. 이 지역에서는 화려한 강족의 전통 복식과 백색의 돌을 숭상하는 민간신앙을 확인할 수 있다. 達爾基 · 李茂, 『阿壩通覽』, 四川辭書出版社, 1993 참조.

123 黑水縣地方志編纂委員會編, 『四川省黑水縣志』, 民族出板社, 1991.

아패장족강족자치주 1차 답사 루트

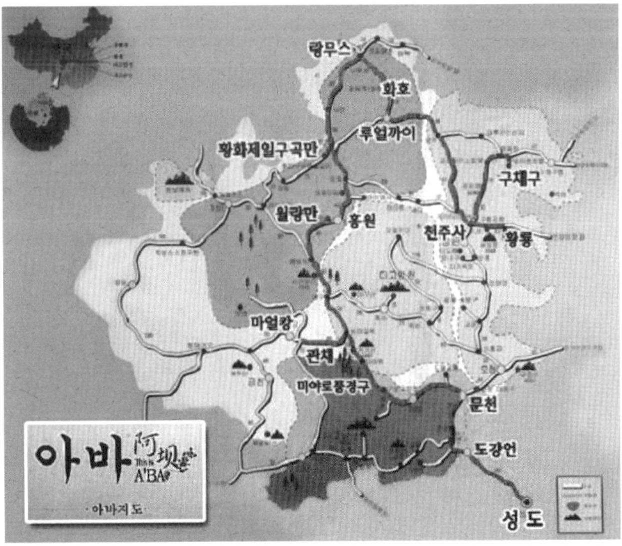

아패장족강족자치주 2차 답사 루트

사천성 행정구역(아패장족강족자치주)

내륙의 지역과는 전혀 다른 문화적 특질을 보유하고 있다. 이 지역은 중국 소수민족들의 '종교'와 '문화'의 보고(寶庫)이다. '아패자치주'는 과거로부터 현재에 이르기까지 장족(藏族)과 강족(羌族)[124] 등의 주요 활동 무대이며 삶의 터전이다. 이 지역에는 대략 70만 명 정도의 장족 · 강족 · 회족 · 한족 등이 어우러져 오래전부터 공존의 문화와 역사를 간직하며 살아오고 있다. 이 지역의 가장 두드러진 특징은 역시 소수민족의 집산지에서 오는 종교와 문화의 다양성이다. 티베트 원시종교인 본교(苯教)를 포함하여 홍교(紅教) · 황교(黃教) · 백교(白教) 등이 1000년이 지난 오늘날에도 여전히 크고 작은 세력을 형성하며 건재하고 있다는 사실은 변경 민족의 끈질긴 종교관과 전승력을 보여준다. 따라서 이 지역 대다수의 티베트인들은 티베트불교를 고집스럽게 신봉하고 있으며 그로부터 파생된 불교문화를 정체성의 핵심 요소로 견지하고 있다.

② 黑水縣

'흑수현'(黑水縣)은 사천성 서북부 고원, 아패자치주의 중부에 위치하고 있다. 전체 면적은 4,356평방킬로미터이며 평균 해발이 3,544m의 고원지대에 위치하고 있다. 고원에 위치한 생존 환경은 내륙지방의 삶과 문화와는 전혀 다른 의(衣)·식(食)·주(住) 문화를 배양했다. 우선 흑수현의 인구 분포를 탐색해보면, 이 지역은 전형적인 티베트민족의 거주지임을 알 수 있다. 1953년에 중국 정부의 주도로 이루어진 제1차 전국인구조사에서 이 지역은 제외되어 통계를 내지 못했다. 그러나 1964년 6월 17일부터 7월 31일까지 진행된 제2차 전국인구조사에서 흑수현의 총 인구는 40,608인으로 집계되고 있다. 특이할 만한 통계는 당시 대학문화정도의 수준을 가지고 있는 숫자가 89인 정도, 고등문화정도 505인, 초중문화정도 1,307인, 소학문화정도 6,995인으로 집계되어 당시의 문맹 혹은 반문

124 '羌族'은 중국 정부가 정식으로 인정한 55개 소수민족 가운데 하나이며 주된 분포 지역은 四川省 阿壩 지역의 汶川, 茂縣, 松潘, 綿陽, 北川縣 등지이다. 이들 지역에서 羌族은 항상 한족, 티베트족, 회족들과 이웃하며 거주한다. 강(羌)이라는 글자가 사람들의 칭호로 된 것은 상(商)나라 갑골문에서 가장 먼저 보인다. 글자의 형태를 보면 양(羊)과 인(人)의 두 부분으로 구성되어 있다. 갑골학자 대다수는 이 글자를 강(羌)이라고 해석한다. 先秦시기 문헌에서 강(羌) 또는 '저강'(氐羌)에 관한 기록은 거의 없으며 그 함의도 불분명하다. 漢代에는 당시의 중국인들이 강(羌)이라고 불렀던 青海省 河湟 지역 토착인들이 한나라 제국과 오랫동안 피비린내 나는 충돌을 벌였다. 이때부터 중국 문헌은 '강'이라는 사람들에 대하여 깊이 있고 풍부한 기록들을 남기기 시작했다. 언어학자들의 분류에 따르면 강족어는 '漢藏語系藏緬語' '羌語支系' 언어의 하나라고 한다. 강족어 자체는 남부와 북부 방언이 있고 남북 방언은 또다시 5종 토착어로 나뉘고 있다. 王明珂, 『羌在漢藏之間: 一個華夏邊緣的歷史人類學研究』, 台北: 聯經出版社, 2003.

맹의 숫자가 22,820인으로 대다수를 차지하고 있다는 점이다. 이는 이 지역 주민들의 대다수가 문명과는 동떨어진 전통적 삶을 유지했던 것임을 말해준다. 실제로 이 지역은 1980년대 이전까지 외부 세계와 격절된 삶을 살았다. 1958년에 외부와의 원활한 소통을 위하여 처음으로 흑수현 도로 보수공사가 시도되었으나 변경의 외각 지대인 만큼 1988년에 이르러서야 공사가 완공되어 원활한 차량의 유입이 가능해졌다. 중국 정부에서 추진하는 도로 공정 사업은 분명한 목표를 가지고 있다. 바로 한족인의 진입과 물질적 문화의 유입을 용이하게 하기 위해서이다.

1982년에 이루어진 제3차 전국인구조사에 따르면 흑수현에는 총 6개의 민족이 공존하는 것으로 드러났다. 이 중 장족(藏族)이 45,925인으로 79.02%의 높은 점유율을 보이고 있다. 그 다음이 한족(漢族)이 11,892인(20.46%), 강족(羌族)이 236인(0.41%), 회족(回族)이 58인(0.09%) 순이었다. 1998년에 이르러 총 인구는 56,273인으로 다소 증가하였고 이 중 장족의 인구는 47,863인으로 역시 전체 인구의 85.1%를 차지하고 있다. 그 다음으로는 한족이 7,970인(점유율 14.16%), 강족이 363인(0.65%), 회족이 54인(0.1%) 기타 민족으로는 23인(0.04%)로 구성되어 있는 기록을 보인다.[125] 장족 다음으로는 한족의 점유율이 여전히 강세를 보이고 있다. 전체 현은 4개의 구(區)와 18개의 향(鄕) 그리고 123개의 촌(村)과 331개의 촌민(村民)으로 구획되어 있다[126]([도표 25] 참조).

'아패자치주' 내에서 가장 원시적인 풍광과 주변 환경을 보유하고 있는 것으로도 유명한 흑수현은 독특한 소수민족 문화의 보고(寶庫)이다.

---

125 黑水縣地方志編纂委員會編, 『四川省黑水縣志』, 民族出板社, 1993, 100~101쪽.

126 흑수현은 다시 2개의 鎭(芦花鎭, 卡龍鎭)과 15개의 鄕(沙石多郎, 紅岩鄕, 木蘇鄕, 雙溜索鄕, 麻窩鄕, 龍壩鄕, 雜古鄕, 洛多鄕, 古碉樓鄕, 瓦鉢鄕, 色爾古鄕, 知木林鄕, 慈壩鄕, 扎窩鄕, 晴朗鄕), 331개의 촌민으로 구성되어 있다.

[도표 25] 흑수현(黑水縣) 인구분포도

구분	총인구	총면적	인구밀도	구분	총인구	총면적	인구밀도
全縣 합계	56,273	4,356	12.9	石鵰樓鄉	3,597	137	26.3
芦花鎮	8,976	256	36.3	龍壩鄉	2,162	61	35.5
芦花鄉	3,799	409	9.3	洛多鄉	2,002	205	9.8
澤蓋鄉	2,162	862	2.5	木蘇鄉	4,159	134	31.0
沙石多鄉	1,695	709	2.4	維古鄉	3,001	545	5.6
紅岩鄉	3,274	139	23.6	知木林鄉	3,645	196	18.6
麻窩鄉	3,006	96	31.3	扎窩鄉	3,662	183	20.0
雙溜索鄉	1,785	602	9.8	晴朗鄉	2,768	542	5.1
瓦鉢鄉	2,876	83	34.7	慈壩鄉	1,029	42	24.5
色爾古鄉	1,787	44	40.6	麥扎鄉	888	399	2.2

* 면적단위: 平方公里, 인구밀도 단위: 人/每平方公里)
* 출처: 黑水縣地方志編纂委員會編, 『四川省黑水縣志』, 民族出板社, 1993, 99쪽.

따라서 아패자치주 관광국은 흑수현을 아패주의 관광특구로 지정하고 개발하고 있다. 한족인들은 '흑수현' 지역을 '생태공원의 천국'과 '설역 속의 화랑'이라고 일컫는다. 그 이유는 일본인이 처음으로 발견했다는 '달고빙천'(達古氷川)과 국가삼림공원인 '아극하삼림공원'(雅克夏森林公園) 그리고 '가융장족'(嘉絨藏族)이 살았던 가옥의 원형이 그대로 보존되어 있는 '색이고장채'(色爾古藏寨)(사진 참조) 등이 존재하기 때문이다. 역사적으로는 1930년대, 중국 홍군(紅軍)이 넘은 다섯 개 설산 중 두 곳이 이 지역에 위치해 있다. 하나는 해발 4,283m의 '창덕'(昌德) 설산이고 다른 하나는 해발 4,728m의 '달고'(達古) 설산이다. 따라서 이곳은 생태적 관광지일 뿐만 아니라 역사적으로도 의미가 있는 지역이라고 할 수 있다.

『흑수현지』(黑水縣志)의 서(序)에는 다음과 같은 기록이 보인다.[127] "1952년 7월 24일 흑수는 '해방'(解放)되었다. 봉건적 농노제도의 사회 속에서 흑수의 인민들은 마치 말과 소와 같은 생활을 하고 있었다." 풀이하자면 당시 흑수현은 소수의 귀족과 라마승이 다수의 농민과 민중을 지배하는 봉건사회였다는 점에서 중국 인민해방군은 봉건적 착취로부터 티베트 민중을 해방시킨 진보적 역할을 수행했다는 것이다.

역사적으로 1935년에 중국 홍군은 이곳을 장정(長征)했다. 따라서 흑수현은 중국 근현대사의 역사의 장소이기도 하다. 1935년 6월부터 1936년 8월까지 중국 홍군장정의 루트이기 때문이다. 당시 홍군은 장정 중에 '호화'(芦花)에서 모택동(毛澤東)·주덕(朱德)·주은래(周恩來) 등의 지도자들이 중요한 회의를 두 차례나 개최했다. 이를 역사적으로 "호화회의"(芦花會議)라고 한다. 그런데 『흑수현지』에서는 이 회의를 통해서 이 지역에 혁명의 불씨를 싹트게 했다고 서술하고 있다. 그리고 당시의 흑수현 인민들이 홍군을 위해 아낌없는 지원과 성원을 보냈다고 역시 서술하고 있다. 한족 중심주의적 사고방식을 일개 현(縣)의 "민족지"(民族誌)에서도 느낄 수 있는 대목이다.

흑수현은 고대로부터 티베트인들의 삶의 터전이었다. 역사에서 보여주듯이 티베트와 사천성의 경계, 즉 한족과 장족의 민족 경계는 '흑수현'이라고 할 만큼 그 중요성은 지대하다. 이 지역의 대다수 소수민족들과 민중들은 종교를 가지고 있다. 특히나 민족 분포상 점유율이 높은 장족은 티베트불교의 신봉자들이다. 그렇다면 장족을 하나의 영혼(역사) 공동체로 응집시키는 강력한 매개체인 불교는 흑수현에서 어떤 위치와 영향력을 가지고 있을까? 고금의 시간 속에서 불교라는 강력한 매개체는 오늘

127 黑水縣地方志編纂委員會編의 책, 1993, 2~3쪽.

날에도 안정성과 견고성을 유지하고 있을까? 이는 이 지역의 미래와도 직결되는 매우 중요한 문제일 것이다.

기록에 따르자면, 티베트인들의 원시종교인 본교가 이 지역에 전입된 시기는 2세기인 것으로 알려져 있다.[128] 8세기에 들어서 티베트불교의 각 종파는 경쟁적으로 흑수현에 전파되었다. 불교 종파의 전파는 사원의 건립과 신도 수의 확장으로 이어진다. 각각의 불교 종파는 스스로의 불교 사원을 건립하고 불교문화 전파의 근원지로 삼는다. 주지하다시피 티베트불교의 특징은 '정교합일' 제도이다. 즉 종교적 수장이 정치의 중심이기도 한 것이다. 티베트인들에게 있어서 종교문화는 그들의 집단의식을 강조하며 집단의 응집력을 강화시키는 역할을 하고 있다. 이러한 집단의식은 '집단 기억'(collective memory) 혹은 '역사 기억'이라는 유대감을 형성하기도 한다. 소위 중국에서 주장하는 '해방'이 이루이지기 전 흑수현은 티베트인들 원형의 삶을 보존하고 유지하고 있었던 것으로 보여진다. 하지만 중국 인민해방군의 일방적인 해방이 이루어진 후 흑수현의 모든 문화적 · 민족적 종교 활동은 흑수현에 건립된 '중국 흑수현 통전부'(中共黑水工委統戰部: 이하 '흑수 통전부')에서 관할하고 있다. 해방 초 중국 정부는 흑수현의 모든 종교 활동에 강하게 대처하였으며 핵심 사원 조직을 해산시켰고 출가한 승려들을 강제적으로 환속시키는 작업에 주력했다. 문화대혁명 시기에 이르러 티베트불교의 탄압은 최고조에 이르렀으나 1978년에 중공 제11차 3중 전회를 기점으로 정책이 전환되었다. 기존의 강압적인 동화 정책이 그 실효성을 반감시키자 중국 정부는 티베트인들의 마음을 얻고자 보조금과 지원책으로 사원 복구운동에 앞장섰다. 이러한 조치는 흑수현에서만 이루어진 것이 아니라 운남과 청해 등지의 다른 티베

128 達爾基 · 李茂, 『阿壩通覽』, 四川辭書出版社, 1993, 98~110쪽.

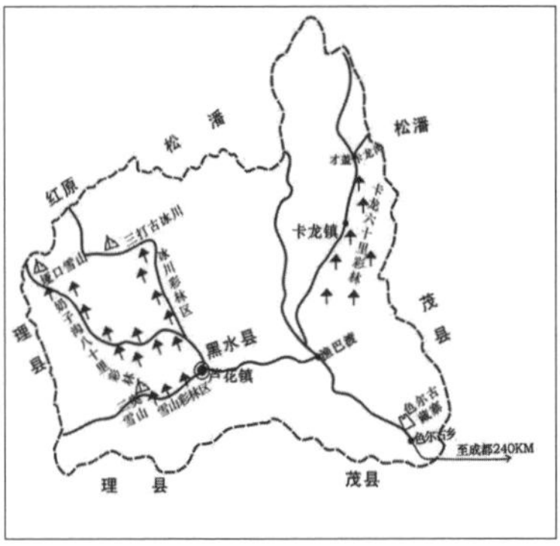

흑수현(黑水縣) 주변도

흑수현 마을

트 자치주에서도 실행되었다.

1983년 4월 21일부터 24일까지 흑수현에서는 처음으로 '종교공작회의'(宗敎工作會議)가 열려 '흑수현 불교협회(佛敎協會)' 창설을 인가하였다. 이 당시 흑수현 인민정부는 티베트불교 사원 살리기에 많은 성과를 내었고 '사원위원회'(寺院委員會)라는 민주적인 행정조직을 사원 내에 건립하였다. 그러나 알고 보면 이 사원위원회는 한족을 중심으로 운영되는 사원 관리기구이다.[129] 또한 1987년 3월에는 인민정부에 파격적으로 '종교전담기구'(宗敎科)라는 신생 기구가 설립되는데 이는 흑수현의 종교 활동과 사무의 관리를 전적으로 담당하는 기구이다. 엄밀하게 보자면 흑수현 티베트인들의 종교 신앙과 활동을 관리하고 반사회주의 정서의 핵심 인사를 찾아내는 비밀 감찰기구인 것이다. 이는 그만큼 이 지역에서 불교의 영향과 사원의 파급력이 무게감을 갖는다는 것을 의미하기도 한다.

129 중국 정부의 티베트불교 사원 관리 방법의 한 사례로 '사원관리위원회' 조직과 방법에 관련하여 심혁주의 논문 「티베트불교사원 종교 활동의 곤경(困境): 직공사원(直貢替寺)의 종교대법회 고찰을 예를 들어」, 『민속학연구』 21호, 2007을 참조.

130 『四川省黑水縣志』의 책, 1993, 589~592쪽.

티베트인들은 여전히 그들만의 삶의 형태를 유지하고 있다

전통적인 티베트 가옥

본문에서 주목하는 흑수현의 불교 종파는 '홍교'(寧瑪派)이다. 기록에 의하면 8세기 말 '백낙타납대의사'(白諾朶納大議師)대사가 아패장족지구에 들어와서 불법을 설교하면서 홍교는 자연스럽게 흑수현에 전파되었다고 전한다.[130] 오늘날 흑수현에 건재 하는 저명한 홍교 사원은 세 개 정도이다. 바로 ① 덕절랑사(德切朗寺), ② 내자구사(奶子溝寺), ③ 고일패사(古日壩寺) 등이다. 이 중에서 저자는 '고일패'(古日壩)사원을 방문하고 사원의 주지인 활불을 면담하였다.

③ 古日壩 사원

사실상, 흑수현 현지의 불교 사원 방문은 어렵게 이루어졌다. 앞에서 설명했듯이 이 지역은 역사적으로 전통적인 티베트인들의 거주지이다. 따라서 이 지역에도 티베트 각 종파의 불교 사원과 라마승들이 역사와 더불어 동행하고 있다. 문제는 많은 사원들 중에서 어떤 사원을 대상으로 선정하고 그 사원에서 수행하고 있는 활불을 어떻게 면담하느냐가 관건이었다. 티베트에서 수행만을 고집하는 활불을 직접 면담한다는 것은 매우 어려운 일이었기 때문이다. 결국 다양한 인적 경로와 적지 않은 경비

필자 뒤로 티베트 특유의 가옥 양식이 보인다

를 들여 흑수현에서 가장 오래된, 역사와 전통적 교리 및 수행 방법을 견지하고 있는 '고일패'(古日壩)[131] 사원(사진 참조)을 방문하게 되었다. 이 사원은 티베트 4대 불교 종파 중에 가장 먼저 형성된 '홍교'(寧瑪派)의 사원이다. 티베트 종교사에서 홍교는 가장 오래된 종파이지만 전파력이 그리 강하지 않다. 달라이 라마로 상징되는 황교(格魯派)가 신도들에게 높은 인지도와 대중성을 담보하고 있는 것에 비교하면 홍교는 신도 수와 인지도가 그리 높지 못하다. 수행하는 라마승이나 활불의 숫자가 종파의 권위나 세력을 과시하는 기준이 되는 티베트불교의 특성을 감안하면 홍교는 역사 속에서 그리 주목받는 종파는 아니었다. 하지만 이 종파가 가지는 희귀성과 종교적 특색을 고려한다면 티베트 종교사에서 결코 간과할 수 없는 종파이기도 하다.[132] 이 사원의 현 주지이자 활불은 '투단러우'(土但樂武)이

131 사원 본래의 정식 명칭은 '麻窩古日士但吉祥法輪寺'이다.

132 이 사원은 중국 관방에서 출간하는 티베트불교 사원 소개서(西藏佛教寺廟)에서조차 그 이름과 흔적을 찾아볼 수 없는 사원이다.

다. 방문한 고일패사원은 400년의 역사와 함께 고전적 밀교 수행 방법을 여전히 계승하고 있었다. 현재는 8명의 라마승과 80여 명의 출가승이 '투단러우' 활불의 엄밀한 수행 방식 아래서 여전히 전통적인 홍교의 불풍(佛風)을 이어가고 있었다. 사원은 흑수현에서 두 시간 거리의 산 정상(해발 2,700m)에 위치해 있다. 현재 이 사원에 대한 기록을 보이는 유관 자료는 전해지지 않는다. 따라서 저자의 활불과의 인터뷰와 사원의 실사 기록은 매우 중요한 학술적 의미를 가진다고 볼 수 있다. 다음은 사원의 활불과의 면담을 통해서 얻어낸 사실들이다. 우선 이 사원 역시 경영(養寺)과 유지의 방면에서 현실적으로 많은 어려움을 감내하고 있었다. 이는 티베트 전역의 불교 사원에서 벌어지고 있는 사원의 필사적인 자력갱생(自力更生)과 그 맥을 같이한다. 전통시대 티베트의 불교 사원은 어떤 종파를 막론하고 그 나름의 역사와 권위를 보유하고 있었기 때문에 신도들의 숫자가 어느 정도는 확보되고 있었다. 티베트왕조 최후의 통치자 랑다마(朗達瑪)의 멸법(滅法) 시기를 제외하면 대다수 티베트왕조의 법왕이 불교를 존중하고 사원을 장려하는 가운데 형성된 일종의 추세였다. 주지하는 바와 같이, 티베트 최초의 통일 왕조인 토번(吐蕃)을 건설한 송찬감포(松贊干布)가 처음으로 불교를 받아들이면서 토번 각지에 사원이 건설되고, 승려 보호정책이 시행되었다. 현재 라싸에 존재하는 '조캉사원'(大昭寺)과 '라모체사원'(小昭寺) 등이 모두 이 시기에 창건된 것이다. 티베트 역사에서 실제로 토번에 불교가 의미 있는 발걸음을 내딛은 것은 츠송더짠(墀松德贊, 756~797)의 시기라고 할 수 있다. 당시 토번은 연화생(蓮花生)·적호(寂護)·연화계(蓮花戒) 등의 인도의 고승을 초빙하여 토번 왕국의 불교화를 추진하였다. '상예사원'(桑耶寺) 또한 이때 창건되었다.[133] 이렇듯 법왕이 제도적으로나 사회적으로 보호해주고 사원의 박식한 활불이 주도하는 티베트 사회의 움직임은 그야말로 유기체적이며 생동적이라고 할 수 있다.

법왕－활불－라마승－출가승－일반 신도로 이어지는 라인은 티베트 종교문화의 연속성과 창출의 계보이자 구도였다. 이러한 시스템은 '정교합일'이라는, 세계 역사상 그 유례를 찾아보기 힘든 정치 시스템을 만들어냈으며 이는 티베트 사회를 통합과 안정이라는 보이지 않는 질서 체계를 만들어내기에 충분한 기능과 역할을 하였다. 사원은 번영했으며 출가승의 숫자는 날이 갈수록 증가했다. 티베트 사회는 사원을 중심축으로 '활불'과 법왕'이라는 이상적인 날개를 달아 티베트 특유의 종교적 특색을 만들어내었다.[134] 사원의 입장으로 보면 이러한 이상적인 시스템은 지속되기를 희망했지만 1950년대에 중국 인민해방군의 침입으로 말미암아 티베트 사회는 본격적으로 붕괴의 길로 들어서기 시작했다. 인민해방군은 해발 4,000m 고원의 라마 왕국에 '해방'을 선포했다. 그 첫 번째 신호탄은 정교합일의 해체로부터 시작되었다. 당시 중공의 주장은 특정 계층(라마승 · 활불 · 귀족세력)이 중심이 아닌 일반인들이 모두 평등하게 자유와 권리를 누릴 수 있는 사회가 되어야 한다는 것이었다. 티베트의 불교 사원과 특정 계급, 즉 귀족과 활불은 거의 문맹에 가까운 티베트인들을 착취하고 노예화시키고 있으므로 그러한 세상으로부터 인민들을 구원하기

133 티베트자치구 山南 지역의 扎囊縣 경내에 위치하는 이 사원은 8세기 중엽 墀松德贊의 불교 진흥정책에 힘입어 건립됐다. '桑耶寺'는 薩迦派의 조주사원이며 '大法倫寺'라고도 불린다. 이 사원의 특징은 건물의 양식이 티베트식, 중국식, 인도식 특징을 모두 아우르고 있다는 것이며 佛, 法, 僧의 '三寶'를 갖춘 최초의 사원이라는 점에서 의미가 있다. 楊輝麟 編著, 『西藏佛教寺廟』, 四川人民出版社, 2003, 70~71쪽.

134 김성수의 「티베트 전통사회에서의 사원과 '티베트불교 문화권'의 형성」, 『몽골학』 21호(한국 몽골학회, 2003)에서는 티베트불교 사원, 특히나 格魯派사원의 전파 과정과 영향을 논거하면서 이들이 불교 문화권의 형성에 어떤 가교 역할을 했는지 자세히 분석하고 있다. 김성수는 논문에서 티베트불교 사원은 승려나 일반 신도에게 종교적 숭배의 대상이며, 승려의 교육 장소이다. 또한 政教 문제에 깊이 관여하고 있던 고위 活佛의 활동 장소로서 의미 있는 곳이라고 서술하고 있다.

위해서는 정치와 종교의 합일이라는 티베트식 이론적 제도를 무장해제 시켜야 한다는 것이었다. 결국 티베트 스타일의 통치 운영방식인 정교합일은 와해됐다. 정교합일의 와해는 현실적으로 사원의 권위와 활불의 영향력을 급속하게 반감시키는 작용을 하였다. 이러한 티베트 사회의 해체 작업은 사원을 중심으로 이루어졌으며 문화대혁명 시기에는 티베트의 사원과 라마승이 철저히 붕괴 당하였다. 그러나 1980년대에 들어와 중국 정부는 티베트불교 신자들의 강한 심리적 반발과 국제적인 이슈로 말미암아 정책의 전환을 모색했다. 즉 그동안 훼손됐던 사원의 복구와 재건에 적지 않은 원조를 공개적으로 추진한 것이었다. 하지만 대부분이 신도 수가 많은 대형 사원이나 유명 사원 위주로 진행되었고 이는 외부 세계의 이슈를 의식한 단기적 방편에 불과했다. 중요한 것은 중국 정부가 티베트 사원에 하달한 '以寺養寺'의 사원 유지 방침이다. 다시 말해서 티베트 사원은 스스로 '자력갱생'해야 한다는 지침이었다. 과거의 티베트 사원은 신도들의 막대한 보시와 법왕의 보호 아래 창궐할 수 있었다. 사원은 건립만 하면 성장할 수 있는 인프라와 생존 환경이 성숙되어 있었던 것이다. 중국 정부는 이 점을 명확히 간파하고 있었다. 따라서 '以寺養寺'의 치열한 생존 환경을 만들어서 점진적으로 '사원 붕괴' 프로젝트를 진행하였다. 즉 티베트불교 사원에 대한 재정적 지원을 제한하였으며 행정에 관한 간섭과 관리 지침을 만들었다. 또한 중장기 티베트 프로젝트를 통하여 불교 신자들의 이탈을 조장하였다. 예를 들어, 2006년에 개통된 '청장철도'(青藏鐵路)를 예로 들 수 있다.[135] 결정적으로 1990년대부터 시작된 티

135 2001년 2월에 중국국무원(中國國務院)은 세계에서 가장 높고 가장 긴 청장철로(青藏鐵路)의 공정을 승인했다. 남극과 북극에 이어 지구의 제3극으로 불리는 청장고원의 철로 개발은 당시 국제적인 관심과 이목을 집중시키기에 충분했다. 반면 이 국가급 프로젝트는 티베트의 경제 발전에 있어서 획기적인 사건이었다. 경제적인 측면에서 주목하자면, 그동안 티

베트의 '현대화 경제 프로젝트'는 티베트인들의 불심을 흔들었으며 정체성의 혼란과 문화접변(文化接變)[136]을 통한 문화변동(文化變動)을 촉진시키는 계기가 되었다.

티베트의 대형 사원이나 저명한 사원은 제한적인 지원금 외에 지명도와 활불을 이용하여 관광 수입으로 그나마 버틸 수 있다. 그러나 수천 개에 해당되는 소형 사원에게 '以寺養寺'의 정책은 사실상 사원의 와해를 의미한다. '사원 죽이기'는 중국 정부의 티베트 사회 재구성 전략의 핵심 작업 중의 하나이다. 또한 어렵게 사원의 운영을 유지하더라도 중국 정부가 제시하는 규칙과 원칙 등을 감안하면 자율성이 전혀 보장되지 않는다.

베트는 수혈형(輸血型) 경제 구조의 수동적 입장에서 시장형(市場型)·자급형(共給那)으로 전환할 수 있는 기회가 주어진 것이다. 그런데 전문가들이 지적하듯이 중국의 청장철도 프로젝트는 단순히 서부대개발(西部大開發)이라는 국가 프로젝트 중의 한 줄기로만 가늠할 수 없다는 것이다. 좀 더 구체적으로 보자면, 중국의 하늘 길(天路) 프로젝트의 동기는 단순하게 티베트 경제 살리기가 아니라는 것이 학계의 중론이다. 다민족 국가인 중국에 있어서 티베트라는 서부 변강(邊疆)의 권역은 민족·정치·국방·군사·교통·경제·사회·환경·문화 등 전방위에 걸쳐서 매우 민감하게 작용하는 지역이다. 따라서 21세기 대국으로 궐기(蹶起)하려는 중국의 입장에서 보자면 티베트의 완전한 장악은 대내외적으로 매우 시급한 과제인 것이다. 그것에 관한 방점으로서 중국 정부의 청장철도의 공정은 티베트 사회를 좀 더 확실한 가시권에서 통제하기에 매우 현명한 방법인 것이다. 그러나 중국 정부가 동시에 성실하게 고민해야 할 문제도 발생했다. 예컨대 철로의 개통은 티베트 고원의 환경 문제와 생태계 평형 문제, 티베트인들의 생존권 문제 그리고 개발과 현대화로 인한 티베트인들의 정서적 불안과 불만을 어떻게 풀어 가느냐의 문제가 그것이다.

136 '문화접변'(文化接變, acculturation)은 두 문화 간의 상호작용으로 일어나는 '문화 변동'을 지칭한다. 즉, 서로 다른 문화 체계가 접촉하여 원래의 문화 유형에 변화를 일으키거나 원래의 문화 유형과 다른 새로운 문화 유형을 창출하는 것을 말한다. 그러나 이러한 두 문화 간의 상호작용도 결국 '문화 전파'로서 가능하다. 그것이 직접 전파든 간접 전파든 문화 전파는 한 사회의 단위를 넘어서 다른 사회로 문화 요소가 전해지는 것으로서 이는 결국 문화 변동을 촉진하는 역할을 한다. 이러한 문화 접변은 대개 자발적인 문화 접변과 강제적인 문화 접변으로 구분되는데, 이것은 문화 수용의 태도가 자발적이냐, 혹은 외부의 압력에 의한 강제적인 것이냐가 그 구분의 기준이 된다. 줄리안 스튜어드 지음, 조승연 옮김, 「문화변동론」, 『민속원』, 2007, 3~5쪽.

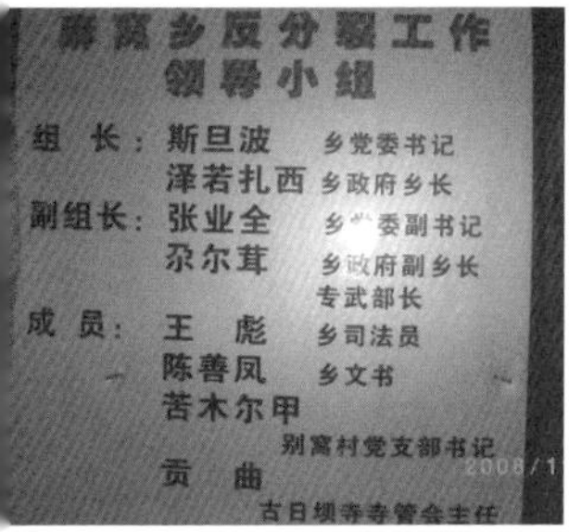

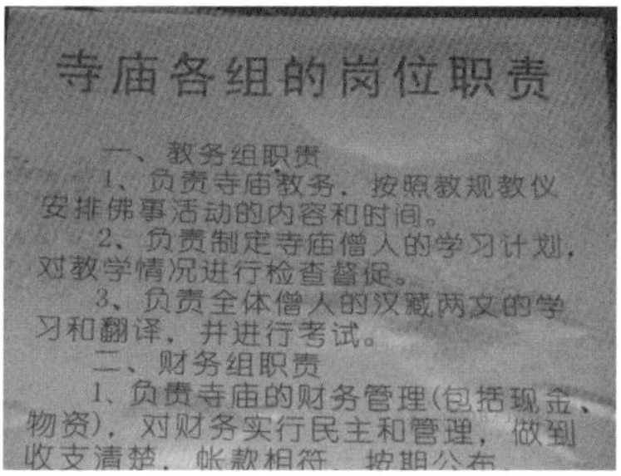

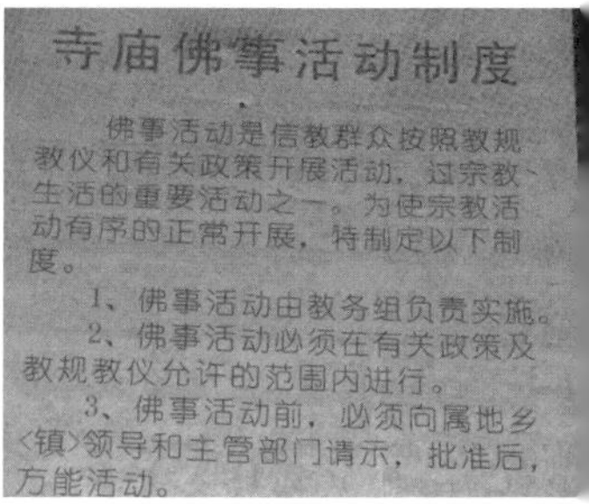

'고일패' 사원 내에 구비된 중국 측의 요구사항
사실상 사원은 중국 정부가 관리하고 있다
중국 정부는 사원의 종교 활동을 엄격히 통제 · 관리하고 있다

저자가 방문한 '고일패'사원은 작은 규모의 사원이었다. 하지만 사원 내의 법당이나 밀실에는 중국 정부가 만들어 제시한 각종 법규와 규칙 등이 배치되어 있었다. 예를 들자면 다음과 같은 것들이었다(사진 참조).

① 麻窩鄕反分裂工作領導小組('麻窩鄕'의 동향에 대한 감시 체계 조직도)
② 麻窩鄕黨政領導幹部聯繫寺廟和宗教代表人士名單(이 사원과 관련된 중국 측과 사원 내의 대표인사 명단)
③ 寺廟文物保護和安全制度(사원의 문물 보호와 안전에 대한 규칙과 제도)
④ 寺廟佛事活動制度(사원에서 주관하는 종교 활동에 대한 규제)
⑤ 寺廟各組的崗位職責(사원 내의 각 직급 체계와 인사)
⑥ 愛國公約(애국공약)
⑦ 財務管理制度(사원의 재정 관리에 대한 규칙)
⑧ 麻窩鄕僧人管理方法(사원 내의 출가승과 라마승의 관리 방법)

이 모든 관리부서와 원칙에는 장족과 한족이 조장 · 부조장 · 성원의 구성원으로 함께 참여하고 있었다. 이에 관하여 활불 투단러우(土但樂武)는

'고일패'(古日壩) 사원 입구 (좌)
400년 전통의 '고일패'(古日壩)사원 (상)
사원의 활불과 함께 (하)

④ "사원의 종교 활동에 관한 규제" ⑦ "사원의 재정 관리에 대한 규칙" ⑧ "출가승에 대한 관리 방법에 관한 규정과 원칙" 등은 근본적으로 사원의 자율성과 승려의 숫자를 제한하고자 하는 중국 측의 의도가 담겨져 있다고 강한 반감을 드러냈다. 그나마 이 사원에서 수행하던 출가승들도 다음 단계인 라마승이 되기 전에 여러 가지 제약과 경제적 고통의 이유로 환속하는 사례가 속출하고 있다고 한다. 출가승들이 환속하는 이유는 여러 가지 복합적인 요소가 있으나 수행에 전념할 수 없는 제약과 환경이

라마승이 수양하는 암자 (상)
(홍교) 활불의 전통복장 (우)
활불의 종교의식 (하)

가장 크게 작용하는 것으로 파악됐다. 결론적으로 이러한 제반 여건과 중국 정부의 사원 관리 프로그램은 사원의 주요한 경제 수입원인 종교법회의 제약과 신도들의 숫자가 감소 추세로 이어지고 있으며 활불 또한 심각한 정체성의 혼란을 느끼는 것으로 파악됐다.

3) 세 번째: 尼宗寺

2010년 7월, 중국 청해성(青海省) 옥수티베트자치주(玉樹藏族自治州)의 니종사(尼宗寺)를 방문했다. 사원의 책임자이며 전세된 활불인 索巴(人波切)와 인터뷰를 진행했으며 켄보(堪布) 赤千班達에게 티베트불교에 대한 수업을 들었다. 현재 이 사원은 공식적으로 외부세계에 소개된 적이 없으며 관련된 유관 자료가 전무하다. 따라서 본문은 활불과 라마승과의 인터뷰한 내용과 본 연구자가 관찰 조사한 기록을 소개한다.

① 옥수티베트자치주(玉樹藏族自治州)

옥수티베트자치주(玉樹藏族自治州)는 청해성의 지급행정구로 성 서남부에 위치하며 동쪽으로 사천성과 접하며 동남 및 남부는 서장자치구, 신강위구르자치구와 이웃하고 있다. 북쪽으로는 해서몽고족장족자치구(海西蒙古族藏族自治州), 동쪽으로는 고락장족자치주(果洛族藏族自治州)와 인접해 있다. 지형적으로는 청남고원(青南高原)에 위치하여 해발고도가 평균 3,000m 이상이다. 호수 · 소택(沼澤)이 많으며 장강(長江) · 황하(黃河) · 란창강(瀾滄江)의 발원지이다.

옥수티베트자치주(玉樹藏族自治州)의 행정구역은 옥수(玉樹) · 잡다(雜多) · 칭다(秤多) · 지다(治多) · 낭겸(囊謙) · 곡마래(曲麻萊)의 6개 현(懸)으로 이루어져 있다. 전체 면적은 188,794km², 인구는 2004년 기준으로

답사 경로: 塔爾寺 → 日月山 → 青海湖 → 尼宗寺 → 竹節寺 → 當卡寺 → 卓瑪邦雜寺 → 扎咱寺 → 仁青寺 → 班慶寺 → 文成公主廟

[도표 26] 옥수주(玉樹州) 행정구획(行政區劃)

행정구(行政區)	면적(km²)	인구(만 명)	지방정부 소재지	민족 구성	鎭(개)	鄕(개)
옥수현(玉樹縣)	13,462	8	結古鎭	장족 93%	3	5
잡다현(雜多縣)	33,333	4	薩呼藤鎭	장족 98%	1	7
칭다현(秤多縣)	13,793	4	秤文鎭	장족 97%	5	2
지다현(治多縣)	66,667	2	加吉博洛格鎭	장족 98%	1	5
낭겸현(囊謙縣)	11,539	7	香達鎭	장족 99%	1	9
곡마래현(曲麻萊縣)	50,000	2	約改鎭	장족 98%	1	5

1. 면적과 인구는 행정구획망(www.xzqh.org)과 각급 인민정부 자료 중 최신 자료로 기준 연도가 다를 수 있다.

2. 향(鄕)에는 민족향이 포함되며 ( )는 민족향의 숫자이다.

* 출처: 李顯國, 『중국국가행정지리』, 인포차이나, 2009, 659쪽.

274,789만 명이고 그 중에서 장족(藏族)이 262,061만인, 회족(回族)이 862인, 한족(漢族)이 1,569인, 토족(土族)이 225인, 몽고족(蒙古族)이 36인으로 장족의 점유율이 절대적으로 높다.[137]

② 니종사(尼宗寺)

니종사(尼宗寺)는 600년의 역사를 간직하고 있는 티베트 백교의 지파 즐공가쥐파(直貢噶擧派)의 사원이다. 사원은 구(舊)사원과 신(新)사원으로 나누어지는데 구(舊)사원은 옥수티베트자치주(青海省玉樹藏族自治洲)의 갈무향(歇武鄕)의 니종산(尼宗山)의 정상에 위치한다. 사원의 창시자는 백교 즐

137 玉樹藏族自治州概況編寫組, 『玉樹藏族自治州概況』, 民族出版社, 2007, 19~20쪽.

공가쥐(直貢噶舉派)의 교주 길천송공(覺巴 · 吉天頌恭)의 제자 다걸영파(多傑寧波)로 전해진다. 多傑寧波는 출생지가 원래 캄(康區) 지역인 옥수(玉樹)이다. 그는 어렸을 적 티베트자치구의 백교 사원인 즐궁사원(直貢提寺)에 거주하다가 즐궁가쥐(直貢噶舉)의 교주 覺巴 · 吉天頌恭에게 본 파의 교법을 전수받았다. 훗날 多傑寧波는 티베트에서 옥수 지역으로 수양의 근거지를 옮기고 사원을 건립하였는데 그것이 오늘날의 '강각사'(康覺寺)다. 강각사원은 多傑寧波가 건립한 최초의 사원인데 이 사원에서 걸출한 그의 제자 80인이 출현했다. 이 제자들은 모두 깨달음을 얻는 자로써 옥수 지역에서 모두 존귀의 대상이었다. 그들은 모두 강구(康區) 지역에서 80여 개의 분파 사원을 건립하고 후진양성에 주력하였다.

니종사(尼宗寺)는 多傑寧波가 건립한 두 번째 사원이다. '尼宗'의 '尼'는 태양을 의미하고 '宗'은 지점을 의미한다. 따라서 '태양이 비추는 곳'이란 뜻을 가지고 있다. 600년의 역사를 간직하고 있는 니종사(尼宗寺)는 해발 4,000m의 고도에 존재했지만 2005년 중국 정부의 보조로 산 아래로 내려와서 새롭게 신축되었다. 그런데 사원의 이전(遷寺)에는 재미있는 일화가 전해 내려온다. 현 사원의 책임자인 索巴활불이 인도에 법회에 참석하러갔다가 인도에 거주하고 있는 즐공법왕(直貢澈贊法王)에게 사원의 이전 여부와 위치를 물었더니 산 아래의 지점을 지정해주었다고 한다. 그 일이 있은 후 며칠 후 라싸에 거주하던 또 다른 법왕이(直貢瓊贊法王)이 니종사(尼宗寺)를 방문한 적이 있는데 이때, 索巴활불은 또다시 사원의 이전 여부를 물었다. 그런데 신기하게도 이 법왕 역시 같은 지점을 지정해주었다고 한다. 그래서 索巴활불은 사원의 이주를 현재의 위치로 결정하였다고 한다.

니종사는 역대로 4명의 전세활불이 계승되고 있다. 예를 들어, ① 尼宗赤千, ② 尼宗赤瓊, ③ 尼宗蘇千, ④ 尼宗蘇瓊 등이다. 이 중 尼宗蘇千의 활불 계열은 여전히 이 사원에서 전세되고 있으며 오늘날에는 索巴활불이 蘇千의 전세활불로 인정되어 존중받고 있다.

현재 니종사는 2명의 활불과 1명의 켄보, 50여 명의 라마승이 사원에서 전통적인 수양 방식을 여전히 고수하고 있다. 사원은 28세의 索巴활불이 관리하고 있으며 정부와의 소통도 담당하고 있었다. 索巴활불은 3세 때에 전세가 인정되었고 5세 때 라싸에서 이곳으로 이주해 와 18세 때까지 불학 전반에 관한 체계적인 교육을 받았다. 그는 일상생활에서는 사원의 재정과 건축(建寺) 켄보(堪布: 불학원 교학 담당자)의 안배와 竹奔(동굴수행의 선생님)의 관리에 치중하였으며 대외적으로 '超度'(죽은 망자를 위해 경을 읽어줌)와 병자를 위해 동분서주한다. 오늘날 옥수 지역은 1만의 라마승과 1천여 명의 활불이 생활하고 있다. 따라서 옥수자치주는 티베트불교 신자가 다른 지역에 비해 많은 편이다. 다른 지역에 비해서 중국 정부의 관리도 융통성이 있는 편이다. 물론 사원마다 '사원관리위원회'와 매년 중앙정부의 한족이 내려와서 감사를 실시하고 있으나 다른 지역, 예를 들면 사천이나 티베트자치구보다는 매우 형식적이었다. 이 지역은 치안을 담당하는 공안도 일부분은 장족(藏族)으로 구성되어 있어서 폭동이나 시위도 거의 없었으며 간혹 발생하더라도 원만하게 해결되는 수준이었다. 활불에 대한 신뢰도와 존중감도 매우 높다. 수시로 사원에 찾아오는 신자는 헤아릴 수 없으며 길거리에서 활불을 발견하면 무릎을 꿇고 예를 표시한다. 하지만 활불의 고민이 없는 것은 아니다. 사원 소속의 라마승들이 환속하지 않고 정진할 수 있도록 사원의 환경을 개선시켜주어야 할 의무가 있기 때문이다. 좋은 켄보를 모셔야 하고 1년에 한 번씩 사원의 라마승들에게 공양을 해주어야 하기 때문이다. 과거와 다르게 출가승의 숫자가 많지 않기 때문에 본 종파의 법통과 교법을 전수하고 종교법회를 진행하는 일이 날이 갈수록 힘이 든다고 활불은 고백했다. 활불은 1년에 6개월은

니종사 라마승들의 숙사

니종사 법당

인도와 네팔로 본 종파의 홍보와 법회를 위해서 출장을 가기 때문에 개인적인 수양의 시간도 많지 않음을 고백했다. 또한 오늘날 가장 문제가 되고 있는 것은 가짜 활불의 출현이라는 것이다. 티베트 전세활불의 가장 큰 목적은 순수한 종교적 영성을 계승하고 유지하고자 함인데 오늘날은 종교적이기보다는 현실적인 이유로 활불이 출현한다는 것이다. 전세된 활불은 반드시 1명이 존재해야 하는데 2명이 나오기도 하고 3명이 나오기도 한다는 것이다. 예를 들어 근방의 竹節寺에는 형제가 전세활불이라는 것이다. 이는 전세와 환생이라는 티베트 특색의 사유와 문화구조를 올바로 활용하고 있지 않다는 것이다. 이는 일반 티베트불교 신자들에게 오해와 마찰을 야기하는 요소이기도 하다. 소위 가짜 활불은 적지 않은 부와 명예를 축적하고 있는 것이 오늘날의 현실이다. 실지로 본 연구자는 BMW 차량을 2대나 소유하고 있는 활불을 알현한 적도 있었다.

티베트인들이 거주하는 지역의 중심에는 불교사원이 존재한다. 그리고 사원의 중심은 활불이다. 활불의 건재는 지역주민의 단결과 불교적 정체

라마승은 저녁식사를 금식한다

활불이 거주하는 숙사

성을 유지시켜준다. 옥수티베트자치주의 갈무향(歇武鄉) 또한 그러했다. 다른 지역에 비해 활불의 존재감은 더욱 부각되었으며 사원의 역할 또한 중요하였다. 도시급의 대형 사원에 비해 편벽한 지역이라 그런지 중국 정부의 간섭과 관리도 사원의 역할과 기능을 방해할 정도는 아니었다. 옥수자치주 갈무향의 니종사는 필자가 답사해본 수많은 사원 가운데 가장 전형적인 티베트불교 사원의 체계와 교법을 유지하고 있었으며 활불 또한 전통적인 방법으로 전세된 사원이었다.

4) 소결

티베트민족을 단일하게 통합시켜주는 힘은 오랜 세월 동안 누적된 그들만의 축제, 즉 종교 활동의 원시성과 생명력에 있다. 다시 말해서 종교가 생활의 전부인 티베트인들에게 있어서 불교 사원의 존재와 그 사원이 주관하는 종교 활동의 집단 참여의식은 티베트라는 권역을 끈끈하게 결속시켜주는 '영혼 공동체'의 촉매 역할을 담당한다. 오늘날 중국 정부가

활불을 시중을 담당하는 夏佉(직위 명칭)

티베트불교를 강압적으로 통제하고 관리하는 이유는 이 점을 명확히 알고 있기 때문이다. 그 행동강령으로 중국 정부는 '소수민족 종교신앙 자유정책'이란 대외적인 구호를 내놓았고 의도한 대로 오늘날 효과를 보고 있다. 중국은 과거의 폭력적이고 사회 전복으로 대표되는 '혁명'의 방법이 아닌 파괴와 전복이 없는 대신 훨씬 더 많은 시간과 인내를 필요로 하는 '개량'의 방식으로 티베트 사회를 전이(轉移)시키고 있기 때문이다. 중국 정부의 밀도 있는 종교 정책은 티베트불교 사원과 승려들의 정치적 · 경제적 기반을 거의 잠식했으며 일반 티베트인들과의 정신적 교류까지도 제어하고 있는 실정이다. 이를 장기적으로 조망하면 티베트민족의 전통 문화와 정체성은 심각한 상태로 확대될 것이다. 티베트인들의 영적 구심체이자 문화 교류의 시발점인 불교 사원은 고대의 찬란했던 티베트불교 왕조의 영혼이 잠재하는 곳이다. 이 신성한 불교 사원의 권위와 영향력의 감소는 곧 티베트민족의 분열로 대비될 수 있다. 이는 바로 중국 정부가 추진하는 대(對)티베트 종교 정책의 최종 목표이기도 하다. 이에 관한 구체적 사례로 본문에서는 서로 다른 지역의 불교 사원을 방문하고 활불과의 면담을 진행하였다. 예를 들어 중국 서부 사천성 아패장족자치주 흑수현의 고찰이 그것이다. 이 지역은 전통적으로 티베트인들의 집단 거주지로서 전형적인 티베트 종교문화의 집성지라고 할 수 있다. 그런데 이 지역 또한 근현대 한족의 유입과 정책이 활발하게 이루어져 오늘날 한족화로 인한 정체성의 전변(轉變) 현상이 명확히 진행되고 있었다. 사실상 티베트의 미래는 불교 사원의 건재 여부와 활불의 존재감으로 전망할 수 있다는 저자의 개인적 판단을 고려할 때 이 지역의 탐방과 인터뷰는 매우 중요한 시사점을 던져주고 있다.

민족의 숨겨진 특징 중의 하나는 공동의 민족 기원과 역사 기억에 의지하여 이(異)민족이 자(自)민족의 경계 안에 들어오는 것을 배제시키려는 경향이 강하다는 것이다. 이것은 같은 민족에 대한 유대감으로 표현되며 다른 민족에 대한 '이민족 인식'을 형성한다.

앞에서 고찰한 바, 흑수현의 티베트인들 또한 그러했다. 원래 흑수현 티베트인들은 지리적 경계 안에서 자기들끼리 단결된 유대감을 느끼고 있었고 경계 밖의 사람들 혹은 민족(한족)들에 대해서는 남이라는 배타적 의식을 갖고 있었다. 그 주된 이유는 이민족 인식에 기인한 것이다. 하지만 중국 정부의 해방 이후 근현대에 들어오면서 흑수현은 변하였다. 저자가 고찰한 바에 의하면 흑수현 티베트인들은 조상에 대한 기억과 전통문화를 후대에게 전승하려는 집단과 그렇지 못한 집단으로 나누어져 있었다. 전자는 현실적 이익과는 무관하게 티베트 고유의 전통과 신앙을 고집하는 집단(주로 노년층과 부녀자)이고 후자는 한족과의 우호 관계와 분배를 중요시하는 집단(30~40대 티베트 젊은층)이다. 특히나 후자의 경우는 현실적으로 한족과의 접촉을 통해서 신분의 상승을 목표로 하는 집단으로서 이들은 의식적으로 그들의 역사 기억을 망각하거나 문화적 특질(복식 · 언어 · 종교)들을 변화시키는 행위까지도 하고 있었다. 이러한 집단의 출현은 현실적으로 친(親)한족인 혹은 한족의 동화인(同化人)으로서 더 안전하고 존엄 받는 사회 신분을 얻기 위한 것으로 해석되어진다. 이러한 현실은 티베트 정체성의 변화를 부채질하고 있다. 기본적으로 공동의 역사 기억과 문화적 특질들의 견고함으로 민족 정체성은 유지되고 계승된다는 점을 상기할 때, 이러한 현상은 흑수현 티베트인들의 정체성이 이미 심각하게 진동하고 있음을 보여준다. 이와 관련하여 오늘날 티베트의 문화와 정체성이 걱정되는 이유는 티베트불교 사원의 미래가 불안하기 때문이다. 티베트민족이 살아 있다는 것은 그들의 객관적 문화 특질들(언어 · 종교 · 복식 · 풍속 · 역사 기억)이 생동적으로 계승되고 보존될 때 그 의미를 가진다. 하지만 문화가 박제화되고 원형 보존이 어렵다면 미래의 티베트인들은 살아도 살아 있는 게 아닐 것이다. 티베트 문화가 변동 혹은 사멸 위기에 놓여 있는 직접적인 원인은 사원의 위기로부터 시작되었다. 중국 정부가 주장하는 '해방' 이전의 티베트 사회는 불교가 중심축이 되는 불교 왕국이었다. 이는 사원의 권위와 영향력으로 티베트 사회가 발전하고 내규가 유지되었기 때문이다.

전통시대의 불교 사원에는 영향력이 막강한 활불이 많이 존재했다. 그들은 대부분 귀족 출신의 자제였으므로 사원에서 수양에만 정진할 수 있었다. 수양에만 정진할 수 있는 환경을 갖추었으므로 그들은 결국 훌륭한 활불로 성장할 수 있었고 이들이 존재하는 한 사원의 신성함과 영향력은 절대적이었다. 따라서 신도들의 숫자와 보시는 말할 것도 없이 증폭되어 사원의 유지는 큰 무리가 없었다. 중요한 것은 티베트 사회의 문화와 정치 · 경제 · 예술 · 교육 등 모든 분야를 생산하는 장소가 사원이고 그것을 지휘하는 정점에 '활불'이 있다는 것이다. 법왕의 종교적 보호와 지원 그리고 사원의 활불이 주도하는 티베트 문화는 그렇게 '백화제방'(百花齊放)할 수 있었다. 즉 '종교합일'이라는 사회제도의 시스템과 활불이 존재했기에 티베트 문화는 창출되고 정체성이 유지되었던 것이다. 그러나 오늘날은 어떠한가? 중국 정부는 장기간에 걸친 티베트 정책을 통하여 소중한 경험을 깨달았다. 바로 티베트민족을 억압과 강제로 통합하는 데서 오는 후유증이 크다는 것이었다. 그것은 종교적 순수성이 강한 민족일수록 억압에 대한 반감이 크다는 교훈이었다. 따라서 중국 정부는 현명하게도(?) 불교 사원의 붕괴를 점진적으로 주도하였다. 이는 티베트민족과 사회를 분열시키고 정체성의 혼란을 야기 시키는 가장 유효한 방법 중의 하나이다. 오늘날 티베트의 불교 사원은 무너지지 않으려고 안간힘을 쓰고 있는 실정이다. 하지만 정부와 신도들의 보조금이 턱없이 부족하니 활불은 수양을 하고 싶어도 어려운 실정이다. 출가승은 줄고 라마승은 속속 환속한다. 불교 공부의 시간이 부족하니 박식하고 위대한 활불의 계승자는 줄어들게 마련이다. 이는 결국 티베트 사원의 붕괴로 이어질 것이다.

절대적으로 티베트의 지적 유산과 정신문화를 창출하고 전승시키는 역할을 해왔던 불교 사원과 활불의 몰락은 티베트의 미래를 상상할 수 있는 대목이다.

제5장

에필로그: 활불을 찾아서

2009년 EIDF 국제다큐영화제에서 「환생을 찾아서」(Unmistaken Child)라는 다큐멘터리가 영예의 대상을 받았다. 이스라엘의 나티 바라츠(Nati Baratz) 감독에 의해서 장기간 제작된 이 다큐영화는 보스턴 독립영화제 심사위원상을 시작으로 2009년도 해외 국제다큐 영화제에서 대다수의 상을 휩쓸었다. 영상 속의 내용은 환생한 스승 활불을 찾아나서는 제자(텐진 조파)의 고단한 여정을 담담히 담고 있다. 특히나 이 영화의 마지막 장면은 인상적이다. 전대 스승의 환생으로 인준 받은 어린 영동이 부모와 떨어지기 싫어서 따라가려 하는데 이를 텐진 조파가 달래며 장난감을 가지고 놀아준다. 이 둘은 원래 스승과 제자 사이였다. 그러나 이제는 그 제자가 다시 환생한 스승(어린 영동)의 새로운 멘토가 되어 있었다. 이는 티베트에서 유독 강하게 작용하는 인간 '윤회'의 원리를 역설적으로 보여주는 장면이라고 할 수 있다.

나는 이 다큐멘터리를 매우 감동적으로 보았다. 그리고 그동안 마음속 깊은 곳에 숨겨놓았던 의문과 고민을 마침내 걷어낼 수 있었다. 수많은 관련 서적을 접하고 그 실지를 찾아서 몇 년 동안 티베트 전역의 불교 사원과 활불을 찾아 나선 나였지만 항상 의문이 드는 것은 정말 활불은 어떤 존재일까? 또한 그들만의 전승의식은 어떻게 계승되고 있을까? 하는 것이었다. 나의 오감으로 보고 느끼지 못했으니 믿지 못하겠다는 경박한 믿음이 항상 심근 저편에 자리하고 있었던 것이다. 그러던 차에 이 다큐멘터리는 저자에게 적지 않은 파장과 확신을 던져주었다. 승하하신 고승 활불의 사리를 보았고 간절한 마음으로 전세된 환생자를 찾는 과정을 목격하고 나서야 나는 비로소 티베트 활불제도의 숭고함과 위대함을 신뢰했다. 속세의 마음으로 저들의 내면을 찾아간다는 것이 참으로 우둔하기 짝이 없다는 생각을 지울 수 없다.

이 지구상에서 티베트처럼 원시적이고 생동적인 정신문화를 보유하고 있는 민족이 얼마나 될 것인가? 고대로부터 티베트는 인간 정신문화의 '연속성'과 '영원성'에 천착해왔다. 그리고 그 사상적 바탕 위에 티베트 스타일의 문화와 제도를 창출하였다. '환생'과 '윤회'라는 사상적 기초 위에 형성된 '활불'과 '활불제도'가 그것이다.

티베트에서 '활불'이란 부처의 경지에 입성한 살아 있는 인간신을 말한다. 환생이라는 보이지 않는 정신적 영역을 세속적 믿음으로 승화시킨 종교와 인간 결합의 결정체인 것이다. 그리고 이러한 종교와 인간의 만남은 티베트 사회의 안녕과 발전의 핵심 제도로서 심화되었다. 바로 '활불제도'이다. 외부 세계와 격절된 환경 속에서 살아가는 티베트인들의 종교적 순수성은 너무나도 고집스럽다. 그들은 자신들이 창출해낸 활불을 존경하고 그 제도(활불전세제도)에 절대적인 복종과 믿음을 보여 왔다.

티베트의 가혹한 생태학적 환경의 특수성 속에서 살고자 했던 티베트인들은 그들만의 종교와 문화가 필요했다. 처절한 삶의 몸부림 속에서 그들을 위로해주고 안위를 줄 수 있는 종교와 문화가 필요했던 것이다. '활불'과 '활불제도'는 그렇게 탄생한 것이다. 하지만 이 또한 인간이 만들어낸 형상과 제도이기에 약점이 드러나고 마찰과 갈등이 존재했다. 활불과 활불제도는 종교와 정치가 밀착하는 '정교합일'의 신권 정치를 표방함에 따라 티베트불교 종파 간의 반목과 전쟁이 끊이질 않았다. 따라서 각 종파마다 무수한 활불을 양산하고 사원을 증대함에 따라 티베트 사회는 한때 '라마왕국의 천국'이라는 인상을 지울 수 없었다. 이는 티베트의 가정에서 아들은 반드시 사원에 출가하여 라마승이 되고 최고 활불이 되는 것이 신분과 명예를 획득할 수 있다는 사회적 통념이 강하게 자리하고 있었기 때문이었다.

티베트에서 불교 사원은 전 방위의 영역을 담당한다. 기본적으로 사원은 라마승들이 명상하고, 공부하는 곳이다. 또한 속세로부터 불교경전을 보존하고 전승하는 장소이다. 그러나 더욱더 중요한 사원의 역할은 종파의 가장 중요한 목적인 영적 수행의 순수성과 그것이 후대로 잘 내려갈 수 있도록 영적인 법통을 지키는 일이다. 티베트의 불교 사원은 종교적인 업무와 함께 사회적인 대외 활동도 주도적으로 기획하고 참여한다. 이를 주관하는 자는 정교(政教)의 영향력과 지위를 확보하고 있는 저명한 활불이다. 활불은 사원에 속해 있는 라마승들의 스승이며 사원을 총괄적으로 관리하는 행정 수장이기도하다. 따라서 활불은 사원뿐만 아니라 대외적으로도 절대적 카리스마를 보유하고 있다. 이러한 활불의 능력과 영향력은 고대로부터 티베트 사회가 유지되고 전승되는 중요한 동력 중의 하나였다.

티베트에는 활불이 무수히 많다. 하지만 활불들의 세계에도 신분의 등급이 존재한다. 활불 중에서 최고의 등급은 달라이 라마이다. 달라이 라마는 황교의 전통적인 방식, 즉 전세된 영동의 인준 과정과 확인 작업으로 추존된다. 이는 티베트만의 문화이자 제도이다.

티베트불교 사원의 고승 라마승들이 주도하여 만들어낸 활불(달라이 라마)제도는 티베트 사회를 확실하게 종족적 · 종교적으로 유대하고 응집할 수 있는 역할과 기능을 발휘하였다. 이는 활불이라는 신(神)의 영역에 입성한 인물을 인위적으로 배양하였기 때문에 가능했다. 그러나 달라이 라마의 인준 과정의 투명성과 성년이 되어 친정(親政)이 되기까지의 어려움은 활불제도의 불완전성을 보여주기도 한다. 그러함에도 불구하고 활불과 활불제도는 티베트 사회에서 중요한 기능적 역할을 수행했음을 부인할 수는 없다. 여기서 말하는 기능적 역할이란 티베트 사회의 내적인 질서를 확립하고 티베트인들을 종교적으로 응집시키는 데 있어서 매우 탁월한 역할을 발휘하였음을 의미한다. 이는 티베트의 활불과 그 제도를 단순히 종교적 측면만으로 재단할 수 없음을 의미하기도 한다. 특수한 종족들의 집단인 티베트의 사회체제를 고려할 때 티베트의 활불제도는 정치적 측면에서 그 의미와 가치를 더욱더 발휘한다. 어쩌면 이러한 신격화된 인간 창출(달라이 라마)과 제도의 만남이 티베트를 1000년 이상 불교 왕국으로 굳건히 군림하게 만들었는지도 모른다.

외관적으로 볼 때, 달라이 라마라는 활불은 티베트 사회를 통치하는 종교적 · 정치적 수장이다. 그러나 티베트의 역사를 통찰해보면 현실적인 권력의 행사와 파급력은 섭정(攝政)과 그를 따르는 무리들이 더욱더 강했음을 알 수 있다. 특히나 달라이 라마가 승하(圓寂)하면 티베트는 한동안 통치자의 공백기를 겪어야 했다. 이러한 상황은 자연스럽게 섭정의 대리통치권으로 이어졌다. 즉 티베트 사회의 신권과 교권이 임시적으로 섭정에게 전이된 것이다. 이 기간 동안 섭정은 공백기인 달라이 라마의 지위를 대행하고 한편으로는 새로운 어린 활불(영동)의 탐색 작업을 진두지휘하게 되는 것이다.

티베트의 전통으로 볼 때, 새로운 영동이 달라이 라마라는 대활불(大活佛)로 성장하여 친정(親政)하기까지 일반적으로 18~20여 년의 시간이 필요하다. 대략 20년의 세월이 지나서야 티베트 정교의 전면에 나서게 되는 것이다. 따라서 이 기간 동안은 섭정과 그의 세력이 티베트 사회를 통치하게 된다고 보아도 무방하다. 예를 들어보면, 7대 달라이 라마가 승하한 후 티베트는 주인 없는 사회였다. 이때 티베트를 대신한 섭정은 '제목낙문한'(第穆諾門汗) 활불이었는데 그는 8대 달라이 라마가 친정(親政)하기 전까지 무려 20년간(1757~1777) 달라이 라마의 직권을 대신했다. 그런데 문제는 섭정이 정권을 향유하게 되면서 독점하려는 경향이 나타난다는 것이다. 섭정은 20년간 정권을 대신하다가 달라이 라마가 친정에 임할 시기가 다가오면 각종 방법을 동원하여 달라이 라마의 정권 입성을 방해하였다. 이는 장기간 자신이 향유하고 있었던 정치적 · 종교적 지위와 특권을 양도하기 싫어서였다. 9대에서 12대에 이르는 달라이 라마가 어린 시절에 요절한 사건은 이를 간접적으로 방증해주는 역사의 사실이다. 그래서인지 역대 달라이 라마의 계보 속에서 온전히 자신의 권위와 지위를 발휘한 활불은 5대와 13대 달라이 라마뿐이었다. 그만큼 달라이 라마라는 활불의 수장은 외관적으로 드러나는 종교적 상징성에 비해 현실적 파워는 비례하지 않는다.

역사적으로 티베트는 사원의 라마승과 세속귀족 세력 그리고 궁내의 섭정 세력의 권력 집단에 의해서 유지되고 발전되어왔다. 이들은 서로 간에 견제와 상생을 순환하며 보이지 않게 티베트 사회를 이끌어왔던 것이다. 그러나 이들 권력 집단은 전면에 나서지 않았다. 대신에 이들은 신의 대리인 활불, 즉 달라이 라마를 옹립하고 그를 티베트의 상징적인 인물로 배양하고 전면에 내세웠다. 그리고 자신들은 막후에서 불교 종파의 이해득실에 따라 대립과 상생을 주도한 것이다. 어쩌면 티베트는 이들에 의해서 분열과 통합이 주도되었는지 모른다. 왜냐하면 이들은 달라이 라마보다 훨씬 더 영향력 있고 방대한 권력 조직을 가지고 있었기 때문이다.

한 인간이 특정 민족의 집단 안에서 출생하여 자라는 동안에 그는 가정 · 언어 · 혈연 · 종교 · 풍속습관을 자연스럽게 배우고 형성하게 되는데 이 과정 속에서 다른 구성원들과의 '사회 기억'(social memory)과 '유대감'은 그 사람의 정체성을 형성한다. 사실상 종족과 민족의 정체성의 근원은 여기로부터 시작된다. 보편적으로 민족을 규정하는 잣대, 즉 객관적 문화 특질과 정체성의 확립은 이러한 공동의 사회 기억과 '종족적 유대'(primordial ties)로부터 비롯되는 것이다. 티베트에서는 불교 사원과 라마승 그리고 활불들이 이러한 공동의 사회 기억과 유대감을 창출하는 주역들이었다. 티베트인들은 '공통 신앙'(티베트불교)으로 서로를 응집시키는 경향이 유독 강한 민족이다. 따라서 그들의 공통 신앙인 티베트불교에 대한 집단의식과 기억은 티베트민족과 사회의 정체성을 견고하게 유지시켜 주는 역할을 담당하였다.

따라서 전통적으로 종교의 전파와 소통을 담당했던 불교 사원은 티베트인들의 '집단 기억'(collective memory)과 '공동 기억'을 형성하고 공유하게 하는 공간의 중심이었다. 이곳에서는 집단적 종교의식과 교육 · 예술 · 문화 공연 · 축제 등이 어우러질 수 있는 티베트인들만의 복합적 공간이 형성되었다. 따라서 티베트인들은 불교 사원을 생각할 때 무섭거나 공포감보다는 안정감과 그리움을 느낀다. 사원에서의 종교의식과 활불의 지침은 티베트인들에게 심리적 안정을 제공하며 같은 티베트인들끼리의 정서적 유대감을 증가시키는 역할을 하기 때문이다. 이렇듯 티베트에서 사원과 활불의 중요성은 티베트 문화뿐만 아니라 티베트인들의 정체성까지도 책임지고 있는 것이다. 하지만 2007년 중국 정부는 티베트 활불에 관한 새로운 규정을 확정하였다. 요컨대 티베트에서 환생한 부처가 되려면 중국 정부의 승인을 받으라는 것이었다. 소위 '티베트불교 활불 계승 관리 방법'이라는 새로운 규정을 확정하고 2007년 9월 1일부터 시행에 들어간다는 것이었다. 이러한 조치에 관하여 대다수의 전문가들은 인도에서 티베트 망명정부를 이끌고 있는 제14대 달라이 라마가 후임 달라이 라마를 지정하면 이를 무력화시키기 위한 사전 포석으로 해석하고 있다. 이 새로운 규정에 따르면 활불은 반드시 세 가지 조건과 네 차례의 비준 절차를 거쳐야 활불로 인정받을 수 있다. 먼저 해당 지역 신도들의 지지를 받고 있어야 하며 현지 한족이 주관하는 '사원관리위원회'의 요구 조건을 충족시켜야 한다. 또한 활불 신청은 반드시 자신이 속한 사원에서 해야 하고 활불의 계승은 중국이 지금까지 인정해온 방법에 따라야 한다. 절차적으로는 성(省)자치구(自治區) 인민정부(人民政府)와 인민정부 내 종교사무국, 국가종교사무국, 국무원 등의 승인을 모두 받아야 한다. 마지막으로 중국 정부는 활불은 반드시 국가 통일을 지지하고 민족 단결을 옹호해야 한다고 규정해 티베트 독립을 주장하는 활불은 절대 인정하지 않을 것임을 명백히 했다. 이러한 중국 정부의 강력한 조치는 티베트의 활불과 그 제도가 티베트 사회체제에서 어떠한 역할과 기능을 수행하고 있는지 잘 알고 있기 때문에 이루어진 것이다.

중국 정부는 1959년에 달라이 라마가 인도로 망명하자 본격적으로 티베트의 사회체제 붕괴를 시작하였다. 티베트의 사회 시스템을 '평등 해방'이라는 구호 아래 해체시켰고 귀족 집단을 권력 집단으로부터 내려오게 만들었다. 그리고 불교 사원 또한 장기간에 걸쳐 밀도 있게 해체시키고 있는 중이다. 실제로 몇몇 대형 사원을 제외한 중소형의 티베트불교 사원은 오늘날 사형 선고를 받은 것이나 다름없는 상태로 존재하고 있다. 이러한 중국의 정책과 전략은 그간 역사의 경험으로 무력이나 외압으로 티베트를 제압하는 것이 효과적이지 않다는 것을 경험했기 때문이다. 외부적인 공격보다는 티베트의 내부 시스템을 흔들고 파괴해야 티베트 불교왕국은 와해된다는 것을 깨달은 것이다. 반세기에 걸친 중국 정부의 치밀한 티베트 붕괴 작업은 결국 귀족 세력과 라마승 집단 그리고 불교 사원 대부분을 붕괴시키고 해체시켰다. 이제 남은 것은 현 14대 달라이 라마가 보유하고 있는 최고의 활불 자리이다. 공식적으로 자신이 최후의 달라이 라마가 될 것이라고 공언한 것처럼 자신의 승하 후에 달라이 라마 제도는 폐습 될 것인지? 아니면 여전히 전통적인 방식에 의해 새로운 15대 달라이 라마의 영동이 환생할 것인지? 그도 아니면 제3의 활불이 티베트의 새로운 통치자의 지위에 선정될 것인지? 세간의 이목이 집중되고 있다. 만약 첫 번째의 상황이 연출된다면, 즉 전통적으로 전승돼오던 달라이 라마의 활불제도가 폐습 된다면 이는 티베트의 미래에 결코 희망적이지 않다. 왜냐하면 티베트는 사원과 활불이 중심이 되는 사회이기 때문이다. 활불의 수장 격인 달라이 라마의 부재는 곧 티베트 불교왕국의 최종 붕괴를 의미한다. 그런 의미에서 14대 이후 15대 달라이 라마의 연속성은 매우 중요한 상징성과 의미를 가진다. 전세와 환생의 전통적 절차에 의하여 탄생되는 새로운 15대 달라이 라마가 존재할 때 티베트는 존재가치와 생명력을 유지하게 될 것이다. 비록 그가 만들어진 신(神) 일지라도 말이다.

참고문헌

1. 국문

R. A. 슈타인 저, 안성두 역, 『티베트 문화의 이해』, 무우수, 2004.

강현사 · 이평래 · 김장구 · 김성수 공저, 『중국 학자들의 소수민족 역사 서술』, 동북아역사재단연구총서 32, 2008.

공봉진, 「중국 '민족 식별'과 소수민족의 정체성에 관한 연구」, 『국제정치연구』, 동아시아국제정치학회, 2004.

丘桓興 지음, 남종진 옮김, 『중국 풍속기행』, 프리미엄북스, 2002.

길희성, 「티베트불교 민족주의의 역사적 고찰」, 『동아연구』 제36집, 1999.

김경진, 「중국 소수민족철학의 형성과 발전」, 『한국종교』 제19집, 1994.

김규현, 『티베트 문화 산책』, 정신세계사, 2004.

———, 『티베트 역사 산책』, 정신세계사, 2003.

김백현, 「티베트 토착종교 빈뽀교 탐구」, 『중국학연구』 제28집, 2004.

김석근, 「티베트불교와 '달라이 라마'의 역사정치학: '정치와 종교'의 얽힘과 분화를 중심으로」, 『동양정치사상사』, 제4권 2호, 2005.

김성수, 「청대 티베트불교 세계의 여행」, 『東洋史學會』 第28回 冬季硏究討論會(동아시아 역사에서 여행과 타자인식), 2009.

———, 「티베트 전통사회에서의 사원과 '티베트불교 문화권'의 형성」, 『몽골학』 21, 한국몽골학회, 2003.

김성철, 「깨달음이란 무엇인가」, 『불교평론』, 2003년 여름 제5호.

金榮玉, 「中國少數民族服飾 II」, 『長安論叢』 제13집, 1993.

金榮玉 · 黃春燮, 「中國少數民族服飾 I」, 『長安論叢』 제11집, 1991.

김영진, 「티베트 活佛사상의 연구」, 『중국학연구』 제28집, 2004.

김용찬, 「티베트 망명정부의 수립」, 『민족연구』 3호, 2007.

김윤태, 「중국 티베트민족주의 발전의 본질: 민족이익과 민족자존회복」, 『중국학연구』 제28집, 2004.

김한규, 『天下國家: 전통 시대 동아시아 세계 질서』, 소나무, 2005.

———, 『티베트와 중국: 그 역사적 관계에 대한 연구사적 이해』, 소나무, 2000.

김현권, 「소수민족 한족(漢族), 다민족문화 중국」, 『참여불교』 제11집, 2003.

김희연 · 전인영, 「중국의 소수민족정책에 관한 연구: 서남중국 소수민족의 정치참여와 교육 및 문화정책을 중심으로」, 『세계지역연구논총』 제12집, 1998.

남민이, 『상장례 민속학』, 시그마프레스, 2002.

南廷烋, 「中國의 少數民族政策: 그 變化와 永續性」, 『産業硏究』 제7집, 1996.

라마 카지 다와삼둡 영역, 에반스 웬츠 편집, 유기천 옮김, 『밀라레파』, 정신세계사, 2006.

로버트 A. F. 셔먼 지음, 정창영 옮김, 『티베트 사자의 서』, 시공사, 2000.

룬둡 소빠 지음, 지산 옮김, 『티베트불교문화』, 지영사, 2008.

마르치아엘리아테 지음, 이윤기 옮김, 『샤머니즘: 고대적 접신술』, 까치, 1992.

마치모토 시로 지음, 이태승 외 옮김, 『티베트불교철학』, 불교시대사, 2008.

미쉘마틴 지음, 신기식 옮김, 『까르마빠, 나를 생각하세요』, 지영사, 2007.

민병삼, 「티베트불교의 형성과 발전」, 『중국학연구』 제28집, 2004.

박광득, 「1975 중국공산당의 소수민족정책 연구」, 『대한정치학회보』 제12집 1호, 2004.

박병광, 「중국 소수민족정책의 형성과 전개: 민족동화와 융화의 변주곡에 관하여」, 『國際政治論叢』 제40집 4호, 2000.

박춘순, 「중국 남 · 북방소수민족 복식의 비교연구」, 『忠南生活科學硏究誌』 제14집, 2001.

———, 『中國少數民族服飾』, 民俗苑, 2002.

方衍, 「중국 西南地域의 역사 · 지리: 소수민족을 중심으로」, 『中國硏究』 제7집, 1994.

배한영, 「개혁 · 개방 이후 중국 소수민족 정책에 관한 연구」, 충북대 대학원 석사학위논문, 2002.

백이제, 『파드마삼바바』, 민음사, 2003.

白振聲, 「少數民族對中國文化的貢獻」, 『民族과文化』 제3집, 1995.

서상민, 「중국의 소수민족 현황과 정책」, 『민족연구』 제6집, 2001.

심혁주, 「'티베트지위'에 관한 중국 정부와 달라이 라마의 태도 분석과 전망(1950~2002): '티베트독립'운동을 중심으로」, 『한국아시아학회』, 제6권 1호, 2003.

———, 「티베트 천장(天葬)문화 고찰」, 『중국학연구』 제37집, 2006.

———, 「티베트 천장문화 고찰」, 『중국학연구』 제37집, 2006.

———, 「티베트 활불세도의 권력구조 분석: 貴族집단을 중심으로」, 인천대학교 중국학연구소, 『중국학논집』 제4집, 2009.

———, 「티베트의 지속과 변화 고찰: 阿壩藏族羌族自治州 '黑水縣'의 문화접변과 정체성을 중심으로」, 『민속학연구』, 2009.

안병우, 「중국의 변강 인식과 민족갈등」, 안병우 외, 『중국의 변강 인식과 갈등』, 한신대출판부, 2007.

안병우 · 이유성 · 이성제 · 김정희 외, 『중국의 변강 인식과 갈등』, 한신대학교출판부, 2007.

야마구치즈이호 야자키쇼켄 著, 이호근 · 안영길 譯, 『티베트불교사』, 민족사, 1995.

오일환, 「중국 정부의 티베트(西藏)정책과 티베트 경제의 발전불균형 분석」, 『중국학연구』 제28집, 2004.

王明珂 지음, 이경룡 옮김, 『중국 화하변경과 중화민족』, 동북아역사재단번역총서 11, 2008.

요리토미 모토히로 외, 김무생 옮김, 『밀교의 역사와 문화』, 민족사, 1989.

유재현, 『아시아의 오늘을 걷다』, 그린비, 2009.

윤광봉, 「티베트 악무의 제양상」, 『비교민속학』 제8집, 1992.

윤휘탁, 「중국의 '변강' 연구 동향과 '변강' 인식: 동북변강을 중심으로」, 『중국의 동북

변강연구 동향분석』, 고구려연구재단, 2004.

尹輝鐸, 「現代 中國의 領土, 民族, 國家認識: 統一的 多民族國家論과 그 限界」, 국사편찬위원회 편, 『한국사론』, 2004.

윤휘탁 등, 「現代中國의 西部邊疆民族政策과 '國民國家' 완성하기: 西部大開發을 중심으로」, 『중국의 변강인식과 갈등』, 한신대출판부, 2007.

이동률, 「소수민족의 분리주의에 대한 중국의 인식과 대응」, 『국가전략』 10권 3호, 2004.

———, 「중국의 변강 및 소수민족정책의 동북지역 함의」, 『중국학연구』 제42집, 2007.

———, 『소수민족 분리주의 운동 전환기의 중국 사회: 발전과 위기의 정치경제』, 동아시아연구단총서, 오름, 2004.

이민자, 「티베트 독립운동의 경제적 배경」, 『동아연구』, 제36집, 1999.

이재현, 「중국소수민족에 있어서 샤먼의 역할」, 『중국연구』 제16집, 1997.

이중희, 「중국의 西部大開發: 국가발전전략의 변화와 한계」, 『현대중국연구』 제4권, 2002.

이진영, 「중국 소수민족 정책의 이론적 기초에 대한 연구」, 『亞太研究』 제6집 2호, 1999.

———, 「중국의 소수민족정책」, 『민족연구』 제9집, 2002.

이희옥, 「티베트 자치문제의 지속과 변화: 3 · 14사건 분석을 위한 시론」, 『중국학연구』 제45집, 중국학연구회, 2008.

임계순, 『淸史: 만주족이 통치한 중국』, 신서원, 2000.

임재해, 「티베트의 유목문화의 생태학적 해석」, 『비교민속학』 제8집, 1992.

———, 「티베트의 장례풍속과 '천장'의 문화적 해석」, 『비교민속학』 제15집, 1998.

張公子, 「中國의 開放政策과 少數民族의 役割」, 『中國研究』 제7집, 1988.

전성흠 편, 이동률, 『소수민족 분리주의 운동 전환기의 중국 사회: 발전과 위기의 정치경제』, 동아시아연구단총서, 오름, 2004.

전인영, 「중국의 소수민족 정책 분석: 어문 · 풍습 정책을 중심으로」, 『지역연구』 제3집 4호, 1994.

全寅永, 「中國의 少數民族 정책」, 『中蘇研究』 제20집 3호, 1996.

정복희, 「中國 少數民族 服飾의 形成要因과 造形」, 『忠南生活科學研究誌』 제10집,

1997.
鄭信哲, 「중국 소수민족의 인구이동과 그 사회적 영향」, 『現代中國硏究』 제5집 2호, 2003.
정인재, 「티베트불교와 판첸 라마의 환생」, 『동아연구』, 제36집, 1999.
———, 「티벳(西藏)불교와 판첸 라마의 환생」, 『동아연구』 제36집, 2001.
정재남, 『중국 소수민족 연구』, 한국학술정보, 2007.
정태혁, 『밀교의 세계』, 고려원, 1996.
조세현, 『중국의 국경, 영토 인식: 20세기 중국의 邊疆史 연구』, 동북아역사재단, 2004.
조재송, 「티베트불교와 유목제국의 정치적 연계과정에 대한 고찰」, 『중국학연구』 제32집, 2005.
———, 「티베트와 몽고의 문화親緣性 연구」, 『중국학연구』 제28집, 2004.
조피셔 지음, 손민규 옮김, 『환생이란 무엇인가』, 태일, 1996.
조흥윤, 「중국 소수민족 종교문화의 성격」, 『민족과 문화』 제5집, 1997.
주민황, 「지혜와 자비의 이중주 티베트불교」, 『불교평론』, 2000년 겨울 제4호.
줄리안 스튜어드 지음, 조승연 옮김, 『문화변동론』, 민속원, 2007.
질반 그라스도르프 지음, 백선희 옮김, 『달라이 라마 평전』, 아침이슬, 2005.
천용수, 「중국 소수민족정책의 변천에 관한 연구」, 인하대 대학원 석사학위논문, 1997.
崔吉城, 「라마교에 있어서 轉生의 意味」, 『비교민속학』 제8집, 1992.
최성흠, 「티베트 정교합일의 권력구조 분석」, 『중국학연구』 제28집, 2004.
탈렉 캅괸 림포체 지음, 유기천 옮김, 『티베트불교 입문』, 청년사, 2001.
텐진갸초 지음, 심재룡 옮김, 『달라이 라마 자서전』, 정신세계사, 2003.
토머스 레어드 지음, 황정연 옮김, 『달라이 라마가 들려주는 티베트 이야기』, 웅진지식하우스, 2008.
툴구 퇸둡 지음, 도솔 옮김, 『평화로운 죽음 기쁜 환생』, 청년사, 2007.
파드마삼바바 지음, 라마 카지 다와삼둡 번역, 에반스 웬츠 편집, 류시화 옮김, 『티베트 死者의 書』, 정신세계사, 1995.
許輝勳, 『中國少數民族宗教信仰』, 태학사, 1997.
홍병혜, 「티베트 전통의 혼인유형 분석과 군혼문화의 형성배경」, 『중국학연구』 제28집, 2004.

홍성돈, 「중국의 정치변화와 소수민족정책에 관한 연구」, 고려대 정책대학원 석사학위 논문, 2003.
洪熺, 『중국 소수민족의 원시종교』, 동문선, 2004.
후자오량 지음, 김태성 옮김, 『중국의 문화지리를 읽는다』, 휴머니스트, 2005.

2. 중문

甘肅省民族研口所, 甘肅省藏學研究所 編, 『拉卜楞寺与黃氏家族』, 甘肅民族出版社, 1995.
格勒, 『中國藏學研究的几点思考: 紀念導師李有義九十延辰有感』, 中國藏學出版社, 2003.
———, 『論藏族文化的起源形成成周圍民族的關系』, 廣州: 中山大學出版社, 1988.
格桑本, 『天葬-藏族喪葬文化』, 甘肅民族出版社, 2000.
耿振華, 『西藏喪葬習俗研究: 西藏生死學的理論與實踐』, 台北: 水星文化事業出版社, 2004.
貢覺嘉錯, 『直貢替寺簡介』, 西藏人民出版社, 2003.
國家測繪局地名研究所 編, 『西藏地名』, 中國藏學出版社, 1995.
吉成, 『西南風物志』, 台北: 業强出版社, 1996.
雷紹鋒, 『喪葬習俗』, 武漢: 湖北教育出版社, 2001.
多杰才旦, 『西藏社會發展研究』, 中國藏學研究中心, 1997.
多吉占堆, 薛文獻 編著, 『拉薩布達拉宮』, 廣東旅遊出版社, 2001.
達瓦才仁, 「中藏談判的癥結何在?」, 『開放雜誌』 12월호, 1998.
達爾基 · 李茂, 『阿壩通覽』, 四川辭書出版社, 1993.
達爾基 · 朵讓他, 『阿壩聖迹』, 電子科技大學出板社, 2007.
達倉郎木寺管理委員會, 『達倉郎木寺簡介』, 聚焦西部報社, 2004.
德勒格, 『內蒙古喇嘛教史』, 內蒙古人民出版社, 1997.
鄧銳齡, 「關于1652~1653年第五輩達賴喇嘛晋京的兩个問題」, 『民族研究』, 1995.
洛桑譯培, 『蒙藏民族關係史略』, 天津古籍出版社, 1990.

劉立千, 『印度佛教史』 成都: 華西大學華西邊疆研究所, 1946.
劉義堂, 『中國邊疆民族史』, 台北: 台灣中華書局, 1969.
陸建松, 『魂歸何處: 中國古代喪葬文化』, 成都: 四川人民出版社, 1999.
李安宅, 『李安宅藏學論文選』, 中國藏學出版社, 1990.
───, 『藏族宗教之實地研究』, 中國藏學出版社, 1989.
李永獻, 『西藏原始藝術』, 四川: 人民出版社, 1998.
林冠群, 「近五十年來台灣的藏族史研究」, 『唐代吐蕃歷史与文化論集』, 中國藏學出版社, 2007.
───, 「唐代吐藩史料研究」, 文刊 『大陸雜誌』, 70권 제4기, 1985.
───, 『中國邊政』, 제80기, 1982.
───, 『蒙藏專題研究叢書』(47), 台北: 蒙藏委員會, 1990.
林恩顯, 『邊政通論』, 台灣: 華泰出版社, 1989.
───, 「民族研究教學的回顧與展望」, 『政大邊政民族學報』, 제20기, 台北出版社, 1993.
林照眞, 『最後的達賴喇嘛』, 時報出版社, 2000.
林惠祥, 『中國民族史』(上下), 上海書店, 1984.
───, 『中國民族學史』, 上海: 商務印書館, 1939.
曼苛, 『西藏神秘的宗教』, 台灣: 文殊出版社, 1998.
帕 · 克瓦爾耐, 『西藏苯教徒的喪葬儀式』, 拉薩: 西藏人民出版社, 1989.
望湖, 『藏族原始宗教』, 成都: 四川人民出版社, 1999.
文崇一, 「中國民族史研究的檢討与展望」, 『中國邊疆研究理論与方法』, 台北: 渤海堂, 1992.
白興發, 「少數民族傳統文化中的生態意識」, 『青海民族學院學報』, 第3期, 2003.
普布覺活佛洛桑楚臣强巴嘉措 著, 熊文彬 譯, 『十三世達賴喇嘛傳』, 中國藏學出版社, 2006.
普布覺活佛洛桑楚臣强巴嘉措 著, 『十三世達賴喇嘛傳』, 中國藏學出版社, 2006.
憑智, 『藏傳文化: 死亡的藝術』, 大千出版社, 2002.
常霞青, 『西藏的宗教文化』, 浙江人民出版社, 1988.
索南才讓, 『西藏密教史』, 中國社會科學出版社, 1999.
徐吉軍, 『中國喪葬禮俗』, 杭州: 浙江人民出版社, 1991.

———,『中國喪葬史』, 南昌: 江西高校出版社, 1998.

石碩,『吐蕃政教關系史』, 成都: 四川人民出版社, 2000.

———,「淸朝前期治藏特点及相關問題」,『西藏研究』, 1996.

雪犁,『中華民俗源流集成, 儀禮喪葬卷』, 蘭州: 甘肅人民出版社, 1994.

宋德胤,『喪葬儀觀』, 北京: 中國青年出版社, 1991.

阿旺洛追扎巴,『覺囊派教法史』, 西藏人民出版社, 1993.

嘎藏加,『吐蕃佛教』, 北京: 宗教文化出版社, 2001.

楊開煌,『達賴喇嘛「西藏問題」國際化之策略分析』, 台北: 蒙藏委員會專提研究叢書, 1999.

———,『達賴特使訪問大陸之硏析』, 台北: 蒙藏現況研究, 2002.

呂思勉,『中國民族學史』, 上海: 世界書局, 1934.

冉光榮,『中國藏傳佛教寺院』, 民族出版社, 1994.

英德 · L · 馬利克 著,『西藏的曆代達賴喇嘛』, 中國藏學出版社, 1991.

芮李符棟,「邊疆歷史」,『蒙藏委員會邊疆叢書第一集』, 1962.

伍昆明,『現代西藏的誕生』, 北京:中國藏學出版社, 1990.

王璞,『藏族史學思想論綱』, 中國社會科學出版社, 2008.

王森,『西藏佛教發展時略』, 北京: 中國社會科學出版社, 1997.

王柯 著,『民族與國家: 中國多民族統一國家思想的系譜』, 北京: 中國社會科學出版社, 2001.

王建民 · 張海洋 · 胡鴻保,『中國民族學史』(上下), 云南教育出版社, 1998.

王吉林,「唐与吐蕃關系中的祿東贊家族」,『漢學研究』 제4권 제2기, 漢學研究中心, 1986.

———,「藏族源流研究」,『西藏研究論文集』, 제3기, 西藏研究委員會, 1990.

———,『西藏研究論文集』 제1집, 台北: 西藏研究委員會, 1988.

———,『中華民國蒙藏學術會議論文文集』, 台北: 中國文化大學蒙藏學術研究中心, 1988.

———,『唐代南詔与李唐關系之研究』, 台北: 中國藝術著作獎委員會, 1976.

王桐齡,『中國民族學史』, 北京: 文化學報, 1934.

王明珂,『羌在漢藏之間: 一個華夏邊緣的歷史人類學研究』, 台北: 聯經出版社, 2003.

王丕震,『松贊干布』, 秋海棠出版社, 1995.

汪榮祖,『史家陳寅恪傳』, 台北: 聯經出版事業有限公司, 1984.

王云五,『衛藏通志』(上下), 上海: 商務印書館, 1937.

汪幼戒,『西藏研究會迅』 제15기, 1993.

王鍾翰,『中國民族學史』, 北京: 中國社會科學出版社, 1994.

王志成,『宗教的解釋』, 成都: 四川人民出版社, 1998.

王堯,「藏學研究在台灣」, 文刊『西藏研究』 제2기, 1989.

王堯 · 王啓龍,『中國藏中國史(1949년 前)』, 北京: 民族出版社, 2003.

王雜芳 · 楊嘉銘 合著,『近十年來台湾地區的蒙藏研究(1986~1995)』, 蒙藏專題研究叢書 75, 台北: 蒙藏委員會, 1997.

于乃昌,『西藏審美文化』, 拉薩: 西藏人民出版社, 1999.

于式玉,『于式玉藏區考察論文集』, 中國藏學出版社, 1990.

熊坤新,「天葬起源的探索」,『西藏研究』 第3期, 西藏社會科學院, 1988.

逸夫,「唐代南詔与吐藩」, 文刊『西藏研究』, 台北: 中國邊疆歷史語文學會, 1960.

任育材,「唐朝對吐蕃和親策略之運用」, 文刊『台湾師范大學歷史學報』, 1987.

林天蔚,『隋唐史新論』, 台北: 東華書局, 1980.

張甯,「西藏喪葬風俗的演變及其原因」,『西藏研究』 第3期, 西藏社會科學院, 1988.

章嘉 · 若貝多杰 著, 浦文成,『七世達賴喇嘛傳』, 中國藏學出版社, 2006.

張劍光,『入土爲安: 圖說古代喪葬文化』, 揚州: 廣陵書社, 2004.

蔣由智,『中國人種考原』, 上海: 華通書局, 1929.

藏族社會歷史調查資料叢刊編輯組 編,『藏族會歷史調查』(一), 拉薩: 西藏人民出版社, 1985.

藏族簡史編寫組,『藏族簡史』, 西藏: 西藏人民出版社, 1985.

張駿逸,「中國歷朝主權在西藏的承續及确定-由行政觀点看」,『中國藏學』 제3기, 1992.

張直榮,『國際關係與西藏問題』, 北京: 世界知識出版社, 1994.

張捷夫,『喪葬史話』, 北京: 中國大百科全書出版社, 2000.

———,『中國喪葬史』, 台北: 文津出版社, 1995.

才讓,『藏傳佛教与民俗信仰』, 北京: 民族出版社, 1999.

楮俊杰,『吐蕃本教喪葬儀軌研究: 敦煌古藏文寫卷P.T.1042解讀』, 蘭州: 甘肅文化出版社, 1999.

赤列曲扎,『西藏風土志』, 西藏人民出版社, 1982.

田繼周,『我國民族史研究的幾個問題』,『文史哲』 제8기, 1981.

———,『少數民族与中華文化』, 成都: 四川人民出版社, 1996.

齊濤,『中國民俗通志, 喪葬志』, 濟南: 山東教育出版社, 2005.

第穆呼圖克圖 · 洛桑圖丹普麥嘉措 著, 馮智 譯,『第八世達賴傳』, 中國藏學出版社, 2006.

措如 · 次朗 著,『藏傳佛教噶擧派史略』, 宗教文化出版社, 2001.

周煒,『活佛轉世与神秘西藏』, 台湾: 先智出版社, 2001.

周昆田,「三民主義之邊政建設」,『邊政公論』 제1권 제1기, 1941.

朱文惠,『佛教寺院与農村村落的共生關係: 中國西南藏族社區研究』, 台北: 唐山出版社, 2002.

周蘇平,『中國古代喪葬習俗』, 西安: 陝西人民出版社, 2004.

洲塔,『論拉卜楞寺的創建及冀六大學院的形聲』, 甘肅民族出版社, 1998.

中國藏學書目續編編輯委員會,『中國藏學書目續編』(1949~1995), 北京: 外文出版社, 1997.

中國藏學研究中心社會經濟研究所 編著,『西藏家庭四尼汨變遷: 西藏百戶家庭調查報告』, 中國藏學出版社, 1996.

中國第一歷史檔案館 中國藏學研究中心 合編,『清初五世達賴喇嘛檔案史料選遍』, 中國藏學研究中心, 1998.

曾國慶,『清代藏史研究』, 西藏: 西藏人民出版社, 1999.

直孔 · 貢覺嘉措,『直孔天葬台簡介』, 西藏: 西藏人民出版社, 2004.

———,『直孔旅遊手册』, 西藏人民出版社, 2004.

陳見微,「試談北方民族的喪葬類型」,『北方文物』, 第2期, 2003.

陳慶英 主編,『西藏通史』, 鄭州: 古籍出版社, 2003.

陳連開,『中國民族學史綱要』, 北京: 中國財政經濟出版社, 1999.

陳燁,「蒙古族的祭祀習俗及其變遷」,『內蒙古社會科學』(漢文版), 第5期, 1994季.

陳寅恪,「彰所知論與蒙古原流」,『陳寅恪論文史學論文選集』, 上海古籍出版社, 1930.

次仁央宗,『1900~1951: 西藏貴族世家』, 中國藏學出版社, 2006.

扎扎 著,『拉卜楞寺活佛世系』, 甘肅民族出版社, 2000.

札奇斯欽,「蒙古与西藏歷史上的相互關系和它對中原的影響」, 文刊『政治大學邊政研究

所年報』 제6기, 1975.

札奇斯欽, 『蒙古帝國時代對吐藩的經略』, 文刊 政治大學邊政研究所年報 제2기, 1971.

———, 『蒙古与西藏歷史關系之硏究』, 正中書局, 1978.

擦巴貢嘎多吉, 『紅史』, 西藏: 西藏人民出版社, 1988.

蔡志純, 『活佛轉世』, 華文出版社, 2000.

馮智, 『雪域喪葬面面觀』, 青海人民出版社, 1998.

———, 『八世達賴喇傳』, 中國藏學出版社, 2006.

焦治平 · 陳昌文, 「論地理和宗教在藏族喪葬風俗中的作用」, 『西藏研究』 第3期, 2003.

劉立千 譯, 『西藏王臣記』, 北京: 民族出版社, 2000.

劉立千, 『印藏佛教史』, 北京: 民族出版社, 2000.

祝啓源, 『中華民國時期中央政府与西藏地方關系』, 中國藏學出版社, 1991.

土觀 · 洛桑却吉尼瑪, 劉立千 譯, 『土觀宗派源流』, 西藏人民出版社, 1985.

彭明輝, 『歷史地理學与近代中國史學』, 東大圖書館, 1995.

彭英全, 『西藏宗教概說』, 西藏人民出版社, 1983.

———, 『西藏宗教概況』, 成都: 四川人民出版社, 1996.

何吉芳, 「民和土族民俗中的尙火文化淺談」, 『青海民族研究』, 第1期, 2000.

夏之乾, 『中國少數民族的喪葬』, 北京: 中國華僑出版公司, 1991.

韓琳, 『婚慶喪葬禮儀』, 延吉: 延邊人民出版社, 2002.

華子, 「評中央政府與達賴喇嘛的談判」, 『中國西藏』 第一期, 1998.

———, 「復評達賴喇嘛與中央政府的談判問題」, 『中國西藏』 第1期, 2002.

黃奪生, 「清代設置駐藏大臣考」, 『邊政公論』 제1권 제2기, 1941.

黑水縣地方志編纂委員會 編, 『四川省黑水縣志』, 民族出板社, 1991.

———, 『四川省黑水縣志』, 民族出板社, 1991.

尕藏才旦, 『天葬: 藏族喪葬文化』, 蘭州: 甘肅民族出版社, 2000.

尕藏才旦, 格桑本 編著, 『藏族喪葬文化』, 甘肅民族出版社, 2000.

張哲誠, 『中國邊政』 제104기, 1988.

楊嘉銘, 「西藏史地概介: 以一道百年前殿試考題爲綱」, 文刊 『中國邊政』, 제119기, 1993.

楊輝麟, 『西藏佛教寺院』, 四川人民出版社, 2003.

———, 『西藏佛教寺廟』, 四川人民出版社, 2003.

畢達克 著, 沈衛榮·宋黎明 譯, 『西藏的貴族和政府: 1728~1959』, 中國藏學出版社, 2008.

羅開什·闡德拉 編, 『桑耶寺史』, 新德里, 1961.

肅之光·祝啓源 著, 『隋唐民族史』, 中國歷代民族叢書, 四川民族出版社, 1996.

簫金松, 「台湾的藏學研究概況」, 文刊 『西藏研究論文集』 제4기, 1993.

———, 「歐陽无畏教授近年所授西藏學課程」, 文刊 『西藏研究會迅』 제1기, 1986.

諾布旺丹 著, 『藏傳佛敎活佛轉世』, 大千出版社, 2002.

謝建華, 『甘肅藏族史』, 北京: 民族出版社, 2003.

趙永紅, 『文化雪域』, 中國藏學出版社, 2006.

釋迦仁欽德 著, 湯池安 譯, 『雅隆尊者教法史』, 西藏人民出版社, 2002.

長生作, 『宗教与民族』, 北京: 中國社會科學出版社, 1997.

陳冠陶, 『西藏志』, 拉薩: 西藏人民出版社, 1985.

陳又新, 『西藏研究論文集』 제2기, 1989.

陳中義, 『拉卜楞寺与黃氏家族』, 甘肅民族出版社, 1995.

陳華文, 『喪葬史』, 上海文藝出版社, 2007.

陳慶英 等 遍著, 『歷輩達賴喇嘛生平形象歷史』, 中國藏學出版社, 2006.

陳慶英 等, 『歷輩達賴喇嘛生平形象歷史』, 中國藏學出版社, 2006.

陳慶英·何宗英, 『西藏通史』, 北京: 西藏古籍出版社, 1996.

陳慶英, 『漢藏史籍』, 西藏: 西藏人民出版社, 1986.

顧祖成, 『明清治藏史要』, 西藏: 西藏人民出版社, 1999.

風破臣, 『藏傳佛教的活佛轉世』, 台北: 合志文化出版社, 1992.

馬世林, 『安多政教史』, 北京: 社會科學文獻出版社, 1989.

大玉法王, 『大手印最高成就修行法』, 云南: 云南民族出版社 2005.

3. 영문

Abe, Masao, "Man and Nature in Christianity and Buddhim", in *The Buddha Eye*, ed, Frederick Franck, New York: Crossroad, 1982.

Arbib, Michael A. & Mary B. Hesse, *The Construction of Reality*, London and New York: Cambridge University Press, 1986.

Augustin, *Ethnic Minorities in China: Tradition and Transform*: papers of the 2nd Interdisciplinary Congress Sinology/Ethnology, Edition Herodot im RaderVerlag; 1. Aufl edition, 1987.

Blakemore, C., *The Mechanic Mind*, Cambridge University Press, London, 1976.

Bokar Rinpoche, *Death and the Art of Dying in Tibetan Buddhism*, Clearpoint Pr, 1994.

Britton, Karl, *Philosophy and the Meaning of Life*, Cambridge: Cambridge University Press, 1971.

Carrasco P., *Land and Polity in Tibet*, Sealtle, 1959.

Chagdud Tulku Rinpoche, *Life in Relation to Death, Cottage Grove*, OR: Padma Publishing, 1987.

Chen, *Sinkiang Story*, Scribner, 1977.

Chokyi Nyima Rinpoche, *The Bardo Guidebook*, Kathmandu: Rangjung Yeshe, 1991.

Clark, R. W., "The Evidential Value of Religious Experience", in *International Journal for Philosophy of Religion*, Vol. 16, no. 3, 1984.

Conze, Edward, *Buddhist Thought in India*, University of Michigan Press, 1967.

Corey, G., Corey, M. S. & Callanan, *Issues and Ethics in the Helping Profession*, CA: Brookks/Cole, 1993.

Crick, F., *The Astonishing Hypothesis, The Scientific Search for the Soul*, Macmillian Publishing Co, New York, 1994.

Cupitt, Don, *Taking Leave of God*, New York: Crossroad, 1981.

David L., Boston, *A Cultural History of Snellgrove*, Shambhala, 1986.

David Macdonald, *Twenty years in Tibet*, Philadelphia: J. B. Lippincott Company, 1932.

Davies, Paul, *God and New Physics*, London: Pelican Books 1984.

Dember, William N., *The Psychology of Perception*, New York: Henry Holt, 1960.

Dru C. Gladney, *China's Ethnic Reawakening* (Asia-Pacific issues: analysis from the East-West Center), East-West Center, 1995.

During Simon, *The Cultural Studies Reader*, London Routledge, 1994.

Franz Micheal, *Rule by Incarnation: Tibetan Buddhism and Its Role in Society and State*, Westview Press, 1982.

Gold. P., *Tibetan Reflections*, London: Wisdom Publications, 1984.

Greenfield, S. A., *Journey to the Centers of the Mind: Toward a Science of Consciousness*, W. H. Freeman & Co, New York, 1995.

Hoffmann, H., *Quellen zur Geschichte der tibetischen Bon-Religion,* Mainz, 1950.

James L. Watson, *Death Ritual in Late Imperial and Modern China* (Studies on China, Vol. 8), University of California Press: Reprint edition, 1990.

Jianping Wang, *Concord and Conflict: The Hui Communities of Yunnan Society* (Lund Studies in African and Asian Religions, Vol 11), Coronet Books Inc, 1996.

Kenneth Ring, *Heading Towards Omege: In Search of the Meaning of the Nea: Death Experience*, New York: Quill, 1985.

Ksatenbaum, Robert et al., *Encyclopedia of Death*, Oryx Press, 1989.

Kubler-Ross, *On Death and Dying*, NY: Macmillan, 1969.

Lati Rinbochay & Jeffery Hopkins, *Death Intermediate and Rebirth in Tibetan Buddhism*, Snow Lion Publications, Inc. Ithaca, New York, USA, 1993.

Lodi Gyaltsen, *Seeking Unity Through Equality: The Current Status of Discussions Between His Holiness the Dalai and the Government of the People's Republic of China*, Washington D.C. Brooking Institution, 2006.

M. Goldstein, *A History of Modern Tibet (1913~1951)*, University of California Press, Berkeley Los. Angeles London, 1989.

Mac Gregor, J., *Tibet; A Chronicle of Exploration*, London, 1970.

Michael Loewe, *Chinese Ideas of Life and Death*, Unwin Hyman, 1982.

Muller, F. Max, *Anthropological Religion*, New York: AMS Press, 1975.

Nebesky-Wojkowitz, R., *Oracles and Demons of Tibet,* The Hague, 1956.

Patricia Berger, *Empire of Emptiness: Buddhist Art and Political Authority in Qing China*, University of Hawai 'i Press, 2003.

Penrose P., *The Emperor New Mind*, Oxford University Press, 1990.

Petech, L., "Tibetan Relation with Sung China and with the Mongols", In: Rossabi, M. (ed), *China among Equals: The Middle Kingdom and Its Neighbors 10th~14th Centuries*, Berkeley, Los Angeles, London, 1983.

Prince Peter of Greece, *The Aristocracy of Central Tibet*, Kalimpong, 1954.

Radlcliffe Brown R., *Structure and Function in Primitive Society*, London, 1952.

Rando, T. A., *Dying and Death*, Illinois: Research Press, 1984.

Raphael Israeli, *Muslims in China: A Study in Cultural Confrontation* (Scandinavian Institute of Asian Studies. Monographs, No. 29), Humanities Pr., 1981.

Rausher, E., *Science and Consciousness, Two Views of the Universe*, Pergamon Press, Oxford, 1984.

Richardson, H. E., *Tibet and its History*, London, 1962.

———, *Ancient Historical Edicts at Lhasa*, London, 1953.

Stein, R. A., *Un Document ancien relatif aux rites funeraires des Bon-Po tibetain*, Journal Asiatique, 1970.

Stevan Harrell, *Cultural Encounters on China's Ethnic Frontiers*, University of Washington Press; Reprint edition, 1996.

Tsung Lien Shin and Shen Chi Liu, *Tibet and Tibetans*, New York: Stanford University Press, 1973.

Tucci G., *The Religion of Tibet Berkeley*, California University Press, 1988.

———, *Tombs of the Tibetan Kings*, Rome, 1950.

Wallace R. Hagaman, *A Short History of the Chinese Cemetery at Nevada City*, California: And Chinese burial customs during the Gold Rush, Cowboy Press, 1982.

Wessels, C., *Early Jesuit Travellers in Central Asia 1603~1721*, The Hague, 1980.

Worden, J. W., *Grief Counseling and Grief Therapy*, NY: Springer, 1991.

4. 중문 인터넷

中國西藏: www.ctibet.org/index.html

西藏大學: www.utibet.edu.cn

西藏之叶: www.xizang-zhiye.org

西藏之囪: www.tibetwin.com.cn

西藏訊息中心: www.tibetinfor.com

蒙藏委員會: www.mtac.gov.tw

찾아보기